本书系中国政法大学科研创新项目资助成果

中国刑法学原创性理论研究

刑法新预防主义

夏 伟 著

中国政法大学出版社

2025·北京

声　明　1. 版权所有，侵权必究。
　　　　　2. 如有缺页、倒装问题，由出版社负责退换。

图书在版编目（CIP）数据

刑法新预防主义/夏伟著. —北京：中国政法大学出版社，2025.8
ISBN 978-7-5764-1441-7

Ⅰ.①刑… Ⅱ.①夏… Ⅲ.①刑法－研究－中国 Ⅳ.①D924.04

中国国家版本馆CIP数据核字(2024)第077120号

出 版 者	中国政法大学出版社	
地　　址	北京市海淀区西土城路25号	
邮寄地址	北京100088 信箱8034分箱　邮编100088	
网　　址	http://www.cuplpress.com（网络实名：中国政法大学出版社）	
电　　话	010-58908285(总编室) 58908433（编辑部）58908334(邮购部)	
承　　印	固安华明印业有限公司	
开　　本	720mm×960 mm　1/16	
印　　张	20.25	
字　　数	320千字	
版　　次	2025年8月第1版	
印　　次	2025年8月第1次印刷	
定　　价	95.00元	

迈向中国刑法学原创性理论新时代（代序）

开拓中国刑法学原创性理论，是新一代刑法学人的重要使命。2023年2月26日，中共中央办公厅、国务院办公厅印发《关于加强新时代法学教育和法学理论研究的意见》，特别强调："紧紧围绕新时代全面依法治国实践，切实加强扎根中国文化、立足中国国情、解决中国问题的法学理论研究，总结提炼中国特色社会主义法治具有主体性、原创性、标识性的概念、观点、理论，把论文写在祖国的大地上，不做西方理论的'搬运工'，构建中国自主的法学知识体系。"行之有效构建中国刑法学自主知识体系，首要任务是发展中国自主的刑法学原创性理论。

新中国成立以来的法治建设深受域外影响，域外与本国的思想交汇碰撞，深刻显现我国刑法学理论原创性不足的短板和弱项。循证历史轨迹，我国刑法理论发展经历"苏俄化"与"德日化"两个阶段：苏俄刑法理论的引进，锻造了我国刑法理论的雏形，德日刑法理论的借鉴，则使刑法朝着教义学化的方向纵深发展。从短期来看，借鉴移植域外法治（制）经验，确实能够激起一轮爆发式的知识增量，对于填充理论空白大有裨益。然而从长期来看，由于域外刑事法治（制）有其自身的法文化、法理念根基，其规范设计与制度安排无法完全适应我国本土刑事法治实践。质言之，域外刑法理论缺乏对我国本土法治的深度关切，倘若过度援引和借鉴，势必会导致刑法理念远离刑法规范、刑法理论与刑事司法实践，变相形成"中国版的外国刑法理论"，缺乏中国问题的自主性与中国理论的原创性。

当前，刑法理论与刑法规范、刑事司法实践的差异、分歧乃至冲突不胜枚举。例如，根据德日过失共同犯罪理论，二人以上共同过失实施的犯罪行为，适用部分行为全部责任、共犯从属性等共同故意犯罪的原理，这与我国《刑法》第2款关于共同过失犯罪分别定罪处罚的规定存在实质性分歧。又如，德日刑法理论中"机器不能被骗"的预设，源自德国刑法区分普通诈骗罪与计算机诈骗罪。事实上，"机器不能被骗"只适用于普通诈骗，而在计算机诈骗中已经肯定机器能够被骗。不过，我国刑法中并没有普通诈骗与计算机诈骗之区分，倘若将"机器不能被骗"的理论观点引入我国，势必导致处罚的不周延。正因为如此，我国刑事司法实践中普遍认为"机器能够被骗"，包括我国最高人民法院〔2017〕最高法刑他3371号批复、《刑事审判参考》第1389号案例等。再如，德日刑法理论中预备犯原则不处罚的立场与我国刑法一般性处罚预备犯的规定，具有显著差异。如此种种，都揭示出域外理论借鉴移植时，内含两种法文化、法理念、法制度等冲突，其在刑事司法过程中不断累积和放大，最终陷入难以扭转的瓶颈。

在预防刑法领域，经济犯罪可谓误用预防理念频繁发生司法误判的"重灾区"，这也暴露出我国刑事司法实践与西式理论难以融合。西式主流经济犯罪理论如白领犯罪理论，主张以犯罪人阶级分层的方式大规模扩张经济犯罪的成立范围，凡是通过欺骗、隐瞒、美化等手段获取经济利益的个人和单位，都可能是经济犯罪人。这种理论缺乏对中国本土国情的真切关照，因而以西式理论为基本原型，难以发展出有效解决中国问题的原创性理论。为了有效预防经济犯罪，合理界分经济犯罪与经济纠纷，我国刑事司法实践发展出的"民事救济阻断刑事介入"规则，与西式主流经济犯罪理论在基本立场、理论观点以及裁判规则等方面存在本质差异，具有面向解决中国问题的自主性与原创性。

一方面，"民事救济阻断刑事介入"规则孕育于中国本土，成长于中国经济犯罪预防刑法实践，这一孕育发展过程体现了中国实践理性特征。

1989年，公安部公布《关于公安机关不得非法越权干预经济纠纷案件处理的通知》，较早提出禁止全国各地公安机关以任何名义插手经济纠纷案件的基本立场。此后，最高人民法院、最高人民检察院、公安部、司法部及有关部门多次发布司法解释、司法政策文件、指导案例、典型案例等，反复强调禁止以刑事手段干预经济纠纷，这一政策立场蕴含着刑法对民法独立性的尊重，与"民事救济阻断刑事介入"具有一体两面的关系，彼此之间可以相互验证和推导。

另一方面，"民事救济阻断刑事介入"规则充分尊重民营经济在市场中的重要地位，深度关照我国民营企业普遍存在制度性缺憾，以包容性的法治精神护航我国民营经济健康发展，这既是我国社会主义基本经济制度的要求，也是落实习近平总书记关于历史地、辩证地看待民营企业发展中的不规范问题等讲话精神的应有之意。

关于民营企业（家）为何涉罪风险高，理论上存在一种值得质疑的原罪论，即有的民营企业（家）在其发展历程中存在"不义而富"的"原罪"嫌疑，[1]这是其后来涉罪的重要原因。民营企业（家）存在"原罪"是个伪命题，所谓"原罪"不过是由于民营企业未建立现代企业制度而诱发的法律风险，这种将由于先天原因客观存在的法律风险称为一种"原罪"，实际上是以域外充满阶级对立的白领犯罪等经济犯罪理论为参照原型，并不适合解释我国民营企业经济活动真实状况。倘若以西式理论为分析基础，几乎所有的民营企业存在"原罪"，都是潜在的经济犯罪人，同时，不少国有企业恐怕也难以逃脱受刑事制裁的命运，这样机械解释经济刑法的理论并不妥当。原罪论断抹杀了我国民营经济的历史功绩，悖逆中国现实，这恰恰是构建具有中国原创性刑法理论需要警惕与反思的对象。

公有制与非公有制共同发展以及国有企业与民营企业平等保护等政策、理念与制度，共同要求司法者必须确立"公私有别"的差序平等理念，历史

---

[1] 参见唐松等：《恒产者恒心："原罪"嫌疑、产权保护与民营企业绩效》，载《经济学（季刊）》2020年第3期，第995-996页。

地、辩证地看待民营企业发展中的不规范问题，对于定罪有疑虑的行为按照罪刑法定、疑罪从无处理。在我国，民营企业及其工作人员是经济犯罪的主要涉罪主体，这一方面是由于我国民营企业在初创期缺乏现代化的企业制度，潜在的犯罪风险点较多，有的民营企业的商业模式本身即有涉罪风险，如盲盒经营容易涉嫌赌博犯罪、融资业务容易涉嫌非法集资犯罪等，有的民营企业看似规章明确，实则并未被实际执行，难以阻断犯罪风险。另一方面，市场经济具有政策易变性，一些在当下看来属于违法犯罪的行为在当时可能是合法的乃至受政策鼓励。例如，行为人具有"双重身份"，其既是民营企业的负责人，又受聘成为国有参股企业的负责人。此时，其以合理的对价，让自己实控的民营企业收购该国有参股企业的项目，从形式上看，似乎利用了职务上的便利谋取了不正当利益，涉嫌职务犯罪。[1]然而，行为人的"双重身份"在当时来看政府是明知的，而且项目交易对价合理甚至略高于市场价。因此，从当时的背景来看，行为人以自己实控的民营企业的名义收购国有参股企业无法经营的项目，不仅没有给国有参股企业造成损失，反而有助于国有资产的增值，符合鼓励民营经济与国有经济合力提振市场活力的经济政策，不应作为犯罪处理。[2]

2018年11月1日，习近平总书记在"民营企业座谈会"特别强调，要"稳定预期……对一些民营企业历史上曾经有过的一些不规范行为，要以发展的眼光看问题，按照罪刑法定、疑罪从无的原则处理"。[3]2020年7月21日，习近平总书记在"企业家座谈会"上重申，"要依法保护企业家合法权益，加强产权和知识产权保护，形成长期稳定发展预期，鼓励创新、宽容失败，营造激励企业家干事创业的浓厚氛围。"[4]稳定预期最关键的是稳定企业（家）在经济活动中不被恣意定罪的预期，确保经济风险、经济纠纷可预

---

[1] 参见中山市中级人民法院（2002）中中刑初字第135号刑事判决书、广东省高级人民法院（2003）粤高法刑二终字第385号刑事裁定书。
[2] 参见广东省高级人民法院（2021）粤刑再1号刑事判决书。
[3] 习近平：《在民营企业座谈会上的讲话》，载《人民日报》2018年11月2日，第2版。
[4] 习近平：《在企业家座谈会上的讲话》，载《人民日报》2020年7月22日，第2版。

期地不受刑事干预，如此才能固根本、利长远。[1]因此，以"民事救济阻断刑事介入"原创性实践为基础，充分关照我国平等保护民营企业的理念、政策与制度，如此才能成功转化为面向中国经济犯罪善治的原创性理论。

我国正处于法系融合的关键时期，传统法制的思想与现代法治的观念"历时态"地沟通，德日法制的影响与英美司法的渗透"共时态"地存在，深刻触动中华传统法文化与法律制度根基。在本土与域外法治的交汇之处，刑法发展方向的抉择将直接影响中国式刑事法治现代化的实现程度。中国刑法理论的最大创新源自中国刑事法治实践，时至今日，发展中国原创性刑法理论的契机已然成熟。

刑法现代化之路，需理念先行。在积极刑法观成为主流刑法观、中国刑事司法处于深刻时代变革之际，如何调和本土与域外、传统与现代的关系，如何正确地转向中国刑法学理论原创之路，是一个关乎"中国刑法向何处去"的重大课题。本书提出新预防主义，并以此为观察视角重新审思我国刑法理念、刑事立法及刑事司法，既是对现阶段预防主义与应报主义之争及其理论瓶颈的尝试性突破，也是对建构中国特色自主刑法知识体系的理论探索和对未来中国刑法发展之路的实践期待。

北夜·小月河上

2025年7月28日

---

[1] 参见周佑勇：《习近平法治思想的人民立场及其根本观点方法》，载《东南学术》2021年第3期，第47页。

目 录
CONTENTS

导　论　将预防放在更加合适的位置 …………………………………… 001

第一章　新预防主义在中国的兴起 ……………………………………… 004
　　第一节　新预防主义的立法演进 …………………………………… 004
　　第二节　新预防主义的司法逻辑 …………………………………… 013
　　第三节　新预防主义的政策基础 …………………………………… 020

第二章　新预防主义的正当性检视 ……………………………………… 023
　　第一节　传统预防主义对刑事法治的正当性挑战 ………………… 023
　　第二节　法益立法批判功能对新预防主义的矫正 ………………… 029
　　第三节　法益解释规制功能对新预防主义的限制 ………………… 049

第三章　新预防主义的刑事立法边界调控 ……………………………… 070
　　第一节　刑事立法边界：新预防主义的"元问题" ………………… 070
　　第二节　新预防主义的立法观念基础：消极预防性刑法观 ……… 077
　　第三节　新预防主义的立法实践样态：刑事法网适度扩张 ……… 104
　　第四节　新预防主义的立法模式选择：从部门立法到领域立法 … 128

第四章　新预防主义的一体化刑法解释规则 …………………………… 146
　　第一节　新预防主义坚守一体化解释的法理基础 ………………… 146

  第二节 社会防卫逻辑下一体化解释的实践展开 …………… 153
  第三节 刑法修正背景下一体化解释的贯彻路径 …………… 173

第五章 新预防主义的穿透性犯罪治理模式 …………………… 186
  第一节 伴随犯罪进化的预防性犯罪治理困局 ……………… 186
  第二节 新预防主义的穿透性治理模式之确立与展开 ……… 193
  第三节 新预防主义的穿透性治理模式之配套与贯彻 ……… 212

第六章 新预防主义的法治风险及其制度弥合 …………………… 227
  第一节 无效预防的竞合型犯罪及其排除 …………………… 227
  第二节 新预防主义的程序出罪机制：基于酌定不起诉 …… 245
  第三节 新预防主义的实体出罪机制：基于"但书"出罪 … 265

参考文献 …………………………………………………………………… 295

导 论
将预防放在更加合适的位置

刑法理念深受时代变迁影响。犯罪结构向轻罪的回落与刑法结构的轻刑化演进,共同促进预防性刑法理念的生成。然而,由于立场、方法等差异,在预防性刑法理念内部又长期存在形形色色的论争,其中,有关于预防主义正当性基础的质疑,[1]也有关于预防性立法的反思,[2]还有关于预防性犯罪中个罪适用的批判。[3]这些论争的核心在于,如何对预防这一基本范畴在刑法中进行妥善定位。

从司法实践来看,刑法预防功能的频繁落空,促使刑法理论不得不重新反思预防本身。例如,"喝酒不开车、开车不喝酒"的规训在当下已然深入人心,倘若刑法具有预防犯罪的功能,为何危险驾驶罪自2019年以来始终是案发数量最多的第一大罪?为何公众明知上述规训,依旧前赴后继地实施醉驾型危险驾驶罪?又如,倘若刑法能够预防犯罪,为何历年刑事司法中犯罪人的数量始终居高不下?凡此种种,皆表明预防理论与司法实践存在对接的错位,需要从基本理念层面予以深刻反思。

预防犯罪不是"预防式入罪",这是本书的核心思想。在某种意义上说,刑法预防犯罪功能的频繁落空,可谓是以刑为主的社会治理模式的必然结果。这是由于,刑法预防的目的不是"入刑"而是"去刑",让为数众多的轻微违法行为走向非刑之路。由此可见,刑法本身的预防功能是不完整的,它需

---

[1] 参见王俊:《积极刑法观的反思与批判》,载《法学》2022年第2期,第68-69页。
[2] 参见姜敏:《刑法反恐立法的边界研究》,载《政法论坛》2017年第5期,第87-91页。
[3] 参见王华伟:《网络语境中帮助行为正犯化的批判解读》,载《法学评论》2019年第4期,第132-135页。

要由其他法律来填充。基于法体系纵横交错的井字形结构，法领域的独立性与法秩序的统一性，不是异质的对立范畴，而是法体系的两种呈现范式。所有概念皆为相对，体现了不同部门法构造的形式差异。然而，差异并非冲突，只不过是部门法作为一种立法技术的外在呈现，它并不动摇法理念、法教义等实质法秩序范畴的高度统一性。预防主义在刑法中开辟出了"第二领域"已经是不争的事实，刑法提倡预防主义，并非要实现以预防为导向的入罪，而是在刑法现代化的演变过程中为其寻找更加合适的位置，引导公众不去犯罪。这种立足"去刑"的目标，将刑法的预防功能置于法体系之整体进行全局考量，能够自主适应刑法现代化并进一步发展出新理念、新内涵、新制度的预防主义，本书称为"新预防主义"。

在刑法理念上，新预防主义并不排斥传统应报主义及其刑法观念，认为预防和应报有着各自的统辖领域，可谓"道并行而不相悖"。而在刑法"第二领域"即预防性领域中，积极刑法观已经成为主流刑法观，但是积极刑法观与消极刑法观并非绝对互斥，二者具有相反相成的辩证关系，消极刑法观对积极刑法观的矫正，有助于促进刑事立法的科学性与刑事司法的合理性，刑法现代化正是在这两股力量的交互纠缠中不断推进的。为了防止积极刑法观异化为激进式预防，应当在其中契入一股相反的钳制力量，确立消极预防性刑法理念。

在刑事立法上，新预防主义一方面提倡刑事立法的主流趋势仍然是以预防为导向的犯罪化，增设新罪扩容旧罪以严密刑事法网，是当下及未来一段时期内刑事立法的重要任务。但另一方面，在刑事法网扩张方式上，主张应当统筹立改废释纂，对于新技术新业态新现象新问题，不宜不加甄别地增设新罪，而应当在充分考察现行立法规范的基础上选择合适的立法方案。[1]对于现行刑法已经规范的行为，刑事立法没有必要为了回应公众体感治安而将同种行为重复犯罪化。对于社会变迁中出现的新侵害与新法益，应当首先考虑进行刑法解释，其次是扩容旧罪，最后才是增设新罪，即应当遵循释、改、立的顺位关系，防止刑法频繁修改而有损法的安定性。与之相适应，刑法也要适度推进非犯罪化，以消除早期盲目的预防性立法带来的法条竞合及过度

---

〔1〕 参见刘艳红：《以科学立法促进刑法话语体系发展》，载《学术月刊》2019年第4期，第98-101页。

犯罪化等问题,同时要关注社会发展的关键节点问题,加强对新兴领域、交叉领域及重点领域立法的民行刑一体化整合,以领域性立法重塑科学的预防性刑法体系。

在犯罪治理上,新预防主义反对盲目延续传统先治标后治本,或先清理外围犯罪后针对核心犯罪的渐进性治理模式,提倡顺应犯罪结构变迁与犯罪形态进化的穿透性治理模式。[1]实践证明,预防性犯罪等外围犯罪的入罪标准低、犯罪后容易暴露,因而容易成为司法机关打击对象。然而,在犯罪社会学层面,外围犯罪与核心犯罪已经形成功能互补的犯罪有机体,核心犯罪人有意识地将风险较大的非核心功能交给外围犯罪人,从而有效降低自身暴露的风险。由此导致,刑法对外围犯罪的大规模惩处,消耗了大量的司法资源,不仅容易对"脆弱群体"形成无差别打击,而且不利于犯罪的标本兼治。对于预防性犯罪等外围犯罪,新预防主义反对"头痛医头"式的渐进性和回应性治理,主张确立以核心犯罪为治理重点的穿透性治理模式,通过汇聚司法力量瓦解核心犯罪,让有机体中的外围犯罪无所依附而自动"凋亡",实现标本兼治。

在刑事司法上,新预防主义并非将刑法视为单纯的犯罪治理工具,而将刑事治理作为社会治理的一部分,反思既往预防性立法适用带来的大规模犯罪化问题,主张对危险驾驶罪、帮助信息网络犯罪活动罪等轻微犯罪建立常态化出罪机制,在确保法律效果的同时兼顾社会效果。[2]就实体出罪而言,通过激活"但书"出罪功能以及配套规定违法性认识错误、期待可能性等实体出罪规则,使风险预防犯的非罪化处理有了容身之地。[3]就程序出罪而言,对于证明标准低、举证责任倒置的预防性犯罪,通过不起诉等制度的灵活运用避免大规模的刑事犯罪化。实体出罪与程序出罪的协力,有助于充分贯彻现代刑事法治国的罪刑法定原则和人权保障理念,这也是在不断扩张的刑事立法中寻求合理司法限缩的宽严相济平衡之道。

---

[1] 参见[德]沃尔夫冈·弗里施:《变迁中的刑罚、犯罪与犯罪论体系》,陈璇译,载《法学评论》2016年第4期,第91-104页。

[2] 参见阴建峰:《论法律效果与社会效果的统一——以贯彻宽严相济刑事政策为中心》,载《河南社会科学》2011年第2期,第87-90页。

[3] 参见孙本雄:《出罪及其正当性根据研究》,载《法律适用》2019年第23期,第120-122页。

第一章

新预防主义在中国的兴起

经历长期累积性发展，我国刑法中的预防主义无论在形式特征还是实质内涵上较之以往都发生了根本性变化。在形式特征上，预防概念逐渐与危险脱钩，转而与秩序结合，这使得预防性立法涵摄范围更加宽泛；在实质内涵上，预防界限逐渐从单纯刑法问题跃升为整体法秩序的"法法衔接"问题，这使得跨部门法的联结治理成为常态。这种已经发生质变的预防形态，本书称之为"新预防主义"。现行刑法的新预防主义特质集中体现在刑法修正、司法解释及刑事政策的发展演变之中。

第一节 新预防主义的立法演进

一、危险犯的刑事法治困局

在传统预防主义的规范语境与理论框架下，预防和危险相互依存，在刑法理论上，言及预防必论及危险，两者之间具有天然的共生性。具体而言，这种共生关系主要体现在危险与预防的规范关联上，刑法提前预防的必要性源于危险的生成与累积，而刑法设置预防性犯罪的根本目的也是及时阻止危险转化为危害性更大的现实结果。[1]这种共生关系深刻影响并塑造着刑事立法的发展趋势与方向，刑法不论是增设危险犯，还是将具体危险犯修改为抽象危险犯，本质上都体现出以危险为核心的立法范式。在此逻辑之下，可以认为危险概念成为承载刑事预防主义理念的载体与工具，而危险犯则成为刑

---

[1] 参见房慧颖：《预防性刑法的风险及应对策略》，载《法学》2021年第9期，第104页。

事立法实现前置预防目的的主要路径。例如,《中华人民共和国刑法修正案（八）》（以下简称《刑法修正案（八）》）增设危险驾驶罪的立法理由在于,"一段时期以来,飙车和醉酒驾车行为较为突出,因其具有高度的危险性,极易造成恶性事故,从而引起了社会的广泛关注"[1]。危险驾驶罪是典型的抽象危险犯,其立法目的主要是预防和化解道路交通安全风险。又如,《中华人民共和国刑法修正案（十一）》（以下简称《刑法修正案（十一）》）为了进一步提前预防用药安全风险、保护公众身体健康,将《中华人民共和国刑法》（以下简称《刑法》）第141条生产、销售假药罪由具体危险犯修改为抽象危险犯,只要实施生产、销售假药的行为具有损害公众身体健康的可能性,就可以发动刑罚予以规制,以此实现处罚的前置化。

然而,刑法以危险概念为载体、以危险犯为基本立法类型搭建的传统刑事预防体系,存在两个难以克服的法治困境。具体而言:

第一,由于危险概念本身具有模糊性,容易导致危险犯处罚范围的不确定。刑法基于预防危险现实化为实害的逻辑而设立的危险犯,尤其以抽象危险犯为典型,其入罪门槛明显较低,司法实践中只要行为人实施了相关行为就具备了值得科处刑罚的拟制危险,导致其处罚范围已接近于行为犯的认定标准。这些以预防危险为主要目的的犯罪构成仅要求行为具有形式上的可疑危险,而无须证明行为产生确定的实害结果,因而这类危险犯容易对所有形式上符合构成要件的行为进行类型性的泛化打击,反而可能引发新一轮的社会治理难题。这是因为,刑法中的危险概念兼具客观属性与主观属性,危险中既存在客观实在的成分,如具体危险要求行为造成的法益侵害必须已经达到现实、紧迫程度,属于可具体验证的客观危险。[2]此外,危险概念中也有主观建构的情形,如抽象危险的认定主要依赖于司法者的推定,本质上属于一种基于预防目的而构建的拟制危险,[3]立法者增设抽象危险犯往往是基于避免证明困境的需要,当在司法程序上"难以或者不能证明（包括不适合在

---

[1] 王爱立主编:《中华人民共和国刑法条文说明、立法理由及相关规定》,北京大学出版社2021年版,第410页。

[2] 参见于冲:《论具体危险犯的"结果化"认定》,载《法制与社会发展》2022年第2期,第174页。

[3] 参见于润芝:《抽象危险犯的解构:从法益关联和危险控制展开》,载《南大法学》2022年第3期,第111页。

法庭上证明的情形）实害结果与具体危险的发生"[1]，此时危险犯被视为实现预防目的入罪策略，成为刑事立法的主要犯罪类型之一。然而，无论是具有客观实在基础的具体危险还是主观推定想象的抽象危险，本质上都具有一个共通特征，即行为未造成现实的损害结果，刑法只在行为对法益具有威胁时即可发动刑罚权，这导致危险犯的处罚根基并不算牢固。事实上，立法频繁增设危险犯，不断扩大危险犯的适用范围，一方面赋予了裁判者较大的自由裁量空间，潜藏恣意定罪的风险，另一方面为刑法扩大处罚范围提供了正当化依据，免除其合法性不足的隐忧。具体表现为，当行为满足危险犯的形式构成要件后，司法者无论作出有罪或者无罪裁判，在形式上都属于依法作出裁判，这就意味着任一裁判结果都能在规范意义上确证其合法性，这种制度设计无形当中导致了司法裁量过程的高度可选择性，也使得司法裁判结果具有高度不确定性，最终损害刑法的可预期性。

以危险驾驶罪作为例证。2019年开始，危险驾驶罪跃升成为刑事追诉中的第一大罪，其中主要以醉酒型危险驾驶案件为典型。在危险驾驶罪中，与追逐竞驶、违法运输危险化学品等行为类型设置"情节恶劣""危及公共安全"要素以限缩入罪范围不同的是，醉酒型危险驾驶罪只规定了"醉酒驾驶机动车的"，即只要行为人处于醉酒状态驾驶机动车，就符合危险驾驶罪的构成要件，成立危险驾驶罪。这种抽象危险犯的立法设计与规范安排，致使大量情节显著轻微的醉驾行为被纳入刑事追责范围。为合理限缩危险驾驶罪的处罚范围，部分司法机关创造性运用《刑法》第13条"但书"条款、第37条免予刑事处罚及《中华人民共和国刑事诉讼法》（以下简称《刑事诉讼法》）第177条第2款的酌定不起诉制度，通过司法续造并合理应用"犯罪情节显著轻微危害不大"和"犯罪情节轻微不需要判处刑罚"，实现对酒后挪车[2]、短距离驾驶[3]、深夜醉驾[4]等轻微醉驾行为通过实体或程序路径予以出罪。[5]然而，从司法实践整体状况上看，受传统有罪思维的影响，对

---

[1] 张明楷：《抽象危险犯：识别、分类与判断》，载《政法论坛》2023年第1期，第75页。
[2] 参见山西省阳泉市矿区人民检察院阳矿检刑不诉［2022］65号不起诉决定书。
[3] 参见甘肃省金昌市金川区人民检察院金区检刑不诉［2023］111号不起诉决定书。
[4] 参见福建省莆田市荔城区人民检察院荔检刑不诉［2021］62号不起诉决定书。
[5] 参见胡立平：《"醉驾"的入罪与出罪》，载《法律科学（西北政法大学学报）》2021年第6期，第100-103页。

醉酒驾驶行为的打击力度仍然较严，案件查处规模庞大。然而，醉驾入刑十年来约有 300 万人获罪，却未实现相应的预防效果，仍有大量社会公众"前仆后继"选择去犯罪。时至今日，危险驾驶罪的犯罪案件总量不仅没有任何减缓的趋势，反而呈现持续攀升的发展势头。这一社会现象清晰的表明，立法者企图通过增设危险犯实现预防犯罪的目的落空，增设危险驾驶罪所欲实现的抑制醉驾案件增长、预防危险驾驶行为扩大蔓延的立法目的并没有实现。与此同时，醉驾行为的社会危害性较为轻微，醉驾犯罪的刑事不法内容较少，醉酒驾驶的刑事违法性与一般违法性的差异甚微，甚至可以说该罪的设立就是一般违法行为犯罪化的过程。《中华人民共和国道路交通安全法》（以下简称《道路交通安全法》）第 91 条规定的醉驾行为模式是"饮酒后驾驶机动车"，而《刑法修正案（八）》醉驾犯罪的罪状描述仍然为"醉酒驾驶机动车的"，即只是立法出于刑法功能的转变使原本具有行政违法的行为原封不动地跨过犯罪临界点而具有刑事违法性，提升醉酒驾驶为刑事违法而没有增加任何违法要素，醉酒型危险驾驶罪客观行为的实质不法性始终无法脱逸于行政违法。因此，许多醉驾行为都属于"可入罪亦可不入罪"的可选择性边界范围内，其定罪体现出鲜明的政策导向。这种选择性司法具体表现在三个方面：一是地域性司法差异显著。不同地区司法机关对情节相同或者相似的醉驾行为可能作出截然不同的处理，部分地区对醉驾行为采取宽松政策而予以出罪或不起诉，而另一些地区则坚持从严惩处直接提起公诉并最终定罪处罚，个案的司法结果具有不确定性。二是绩效考核的压力。由于醉驾案件已成为司法机关的常规业务，办案数量与质量指标直接影响考核结果，因而查处醉驾案件的力度也成为司法机关考核的标准之一，导致司法裁量受到非法律因素的干扰。三是个案处置的选择性偏差。相同的醉驾违法情节可能因办案周期、专项行动等外部因素而被差别对待。这种司法实践中的不确定性，最终形成了醉驾治理中的"同案不同判"困局，累及司法公正。

第二，现代化进程催生系统性风险，使传统危险犯立法模式在风险应对上陷入结构性困境。危险犯规制单一的风险类型和行为类型，导致其在预防现代社会风险时表现出极大的不适应性，刑事立法的社会治理能力被显著削弱。现代社会风险具有明显的复合性特征，其已突破单一风险类型以及行为类型的传统范式，演变为由多重风险要素动态随机组合形成的"风险系统"，在这种无序化、扩散化的风险系统中，刑法需要应对的不再是孤立的个体风险，而是众多风险叠加产生的累积性侵害结果。在这样非秩序化的"风险系统"中，立法者难以提炼出某种或某几种典型风险予以单独规制，只能加以系统性调整。例如，以具有时代特色的网络安全风险为例，网络安全风险形态各异、类型多样，既表现为传统线下犯罪的数字异化，如传统诈骗犯罪在网络技术加持下演变为辐射范围更广、社会危害性更深的电信网络诈骗犯罪，也表现为网络空间出现的各种新侵害形式，[1]如流量劫持、数据获取、病毒攻击等行为，早已形成难以拆解的复杂风险网络。因此，刑事立法试图在复杂的网络风险系统中提炼出某一特定的风险类型并进行成文化规制，已被实践证明是不可能完成的任务，因为社会风险形态的快速迭代使任何列举式立法都面临滞后性难题。即便立法者强行从诸多网络风险中选取若干风险类型予以刑法规制，这种规制也是不全面的。《中华人民共和国刑法修正案（九）》（以下简称《刑法修正案（九）》）增设帮助信息网络犯罪活动罪、非法利用信息网络罪、拒不履行信息网络安全管理义务罪三大犯罪，被视为预防网络安全风险的典型立法，[2]这些罪名不再拘泥于具体危险的行为定型，而是通过网络安全秩序这一更加具有包容性的保护法益，构建更具弹性的风险预防体系。这一立法转向充分说明，面对系统性风险，以行为危险为核心的传统预防主义范式已显现其局限性。既然立法者未将该三个罪名设置为危险犯，这表明，立法者也意识到危险犯立法存在规制短板，已开始着手转变网络风险的规制思路。[3]

通过对危险犯立法模式的系统考察可以发现，刑事立法以实现预防目的为逻辑前提大量设计危险犯的立法模式存在法治悖论。这种困境并非源于预防理念本身的价值偏差，而是源于立法技术层面的结构性缺陷。这种根源于立法模式的缺陷已超出司法裁量所能矫正的范围，难以通过司法续造弥补。司法机关通过个案裁判进行的限缩性解释，仅能在边缘层面产生有限的效果，而无法从根本上补足缺陷。要真正化解这一法治困境，必须从立法层面进行

---

[1] 参见夏伟：《网络时代刑法理念转型：从积极预防走向消极预防》，载《比较法研究》2022年第2期，第59-60页。

[2] 参见王爱立主编：《中华人民共和国刑法条文说明、立法理由及相关规定》，北京大学出版社2021年版，第1101-1120页。

[3] 参见刘艳红：《帮助信息网络犯罪活动罪的司法扩张趋势与实质限缩》，载《中国法律评论》2023年第3期，第65-66页。

根本性重构，回归立法本身寻求根本解决之道。

二、新秩序犯对危险犯的矫正

新预防主义在应对传统预防主义的立法局限时，一方面延续了立法预防的核心特征、继续优化刑事法网，另一方面则将预防理念与秩序保护相联结，极力弱化危险概念的表达，从而构建出一种兼具秩序保护形式特征与风险预防实质内核的新型秩序犯。为矫正与完善危险犯的预防功能，该理论主要从两个维度进行了立法层面的创新设计。

（一）新秩序犯中危险评价的"结果化"

刑事立法的目的具有双重性，"不仅是要设立国家在刑罚上的权力，而且要限制国家在刑法上的权力，它不仅是可罚性的渊源，而且是可罚性的限度"。[1]刑事立法规定的危险犯包括抽象危险犯和具体危险犯两种类型，抽象危险犯因其开放性特征而缺乏明确界限，可以说是一种没有边界的立法，具体危险犯则因判断标准模糊不清，可以说是一种边界不清晰的立法。因此，危险犯立法模式本质上是一种偏向入罪的单向度预防机制。这种入罪模式引发学界的担忧在于，一方面，单向度预防容易助长国家刑罚权力的扩张倾向，为刑罚的发动提供了扩张的借口，而刑法对危险行为的无差别打击可能额外加重个体的隐性责任负担，刑法"就不可避免地会伤害一些本不应该受到惩罚的人"[2]。因此，如何划定相对明确且清晰的刑法适用边界，成为破解危险犯立法困境的关键所在。

新秩序犯在立法技术上实现了重要突破，其在立法层面通过增加危险评价结果化要素的构成要件设计，增强了立法的确定力与明确性，为刑事预防划定了一条相对清晰的边界。根据这种立法模式，能够将抽象的危险识别具体化为客观的结果，进而能够准确且有效的识别刑法意义上的"危险"行为，同时又为轻微行为的非罪化处理提供规范依据，形成进退有序、层次分明的刑事立法体系。[3]以高空抛物罪的立法演进为例。《刑法修正案（十一）》

---

[1] [德] 拉德布鲁赫：《法学导论》，米健译，商务印书馆2013年版，第141页。

[2] Douglas Husak, "Six Questions About Overcriminalization", *Annual Review of Criminology*, Vol. 6, 2023, pp. 273-274.

[3] 参见于冲：《论具体危险犯的"结果化"认定》，载《法制与社会发展》2022年第2期，第174页。

（草案）一审稿原本将高空抛物罪放置在《刑法》第114条之一，作为以危险方法危害公共安全罪的一种行为类型，旨在突出其预防公共安全风险、保障"头顶安全"的立法价值。[1]然而，将本罪放在此处面临双重困境，一方面，若将高空抛物罪限定为具体危险犯，则与第114条以危险方法危害公共安全罪的立法规定重复，造成对公共安全的具体危险行为的重复性立法，因此，高空抛物罪只能设置为抽象危险。另一方面，如果将高空抛物罪设置为抽象危险犯，则可能演变为"行为即入罪"的认定标准，只要行为人实施了高空抛物行为即因符合构成要件而入罪，无需司法机关证明行为是否造成抽象危险，导致刑事处罚范围被不当扩大，无形当中也压缩了民事侵权制度的适用空间。[2]因此，从《刑法修正案（十一）》（草案）二审稿开始，立法者最终放弃了抽象危险犯的立法模式，转而选择以保护社会秩序法益为目的对高空抛物行为进行规制。这一法益定位的转变是通过改变高空抛物罪的规范位置实现的。立法者将该罪规定在刑法分则第六章妨害社会管理秩序罪中，作为《刑法》第291条之二的高空抛物罪，形式上以社会公共秩序作为保护对象，实质上仍承载着防范公共安全风险的预防功能。

高空抛物罪从危险犯到新秩序犯的立法转变，既实现了公共安全预防功能的延续，又实现了规制范围的理性调控，得以将轻微行为排除出犯罪圈。这一转变的关键在于通过在高空抛物罪的构成要件中增加"结果"要素，推动危险评价向"结果化"演进，这并没有改变高空抛物罪"保护头顶上安全"的核心立法目的，[3]只不过处罚范围有所限缩，转向更加精细化的规范模式。这种限缩系立法者刻意为之，表现出对高空抛物行为应区分不同性质分别由民法、行政法和刑法分类调控的理念。"结果"要素的引入改变了司法审查的范式，将是否存在危险、危险大小等抽象判断转化为具体的行为情节判断。因此，并非只要行为人实施了高空抛物行为就构成犯罪，司法机关需综合考量抛掷物品的种类与属性、高度落差、抛物时空环境、抛物行为次数

---

[1] 参见赵香如：《论高空抛物犯罪的罪刑规范构造——以〈刑法修正案（十一）（草案）〉为背景》，载《法治研究》2020年第6期，第55-60页。

[2] 参见盛豪杰：《高空抛物的刑法教义学解读——从〈刑法修正案（十一）〉引出的思考》，载《中国人民公安大学学报（社会科学版）》2021年第6期，第58-60页。

[3] 参见王爱立主编：《中华人民共和国刑法条文说明、立法理由及相关规定》，北京大学出版社2021年版，第1143页。

以及实际危害等多方面因素,以行为对社会公共秩序的扰乱程度作为刑事危险的实质判断标准。[1]这种审查机制的确立,从根本上否定了"行为即入罪"的粗放模式。通过危险评价"结果化"建立的分类审查机制,引导司法机关根据行为危害程度选择适当的法律调控手段,这种分类治理的政策导向,落实在高空抛物领域即为建立民事侵权、行政处罚与刑事制裁的梯度体系。与此同时,情节严重作为限定性构成要件,其既是限定处罚的入罪门槛,也是开放的构成要件,为司法解释适用留下了弹性空间,[2]这种立法设计不仅合理限缩了处罚范围,更为司法实践预留了发展裁判规则的规范基础,确保法律适用能适应社会治理的动态需求。

(二) 新秩序犯对系统性风险的法治调控

危险犯的立法结构具有鲜明的特征,其通过特定行为模式与风险类别的精确匹配来实现规范目的。比如危险驾驶罪针对醉驾等行为产生的交通安全风险,生产、销售、提供假药罪则规制假药生产、销售、提供行为产生的用药安全风险。因此,危险犯设立的首要任务是类型化,即确定可调控的风险类型与行为类型,每个罪名仅针对预先设定的特定风险行为,而立法者提炼风险类型时,也基本框定了其应对新型风险的延展能力,预设了该罪名的适用疆域。[3]这种"一类行为(风险)一罪名"的危险犯立法模式,虽然确保了规范明确性,但也使得危险犯难以突破既定框架应对风险社会的治理需求。

社会结构的深刻变革持续塑造着法治建设的路径与形态。社会的急剧变迁,使得刑事立法正面临着前所未有的技术性挑战,应对社会风险的时代需求对刑事立法技术和立法能力提出了更高要求。系统性风险的常态化分布突破了传统立法对单一危险行为的识别模式,立法者无力逐个甄别具体危险行为的外在特征,而海量风险叠加所累积的危害性极大,亟需刑法加以规制。这种双重压力推动着刑法范式的根本转型,刑法必须改变传统危险犯"一类行为(风险)一罪名"的立法范式,放弃以单一危险类型和行为类型为预防对象的立法模式,转而构建以系统性风险预防为内核的新型秩序犯体系,制

---

[1] 参见石魏、乔宇:《高空抛物"情节严重"的具体认定——北京东城法院判决周某高空抛物案》,载《人民法院报》2022年7月14日,第6版。

[2] 参见刘艳红:《开放的犯罪构成要件理论研究》,中国人民大学出版社2022年版,第60页。

[3] 参见[德]卡尔·拉伦茨:《法学方法论》,陈爱娥译,商务印书馆2003年版,序言第7页。

定具有预防功能的新秩序犯，以实现从个体行为规制向整体秩序维护的功能演进。

系统思维作为类型思维的进阶形态，其通过整合诸多类型要素构建出更具有包容性的规范体系。相较于传统危险犯的单一类型化规制模式，基于系统思维建构的新秩序犯展现出更强大的规范适应力，能够有效应对现代化进程中复杂的系统性风险。在我国刑事立法中，基于系统思维而设立的新秩序犯已有积极实践。例如，帮助信息网络犯罪活动罪、非法利用信息网络罪以及拒不履行信息网络安全管理义务罪三大外围犯罪，在信息网络犯罪规制体系中，以保护网络秩序之名构筑起网络安全规制体系，将形态多样、类型迭代的网络风险行为纳入规制范围。这种立法模式的创新源于对网络风险本质的深刻认知：在网络空间等新兴领域，风险的弥散性与交互性使传统危险犯类型化的立法模式难以奏效。立法者几乎无法具体判断何种网络风险是值得刑法保护的，系统性风险的复杂性基本上也断绝了对具体风险进行提炼的可能性，立法者无法依赖类型化的"一风险一罪名"模式实现有效治理。而新秩序犯则通过"秩序保护"这一弹性概念，巧妙解决了风险识别的规范困境，其规范效力呈现双重维度。一方面，从纵向维度上看，新秩序犯的规制范围可覆盖从传统网络行为异化到新型网络失范行为，帮助信息网络犯罪活动罪等外围犯罪不仅适用于规制利用信息网络手段实施的传统犯罪行为，也涵盖了网络空间中侵害网络秩序的新行为类型，前者如为电信网络诈骗[1]、网络赌博[2]、非法获取公民个人信息[3]等提供技术帮助的行为，后者如非法从事第四方支付业务的行为。[4]另一方面，从横向上看，新秩序犯的包容属性令其本身始终保持着开放结构，通过秩序价值的动态解释持续吸纳新型危害行为，实现规制范围的更新与进化。由此可见，尽管新秩序犯在构成要件中隐去了危险要素的形式痕迹，但其预防效能反而获得实质性提升，秩序概念的弹性化解释和开放性结构为刑事立法跟进技术演进留下了空间，同时也确

---

[1] 参见辽宁省鞍山市中级人民法院（2023）辽03刑终141号刑事判决书。
[2] 参见北京市第四中级人民法院（2023）京04刑终1号刑事判决书。
[3] 参见湖南省长沙市中级人民法院（2021）湘01刑终979号刑事判决书。
[4] 参见广东省江门市中级人民法院（2019）粤07刑终121号刑事判决书。

保了规范适用的稳定性。[1]

综上所述,新秩序犯通过在构成要件中增设"结果化"要素的立法技术创新,在延续传统危险犯预防功能的基础之上,实现了犯罪成立标准的客观化与刑法干预边界的明确化。新秩序犯以更具有包容性的秩序保护框架,及时有效应对现代社会系统性风险的调控需求,相较于传统危险犯而言具有明显的规范优势。当前我国网络暴力、数据安全、人工智能应用等新兴领域的风险预防面临的治理难题,本质上也是源于传统危险犯立法难以适应系统性风险带来的挑战,显然,在这些新兴领域,类型化立法模式已表现出明显的功能局限,刑事立法亟需进行创造性变革。作为立法范式的重要革新,新秩序犯以其系统性思维和弹性规制特征,理应成为未来预防性刑事立法发展的主导方向,特别是在应对复杂系统性风险的立法实践中,新秩序犯应当成为调控系统性风险的关键环节。

第二节 新预防主义的司法逻辑

一、预防性犯罪刑事治理的应急性与不完整性

传统观点往往将刑法定位为犯罪治理的唯一手段,这一工具主义思维在预防主义理论中进一步延续,无论是强调威慑效应的消极的一般预防论[2]还是强调规范强化的积极的一般预防论,[3]本质上都建立在刑法的工具价值基础之上。[4]然而实证研究表明,刑法实际发挥的预防功能与理论预期之间存在显著差距,作为事后惩罚机制,刑法既无法消除犯罪机会,也难以从根本上消除犯罪动因。这意味着,刑法基于预防目的而将特定行为入罪化,其实

---

[1] 参见刘艳红:《Web3.0时代网络犯罪的代际特征及刑法应对》,载《环球法律评论》2020年第5期,第109-112页。

[2] 参见[日]庄子邦雄:《近代刑法思想史序说——费尔巴哈和刑法思想史的近代化》,李希同译,中国检察出版社2010年版,第34页。

[3] 参见孙道萃:《积极一般预防主义的理论逻辑与中国话语》,载《河南财经政法大学学报》2016年第2期,第76页。

[4] 参见魏昌东:《新刑法工具主义批判与矫正》,载《法学》2016年第2期,第85页。

际预防效果可能微乎其微,刑法的预防功能可能是无效的预防。[1]事实上,只要犯罪行为仍存在边际收益,或实施犯罪的收益超过接受惩罚的成本,刑法就难以从根本上真正遏制犯罪诱因,因此,对刑法预防功能抱有过高的期待,往往因难以实现预期的治理效果而落空。

我国预防性犯罪的刑事立法与司法实践皆表现出明显的"应急性"特征,这实质上是社会剧烈转型时期法律体系的适应性反应,反映了传统社会向现代社会转型的衔接阶段存在"时代裂隙"而产生的"治理断层"现象。现行刑法中诸多预防性罪名的设立往往源于特定社会事件的直接推动,如投放虚假危险物质罪的设立肇始于肖永灵案的舆论影响[2]、高空抛物罪则是为了安抚公众对"头顶安全"的担忧与焦虑,此类立法更多地承载着象征意义与宣示功能,而非基于实践理性的制度设计,其实际治理效能往往无法达到预期。[3]从社会治理的发展维度来看,在特定时期选择刑法作为社会失范行为的首要治理手段,实则是特定历史条件下的权宜之举。现代社会的价值多元化趋势不断消解传统非正式控制机制的规范效力,使个体面临的社会风险呈现指数级放大,人们不知道也无法预知何时会爆发何种灾难,面对难以预知且不可控的新型社会风险,刑法不得不以积极姿态作出回应,这种预防性刑法的扩张态势本质上是法益保护需求倒逼所带来的演变。[4]纵观预防刑法的历史演变过程,刑法率先介入预防的领域往往集中于新技术新业态等新兴领域,在这些新兴领域,多元价值削弱了非正式的社会控制机制的效用,与此同时,民法、行政法的规制体系尚未成熟,国家监管的缺位导致新技术新业态陷入"野蛮生长"的困境。此时,在法规范真空与社会控制机制集中失灵的双重推动下,社会失范行为呈现爆发式增长态势,在此背景下,短期治理效果显著的刑法自然成为治理者的最优选择,以期快速遏制失范行为的蔓延势头。

---

[1] 参见[德]冯·李斯特:《论犯罪、刑罚与刑事政策》,徐久生译,北京大学出版社2016年版,第77—79页。

[2] 参见上海市第二中级人民法院(2001)沪二中刑初字第132号刑事判决书。

[3] 参见刘艳红:《我国刑法的再法典化:模式选择与方案改革》,载《法制与社会发展》2023年第3期,第63页。

[4] 参见张明楷:《网络时代的刑法理念——以刑法的谦抑性为中心》,载《人民检察》2014年第9期,第12页。

然而，良好社会秩序的形成从来都不能仅依靠刑法的强制力，[1]刑法的过度前置化干预不仅会不断压缩公民的自由空间，更可能制造一种"人人自危、人人都可能是潜在犯罪人"的社会氛围，进而既阻碍了新技术、新业态的良性健康发展，也从根本上背离了犯罪治理的社会目标。究其原因，作为最具严厉性且附随后果影响最深刻的法，刑法一旦介入特定领域，就会给相关行为乃至整个行业贴上"绝对禁止"的标签，[2]实质上剥夺了新技术新业态的发展空间，导致那些尚处于萌芽阶段的新兴业态在"犯罪化"的沉重枷锁下，往往难以获得正常的成长机会。因此，在社会治理的宏观视野下，"应急性"刑事立法本质上只是一种权宜之计，其适用呈现出明显的政策波动性：当刑事政策趋严时，刑法干预便如潮水般扩张，打击范围和力度随之加大；当政策转向宽松时，刑事治理又快速收缩，打击范围和力度随之放松。但无论刑事政策如何调整，刑法以何种姿态发挥其预防功能，司法者都应恪守一个基本原则：预防性犯罪的适用必须保持审慎克制，它只能是刑事处罚中的特殊例外，而绝不能成为普遍常态。无论刑法以何种姿态展开其预防功能，司法者应当谨记一个基本信条，即预防性犯罪只能作为刑事处罚的例外，而非刑事处罚的常态。

对于预防性犯罪的治理效能而言，刑罚手段具有明显的局限性，事后处罚机制的定位使其根本无法改变滋生犯罪的社会环境基础。以网络黑灰产业治理为例，学界有观点主张建立以刑法为主导的全流程刑事规制体制，对于客观上促进违法犯罪的网络黑灰产业，以刑法为主要治理手段对上中下游的行为实施全流程规制。[3]即通过增设针对网络暴力行为的网络暴力罪等新罪名，[4]并扩张适用帮助信息网络犯罪活动罪、非法利用信息网络罪等现有罪名，对黑灰产业链上的关联行为实施全面刑事打击，加大惩处力度及扩大处

---

[1] 参见［美］罗伯特·C. 埃里克森：《无需法律的秩序——相邻者如何解决纠纷》，苏力译，中国政法大学出版社2016年版，第297-298页。

[2] 参见罗翔：《犯罪附随性制裁制度的废除》，载《政法论坛》2023年第5期，第26页。

[3] 参见宁利昂：《网络黑灰产业的刑法治理》，载《青少年犯罪问题》2022年第2期，第60-63页。

[4] 参见陈罗兰：《网络暴力的刑法治理与罪名增设》，载《法律科学（西北政法大学学报）》2023年第5期，第115页。

罚范围。[1]这种刑事治理模式虽能在短期见效，但单纯依赖刑法手段治理网络黑灰产业犯罪，将面临三重现实困境：一是网络黑灰产业链条中包含了复杂的行为样态，既存在显性的犯罪行为，同时也存在以合法形式掩盖非法目的的经营行为以及部分合法经营行为，这种混合业态使得司法机关甄别和定性不同行为面临技术操作和规范评价上的多重障碍，不仅在技术层面难以精准识别不同性质的行为，在规范评价层面也缺乏清晰的界分标准。若采取一刀切的入罪化处理方式，对所有行为一律入罪，势必导致"立法的犯罪定义"变成"实际上是司法者的犯罪定义"，[2]这不仅违背罪刑法定原则，也容易造成司法恣意。二是网络黑灰产业具有极强的扩散性和广泛性，其规模已远超刑事司法资源的承载能力。当司法系统难以全面打击所有犯罪行为时，往往会滋生选择性执法的现象，此时刑法惩治的矛头更容易指向学生、老年人等弱势群体。原因在于，这些"脆弱群体"由于甄别、判断犯罪能力较弱，更容易被不法分子所利用，同时又缺乏足够的反侦查能力，因而更易被司法机关所查处。相比之下，真正应当受到刑罚处罚的诈骗活动组织者和实施者等骨干人员却逍遥法外。这种状况不仅削弱了法治效果，更难以实现预期的社会效果。三是实施预防性犯罪的行为基本属于犯罪链条上的外围行为，核心犯罪者往往刻意让这些外围犯罪人员暴露于司法打击之下，以此分散和消耗有限的刑事司法资源，将自己隐藏在更加隐秘的犯罪核心之中。因此，过度聚焦于预防性犯罪的刑法打击，可能导致犯罪治理长期停留在治标的表象层面，而难以深入实施治本性的犯罪治理策略。[3]

事实上，在现代化转型过程中，新型失范行为的持续涌现已成为显著特征，而在新型失范行为能够源源不断产生的特定领域，特别是在网络黑灰产业犯罪、网络暴力等特定领域，刑法预防机制已显现出明显局限性。这种现象本质上反映了犯罪生成环境基础的持续存在，使得犯罪行为不断滋生和蔓延。在此情形下，刑法的事后干预只能消耗有限的司法资源和增加犯罪统计的数量，而难以实现犯罪的根源性治理效果。我国司法实践中的现实困境恰

---

[1] 参见皮勇：《网络黑灰产刑法规制实证研究》，载《国家检察官学院学报》2021年第1期，第38-40页。

[2] William J. Stuntz, "The Pathological Politics of Criminal Law", *Michigan Law Review*, Vol. 100, No. 3, p. 578.

[3] 参见夏伟：《论外围犯罪的穿透性治理》，载《中国刑事法杂志》2023年第5期，第17页。

恰印证了这一规律——无论是危险驾驶罪、帮助信息网络犯罪活动罪还是非法利用信息网络罪等预防性犯罪治理，都陷入了"量增质滞"的怪圈。

二、预防性犯罪社会治理模式的确立与展开

从上述分析中表明，实现预防性犯罪的有效治理，其关键并非在于扩大刑事处罚范围或强化打击力度，而在于从根本上改变滋生犯罪的社会环境基础。这本质上已经超越了刑事治理的范畴，而应属于社会治理工作。正是在此基础上，新预防主义理论能够清醒认识到刑事治理的局限性，反对将刑法简单工具化为犯罪治理手段，而是在将其视为社会治理体系的有机组成部分的整体视角下，将刑法认为是一种社会治理的手段之一。预防性犯罪的治理必须与社会治理方案协同推进，只有通过系统性地改造催生犯罪生成的"社会土壤"和"源头环境"，才能从根本上实现犯罪的标本兼治。

首先，现代社会治理模式强调法律体系的一体化协同治理，要求刑法、民法与行政法等法律部门共同参与犯罪治理。法律系统的创生源于社会治理的客观需求，本质特征在于，其既可能是规范上的封闭系统（anormatively closed system），又能够在认知上保持开放性（acognitively open system），这种双重属性使得法律系统在面向社会时总是尽可能保持其开放性。[1]作为最严重的社会失范行为，犯罪治理必然需要法律体系的整体回应，需要整个法律系统的共同参与。需要说明的是，这种多元治理并非法律手段的简单叠加，而是在法律系统内部形成相对清晰的秩序安排，基于各法律子系统间的有序分工，根据行为特征选择最优的规范组合方案。以网络暴力治理为例，当侵权行为主要侵害个人名誉权时，可依据《中华人民共和国民法典》（以下简称《民法典》）的私权保护机制保护名誉权这一私权利，同时也触犯了《刑法》第246条诽谤罪的规定，形成"民刑衔接"的治理路径；当行为扰乱社会公共秩序时，则可通过公法益的保护原理，形成行政处罚与寻衅滋事罪的刑事责任追究构建"行刑衔接"的治理模式。[2]这种基于法益保护类型化的规范组合治理方案，在我国已经发展出成熟且富有实效的领域法治模式，通过对

---

〔1〕 参见［德］尼克拉斯·卢曼：《法社会学》，宾凯、赵春燕译，上海人民出版社2013年版，第424-426页。

〔2〕 参见周佑勇：《社会主义核心价值观融入网络空间治理现代化的法治逻辑》，载《江苏行政学院学报》2022年第1期，第126页。

法规范的横向整合进一步激发法律系统的社会治理潜能。[1]

基于对刑法预防功能应急性和局限性的清醒认知，刑事治理应当被定位为一种阶段性应对策略，而随着民法、行政法等前置性法律规范的逐步完善，刑法应当遵循谦抑性原则有序地退出，让位于这些非刑事治理的法律手段，[2]实现治理重心向非刑事法律手段的合理转移，这可以视为刑法之外其他法律规范治理功能的理性回归。虽然刑事制裁天然具有威慑属性，但如前述分析所示，其预防效果往往停留在象征层面，仅具有宣示意义而并无太大实效。相较而言，处于规范体系前端的民事与行政法律更适宜承担基础性预防职能，其可以通过及时规制轻微违法行为，有效阻断轻微违法行为向更加严重的刑事犯罪恶性演变，这种"民进刑退""行进刑退"的动态调整机制，符合法律体系内部层级分工的内在要求。[3]

其次，社会治理模式将犯罪现象视为社会的"病理因素"，主张以疏导型犯罪治理替代压制型犯罪治理作为预防性犯罪的治理范式，[4]这种疏导型治理模式建立在立法目的与司法功能的二元区分基础上，[5]具体表现为两个维度：一是建立对犯罪黑数的合理容许机制。"很少有人否认……'轻微违反'可以限制犯罪化。"[6]由于预防性犯罪主要是轻微犯罪，而且大多属于法定犯，因而刑事处罚具有补充性，适度容忍部分无须进入司法程序的轻微违法行为具有现实必要性。需要强调的是，容许犯罪黑数的存在并不意味着放纵犯罪，那些未被刑事追责的轻微违法行为仍将面临具有实质惩戒效果的行政处罚或民事制裁，其惩罚强度不亚于轻微刑事处罚。二是构建差异化的处置体系。司法定罪裁量应当把握必要尺度，基于预防必要性的审慎评估，通过科学区分行为的社会危害程度，形成轻重有别的处置方案。重点惩治犯罪链

---

[1] 参见刘艳红：《网络暴力治理的法治化转型及立法体系建构》，载《法学研究》2023年第5期，第79页。

[2] 参见张新平：《论"网络黑灰产"的一体化法律治理》，载《数字法治》2023年第4期，第145-148页。

[3] 参见[德]尼克拉斯·卢曼：《法社会学》，宾凯、赵春燕译，上海人民出版社2013年版，第27页。

[4] 参见姜瀛、李娜：《"最好的社会政策就是最好的刑事政策"出处及原语考略——兼及李斯特刑法思想研究的反思》，载《法治社会》2020年第4期，第105页。

[5] 参见喻海松：《立法与司法交互视域下网络犯罪规制路径总置评》，载《政法论坛》2023年第1期，第132页。

[6] [美]道格拉斯·胡萨克：《刑法哲学》，姜敏译，中国法制出版社2015年版，第560页。

条中的源头性、核心性行为,而对边缘性参与行为保持必要的司法克制。以我国网络黑灰产业犯罪治理实践为例,我国司法机关针对网络黑灰产业犯罪虽然确立了"全链条"治理的刑事司法政策,但在具体实施中仍秉持"区别对待、重点治理"的差异化原则,这一理念已通过多个司法解释和政策文件得到充分确证。2020年12月21日最高人民法院刑事审判第三庭、最高人民检察院第四检察厅、公安部刑事侦查局《关于深入推进"断卡"行动有关问题的会议纪要》第4条规定:"……对于出租、出售信用卡达不到多次、多张的,认定构成犯罪要特别慎重。"2022年3月22日最高人民法院刑事审判第三庭、最高人民检察院第四检察厅、公安部刑事侦查局《关于"断卡"行动中有关法律适用问题的会议纪要》第1条进一步细化规定:"……特别是对于交易双方存在亲友关系等信赖基础,一方确系偶尔向另一方出租、出售'两卡'的,要根据在案事实证据,审慎认定'明知'。"这种治理策略源于对犯罪生成规律的深刻认识,相较于下游犯罪,源头犯罪和核心犯罪才是风险聚集的关键节点。只有精准打击犯罪源头,才能有效遏制犯罪扩散;只有彻底瓦解核心犯罪环节,才能真正实现"斩链断血"的治理目标。

最后,社会治理模式最终需要回归"社会"本体,司法机关需要重视并善用社会转型过程中自然形成的"软法"治理机制。在现代社会交往过程中,社会成员在相互交往中已经形成既定规则,这种非正式的社会控制系统能够内生性地构建良性秩序,有效遏制社会失范行为的产生与扩散。在这些领域,法律强制介入不仅难以提升预防效果,反而可能破坏既有的秩序生态。作为非正式社会控制的核心集合,"软法"相较于国家制定法具有更强的社会渗透性,能够深入违法犯罪滋生的社会土壤,[1]穿透至违法犯罪形成的社会基础层面。其根本作用机制在于,"软法"与犯罪存在动态平衡关系,当社会自生的"软法"规范得到有效运转时,犯罪活动自然受到压制;反之,当"软法"约束失效时,犯罪便获得生存发展的社会空间,其才有打破既定格局进行自我生长的机会和空间。因此,现代社会失范行为激增的本质,实则是"软法"调控功能弱化的直接后果。从这个意义上说,健全的"软法"体系对于犯罪预防而言具有先导性作用。

---

[1] 参见孟璐:《网络社会治理中软法的效能及适用路径》,载《中州学刊》2021年第5期,第63页。

第三节　新预防主义的政策基础

预防主义共同的基本特征是，强调刑法需要不断严密法网以保障刑法的预防功能，这实质上体现了刑事政策"严"的一面。刑事政策的弹性空间很大，不同地区办理案件很难保持政策厉度的相对一致，这种不稳定性也决定了刑事政策发挥的作用主要是间接的，预防主要提倡刑法通过犯罪圈的横向和纵向扩展，将值得刑法处罚的行为以成文法的形式固定。于是增设新的预防性犯罪，以及对相关行为打早打小，成为了预防主义刑事政策的主要内容。然而，无论是严密法网及打早打小，本质上都使刑法处罚更加宽泛，容易导致刑法打击的过度化。为此，新预防主义主张应当进一步以"宽"济"严"，具言之，刑事立法政策之"严"与刑事司法政策之"宽"应当协同推进。新预防主义对宽和刑事司法政策的有效贯彻主要体现在两个方面：

一是对犯罪黑数的适度容忍。"很少有人否认'轻微违反'确实会并且应当影响量刑……最为明显的是，'轻微违反'可以限制犯罪化。"[1]刑事司法政策的"宽"主要表现在罪质评价上，"宽宥"某些符合形式构成要件但不具备实质当罚性的轻微行为，将之不作为犯罪处理。刑事政策具有灵活性，"它斟酌允许立法者将刑法延伸到何种程度以便使公民的自由空间不会超过不必要的限制"。[2]由于预防性犯罪主要是轻微犯罪，而且大多属于法定犯，因此，刑法对预防性犯罪的惩处是附带的，事实上也不可能消除为数众多的预防性犯罪，故应容许适量犯罪黑数的存在。这些刑法评价意义上的（轻微）犯罪，由于未经刑事司法程序尤其是刑事审判而事实上被无罪化。需要说明的是，对犯罪黑数的适度容忍并非放纵犯罪，因为对于刑法不作为犯罪处理的轻微犯罪行为，会配套严厉的行政和民事制裁，这些制裁手段的惩罚性实质上并不弱于刑法。

二是不同参与行为的差异化对待。新预防主义注重考量行为的预防必要性大小，形成轻重有别的区分处理方案，同时，注重预防实效性重点打击源

---

[1] [美] 道格拉斯·胡萨克：《刑法哲学》，姜敏译，中国法制出版社2015年版，第560页。

[2] [德] 汉斯·海因里希·耶赛克、托马斯·魏根特：《德国刑法教科书（上）》，徐久生译，中国法制出版社2017年版，第32页。

头行为与核心行为。如在网络黑灰产业治理中，我国刑法对网络黑灰产业犯罪治理总体采取综合治理模式，并越来越强调对下游犯罪的惩治。《刑法修正案（九）》增设的帮助信息网络犯罪活动罪、非法利用信息网络罪、拒不履行信息网络安全管理义务罪既是外围犯罪，也广泛适用于惩治网络黑灰产业犯罪的下游犯罪行为；《刑法修正案（十一）》对洗钱罪处罚范围的扩大，更加鲜明地体现了对下游犯罪行为的打击。从逻辑上看，对下游犯罪的惩处有消极的一般预防之义，通过扩大打击范围、加大打击力度威吓下游犯罪人不再犯罪。不过，综合治理仍然是区分轻重、强调差异化的治理模式，相对于下游犯罪而言，源头犯罪与核心犯罪是风险的聚集点，只有堵截犯罪源头才能从根本上遏制犯罪的滋生和蔓延，只有瓦解核心犯罪才能真正斩断犯罪链条，因而成为了新预防主义所重点治理的犯罪类型。

有效治理源头犯罪，关键在于确立平台责任而非倚重个体防范。当今时代，面对层出不穷、形态各异、不断升级的高科技犯罪，个体防范越来越无力，与之相对，平台预防违法犯罪的能力显著强化，也承担更多的责任。为了引导、规范深度合成"技术向善"，2022年11月25日国家互联网信息办公室、工业和信息化部、公安部联合发布《互联网信息服务深度合成管理规定》，其第17条规定，为了避免公众混淆或误认，提供合成人声、人脸等深度合成服务的，应当进行显著标识。平台承担责任的根据有二：一是在个体与平台关系上，个体虽然是个人信息的主体和数据的生产者，但其在与平台交往的过程中已经丧失了"真实的自决权"，仅需作出概括同意甚至默示同意即转移了个人信息和个人数据的处理权，[1]换言之，平台在现有规则下很轻易地管理和控制了个人信息和个人数据，成为事实上的主体，相应的，平台在法律上也需要承担更多的保护义务。二是平台自身容易成为犯罪工具、犯罪空间，其提供相关服务时负有阻止违法犯罪的合规义务。从技术治理角度来看，平台是高科技的载体，平台的参与充分实现了"法律+技术"在犯罪治理中的叠加效应，能够更加有效地回溯至犯罪源头以及精准打击核心犯罪。

综上所述，推进刑事法治现代化不能一成不变地沿用传统预防主义，而应当根据刑法改革、犯罪变迁及社会治理需求，对传统预防主义进行必要的

---

[1] See Jolene Chan et al, "Profiling Hoarding Within the Five-Factor Model of Personality and Self-Determination Theory", *Behavior therapy*, Vol. 53, No. 3, 2022, pp. 550-553.

更新完善，形成更能适应当代刑事立法、刑事司法及刑事政策的新预防主义。从传统预防主义到新预防主义的进化，充分吸收了我国预防性立法及其犯罪治理经验，既保持了刑事法治的中国特色，也是预防理论现代化转型的有益尝试。

第二章

新预防主义的正当性检视

相较于传统预防主义以功利目标为价值取向，新预防主义更加注重刑法本身的合理性及其运行的实效性。为了保障刑法自身的合理性，需要在立法上划定预防的边界。刑法条文因承载法益而具备规范意义，故而预防向度的刑法需要遵循法益的最低限度要求，受法益立法批判功能约束。为了保障刑法运行的实效性，新预防主义应当进一步反思传统预防主义所引起的过度犯罪化问题，在司法上规范刑法解释的方向与限度。这两个维度的理论提炼，构成了新预防主义的正当性基础。

第一节 传统预防主义对刑事法治的正当性挑战

一、工具化："过度定罪"的刑法

刑法原本应当秉持"最后手段"原则，尽力克制发动刑罚权，而"与风险社会相伴生的预防刑法理论却使得刑法日益工具化"，[1]这种新型工具主义与专制时代将刑法作为维护政治统治工具的本质区别在于，其在规范内涵与表现形式上得到了更新和发展。随着风险社会的结构转型和民意政治的强化，"刑法开始作为国家与社会之间博弈的砝码而存在，刑法的实用效果（法益保护）已经不再是立法者首要考虑的因素，是否具有安抚性的政治目的开始成为立法者所要考虑的问题"，这种以风险预防为名、以情绪安抚为实的立法取

---

〔1〕 刘艳红：《人性民法与物性刑法的融合发展》，载《中国社会科学》2020年第4期，第118页。

向,有学者称之为"新刑法工具主义",[1]标志着刑法正在从权利保障法转向风险调控法。

为了有效发挥刑法的工具价值,预防主义在刑法中的运用虽然强化了其社会治理功能,但也直接导致了刑事法网的不断扩张。在立法实践中,无论是增设新罪还是扩充旧罪构成要件,都暗含着刑法失义的潜在风险,可能将本不应受刑罚制裁的行为纳入犯罪圈,[2]"只要能够预防可能的侵害刑法就有理由将某种行为规定为犯罪"。[3]析言之,刑法学界对预防主义的最大担忧在于,缺乏约束的预防主义会强化公权力天然的扩张冲动,推动刑事立法走向过度犯罪化的极端,"过度犯罪化的最大问题是它产生了明显不公正的惩罚。一个国家让太多的行为受到超出规范性约束的制裁,就不可避免地会伤害一些本不应该受到惩罚的人"。[4]

从立法层面上看,预防主义推动刑法将关注焦点由现实的实际损害转向可疑的危险行为。通过刑法预防风险,首先考虑的是处罚前置化,在此预防主义导向下的立法趋势是,刑法将"使法益危殆化的法益关联性行为的规制提至具体危险发生之前的阶段",[5]创造了一个弥补实害犯不足的缓冲区域,有学者巧妙地称之为风险预防犯。[6]它有三种典型形式:一是增设危险犯,尤其是抽象危险犯,如危险驾驶罪、妨害安全驾驶罪等;二是预备行为独立成罪,如准备实施恐怖活动罪、非法利用信息网络罪等;三是共犯行为正犯化,如帮助信息网络犯罪活动罪、资助恐怖活动罪、煽动分裂国家罪等。以上三种立法转向本质上是刑法基于对风险社会需求的回应,将刑事处罚的时点提前,"前移设罪位置的积极刑法观,也是风险社会和转型社会作用力的必

---

[1] 参见魏昌东:《新刑法工具主义批判与矫正》,载《法学》2016年第2期,第86页。

[2] 参见[美]保罗·罗宾逊、[美]迈克·卡希尔:《失义的刑法》,谢杰等译,上海人民出版社2018年版,第12-17页。

[3] Youngjae Lee, "Criminalization, legal moralism, and abolition", *University of Toronto Law Journal*, Vol. 70, No. 2, 2020, p. 195.

[4] Douglas Husak, "Six Questions About Overcriminalization", *Review of Criminology*, Vol. 6, 2023, pp. 273-274.

[5] [日]嘉門優:《法益論の現代的意義(二·完)——環境刑法を題材にして一》,载《大阪市立大学法学雑誌》2004年第1期,第106页。

[6] 参见[美]道格拉斯·胡萨克:《过罪化及刑法的限制》,姜敏译,中国法制出版社2015年版,第58页。

然结果"。[1]然而其核心争议在于，立法者缺乏明确标准来判断何种危险行为需要提前预防而进行犯罪化。相反，刑法不加甄别的对危险行为实施无差别打击，实质上压缩了公民的行为自由空间，形成"预防性"对"自主性"的制度性挤压。[2]

从司法层面上看，预防主义导向下的犯罪认定标准往往具有不确定性，这种不确定性在扩张司法自由裁量权的同时，也隐含着有罪推定的制度风险。由于危险行为本身缺乏明确的客观征表，因而当刑法将抽象危险作为处罚对象时，不得不采用开放性的构成要件表述。值得注意的是，部分危险犯的设立并非基于预防重大风险的考量，而是出于司法便利的需要，原因在于某些情况下"难以或者不能证明（包括不适合在法庭上证明的情形）实害结果与具体危险的发生"，[3]为了有效打击此类行为，在立法技术上采取相对模糊的构成要件。开放且模糊的构成要件在解释适用时倚赖于司法者的自由裁量，实质上导致了法律制定权从立法机关向司法机关让渡的隐性转移，使得"立法的犯罪定义"变成了"实际上是司法者的犯罪定义"，[4]为司法权的滥用埋下了隐患。当"法定的犯罪构成"演变为"司法认定的犯罪构成"时，其结果往往是，只要行为人实施了类型性的行为，即可推定行为人符合犯罪构成要件。例如，在醉驾型危险驾驶罪中，一般只要行为人血液酒精含量达到80mg/100ml即推定满足醉驾条件，构成危险驾驶罪。从法效果上看，推定的泛化使危险驾驶罪的出罪空间愈发逼仄，使得《刑法》第13条"但书"条款等出罪机制在司法实践中几乎被架空，而与之相对的更严重的犯罪如交通肇事罪中却可以广泛适用"但书"出罪，轻微犯罪反而更缺乏出罪空间，这不仅造成刑法体系内部的逻辑冲突，也助长了司法过程中的有罪推定倾向。[5]

---

[1] 姜敏：《积极刑法观之面相、根据和实践限度的教义学分析——以〈刑法修正案（十一）〉为分析文本》，载《法学评论》2022年第6期，第38页。

[2] 参见[美]道格拉斯·胡萨克：《过罪化及刑法的限制》，姜敏译，中国法制出版社2015年版，第58-61页。

[3] 张明楷：《抽象危险犯：识别、分类与判断》，载《政法论坛》2023年1期，第75页。

[4] William J. Stuntz, "The Pathological Politics of Criminal Law", *Michigan Law Review*, Vol. 100, No. 3, p. 578.

[5] 参见夏伟：《"但书"出罪运行机制实证研究》，载《中国法学》2023年第4期，第253页。

二、政策化："核心淡化"的刑法

每一部刑法都有其核心价值，这些核心价值直接体现在核心犯罪的规范设定上，核心犯罪不仅构成刑事立法的根基，更是区别刑法与其他部门法、本国刑法与外国刑法的关键标志。从历史和现实的双重维度观察，刑法中的核心犯罪具有两个本质特征，大体可以描述为在时间维度上"历时态"的长期稳定存在，且在社会维度上"共时态"的属于为本国国民所共同确认的明显违反社会秩序的罪行，这些犯罪行为对法益的侵害性直接指向法益本身，因而不需要存在一个中间层面的转换介质。[1]我国刑法最初秉持应报主义理念，部署刑法之核心犯罪，仅将具有严重社会危害性的行为纳入核心犯罪圈。"随着社会的发展变迁，以及大陆法系与英美法系的立法、学说与判例的大规模引入，我国本土刑法观念与刑事法制都受到不同程度的影响渗透"[2]，部分犯罪的构成要件内容随着时间的推移已经发生一些调整，比如，盗窃罪的行为已进行多次修改，然而无论刑法如何修改，都无法否定盗窃罪应受刑法处罚的本质特性，始终未改变其作为核心犯罪的本质属性。按此划分标准，我国刑法的核心犯罪可以说主要由传统自然犯组成，这些犯罪保持着超越时空的规范稳定性。

预防主义对社会治理功能的崇尚，加速了刑法的政策化，与之伴随的是，法定犯的逐渐增多与频繁适用使刑法日益偏离其规范核心。作为社会控制机制，刑法自创生之日起即承载着特定意义的社会治理功能。其通过明确行为禁令与施加刑罚，既在法律层面否定犯罪行为，也在事实层面部分剥夺或限制了行为人的犯罪能力。然而，相较于其他社会治理规范，刑法作为最后手段的法（Ultima Ratio）的本质属性，要求刑罚本身应该是内缩的，而不是外张的，刑法需要保持适度的克制，不能过多地惩罚社会失范行为，"即使出于保护法益的目的，但在采用其他措施足以保护法益的情况下，也不得轻易使用刑法"[3]。然而，预防主义的持续渗透全面激活了刑法的管控功能，使其

---

[1] See Douglas Husak, "Crimes Outside the Core", *Tulsa Law Review*, Vol. 39, No. 4, 2013, pp. 776-779.

[2] 刘艳红：《我国刑法的再法典化：模式选择与方案改革》，载《法制与社会发展》2023年第3期，第61页。

[3] 张明楷：《法益初论》，商务印书馆2021年版，第355页。

逐渐异化为极其活跃的"社会管理法"。当社会上发生一些影响较大的恶性事件，舆论压力往往通过公共话语渠道转化为政策诉求，倒逼立法与司法机关作出反应，这种应激性治理通常表现为刑事手段的介入，并不断被扩张适用。这种基于社会治理需求而设立的犯罪类型主要表现为法定犯，其本质上是国家行政权力通过刑事立法实现的规范延伸，是刑事政策刑法化之重要体现。我国现行刑法采取自然犯与法定犯一体化的立法模式，虽然从条文数量来看法定犯尚未占据主导地位，但在刑事政策的推动下，法定犯在司法实践中呈现出显著的活跃态势。据2022年最高人民检察院工作报告显示，2021年全国公诉案件数量排名中，危险驾驶罪高居首位，帮助信息网络犯罪活动罪位列第三，[1]法定犯的比重相对以往提升明显。这一司法态势表明，我国犯罪治理结构正在发生深刻转型，即从以自然犯为核心的传统模式，逐步转向以法定犯为主导的新型治理格局，深刻反映出刑事政策对立法与司法的深刻影响。

核心犯罪与外围犯罪的此消彼长，在一定程度上削弱了公民的规范认知与守法自觉。从短期治理效果上看，刑事政策导向下的刑法通过强化对外围犯罪的惩治力度，清除核心犯罪的滋生土壤，确实能够快速遏制犯罪的存量与增量，改善社会治理环境。然而需要警惕的是，外围犯罪多为法定犯，其违法性基础与自然犯存在本质差异，法定犯的处罚根据并非源于行为本身的道德可责性，而是基于对国家禁止性规定的违反。这种特性导致法定犯的扩张可能模糊公众的道德判断边界，使其在不自知的情况下陷入刑事责任的罗网，具体而言：

其一，法定犯的规范构造决定了其不法性难以被公众准确识别。作为现代刑法的核心价值，人权保障要求刑法必须清晰界定罪与非罪、此罪与彼罪的界限，准确告知与公众切身利益息息相关的刑事处罚事项，以确保公民能够预见自身行为的法律后果。[2]法定犯的成立以违反有关国家规定为前提，需要援引行政法、经济法等前置法，而这些前置法通常涉及高度专业化的领域，公众一般无法直观感知行为的法律边界。而且，前置法的规范系统数量庞大且繁杂，在我国自然犯与法定犯一体化的立法体例下，前置法与刑法的

---

[1] 参见张军：《最高人民检察院工作报告——2022年3月8日在第十三届全国人民代表大会第五次会议上》，载《中华人民共和国最高人民检察院公报》2022年第2号，第3页。
[2] 参见夏伟：《竞合型犯罪化反思》，载《当代法学》2021年第4期，第21页。

衔接关系本就较为模糊，甚至作为专业人士的法官在司法断案中都常常面临"找法困境"，对于普通公众而言认知难度更大。因此，即使刑法规定了法定犯，其实际的警示效果可能仍然有限。当刑法所禁止的事项未能充分传达给社会公众并未被公民充分理解时，贸然动用刑罚权不仅可能削弱公众对刑法的认同与尊重，更与法治社会得以持续性运转所依赖的"知法推定"和"自愿守法"原则相冲突。

其二，法定犯具有鲜明的时代性，是典型的"时代产物"，其成立与否往往随着政策调整与时代变迁而变动。以新冠肺炎防控期间的相关犯罪治理为例，国家卫健委将新冠病毒感染列为"乙类传染病按甲类管理"后，2020年2月6日最高人民法院、最高人民检察院、公安部、司法部《关于依法惩治妨害新型冠状病毒感染肺炎疫情防控违法犯罪的意见》（以下简称《新冠肺炎防控意见》）第2条规定，已经确诊的新型冠状病毒感染肺炎病人、病原携带者违反防疫措施进入公共场所或者公共交通工具，以及新型冠状病毒感染肺炎疑似病人进入公共场所或者公共交通工具，造成新型冠状病毒传播的，构成以危险方法危害公共安全罪；其他违反防疫措施的行为，有引起新型冠状病毒传播或者有传播严重危险的，构成妨害传染病防治罪。新冠病毒感染"乙类甲管"政策与配套司法解释颁布实施以后，涉疫犯罪数量呈现爆发式增长态势。而当2022年12月26日国家卫健委宣布自2023年1月8日起解除对新冠病毒感染"乙类甲管"政策，上述司法解释所规制的行为便不再被视为犯罪。这一过程清晰表明，法定犯的犯罪化与非犯罪化高度依赖政策导向，政策趋严时，犯罪圈如潮水般扩张；政策放宽时，刑事责任又如潮水般消退，这种政策波动特性使得法定犯缺乏像自然犯那样稳定的法益侵害实质，其处罚正当性亦因此受到质疑。

不仅如此，刑事制裁重心从核心犯罪向外围犯罪的转移，创造了过于宽泛的犯罪圈，增加了司法过程的选择性，进一步加剧司法裁量的任意性与裁判不公的风险。这是因为，外围犯罪往往渗透至传统私法自治的领域，而私法调整的行为本身建立在意思自治原则之上，通常不具有明显的违法性，甚至属于日常生活中的正当行为，刑法将这类行为纳入刑罚处罚范围，这使得许多自认为守法的公民可能因难以清晰辨识可罚与不可罚行为的边界而意外"触法"。刑法每增设一个外围犯罪，犯罪圈便不受控制地对外扩张一次，等同于制造了大规模的犯罪化，[1]助长了司法裁断的恣意性，更背离了刑法的最后手段性原则。例如，帮助信息网络犯罪活动罪原本被视为打击电信网络诈骗犯罪最有效的外围犯罪，但由于司法实践对"明知"要件采取"推定明知"的认定标准，实践中大量老年人、学生等弱势群体因提供"两卡"行为被追责，而真正应受惩处的诈骗组织者与实行者却鲜少落网。司法机关很快意识到这种做法有所不妥，在规范层面进行了一定修正，对提供"两卡"的行为限制入罪。2020年12月21日最高人民法院刑事审判第三庭、最高人民检察院第四检察厅、公安部刑事侦查局《关于深入推进"断卡"行动有关问题的会议纪要》第4条规定："……对于出租、出售信用卡达不到多次、多张的，认定构成犯罪要特别慎重。"第6条规定："……加大对打击涉'两卡'违法犯罪行为的宣传力度，提高社会公众尤其是在校学生、农民工、老年人的法治意识和防范意识强化综合治理……。"2022年3月22日最高人民法院刑事审判第三庭、最高人民检察院第四检察厅、公安部刑事侦查局《关于"断卡"行动中有关法律适用问题的会议纪要》第1条再度强调："……司法办案中既要防止片面倚重行为人的供述认定明知；也要避免简单客观归罪，仅以行为人有出售'两卡'行为就直接认定明知。特别是对于交易双方存在亲友关系等信赖基础，一方确系偶尔向另一方出租、出售'两卡'的，要根据在案事实证据，审慎认定'明知'。"因此，当犯罪治理的重心从核心犯罪转向外围犯罪时，由于外围犯罪的构成要件往往具有开放性特征，刑罚的适用在很大程度上取决于司法机关的自由裁量，这容易导致司法实践中的恣意性与不公正。

第二节　法益立法批判功能对新预防主义的矫正

法益论的最大潜力在于，它通过对社会生活中各种利益的分类、归类与判断，确定值得刑法保护的法益范围，从而指导和约束立法活动，防止刑事立法将不值得刑法保护的利益纳入保护范围，以及避免刑法对重要利益的预防性保护过于提前。法益论对新预防主义的矫正，既有前者意义上对利益类

---

[1] 参见姜涛：《现代刑法的立法转型与再法典化》，载《中国刑事法杂志》2023年第2期，第27页。

型的筛选,也有后者意义上对刑法介入时点的合理调控,这两方面作用蕴藏于法益立法批判功能的实现过程中。

一、法益立法批判功能面临的理论挑战

在刑法理论从"苏俄化"向"德日化"的演变历程中,以法益概念替代社会危害性概念并据以形成犯罪本质论的新体系,渐进成为学界的有力观点。传统刑法理论中的社会危害性概念欠缺"专属性"、"规范性"与"实体性",而"法益概念通过基本法获得了其相对的规范性和实体内容",[1]是故,法益概念应取代社会危害性概念,法益侵害应作为犯罪化的基本原则。[2]然而,法益论在走向中国本土化的过程中,一方面要回应来自社会危害性理论的质疑,另一方面却又始终难以摆脱规范论的宿命纠缠。

伴随行为无价值论在与结果无价值论的对垒中失利以及主观违法论在与客观违法论的交锋中落败,规范论之话语在刑法学界似乎很快陷入低潮。但紧接着,在法益论的阵营中逐渐又分化出两种观点:一种观点是,法益的核心是利益,刑法"以保护利益为目的是不可动摇的真理",它的"目的是公正地协调和保护社会成员的利益","我们可以根据利益的客观性判断立法的公正性,那些不以保护利益为目的的法,应当被视为'恶法'"[3],这种根据法益判别法之"善恶"并排斥"恶法"的理论,可谓之"批判立法的法益论"。另一种观点是,"犯罪是违反行为规范进而指向法益的行为","越是要更好地保护法益,就越是应该强化公众的规范感觉和规范意识,促使或者强制其不实施违反规范的行为",[4]这种提倡通过维护规范效力来实现法益保护的理论,可谓之"确证立法的法益论"。

然而,在第二种法益论即"确证立法的法益论"的话语下,刑法中的法益概念逐渐被赋予了一种标签意义:"法益并非留待立法者发现,而是通过立

---

[1] 苏青:《社会危害性理论的反思与改造——以法益视角为进路》,载《法学评论》2011年第3期,第57页。

[2] 参见陈璐:《犯罪化如何贯彻法益侵害原则》,载《中国刑事法杂志》2014年第3期,第3页。

[3] 张明楷:《法益初论》,商务印书馆2021年版,第199页。

[4] 周光权:《行为无价值论的法益观》,载《中外法学》2011年第5期,第946页。

法过程始被创设",[1]换言之,所有被创设的刑法条文都有着对应的法益。"此种意义上的法益概念丧失了其批判的能力,它只能用于对罪刑条文进行方法论导向的解释",[2]它不再批判立法反而积极为立法作背书。这种理论表面上认为违法性判断要同时考虑规范违反和法益侵害,即行为无价值与结果无价值具有同质性,但又认为,"刑法并不一般化地保护抽象的利益,而是保护利益背后的规范关系",[3]它以保护法益的形式掩盖维护规范效力的实质,使得所有违反规范的行为都被打上了法益侵害的标签。有了法益作支撑,犯罪化立法似乎天然就具备了正当化根据,至少在形式上,只要明确了某种行为违反了规范就能够确定该行为侵害了法益,再根据"犯罪的本质是法益侵害"的教义,犯罪化的立法自然也有了充分的理据。然而,这种标签化的法益概念面临着逐步丧失甄别行为之合法与不法机能的理论危机,它发展到极致的结论就是:"法益可有可无、应被替换。"[4]

  刑法中的法益究竟是一个注定会走向失败的概念,还是说由于某种误解而使之遭受本不应该承担之批驳?如果是前者,则表明随着以法益概念为基础构筑的理论大厦走向终结,刑法至少要损失"半壁江山";如果是后者,则意味着揭示法益标签化背后的事实真相,并还原法益论的本旨,就成为了当下刑法学研究不可回避的核心问题。法益标签化现象表明,规范论在与法益论的论争中虽然处于相对弱势,但它不仅没有彻底消失,还凭借着对法规范忠实维护的底气,伪装成"通过维护规范效力来实现法益保护"的新型法益理论。这种理论通过将利益代换为规范关系,掏空了法益的实体并使之沦为规范的外在标签,它的最终目的是复兴规范论。在预防主义深刻影响刑法变迁的时代背景下,为避免陷入复兴规范论的逻辑陷阱之中,就必须深刻反思法益标签化现象的生成进路、根本目的及其逻辑谬误,从而正确认识法益论和规范论的本质差异,重新确立法益批判立法的功能,并在立法上为新预防

---

[1] [德]埃里克·希尔根多夫:《德国刑法学:从传统到现代》,江溯等译,北京大学出版社2015年版,第236页。
[2] [德]乌尔斯·金德霍伊泽尔:《法益保护与规范效力的保障——论刑法的目的》,陈璇译,载《中外法学》2015年第2期,第553页。
[3] 周光权:《行为无价值论的法益观》,载《中外法学》2011年第5期,第952页。
[4] 冀洋:《法益保护原则:立法批判功能的证伪》,载《政治与法律》2019年第10期,第105页。

主义提炼理论规则。

二、法益概念标签化的进路：利用（预防的）不确定性编造争议

"尽管法益以及法益侵害的概念被频繁使用，但除了最近的少数两三个特例之外，关于它们的内涵，论者们在多数的情况下不过是重复使用惯用术语而已，而且过于抽象。"[1]法益论在批判规范论不明确的同时，其自身也残留了很大的不确定性，而有关法益论的种种质疑也几乎都指向了法益的不确定性，尤其是在预防性立法中，法益与危险概念的结合进一步放大了这种不确定性。

第一，法益本身是一个内容空洞的概念。法益概念的发展史是一段扩张史。法益概念的前史至少可以追溯到费尔巴哈（P. J. Anselm Feuerbach）的权利侵害说。权利侵害说是启蒙时期自由主义思想的投影，按照该说，国家目的（包括刑罚目的）应牢牢限定在保障"每个人都处于法律的保护而不受权利侵害的状态"，其反对国家"以依法确保市民的名义，把全体市民都套上法律的枷锁"[2]，据此，国家刑罚权不是为了个人复仇而是在制止权利侵害的意义上获得了正当性。为了支持权利侵害说，费尔巴哈还摒弃了当时争议颇多的违警罪，区分了直接侵害权利的犯罪和透过侵害法秩序而使权利危殆化的犯罪；删除了无权利侵害的宗教犯罪和风俗犯罪，拭去了法律中的宗教的、伦理的色彩。由此可见，权利侵害说具有鲜明的防范国家权力恣意化、保障市民自由的自由主义倾向，这一系列思想主张基本都在后来1813年的《巴伐利亚刑法典》中得以体现。

比恩鲍姆（J. M. F. Birnbaum）在权利侵害的基础上进一步提出了"法财"概念，并以此为基点发展出法益概念，这标志着法益理论进入了正史阶段。[3]回顾19世纪中期至今170多年的法益发展史，法益理论的构建大致处在两种立场之间，即古典主义与实证主义，前者属于自然法式的理性思辨，后者则是面向实定法的规范阐释。法益概念提出之时正值新旧两派刑法理论

---

〔1〕［日］伊东研祐：《法益概念史研究》，秦一禾译，中国人民大学出版社2014年版，第4页。

〔2〕参见［日］庄子邦雄：《近代刑法思想史序说——费尔巴哈和刑法思想史的近代化》，李希同译，中国检察出版社2010年版，第15、16页。

〔3〕See Vgl. J. M. F. Birnbaum, über das Erforderniß einer Rechtsverletzung zum Begriffe des Verbrechens, mit Rücksicht auf den Begriff der Ehrenkränkung, Archiv des Criminalrechts, Neue Fole. 1834, S. 155-161.

更迭发展的关键时期,实证主义法学风头正劲的时代背景使得法益概念天然具备了实证主义的烙印。此间,新康德学派虽然试图复兴古典主义价值哲学的荣光,并尝试从方法论角度挽回不断被实证化的法益概念,但目的论和文化价值观的引入却反而促进了法益概念的精神化,非物质性(immaterial)法益概念正是在这一时期得以发展的。这一时期的法益实体化努力虽然取得了一定效果,但是在预防性立法的大势之下仍未能挽救衰微之迹象。与此同时,19世纪末至20世纪初法兰克福学派基于实证主义法学研究成果提出人格化的法益概念,进而发展出人的不法论,则是二战之前法益概念扩张的极致体现。[1]在二战之后,疏于反思过去而忙于回应现实即规范论质疑的法益论又很快地拥抱刑事政策,危险犯与象征性立法日渐增多这更是加深了法益概念的不确定性。这种随着时代变迁而频繁变动的法益概念,"善意地说是'柔和并富有弹性'的、形式的存在",但"恶意地表示的话是一个内容空虚的概念"。[2]

第二,法益理论无法明确"益"来自何处。法益理论面对的另一个基本问题是:"益"来自于何处?对此问题,诸多理论学说各执一词,而分析各种观点的内容可知,权利和利益这两个概念分别处于诸观点的最小极与最大极:权利具有法定性,将法益限定在权利之下,有助于维护刑法的安定性。但与此同时,这又限制了法益的发展,故自费尔巴哈之后,鲜有类似于"犯罪即权利侵害"的理论主张,基本都是在权利的基础上有所扩张。与之相对,利益则具有形式一般性,但过度开放的利益却无法为法益划定其边界,因而诸观点基本都是在利益的基础上有所限缩。具体而言,在比恩鲍姆的"法财"理论中,"益"指向的是所有人的各种财,此处的"财"并非指通常意义上的财产,而是生命、财产以及其他权利的一般性代称。同时,其还根据财的性质及其法律意义将之分为先天的财(angeborne Güter)和后天的财(äuβere oder erwerbliche Güter)。[3]宾丁(Karl Binding)的法益观则有着明显的自由主义和注释法学倾向,其法益立足点在于排除限制和干预,这种观点与启蒙

---

[1] See Vgl. Volf aaO. S. 7-14, auch Braum, Die Bedeutung der subjektiven Unrechtselemente, S. 75.

[2] [日]小暮得雄:《違法論の系譜と法益論》,载《法学協会雑誌》1964年第80卷第5号,第621页。

[3] See Vgl. J. M. F. Birnbaum, *Bemerkungenüber den natürlichen Verbrechens und die römischen Begriffe von Delictum Juris Civils*, Delictum Juris Gentium und problum natura Archiv des Criminalrechts. Neue Folge, 1836, S. 570.

时代以来的自由主义观念一脉相承。同时,宾丁还提倡法益是通过法秩序所产生的,应从刑法规范中加以寻找,[1]此种法益论带有鲜明的注释法学色彩。李斯特(Von Liszt)则一改宾丁的自由主义和注释法学风格,侧重从实质的、社会学的角度把握法益概念,并主张应以人为根本从生活中寻找"益",认为法益不过是生活中的利益上升至法律中所形成的。[2]迩后,威尔泽尔(Hans Welzel)、迈兹格(Edmund Mezger)等人也分别从不同的角度阐明"益"的来源。

法益理论原本是为了防止国家刑罚权的恣意化以及保障个人自由而创设的,但位于自由主义名义下的"益",又具有明显的激进倾向,受此影响,许多曾经被解决的问题重新进入刑法的视野。首当其冲的是,既然个人自由是法益存在的根基,而宗教的、伦理道德的自由同样是个人自由,从而也应受到刑法保护。借此,"维持对宗教或道德领域内的制度再次成了刑事法所关注的内容",[3]同时,刑事立法中仍然残留着保护宗教或道德之"益"的痕迹,这似乎进一步证明了宗教的、伦理的自由具备法益性。再者,自由主义的法益论原本应被塑造为犯罪化的一般性指导原则,但法益论的具体适用却体现出相当程度的经验主义和实证法学特性,现实每发生一次变化,法益便可能随之进行一次调整。法益理论尚未完成形而上的抽象构建,却又急切地转向形而下的具体问题,似乎解决了一个个具体问题,但是,"知性(经验)仅能撷拾一些有限范畴。有限范畴本身就是无根据的、不坚实的,建筑在它们上面的结构,必然会塌毁"[4],只关注具体问题而不解决根源问题,类似于在建筑产生裂痕之后,仅在表面加涂层、打补丁,可能是在助长小问题演变成更大的问题。与法益论针锋相对的规范论则认为,法益概念具有潜在的随意性,尤其是预防性立法和象征性立法的日渐增多助长了法益的不确定性,法益可以被理解为"'价值'、法律上承认的与'具有通常表现形式的特定的

---

[1] See Vgl. Binding, *die Normen und ihre Übertretung. Eine Untersuchung uber die rechtmäβige Handlung und die Arten des Delikts*, Bd. 1 Normen und Strafgesetze, 1965, S. 353-355.

[2] See Vgl. Franz Liszt, *Lehrbuch des Deutschen Strafrechts*, De Gruyter, 1891, S. 8.

[3] [德]京特·雅克布斯:《保护法益?——论刑法的合法性》,赵书鸿译,载赵秉志等主编:《当代德国刑事法研究(第1卷)》,法律出版社2017年版,第14页。

[4] [德]黑格尔:《小逻辑》,贺麟译,商务印书馆2019年版,第121页。

财'相关的利益、具有社会价值的被认可的'生命财'"[1]等诸多表现形式,这些林林总总的定义并未揭示法益是如何具有规范性的,即无法明确刑法为何要保护这些"益"以及哪些是值得刑法保护的"益"。况且,即便承认法益概念的价值,也只能从规范中引申出"益",而不能从生活中毫无根据地捕捉,换言之,"益"只能是由立法规定的。[2]上述观点毫无疑问是为规范论作铺垫,其表达的内在含义是:"益"是从规范中来的,顺此逻辑,法益不过是规范的外在标签。

有批判者指出,法益理论"事实上,连什么是法益这一简单的问题,也往往会令提倡者为难"[3]。不过,"什么是法益"真是一个简单的问题吗?显然并非如此。从某种意义上说,法益论之难恰恰在于难以对法益进行精确定义。可是,从另一个角度来看,如果法益概念是确定无疑的,则同样意味着法益论丧失了其根本价值,因为绝对确定的法益概念只能导致刑法体系的绝对封闭,那么法益理论如何能不断顺应时代发展以保持其生命力呢?其实,有关法益概念确定性的问题可以通过与权利概念进行对比而得以认识。法益之于刑法如同权利之于私法,私法中的权利与刑法中的法益从来都是在利益概念体系之下分化而来的对应概念,只不过在一般意义上,权利因被规定于法条中而拥有深厚的法定烙印,法益则因亲近于法理论或(部门)法哲学而具备浓烈的教义气息,两者殊途同归。然而,私法至今也未能给权利以精确定义,"问一位法学家'什么是权利?'就像问一位逻辑学家一个众所周知的问题'什么是真理?'同样使他感到为难"[4],尽管如此,法学界对权利的重要性却早已不再质疑。

类比权利,我们不得不产生这样的疑问:法益真的能够被精确地定义吗?以及,真的有必要深究"什么是法益"吗?"法律不是'命令'的集合而是文本的集合,对文本精神的解读超越了原则上不能完全预见的环境。这是法

---

[1] Knut Amelung, *Rechtsgüterschutz und Schutz der Gesellschaft. Untersuchungen zum Inhalt und zum Anwendungsbereich eines strafrechtsprinzips auf dogmengeschichtlicher Grundlage. Zugleich ein Beitrag zur Lehre von der, Sozialschadlichkeit des Verbrechens*, 1972, S. 78.

[2] 参见[德]伊沃·阿佩尔:《通过刑法进行法益保护?——以宪法为视角的评注》,马寅翔译,载赵秉志等主编:《当代德国刑事法研究(第1卷)》,法律出版社2017年版,第54-55页。

[3] 陈家林:《法益理论的问题与出路》,载《法学》2019年第11期,第3页。

[4] [德]康德:《法的形而上学原理——权利的科学》,沈叔平译,商务印书馆1991年版,第39页。

律的精神所在……虽然此时我们有一些知识要留给他人去领会,有一些意义我们不能完全想象。"[1]本书认为,法益概念超出了文本的定义,这是由于,概念是由语言表达的,语言的"开放结构"带到了概念之中,则无论概念如何顺利地适用于绝大多数情形,都会在某些情况下发生适用问题或争议,并表现出不确定性。"什么是法益"并非一个能够精确回答的问题,不同学者对此问题有不同答案也不足为奇。从某种意义上说,法益概念是否精确并不重要,更为重要的是,法益概念在实定法中能否发挥其预设的功能。事实上,即使无法精确回答"什么是法益",也并未对法益功能的发挥产生实质阻碍。纵观法益发展史,在长达170多年不间断的争论中,法益概念的内涵与外延已经相对确定,根据法益提供的判断标准,在绝大多数情况下均能够准确识别何种"益"必然是法益,何种"益"又必然不是法益。尤其是,刑法理论上普遍认为法益概念对刑法解释具有重要的指引功能,例如,刑法理论上关于诬告陷害罪的保护法益存在人身权利说、司法作用说、人身权利与司法作用择一说以及人身权利与司法作用并合说四种观点。[2]但是,考虑到诬告陷害罪位于刑法分则第四章"侵犯公民人身权利、民主权利罪"中,则本罪的法益应包含人身权利,故在此四种观点中,人身权利说和并合说较为妥当。更进一步分析可知,得到被害人承诺的诬告陷害行为,由于没有侵害人身权利,因而不构成诬告陷害罪。这种根据法益性质确定刑法解释的方向并据以甄别行为之合法与不法的机能,恰恰表明了法益概念在其语义中心范围内是确定的。

由费尔巴哈引出、比恩鲍姆创立以及宾丁、李斯特、威尔泽尔等继承发展的法益理论,大约在20世纪30年代前后有了最简明的表达形式,即法益是值得刑法保护的利益。然而,随着应报主义陷入低潮与预防主义兴起,此后对法益概念不确定性的质疑不仅没有停止,反而愈发高涨。但令人感到疑惑的是,理论上一方面忙于批判法益的不确定性,另一方面又频繁地运用法益理论来解释刑法条文。为了克服法益不确定性的"先天缺陷",提倡将法益与规范相融合的见解逐渐进入学界视野,这种原本由规范论者批判法益随意性或不

---

[1] J. B. White, "What Can a Lawyer Learn from Literature?", *Harvard Law Review*, 1989 (102), p. 2035.

[2] 参见张明楷:《刑法学(下)》,法律出版社2021年版,第1175页。

确定性而提出的"折中方案",反而在法益论的语境下重新"焕发生机"。

三、法益概念标签化的实质:通过法益复兴规范论

法益论与规范论这两种原本截然相反的理论方案,为何会以"二元论"的形态或"折中说"的方式走向融合?刑法中法益概念究竟仅具有形式意义,还是应具备实质价值?理清这两个问题对于揭示法益标签化的实质具有重要意义。事实上,所谓"二元论"即"确证立法的法益论"或者"折中说"等不过是规范论的一种变型,其虽然强调法益保护的重要性,但通过论证以下两个伪命题变换了法益的实体,此种法益概念本质上是维护规范效力服务的,其根本目的是在法益论的语境下复兴规范论。

(一)法益与规范并非一体两面的关系

法益论在与规范论的漫长论战中同样为揭示刑法目的以及违法性实质等问题留下了宝贵的理论资源,即便作为规范论旗手的雅克布斯(Günther Jakobs)也不得不放弃注释法学意义上的纯粹规范论,转而适度承认法益概念的刑法意义。"法益概念本身与规范的概念没有什么不同,如果不将其纳入某个正当刑法的架构之中,其在内容上就是空洞的。"[1]此种意义上的规范论虽然仍强调法益概念自身的空洞性并坚持以规范为中心,但同时认为法益概念与规范概念同质,实际上也为法益融入刑法留下了一定空间,即法益在为证成刑法规范效力的意义上是有价值的。

将目光移至我国刑法学界。刑法理论上对法益理论的接受是从批判社会危害性理论开始的。虽然老一辈学者极力主张"善待社会危害性观念",[2]但在刑法理论研究"德日化"的整体趋势下,法益理论的引进并替代原先的社会危害性理论已成既定事实。法益理论也好,社会危害性理论也罢,皆能为违法判断或犯罪评价提供理论标准,只不过在少数问题上可能有不同结论。如今来看,法益理论取代社会危害性理论是否具有必然的合理性,仍旧是一笔糊涂账,至少社会危害性概念与我国《刑法》第13条的犯罪概念在表述上更为契合。姑且绕过"法益理论和社会危害性理论谁更合理"这一遗留问题,

---

[1] [德]京特·雅克布斯:《保护法益?——论刑法的合法性》,赵书鸿译,载赵秉志等主编:《当代德国刑事法研究(第1卷)》,法律出版社2017年版,第14页。

[2] 储槐植、张永红:《善待社会危害性观念——从我国刑法第13条但书说起》,载《法学研究》2002年第3期,第87页。

在刑法学界接受法益理论之后,法益论却急于回应规范论的批判,反而怠慢了充实自身的理论基础。

从近20年我国刑法学界关于法益论与规范论多次论战的结果来看,前者总体上取得了理论上的优势地位,法益也随即成为刑法解释的重要概念。但是,历次学术论战也暴露了法益论自身的不足之处,如纯粹法定犯的违法性无法为法益侵害性所包容、法益理论无法解释基于法政策或刑事政策的立法的合理性,等等。因此,随着刑事立法活跃化所带来的预防性、象征性立法以及法定犯数量的增多,法益理论也面临着无法或难以有力解释这些新增犯罪的尴尬问题。例如,法益论在解释法定犯的违法性时,倾向于将公共秩序、行政目的等也视为法益,这种观点与其自由主义立场以及法定犯的基本原理有所抵牾。自然犯可以说是侵犯或者威胁了法益的犯罪,但法定犯则未必具备法益侵害或者法益侵害的危险。[1]这是因为,"法定犯系'禁止恶',系源于法律禁止之规定",其不法内涵"系基于国家行政上之目的,而并非系其行为具有伦理上之可非难性"。[2]由此,法定犯之不法主要源自行政不法,其违法性判断主要依据行政法规定而非法益侵害性,而探究规范目的又正是规范论的精擅之道。同时,由于我国采取自然犯与法定犯一体化的刑事立法体例,1997年刑法颁布至今先后通过了12部刑法修正案增加了大量的法定犯,法益理论在解释不断增加的法定犯的违法性时往往备受质疑。再者,预防性、象征性立法同样对法益理论的合理性提出挑战。预防性、象征性立法主要是为回应社会风险、安抚公众情绪而确立的,其并非以法益保护为导向,而是受刑事政策驱动。为此,法益理论又不得不与刑事政策结合以扩展其外延,从而增加对这些新增犯罪的解释力,却进一步助长了法益概念的抽象化与精神化。

正是由于法益的不确定性以及刑事立法活跃化导致法益论解释力的削弱,对传统法益论进行反思和修正便显得理所当然。刑法理论中存在一种特别强烈的折中主义诱惑,当两种(两类)对立观点长期僵持不下时,折中主义的思想又特别容易被激发。关于法益论,有力的修正方向之一是,基于法益与

---

[1] 参见刘艳红:《"法益性的欠缺"与法定犯的出罪——以行政要素的双重限缩解释为路径》,载《比较法研究》2019年第1期,第86页。

[2] 陈文贵:《从行政罚看行政不法与刑事不法之交错》,载《法令月刊》2007年第11期,第40页。

规范之间的一体两面关系，将法益与规范相融合，通过成文的刑法规范来增加法益的确定性和解释力，由此形成的违法性理论表达形式是，"行为规范违反和法益损害共同决定违法性的有无及其程度"〔1〕，此即"确证立法的法益论"之最初形态。依此观点，判断刑事违法性不仅要考虑刑法规定，还要顾及到法益侵害性。对应于形式与实质的罪刑法定，法益侵害也有形式与实质的区分。但问题是，此处的法益侵害究竟是指实质的法益侵害还是形式的法益侵害？如果是前者，则意味着可以在具体个案中通过实质判断法益侵害性有无限制形式入罪；如果是后者，则意味着其本质上依旧是规范论，因为形式的法益概念几乎是刑法规定本身的同义反复。事实表明，"确证立法的法益论"不过是变换形式的规范论，其虽然认为违法性判断需要同时考虑规范违反和法益侵害，但此处的法益侵害系指形式的法益侵害，无论如何解释都不可能影响规范的中心地位。因此，相关论点常常陷入自相矛盾之中：其有时认为，犯罪是"违反社会共同体内的伦理规范并在一定程度上侵害法益的行为"〔2〕，此为偏向规范论的立场；有时又认为，"同时考虑新规范违反说和行为的法益侵害导向性说，而且将行为的法益侵害导向性说置于优先考虑的地位"〔3〕，此种违法性理论其实已经基本等同于法益论，但却又被冠以新型规范论（新行为无价值论）的名义；有时还认为，违法性的本质是规范违反，但法益侵害也是违法性判断的根据之一，但在特殊情况下仅依据规范违反也能够推导出行为的违法性，〔4〕此时又侧重于规范论。这种频繁变换理论立场的做法不得不让人对这一理论的自洽性表示怀疑。

（二）二元论无法调和法益与规范之间的关系

融合法益与规范的理论尝试基本都走向了二元论。以结果无价值论与行为无价值论之间的论战为例，在法益与规范融合的过程中，形成了基于各种立场的二元论，这些二元论的一般性表述是：违法性判断应同时考虑行为无价值和结果无价值，其中，根据侧重点不同，可以进一步分为侧重结果无价值的二元论和侧重行为无价值的二元论。表面上看，二元论似乎是有别于一

---

〔1〕 周光权：《行为无价值论的法益观》，载《中外法学》2011年第5期，第944页。
〔2〕 周光权：《论刑法学中的规范违反说》，载《环球法律评论》2005年第2期，第166页。
〔3〕 周光权：《新行为无价值论的中国展开》，载《中国法学》2012年第1期，第179页。
〔4〕 参见周光权：《行为无价值与结果无价值的关系》，载《政治与法律》2015年第1期，第2页。

元论的新观点,毕竟二元论不仅与一元论长期论战,其内部也存在较大分歧。但实际上,剖析二元论的逻辑结论及其中行为无价值和结果无价值之间的关系不难发现,其本质上仍然是一元论。

二元论的核心观点是,只违反规范而不具备法益侵害的行为,不能作为犯罪处理;同样的,只具有法益侵害而不违反刑法规范的行为,也不能作为犯罪处理。这一融合法益和规范的二元论原本针对的是两种极端的观点——纯粹的结果无价值论和纯粹的行为无价值,据此可知,仅具有法益侵害或规范违反的行为不成立犯罪。现今的结果无价值论同样反对将不违反刑法规范的法益侵害行为犯罪化,因为结果无价值论作为解释刑事违法性的理论,当然也要遵守罪刑法定原则。形式的罪刑法定原则要求"对于法律没有明文规定为罪的行为国家不能突破刑法的规定出入人罪",[1]故根据结果无价值论的刑法解释也必须遵守法律规定,不能突破法条文义,在刑法未将某种行为规定为犯罪的情况下,无论如何也不能以具备结果无价值为理由入罪。而二元论虽然在理论表达上吸收了结果无价值论的部分观点,但却未必具有结果无价值之实质。具言之,二元论在理论表述上虽然兼顾法益侵害与规范违反,但通过不断变换概念以及创设为数不少的"例外"情形维持了行为无价值论的观点,本质上仍然是一元论。"在二元论之下,本来只有在行为无价值和结果无价值相结合之后才能确定违法性,但实际上,这种观点还认为……存在仅仅根据行为无价值就能确定违法性的场合","这种观点和一元的行为无价值论之间没有本质区别"。[2]换言之,法益与规范结合之后形成的二元论,虽然在理论表述上可能有结果无价值的影子,但这些结果无价值的元素容易在具体事例中"被例外",其逻辑结论均可能偏向行为无价值论。

事实上,学界很少使用二元的结果无价值论这一概念,各种二元论基本上都归入到二元的行为无价值论中,其中一个重要原因是,违法性判断一旦走向二元论,或多或少都会突破法益保护原则的限制,进而动摇结果无价值论的根基。结果无价值论与行为无价值论看似是截然不同的理论观点,但两者其实只在少数问题上有所差别,而二元论中的各种观点,不论其具体主张侧重的是结果无价值还是行为无价值,在这些少数关键性问题上都可能滑向

---

[1] 刘艳红:《实质刑法观》,中国人民大学出版社2019年版,第84页。
[2] [日]曾根威彦:《刑法学基础》,黎宏译,法律出版社2005年版,第88页。

行为无价值论。例如，侧重结果无价值的二元论虽然认为违法性的实体是法益侵害或法益侵害危险，同时要考虑规范违反，但在未遂犯、偶然防卫、过失犯等结果无价值论和行为无价值论的分歧点上，采取的仍然是行为无价值的观点，其本质上仍然是行为无价值论。至于结果无价值论内部的分歧，例如，关于目的、倾向、表现等是否为某些特定犯罪构成要件要素的问题，有的表示肯定，有的则予以否定。但不能据此认为，只要肯定目的、倾向、表现等是特定犯罪构成要件要素的观点都是二元的，因为从根本上看，在坚持违法性实质是法益侵害或法益侵害危险的结果无价值论的前提下，将目的、倾向、表现等作为特定犯罪的构成要件要素，是为了限制刑罚处罚而非扩张刑事犯罪圈。在将目的、倾向、表现等解释为特定犯罪构成要件要素之后，意味着即使造成了实际损害，但并非基于特定目的、倾向或表现的，也不符合犯罪构成要件，不能作为犯罪处理。例如，关于盗窃罪，我国刑法理论上一般认为，本罪的成立需基于非法占有目的，这意味着仅基于使用目的而窃取他人财物且事后返还给原权利人的行为，由于不具有非法占有目的而不宜作为犯罪处理。非法占有目的加入盗窃罪构成要件要素之后，并不影响该罪的保护法益发挥甄别行为之合法与不法的机能，而只是排除了对使用盗窃的处罚，限缩了盗窃罪的处罚范围。因此，在坚持结果无价值论的前提下，不论是增加主观要素还是客观要素，都不能动摇结果无价值论的根基，因为增加概念的内涵只能够缩小其外延而不影响结果无价值论对犯罪的限定。

结果无价值论与行为无价值论之争表明，尝试融合法益和规范的根本目的是为了复兴规范论。法益论原本是为了限制处罚范围，但法益和规范融合之后，却走上了扩张之路。具体分析法益与规范融合的可能方案，主要有如下四种情形：其一是要求违法性判断必须同时考虑法益侵害和规范违反，由于法益侵害是在规范违反基础上加以讨论的，因而这种观点本质上仍然是法益论。二是要求违法性判断在一般情况下要同时考虑法益侵害和规范违反，但在特殊情况下仅具有法益侵害即可成立犯罪，这一立场向实质入罪接近。三是要求违法性判断在一般情况下要同时考虑法益侵害和规范违反，但在特殊情况下仅具有规范违反即可成立犯罪，这一结论接近于规范论。四是要求违法性判断必须同时考虑法益侵害和规范违反，但又认为违反了规范等同于侵害了法益，这种观点本质上是规范论。上述情形中，方案一并未在法益论的基础上有任何实质变化，并非真正意义上法益与规范的融合，因而不宜称之为二元论。方案二因突破了形式的罪刑法定原则而走向实质入罪,因而不具备合理性,同样也鲜有提倡者。方案三和方案四则均属于在法益论的基础上向规范论靠拢,只是靠拢的程度有所不同。分析二元论中的各种观点,其在理论主张上基本采取的是方案三,但在具体问题处理上却有可能采取方案四。但不论是采取方案三还是方案四,其暗含的逻辑都是,在某些特殊情况下,即使没有法益侵害或法益侵害的危险,也可以仅依据规范违反确定行为的违法性,这显然是规范论的基本结论。在此情境下,虽然同样可能认为法益受到了侵害,但此种意义上的法益丧失了批判立法的功能以及甄别违法性的独立意义,等同于是立法者通过自己的决断创设的,其唯一作用只是为了在形式上证明规范的有效性。

失去了立法批判功能的法益概念,等同于放弃了对犯罪化立法的限制。法益的最大功能在于"对刑法干预的限制"即批判立法,"放弃法益保护原则的批判潜力将会使得刑法再次回归到'启蒙之前的水平'"。[1]这一观点或许言过其实,却体现了法益和规范的一般关系,即法益与规范有着根本性区别,法益概念有其独立意义,绝不可能单纯为论证规范有效性而存在。犯罪化立法及其适用并不具备天然的正当性,为了防止"恶法"的生成与适用,就必须确立某种高于立法的"理念性(ideelle)的社会价值"的基本立场,并"找到适当的尺度,有意义地对国家刑罚权进行限制",[2]这正是法益立法批判功能的内在根基。没有了这一功能,法益将难以甄别立法是否具备正当性,立法凭借其形式合法性很容易取得入罪的优势,犯罪化在此种形式逻辑之下轻易地找到了突破口。

四、法益立法批判功能对预防性立法的指导和约束

立法者如金字塔一般沉默的时代早已一去不复返,立改废释并举成为当下塑造科学立法的重要路径。[3]为从根本上区分法益与规范,防止法益概念

---

[1] 参见[德]克劳斯·罗克信:《刑法的任务不是法益保护吗?》,樊文译,载陈兴良主编:《刑事法评论》2006年第2期,第150页。

[2] [德]约翰内斯·韦塞尔斯:《德国刑法总论:犯罪行为及其构造》,李昌珂译,法律出版社2008年版,第5—6页。

[3] 参见刘艳红:《以科学立法促进刑法话语体系发展》,载《学术月刊》2019年第4期,第98-100页。

的标签化,有必要对法益立法批判功能进行再检视。有学者指出,"对刑事立法的检讨与批判应直接借助于宪法性理论,并需要构建相应的保障机制",期待法益批判立法是不切实际的幻想,故法益应放弃立法批判功能,而"专注于法益的解释规制机能"。[1]笔者不赞同该观点。影响立法的因素形形色色,且在诸多因素中,法益的影响可能微乎其微,但影响力小并非否定其存在的充分理由。法益批判立法的功能,不仅限于在立法之前阻断不具备法益侵害性的预防性立法,还包括在立法之后排除不以法益保护为目的的预防性立法,[2]以及通过否定司法解释续造预防性立法的裁判规则。换言之,法益立法批判功能贯穿于刑法立改废释的全过程。

（一）前实定法阶段：确立预防性立法的界限

"前实定法的法益概念是否具有批判立法的功能"主要是一个事实判断的问题,而学理上批判颇多的"前实定法的法益概念能否承担批判立法的功能"则是一个价值评价问题。然而,价值评价通常是由事实判断决定,同时,由于价值评价会由于立场的变化而拘于主观和随意,即在此立场可以得出肯定结论,在彼立场又会得出否定答案。因此,与其在前实定法的法益概念能否批判立法这一价值评价问题上争论不休,毋宁讨论前实定法的法益概念是否在事实上承担起了批判立法的功能。

前实定法的法益概念提供了法益评价的一般标准,否定此概念则意味着从根本上放弃了法益理论。法益论的功能分为两部分,其一是立法批判的功能（也被称为体系内功能）,即向立法者明示可罚性的标准,其二是体系外的功能,用于解释刑法典各分则条文。"立法者并不能自主判断何为应受刑法保护的'益'",至少从约束立法的角度看,"法益批判立法的功能是值得期待的"。[3]刑法理论上虽然对法益能否承担立法批判功能存在争议较多,但普遍都认为,法益具有解释立法的机能。但问题是,这种解释机能是如何产生的呢？对此问题,理论上并未明确回应。所谓法益解释立法机能,是指法益理论为合法合理地解释刑法提供了依据,该机能的发挥一般按照以下流程：对于既定案件事实,先根据法益保护理念形成预判,再结合刑法规定来判断某

---

[1] 陈家林：《法益理论的问题与出路》,载《法学》2019年第11期,第3页。
[2] 参见[德]克劳斯·罗克辛：《对批判立法之法益概念的检视》,陈璇译,载《法学评论》2015年第1期,第53页。
[3] [日]嘉门优：《行为原理と法益论》,载《立命馆法学》2009年第5期,第1629-1630页。

个行为是否违反了刑法规定,最终确定该行为是否侵害了法益。在此过程中,仅有刑法规范(大前提)和案件事实(小前提)未必能推导出结论,还需要一个独立于大小前提之外的要素,即法益,它是预判形成的依据。预判的形成必须有一个参考,这个参考并非主观想象的,而是客观存在的。如果认为这个参考是实定法(即刑法),则意味着刑法能够自证合理性,这是明显的逻辑悖论。因此,预判的形成依据只能在刑法之外,前实定法的法益概念正是在此意义上具备正当性的,既为实定法的法益评价提供一般标准,同时也是实定法运行的重要参考,确立前实定法的法益概念,解决的是何种"益"能够成为法益这一基本问题。

事实上,刑法在立与不立两个维度都体现了前实定法的法益批判立法的功能。从立的角度来看,前实定法的法益概念为合理立法的生成提供了理论支撑。随着幼师虐童、养老院虐待老人等恶性事件频频发生,主张将这类行为纳入刑法规制的呼声日渐高涨。为此,2015年8月29日《刑法修正案(九)》在《刑法》第260条之后增加一款,作为《刑法》第260条之一虐待被监护、看护人罪,以打击对未成年人、老年人、患病的人、残疾人等负有监护、看护职责者的虐待行为。从立法理由来看,增加这一罪名除了立法呼声强烈,还有一个重要原因是,我国《刑法》第260条虐待罪仅限于家庭成员之间,对于非家庭成员之间的虐待行为没有规定,而这些虐待现象不仅普遍发生,还严重侵害了弱势群体的人身权利。与虐待罪保护家庭成员中弱势群体的人身权利等质,因而刑法增加了此罪。[1]虐待被监护、看护人罪的增设显然受到多种因素的影响,但在法理上,本罪与虐待罪法益侵害的等质性却是不可或缺的重要前提,这一等质性评价并非来自于刑法规定,而是在刑法之前,即在立法者增设此罪之前便有了两者等质性的认知,立法随后增设了此罪主要是顺势而为。从不立的角度来看,前实定法的法益概念为阻断不合理的立法提供了重要依据。随着我国立法建议制度的日趋完善以及社会快速变化所带来的种种新挑战,许多人大代表提出增设如侵害环境罪、非法代孕罪、背信罪、恐吓罪、浪费罪等犯罪化议案。这些增设新罪名议案最终未能通过,皆能够从法益保护思想中找到理据。有的议案所提行为与现有罪名保

---

[1] 参见全国人大常委会法制工作委员会刑法室编、臧铁伟、李寿伟主编:《中华人民共和国刑法修正案(九)条文说明、立法理由及相关规定》,北京大学出版社2016年版,第149-151页。

护法益重复，如侵害环境罪与现行刑法中的污染环境罪重复。有的议案所提行为不涉及法益保护问题，如代孕主要是伦理道德问题，并未侵犯女性的性自主权或者其他人身权利；浪费主要是个人道德素质问题，没有侵害财产权或者其他权利。有的议案所提行为没有达到法益侵害的程度，如背信、恐吓当然可能为法律所禁止，但不宜作为犯罪来处理。背信属于违背诚实信用的行为，对此行为，通常只要由民法规制即可。恐吓则属于治安管理类问题，2012 年修正的《中华人民共和国治安管理处罚法》（以下简称《治安管理处罚法》）第 42 条规定了恐吓他人威胁人身安全的，"处五日以下拘留或者五百元以下罚款；情节较重的，处五日以上十日以下拘留，可以并处五百元以下罚款"。与物理性实害相比，恐吓这种精神强制行为尚难以确定其危害程度，不宜轻易犯罪化。

（二）实定法阶段：规范预防性立法的运用

如果说仅依据前实定法的法益概念尚难以完全推导出法益具有批判立法的功能，那么实定法的法益概念则为证明法益立法批判功能的存在及其重要性提供有力证据。刑法理论一般认为，前实定法的法益主要承担立法批判功能，实定法的法益则主要承担解释立法功能。这种划分建立在立法活性较低的前提下，而我国进入刑事立法活跃化时代已是不争的事实，立法的频繁变动也影响着法益立法批判功能的调整。从事实上看，实定法的法益概念不仅能够为刑法解释提供依据，同时又承担着重要的立法批判功能。

第一，对立法的直接调整。为了保持立法的科学性，刑法也要随时代的变化不断调整，这种调整主要体现在两个方面，分别是修改和废除不合理的立法。刑法的修改主要是为了塑造更为合理的犯罪构成要件，这当然要考虑一般情况下构成要件行为的法益侵害性；刑法的废除主要是为了排除不合理的犯罪类型，同样也要遵循法益保护原则。当然，刑法的修改和废除受到多种因素影响，如社会形势变化、价值观变迁等，法益可能只是诸多影响因素之一，甚至在某些情况下只起到非常微弱的作用。尽管如此，回顾 1997 年至今 12 部刑法修正案，法益在许多立法修改和废除中发挥着重要影响。

通过法益理论分析罪状内容，修改不合理的构成要件。历次刑法修正案总体上以修改不合理的构成要件为主，具体的修改理由也多种多样，有的基于刑事政策，如为顺应死刑改革需要，《刑法修正案（九）》进一步取消了 9 个罪名的死刑，有的考虑到犯罪打击力度，如 2009 年 2 月 28 日《中华人民共和国刑法修正案（七）》（以下简称《刑法修正案（七）》）对巨额财产来源不明罪法定刑的提高。但在诸多立法修改中，有不少都体现了法益保护原则。例如，《刑法修正案（七）》对绑架罪的构成要件进行了修改，增加了"绑架他人为人质"这种情形，其主要理由在于，绑架罪的保护法益是人身权利，实践中存在不少并非以勒索财物为目的的绑架行为，如为了逃避警察追捕而绑架他人，对这种仅侵犯人身权利而未侵犯财产权利的行为，应认定为绑架罪。再如，2011年2月25日通过的《刑法修正案（八）》取消了对生产、销售劣药罪基本罪状中的"对人体健康造成严重危害或者有其他严重情节"这一要件，体现了生产、销售假药与生产、销售劣药法益侵害性的不同。构成要件具有甄别值得处罚的法益的机能，[1]刑法修改特定犯罪的构成要件对该犯罪法益侵害有无及其程度的判断有直接影响；反过来，刑法之所以修改犯罪构成要件，往往也考虑到特定类型化行为的法益侵害性与其定性量刑是否匹配。

通过法益理论检视罪体性质，排除不合理的犯罪类型。从内容上看，1997年刑法制定之后通过的12部刑法修正案虽然以修改犯罪构成要件和增加新罪名为主，但同时也删除了一些不合理的罪名。其中，有的罪名的删除明显受到法益保护原则的影响。例如，在《刑法修正案（九）》颁布之前，刑法理论上普遍认为嫖宿幼女罪在罪体上与奸淫幼女型强奸罪有冲突，违背了法益保护原则。原嫖宿幼女罪位于刑法分则第六章妨害社会管理秩序罪中，更确切地说是原《刑法》第八节，即组织、强迫、引诱、容留、介绍卖淫罪中。基于此种立法位置安排，嫖宿幼女罪的保护法益应当是社会法益，即社会管理秩序。而从《刑法》第236条奸淫幼女型强奸罪的立法规定来看，嫖宿幼女的行为一定属于奸淫幼女，但两者的保护法益却大相径庭，亦即，《刑法》第236条保护的是个人法益，原《刑法》第360条第2款保护的却是社会法益。为了消除这种法益评价上的冲突，有学者认为，嫖宿幼女罪是复合法益的犯罪，"既侵犯了幼女的性的自己决定权，也侵犯了社会管理秩序"，[2]据此，嫖宿幼女与奸淫幼女在侵犯个人法益上重合。但即使这样理解，也不可能将嫖宿幼女罪中的个人法益提升至与奸淫幼女型强奸罪中的个人法益相等价的位置，个人法益在嫖宿幼女罪中至多只能算是次要法益，主要法益

---

[1] 参见刘艳红：《实质刑法观》，中国人民大学出版社2019年版，第234-237页。
[2] 张明楷：《简评近年来的刑事司法解释》，载《清华法学》2014年第1期，第8页。

仍然是社会管理秩序，嫖宿幼女罪与奸淫幼女型强奸罪同时存在于刑法中依然会导致法益评价冲突，并可能造成量刑不公正以及对幼女的"污名化"。因此，《刑法修正案（九）》废除了嫖宿幼女罪。

第二，对"准立法"活动的规范。1997年刑法颁布以来，我国先后通过了数量极其庞大的刑事司法解释，对于阐明刑事立法的真实含义以及指导刑事司法实践发挥着至关重要的作用。但不论是从应然层面还是从实然层面看，批判刑事司法解释大多等同于批判刑事立法。

从应然层面看，刑事司法解释的对象是刑事立法，目的是阐明刑事立法规范的真实含义，内容是对刑事立法规定的再细化。出于立法经济性的考量，刑法条文不宜规定所有的犯罪构成要件。根据罪状详细程度及描述方式的不同，刑法理论上将罪状分为简单罪状、叙明罪状、引证罪状和空白罪状4种类型。其中，除了叙明罪状较为详细地描述了罪状的内容之外，简单罪状中存在不成文的构成要件要素、引证罪状需要引用刑法中的其他条文、空白罪状则需要引用刑法之外其他法律的规定，这些罪状的具体构成要件都可能需要进一步解释。况且，即使是叙明罪状，其构成要件也存在进一步解释的空间，如《刑法》第363条中的淫秽物品。我国绝大多数刑事司法解释与刑事立法之间都维持了这种应然层面的关系，对于这些未超出立法真实的司法解释进行具体检视，宜分为两种情形进行讨论：其一，立法规定本身不合理，司法解释仅延续了此种不合理性，在此情形下，对司法解释的批判等同于对立法的批判。其二，立法规定本身合理，但司法解释产生了不合理性，在此情形下，对司法解释的批判体现的是法益的立法解释功能而非立法批判功能。例如，按照2013年7月15日公布的最高人民法院、最高人民检察院《关于办理寻衅滋事刑事案件适用法律若干问题的解释》（以下简称《寻衅滋事解释》）第1条第1款规定，寻衅滋事罪一般要求行为人具备"寻求刺激、发泄情绪、逞强耍横等"无事生非的流氓动机，但从法益保护的角度来看，"即使没有流氓动机的行为也可能严重侵犯了寻衅滋事罪的保护法益"，[1]故寻衅滋事罪司法解释中的"流氓动机"要素宜取消。由于寻衅滋事罪的罪状中并未规定上述流氓动机，在此情形下，司法解释中残留的1979年刑法中流氓罪的痕迹也不宜归咎为立法问题。

---

[1] 张明楷：《刑法学（下）》，法律出版社2021年版，第1403页。

从实然层面看，我国刑事司法解释未必都是对刑法原意的解释，有的刑事司法解释可能突破刑法的规定而创设新规则，此种意义的司法解释等同于创设新的立法。例如，2000年11月10日最高人民法院通过的《关于审理交通肇事刑事案件具体应用法律若干问题的解释》第5条第2款规定，"交通肇事后，单位主管人员、机动车辆所有人、承包人或者乘车人指使肇事人逃逸，致使被害人因得不到救助而死亡的，以交通肇事罪的共犯论处。"由于交通肇事罪是过失犯，根据《刑法》第25条的规定，过失犯本不应有共犯形态。即使认为教唆者与肇事者对逃逸有共同故意，也未必意味着两者都要对逃逸致人死亡承担故意责任，因为"逃逸行为虽然是故意的，但对致人死亡并不必然出于故意……指使者完全可能对被害人的死亡只有过失的心理态度"。〔1〕据此观之，该司法解释实际上创设了新规则。有学者指出，由于刑事司法解释频繁突破刑事立法的规定，数量庞大的刑事司法解释已经在刑事立法之外汇聚成一个独立的"副法体系"。〔2〕"副法"这一称呼形象地道出了这些创设新规则的刑事司法解释的本来面貌，作为"副法"的刑事司法解释可以视为广义立法。对这些司法解释或"副法"的批判，同样属于对立法的批判。例如，2020年2月6日最高人民法院、最高人民检察院、公安部、司法部《新冠肺炎防控意见》的规定，"新型冠状病毒感染肺炎疑似病人拒绝隔离治疗或者隔离期未满擅自脱离隔离治疗，并进入公共场所或者公共交通工具，造成新型冠状病毒传播的"，按照以危险方法危害公共安全罪处理。而2003年5月14日最高人民法院、最高人民检察院公布的《关于办理妨害预防、控制突发传染病疫情等灾害的刑事案件具体应用法律若干问题的解释》第1条第2款则规定，"……疑似突发传染病而拒绝接受检疫、强制隔离或者治疗，过失造成传染病传播，情节严重，危害公共安全的，依照刑法第一百一十五条第二款的规定，按照过失以危险方法危害公共安全罪定罪处罚"。对比可知，《新冠肺炎防控意见》存在将原本仅构成过失犯的行为作为故意犯处理的倾向，因为对于疑似病人而言，即使因不服从疫情防控管理而造成新冠肺炎病毒传播的，对结果也可能持过失态度。从法益保护的角度看，以危险方法危害公共安全罪是具体危险犯，只要对法益即公共安全造成具体危险即可；过失以危

---

〔1〕 张明楷：《刑法学（下）》，法律出版社2021年版，第928页。
〔2〕 参见刘艳红：《开放的犯罪构成要件理论研究》，中国人民大学出版社2022年版，第201页。

险方法危害公共安全罪是实害犯，要求对法益即公共安全造成严重损害才构成犯罪。《新冠肺炎防控意见》要求"造成新型冠状病毒传播的"这一实害结果，暗含了过失犯中的法益保护思想，却按照以危险方法危害公共安全罪这一故意犯定罪处罚，实际上是为了防控疫情需要通过司法解释创设新规则，违背了法益保护原则对故意犯和过失犯的不同要求。

总之，刑法立改废释的各个阶段皆可能体现法益立法批判功能，肯定法益立法批判功能绝非意味着法益能够单独决定立法，亦非表明只要不能从法益论中找到根据的立法都是不合理的。法益立法批判功能的确立主要意味着两点：其一，法益不是规范的外在标签，不能仅从规范违反中当然地推导出法益侵害；其二，对不以法益保护为导向的刑法规范，因其不具备实质正当性而可能被予以否定性评价。

第三节 法益解释规制功能对新预防主义的限制

受刑法理论"去苏俄化"与"德日化"的双重影响，法益论进入我国刑法学界是从反思社会危害性理论开始的。在法益论取代社会危害性理论之后，有关法益解释功能的定位之争同样进入我国学术视野。在我国刑法中确立法益解释功能，存在两个不可回避的问题：一是厘清法益的概念史。虽然概念"不是被置于历史或在厚重的整体习惯中沉积由个体进行运作的结果"，但是概念形成的规律，"却可以在历史成分中得到确定"，[1]透过概念史研究，可以剖析法益概念创设的初衷及其随后百余年的演变方向。二是遵循我国刑法的变迁脉络。"如果只专注于法益的概念史，强调'如何定义法益'、'如何认定是否属于法益'，可能就无法观察到'为何法益必须被创造出来'的实质理由"，[2]在概念史之外，还应立足刑事立法活跃化[3]的时代背景对法益解释功能进行合理定位。20世纪90年代中期以来，我国刑事立法与刑事司法形

---

〔1〕［法］米歇尔·福柯：《知识考古学》，谢强、马月译，生活·读书·新知三联书店2003年版，第67-68页。

〔2〕许恒达：《刑法法益概念的茁生与流变》，载《月旦法学杂志》2011年第197期，第151页。

〔3〕21世纪以来，面对社会状况的巨大变化，各国刑事立法不再如金字塔般保持沉默，而是以积极预防为主流观念，通过频繁修正刑事立法以实现犯罪化，有学者将这种现象称之为刑事立法活性化。参见［日］井田良：《最近的刑法学的动向をめぐる一考察》，载《法學研究：法律·政治·社会》2011年第9期，第221页。

势发生巨大变化，在预防主义驱动下，活性化成为了刑事立法主基调，《刑法修正案（八）》《刑法修正案（九）》《刑法修正案（十一）》积极增设新罪扩容旧罪，重罪轻罪二元治理的刑事司法格局也已经成型，抽象危险犯、法定犯、象征性立法的不断增加对"违法性实质是法益侵害及其现实危险"的传统法益论提出挑战。在立法介入时点不断提前的前提下，新预防主义如何在法益解释论中合理续造成为了刑法立法与刑事司法共同关切的重要课题。

一、概念史上法益解释功能的两面性

沿着概念史理路，法益概念从孕育之日起就在立论基础上产生了分歧。古典法益概念深受启蒙思想影响，倡导基于康德批判哲学即人文理性的自由权利观，旨在限缩刑罚权。实证法益概念意在确认规范即刑罚法规的有效性，强调法益来源于规范并受其约束，于是，这样的"法益，只是附属于'规范'下的一个概念而已"。[1] 由此决定，两种法益概念的发展方向存在根本区别。

（一）古典法益概念与处罚限定功能

在经历17至18世纪启蒙运动洗礼之后，欧陆法系神学自然法基础发生根本动摇，人文理性观念逐渐深入人心。为拭去自然法中的神学色彩，启蒙思想家否定了加诸于人类法律之上的神意，"这种宗教既然与政治体没有任何特殊的关系，因此它只能让法律依靠其本身的力量，而不能给法律增加任何其他的力量"，[2] 提倡人性的法与神性的宗教相分离，确立基于人文理性的自然法思想。

从神性到人性、从神意到法意，启蒙思想在法学领域开枝散叶，法益概念开始萌芽。18世纪后半期，在人文理性自然法的强烈影响下，德国刑事司法开始陷入僵局，"法官为了避免适用过于严酷的刑法，开始从作为非实证法的人文理性自然法中寻找裁判根据，然而，自然法本身具有高度不确定性，这种刑事司法方式有悖于法的安定性"。[3] 针对自然法的不安定性问题，19世纪初期的刑法学者以启蒙思想为基础进行改革尝试，试图打通自然法与实证法连接脉络，建立贯穿于刑法体系的自然法原理。费尔巴哈的权利侵害说

---

[1] 陈志龙：《刑法的法益概念（上）》，载《台大法学论丛》1986年第1期，第13页。
[2] ［法］卢梭：《社会契约论》，何兆武译，商务印书馆2003年版，第175页。
[3] ［韩］朴普錫：《フランツ・フォン・リストにおける法益概念の刑事政策の含意》，载《立命館法学》2018年第1期，第35页。

（Rechtsverletzung）即为代表性成果。权利侵害说以社会契约论为根基，认为个人让渡部分自由与国家缔结契约，国家因此负有基于契约而在实证法中保障个人自由的义务，此种义务亦构成了国家干预个人自由之合法边界，个人未让渡的自由构成了权利，犯罪便是对该部分个人自由即权利的侵害。[1] 1813 年《巴伐利亚刑法典》（Codex Juris Criminalis Bayern）充分吸收了权利侵害说，该法将宗教因素从刑法中排除，不处罚亵渎神明的宗教犯罪，也未规定无权利侵害的风俗犯罪，体现了个人权利对国家权力恣意性的限制。

以权利侵害为标准评价犯罪，与当时的实证法之间存在两点无法弥合的罅隙：一是对于违警罪，尽管没有造成权利侵害，却依然以其具有"使权利危殆化"的可能性为理由被规定为犯罪；二是对于未造成权利侵害的风俗犯罪，一方面反对将之规定在刑法中，另一方面又承认某些妨害风化行为具备可罚性。

法益论是在权利侵害说基础上提出的修正理论，不过，不同的法益理论就应否坚守自然法传统存在分歧。延续启蒙思想与自然法传统的古典法益概念，在以下两个层面实现了对刑法处罚的解释论限定：

一是将个人法益作为刑法解释的基础，集体法益的解释受到个人法益的指引与约束。古典法益概念预设通过个人自由限制国家权力，在此理论逻辑下，个人自由与国家权力不可避免地呈现出对抗状态，个人法益约束了社会法益、国家法益等集体法益的解释空间。"源于个人的自由主义，决定所有法益都能归结为具体的个人法益"，[2] 据此，个人法益之外的社会法益、国家法益，只有在能够还原为个人法益时才受刑法保护，亦即，没有造成个人法益受侵害的行为，即使损害了国家法益或社会法益，也不能作为犯罪处理。例如，《刑法修正案（十一）》增设了第 133 条之二妨害安全驾驶罪，本罪的保护法益系公共安全，根据古典法益理论，公共安全是否实质受侵害或威胁，需要着眼于个人法益，关键在于判断危害公共安全的妨害安全驾驶行为是否对他人生命、健康等个人法益造成威胁。

然而，刑法中存在为数不少由刑事政策驱动的犯罪化立法，这些立法原

---

[1] See Vgl. P. J. Anselm Feuerbach, *Lehrbuch des gemeinen in Deutschland gültigen peinlichen Rechts*, Georg Friodlidl Heyer's Verlag. 1847, S. 17–18f.

[2] 杜宣：《二元结果无价值论》，法律出版社 2018 年版，第 297 页。

本与法益并无直接关联，其对应的犯罪难以还原成对个人法益的侵害或威胁。2001年12月29日第九届全国人民代表大会常务委员会通过的《中华人民共和国刑法修正案（三）》增设《刑法》第291条之一投放虚假危险物质罪，该罪诞生直接受2001年肖永灵案及刑事政策影响，而非由法益保护主义决定。2001年10月，肖永灵在得知炭疽杆菌为白色粉末之后，出于报复目的，将白色粉末状的干燥剂装入两个信封，分别邮寄给上海市人民政府和上海东方电视台新闻中心。彼时，由于国外发生因接触炭疽杆菌邮件而致死的案件，故有关人员在收到肖永灵邮寄的白色粉末后误以为是炭疽杆菌粉而高度紧张，周围人员也产生了恐慌情绪。就此事实，法院按以危险方法危害公共安全罪对肖永灵定罪处罚。[1]根据《刑法》第114条规定，以危险方法危害公共安全罪系具体危险犯，肖永灵邮寄虚假炭疽杆菌（实为干燥剂）的行为无任何法益侵害的危险，认为肖永灵构成以危险方法危害公共安全罪，只能是从事前视角立足行为无价值性而得出结论，这显然并不合理。[2]也许意识到上述行为无法通过以危险方法危害公共安全罪进行妥当规制，该案发生后，不久便通过刑法修正案的方式增设规制此类行为的投放虚假危险物质罪。分析投放虚假危险物质罪的保护法益可知，由于危险物质本身是虚假的，投放虚假危险物质至多只能扰乱社会秩序，无论如何都不可能对生命、健康等个人法益产生威胁，因此，本罪的保护法益即社会秩序无法还原为个人法益。由此可见，法益还原论的逻辑在部分犯罪的解释中失去了效用。

二是将限制入罪作为刑法解释的主要目的，只有形式上与实质上均侵害法益的行为才能认定为犯罪。"作为指导刑事立法和刑法解释的法益保护原则，是以'刑法必须保护一定法益'为基础的，它将单纯的违反道德和违反秩序的处罚从刑法中排除，从而纯化刑法，限制国家刑罚权的发动。"[3]在解释论上，法益的"本义和核心价值是保卫个人利益与犯罪侵害了个人利益，法益理论的本质与价值取向更多地在于保障公民个人利益以此作为行为出罪

---

[1] 参见上海市中级人民法院（2001）沪二中刑初字第132号刑事判决书。
[2] 参见[日]高橋則夫：《刑法總論》，成文堂2010年版，第235页。
[3] [日]北野通世：《法益論の現代的課題（一）》，載《山形大学法政論叢》2006年第1期，第5页。

的一个评价机制",〔1〕亦即,对于形式上符合构成要件但实质上并未侵害法益,以及虽然实质上侵害了法益,但是经过法益衡量认为欠缺值得处罚必要性的行为,不宜评价为犯罪。例如,得到承诺而发生性关系的行为不构成强奸罪〔2〕、"被害人承诺放弃法益,从而被告人的拘禁动作便不具有实质违法性,不侵害法益"。〔3〕又如,关于《刑法》第243条诬告陷害罪,刑法理论围绕本罪保护法益形成四种观点,分别是人身权利说、司法作用说、人身权利与司法作用择一说以及人身权利与司法作用并合说。〔4〕基于诬告陷害罪位于刑法分则第四章"侵犯公民人身权利、民主权利罪"的体系定位可知,本罪的保护法益主要是人身权利,故人身权利说、人身权利与司法作用并合说较为合理。由于人身权利系个人法益,法益持有人在法益受侵犯之前拥有放弃该法益的处分权,这种放弃行为可以产生"阻却构成要件承诺"(Eine tatbestandsausschließende Einwilligung)与"阻却违法性承诺"(Rechtfertigende Einwilligung)的法效果。〔5〕据此可知,事先得到被害人承诺的诬告陷害行为,由于该承诺阻却了违法性,因而并未实质侵犯被害人的个人法益,故不构成诬告陷害罪。

(二) 实证法益概念与规范确证功能

17世纪至18世纪,除了人文领域的启蒙运动之外,自然科学领域也凝聚了一股强大的变革力量。如果说人文领域的启蒙运动通过区分神的领域与人的社会,排除了神权对人类自由的干涉;那么自然科学领域的技术变革则从根本上否定了神的存在,促使法学理论走向了截然不同的发展道路,即法律实证主义。〔6〕

法益实证主义的崛起以及哲学上非认知主义的出现,导致了自然法理论的式微。在中世纪,神学自然法既是至高的道德标准,又是神权统治人类社

---

〔1〕 杨兴培:《中国刑法领域"法益理论"的深度思考及商榷》,载《法学》2015年第9期,第11页。

〔2〕 参见湖南省湘西土家族苗族自治州龙山县人民法院 (2017) 湘3130刑初44号刑事判决书。

〔3〕 参见河北省唐山市曹妃甸区人民法院 (2014) 曹刑初字第236号刑事附带民事判决书。

〔4〕 参见张明楷:《刑法学(下)》,法律出版社2021年版,第1174页。

〔5〕 参见陈志龙:《法益持有者之法益保护放弃处分权》,载《台大法学论丛》1989年第1期,第209页。

〔6〕 See Vgl. Hendrik van Eikema Hommes, Positive Law and Material-Legal Principles, ARSP: Archiv für Rechts- und Sozialphilosophie, Vol. 70, No. 2., 1984, S. 172.

会的工具,而自然科学对神学的祛魅,从根本上动摇了自然法的地位。法律实证主义天生反对泛道德化、不可实证与至高无上的自然法,主张法律本质上是人定规则,其关注实然的实证法而非应然的自然法,并以此作为指导法律研究(包括法律解释)的根本方法论。在法律实证主义旗手边沁来看,自然法"除了空洞的术语外并未十分明确地主张什么",它只是"软弱无力地坚决主张自身即应成为绝对标准",并"充当了专制的伪装、借口和抚养者——即使不是实际上的专制,也是意向上的专制"。[1]法律实证主义不允许实证法中有任何自然法的思想痕迹,通过"把形而上学的和哲学的思辨从法律理论中剔除,并把法律研究的领域局限于经验界",[2]实现价值无涉。

法益诞生之时正值新旧思想交替之际,实证主义风头正劲的时代背景决定了这一概念最初是为了否定以费尔巴哈等为代表的"启蒙的·哲学倾向的思辨合理性主义",具有"稳健的实证主义"倾向。[3]这种实证法益概念随着宾丁(Karl Binding)的规范论(Die Normen Und Ihre Übertretung)而闻名于世,并经由里希特(Heinrich Rickert)、威尔采尔(Hans Welzel)、麦兹格(Edmund Mezger)等人发扬光大。沿着实证主义进路,法益的解释机能不再是以个人权利划定国家权力边界从而限制处罚范围,而是通过指引保护对象确认实证法的规范效力,个人权利亦只能存在于规范效力之中。

为了解释实证法中不断增加的新犯罪,实证法益论者提倡社会法益、国家法益等集体法益应独立于个人法益而存在。宾丁认为,"法益是整体的利益,尽管它看起来好像与个人相关。但只有在整体法益下,个人的感觉、生命及名誉才受到法律保护"。[4]在宾丁的整体法益观中,个人法益并非先验存在,而是由整体法益推导出来的分支利益,个人法益必须依附于整体法益始能存在,这为论证集体法益的独立性提供方法论指引。当下刑事立法的主基调是犯罪化,增设新罪扩容旧罪成为常态,对"使法益危殆化的法益关联性行为的规制提至具体危险发生之前的阶段,从而有效预防犯罪,成为了现代

---

[1] [英]杰里米·边沁:《论道德与立法的原则》,程立显、宇文利译,陕西人民出版社2009年版,第15页。

[2] [美]博登海默:《博登海默法理学》,潘汉典译,法律出版社2015年版,第225页。

[3] 参见[日]伊东研祐:《法益概念史研究》,秦一禾译,中国人民大学出版社2014年版,第30页。

[4] Karl Binding, *Die Normen und ihre Ubertretung*, Aulf. 1916, S. 203f.

刑法发展的重要趋势"。[1]实证法益概念高度契合刑法的扩张趋势,对抽象危险犯、法定犯等新增犯罪而言具有更强的解释力。现行刑法颁布以来,刑事立法日渐扩张,这种扩张有其规律性,传统自然犯基本保持稳定,新增犯罪多为法定犯、抽象危险犯,这些犯罪与其说是为了保护个人自由权利,毋宁说是为了维护社会秩序、国家秩序的安全与稳定。例如,《刑法修正案(十一)》新增的妨害安全驾驶罪系处罚前置化的抽象危险犯,以安全秩序保护为首要目标,新增的冒名顶替罪、非法植入基因编辑、克隆胚胎罪系强化行政管理效能的法定犯,以贯彻行政规范目的为核心价值。无论是法定犯还是抽象危险犯,其保护法益皆为关乎安全稳定的集体法益,超出了个人法益的涵摄范围。

实证法益理论主张法益源于规范并受规范约束,这种与规范近乎同一化的法益概念丧失了解释的独立性。在法律实证主义话语下,"法益概念本身与规范的概念没有什么不同,如果不将其纳入某个正当刑法的架构之中,其在内容上就是空洞的",[2]换言之,法益本身并不具有独立性,必须将其纳入刑法规范之中才有价值,法益的解释论意义在于确证规范的有效性。较之古典法益概念,实证法益概念更能够满足现代刑事政策的管制需求,顺应了刑事立法活性化的演进趋势。二战以来,在传统回应性刑法向现代预防性刑法转换的理论变革之中,实证法益概念不仅从未缺席,还以预防主义的社会风险调控(Risikosteuerung)和公众安全保障(Sicherheitsbedurfnisse)为逻辑支撑,推动了抽象危险犯、法定犯立法的活跃化。对于这些犯罪,解释论上不再积极考量行为是否已经造成实际损害,而是侧重于禁止特定行为、淡化结果归责标准,这与古典法益概念的自由主义刑法观渐行渐远,并契合了实证法益概念以规范内容为中心的解释逻辑。当法益被实证法所裹挟之后,其解释论功能也发生了根本转变,它不仅无法限制处罚范围,反而充当了规范的转换介质,于是,规范需要什么,法益便保护什么,而以法益保护为名解释犯罪,也更能获得形式的正当性。

---

[1] [日]嘉門優:《法益論の現代的意義(二·完)——環境刑法を題材にして一》,载《大阪市立大学法学雑誌》2004年第1期,第106页。

[2] [德]京特·雅克布斯:《保护法益?——论刑法的合法性》,赵书鸿译,载赵秉志等主编:《当代德国刑事法研究(第1卷)》,法律出版社2017年版,第14页。

二、新预防主义的法益解释面向：限制入罪

概念史上法益的两种面向，在形式上都符合"刑法应保护法益"的基本逻辑，这体现了单纯概念史意义上的法益解释功能并不清晰，完全可以从两个截然相反的方向加以解读。面对复杂多变的刑事立法与刑事司法形势，法益究竟应当如何设定解释机能，才能够既充分契合新预防主义的时代需求而释放其解释潜力，又不至于因为概念定位不清而导致刑事处罚范围过宽或过窄？这需要对法益的概念史进行深度反思。

（一）反思：概念史留下了什么

法益概念的两种面向及其对应的解释机能，看似相反且不可兼容，但实际上又具有相当程度的共通之处。古典法益概念虽然以个人法益为核心，但是对于国家安全、公共安全以及社会秩序等非个人法益，通过一条折中的路径与个人法益之间建立起紧密联系，依然能够建立有效的保护体系。例如，在古典法益话语下，"公共安全"之所以受到法律保护，并不是由于"公共安全"本身是值得刑法保护的法益，而是因为"公共安全"乃多数个人法益之集合，它的受损可能会危害不特定多数人的生命、健康、财产等个人法益。实证法益概念则另辟蹊径，通过创设新的法益类型——集体法益，并借助法益这一转换介质，使国家安全、公共安全以及社会秩序等蜕变为独立的法益类型，实现了法益概念范围的有效扩张，这与古典法益概念殊途同归。

然而，透过概念史理路更应当看到，囿于特定的时代背景，不论是从启蒙思想发展而来的古典法益概念，还是基于法律实证主义的实证法益概念，都是利弊共存的。

古典法益概念从启蒙思想中找到了对国家权力进行限缩的实质理由，在形而上层面演绎出了刑罚权的法哲学根据及其适用边界，贯彻了近代刑法排斥刑罚恣意性和保持刑法安定性的自由主义刑法观。但另一方面，市民自由应当有其边界，"具体化和个别化的问题在于'市民'的个性自由需要多少"，市民自由不是单方面考虑被害人的意愿，而是市民之间的平等交涉关系，这个过程需要国家的参与，"国家基于双方的'对等关系'修正了'交涉'"

的基本规则,[1]明确了个人自由的边界。受时代因素影响,启蒙思想对国家权力具有鲜明的排斥倾向,这种排斥并非纯粹理性思辨,而是带有某种政治考量,它确立了个人自由绝对的政治正确地位,于是古典法益概念的所有出发点都与以个人自由为中心的个人法益相关联。问题在于,当个人法益被视为刑法的唯一保护对象之后,法益自身也变得封闭,其发展潜力相应受到了限制。现实情况反复表明,近代以来的刑法都少不了对社会秩序、公共利益乃至国家权力的独立保护,个人法益或许能够成为刑法的中心,但却并非刑法的唯一,法定犯即为典型例证。世界各国刑法都规定了为数不少的法定犯,有的国家立法甚至将法定犯规定在专门性立法如经济法、行政法之中,以体现刑法对这些前置法的保障作用。例如,《德国道路交通法》第14条规定:"实施下列行为者可被判处两年以下有期徒刑或罚金:(1)多次实施第13条第1款第1项所列行为的;(2)故意实施第13第1款之行为,利用特殊运输服务的短缺,谋取重大的经济利益的",该罪刑规范体现了立法对《德国道路交通法》第13条中的道路交通安全这一集体法益进行保护。而法定犯的违法性判断主要取决于前置法尤其是行政法规范的规定,其主要基于国家行政目的考量,[2]而并非个人法益保护,法定犯在刑法中不断增多,体现了刑法对社会秩序、公共利益等集体法益的独立保护。进入21世纪以后,为了防御社会风险、保障公众安全,预防性、象征性立法愈发活跃,这些立法背后的刑事政策考量更是与个人法益保护大相径庭,这种刑事政策倾向在个罪中更加鲜明,如当前防疫背景下妨害公务罪的司法扩张。[3]由此可见,启蒙时代的自由主义刑法观在实证法发展过程中不断被突破和修正。

更深层次的问题是,哲学的、形而上学的方法论对实证法的忽略或轻视,根本很难支撑起实证法解释,它更像是一种"艺术理论",是一种理想的预设状态。从本质上说,"我们的法律……只是人的决定",这种"艺术理论,使我们本应生机勃勃的科学对很多初学者来说显得枯燥无味且与生活脱节"。[4]

---

[1] 参见[日]小田直树:《法益侵害说について》,载《神户法学年报》2018年第1期,第15页。

[2] 参见刘艳红:《法定犯不成文构成要件要素之实践展开——以串通投标罪"违反招投标法"为例的分析》,载《清华法学》2019年第3期,第45页。

[3] 参见阴建峰:《疫情防控中妨害公务罪的法教义学解析》,载《法学杂志》2022年第1期,第71页。

[4] [德]菲利普·黑克:《利益法学》,傅广宇译,商务印书馆2016年版,第47页。

古典法益概念源于传统自然法思想，但"高深莫测"的传统自然法执着于理念和价值构建，认为"实然"可以由"应然"推导而出，并希望以这种方式指导实证法的制定。因此，传统自然法其实并不关注实证法是什么，而只关心自然法指导下的实证法应当是什么，似乎实证法天生就要与自然法保持一致。这种自然法与现实生活相去甚远，或者根本不愿意与现实生活建立沟通关系，难怪法律实证主义攻击"自然法不过是'乔装改扮的个人观点'或者'人们自封为立法机关的纯粹意见'"，[1]而传统自然法在法律实证主义影响下很快走向衰落也就不难理解了。在经历法律实证主义近一个世纪的压制之后，20世纪以来，以新康德主义为理论根基兼容法律实证主义的现代自然法理论逐渐复苏。现代自然法学者敏锐察觉到，"自然法只有与人类生活相联系时才是有意义的"，[2]它不再盲目拒斥实证法，而是认为实证法中也有理性存在，需要以自然法理论指导和挖掘。对于自然法而言，它的作用不在于取代实证法成为"至高真理"，而在于提升实证法的理性程度及指导实证法的运用。传统自然法的现代转变，对于修正古典法益概念的价值立场及其方法论具有重要意义。

实证法益概念以实证法为基本立足点发展出了集体法益，为法定犯、预防性立法以及象征性立法等提供了强有力的解释支撑，顺应了20世纪90年代以来刑事立法活性化与刑法解释实质化的发展进路。刑法法益需要从实证法的个罪中提炼，"不能不承认的是，确定一个具体犯罪的保护法益，首先要考虑该罪在刑法分则中的体系地位"，[3]实证法是法益确认与归类的基本考量因素。然而值得反思的是，当法益丧失独立性而完全依附于实证法时，意味着所有的实证法规定都能找到对应的保护法益，此时，就认定犯罪而言是否需要一个法益作为解释媒介值得怀疑。换言之，发展到极致的实证法益概念，不过是规范的等价代换，或称之为规范的外在标签，[4]其价值在于确证规范效力和指引保护客体。对于刑法解释而言，仅从形式上指引保护客体并无太

---

[1] [英]雷蒙德·瓦克斯：《读懂法理学》，杨天江译，广西师范大学出版社2016年版，第103页。

[2] 刘艳红：《程序自然法作为规则自治的必要条件——〈监察法〉留置权运作的法治化路径》，载《华东政法大学学报》2018年第3期，第7页。

[3] 张明楷：《催收非法债务罪的另类解释》，载《政法论坛》2022年第2期，第4页。

[4] 夏伟：《对法益批判立法功能的反思与确认》，载《政治与法律》2020年第7期，第18页。

大意义，其更需要一种实质化的法益概念以明确解释标准与解释方向。法益抽象化与精神化的教训历历在目，根植于启蒙传统的法益概念如果完全被实证化，则意味着在根本上放弃了法益概念，因为此种意义上的法益概念与规范本身并无二致：规范是什么，法益就保护什么，其名为法益论实为规范论。一如不能对形式法治过分确信，解释者也不应当通过法益来重述规范的有效性并强迫公众"必须遵守不公平的刑法规范"，相反，法益应该用来"说明这种情况的不合法性"，[1]并在解释论上寻求法益限定处罚范围的实质理由。

另一个深刻的教训是，如果所有的集体法益都能够完全脱逸个人法益而独立存在，则意味着可以借由对国家利益、社会利益等的保护推动入罪化解释，完全可以不用顾及个人的存在及其利益。这种保护将与法治国观念背道而驰，因为如果法秩序不是以个人存在为基础的，那么它将是一个不清楚、不具体和充满风险的法秩序，即便将国家和社会等拟制为抽象人格或准人格也无济于事。因为"'国家'及'社会'其不能抽象存在，而必须有个人存在，累积多数的个人而成为'社会'及'国家'"，[2]个人之集合构成了社会、个人放弃的权利经由社会契约之共识构成了国家权力。刑法中集体法益的设定不能仅基于国家或者社会的需要，而必须与生命、健康、自由、名誉或财产等个人法益相关联时才能获得正当性，这是对集体法益的内在限定。历史总是镜鉴，德国纳粹刑法的出发点恰恰是轻视个人存在的集体主义（Kollektivismus），即"个人只有作为公民共同体的部分才具有价值。这导致集体法益的优先和膨胀，导致义务观念的提升"，[3]也因此，刑事立法与刑事司法被极端化和激进地重组和适用，甚至成为了政治迫害的工具。实证法益概念中的集体法益具有这种轻视个人法益的集体主义倾向：当集体法益脱离个人法益限制并使国家、社会成为独立的法益持有者之后，国家或社会法益凭借其更高的"价值性"和"强势性"，在与个人法益的衡量中占据了绝对优势，从而法益衡量的最终结果往往是为了保护国家或社会法益而牺牲了个人法益，这种集体主义逻辑对于刑事法治而言是极其危险的信号。因此，即

---

[1] [德] 克劳斯·罗克辛：《法益讨论的新发展》，许丝捷译，载《月旦法学杂志》2012年第211期，第276页。

[2] 陈志龙：《刑法的法益概念（下）》，载《台大法学论丛》1988年第1期，第160页。

[3] [德] 约阿希姆·福格尔：《纳粹主义对刑法的影响》，喻海松译，载陈兴良主编：《刑事法评论》，北京大学出版社2010年版，第300页。

使承认集体法益，也应当通过某种方式使之具体化和明确化，而不是任由其朝着恣意化的方向发展。

（二）通过法益限缩处罚范围

自由主义宣示了国家对个人的保障义务，"国家是为了自己的国民而存在的，不应当处于第一位的是国民为国家服务"[1]以自由主义为核心的法益理论构建了现代刑法秩序的坚固基石。从启蒙思想诞生的古典法益以及源于法律实证主义的实证法益，在概念史中留下了辉煌的两页。法益原本是为了限制国家权力而诞生的，自由主义观念牢牢印在了古典法益的精髓之中。但受限于时代因素，法律实证主义替代了自然法思想之后，反而将法益作为规范的替身安排在幕前，于是，法益充当着规范进行行动管制的更有效手段，规范论的各种负面性也被强加于法益之上。如果不对法益概念史进行深度考察，就无法观察到法律实证主义是如何将法益概念遮蔽和带入歧途，并使之拘于形式而消于实质。

这样看来，无论是古典法益概念还是实证法益概念，都无法毫无疏漏地阐明现代刑法的理论根基及其流变趋势。其实，二战以来的法益理论，皆是在古典法益与实证法益的变换与交融之中，不断进行着理论适配。在解释论上，经过新预防主义有限度预防思想和罪刑法定主义涤荡的法益理论被赋予的使命是，通过甄别值得刑法处罚的侵害行为以合理限制处罚范围，[2]从而避免扩张性立法在司法中被无限制地用于推进犯罪化。

法益一直以来被认为具有限制刑法作用，[3]在解释论上亦是如此，尤其是在我国立法出罪机制不畅的背景下，更应当通过法益来合理解释刑法以维护刑法谦抑性底线。刑法学界有力观点认为，法益作为入罪的基础，伦理作为出罪的依据，[4]这在逻辑上削减了法益本应具备的出罪解释功能。法益论的"初心"是"约束入罪而非说明犯罪特质"，[5]即使承认法益具有指导犯

---

[1][德]克劳斯·罗克辛:《德国犯罪原理的发展与现代趋势》，王世洲译，载《法学家》2007年第1期，第160页。

[2]参见刘艳红:《实质刑法观》，中国人民大学出版社2019年版，第234-237页。

[3]参见张明楷:《增设新罪的观念——对积极刑法观的支持》，载《现代法学》2020年第5期，第154页。

[4]参见罗翔:《刑法学讲义》，云南人民出版社2020年版，第17页。

[5]参见陈璇:《法益概念与刑事立法正当性检验》，载《比较法研究》2020年第3期，第52页。

罪构成要件解释、区分此罪与彼罪的入罪功能，也应当保留其出罪功能。以出罪为旨趣的法益解释功能，契合了我国《刑法》第13条"但书"规定，弥补了我国刑法出罪机制不畅的先天不足。在我国混合的犯罪概念下，刑法通过形式罪刑法定很轻易实现入罪，如果仅强调法益作为入罪基础，则构成要件的形式判断很容易遮蔽违法性的实质判断而取得入罪优势，加之我国刑法中仅规定了正当防卫、紧急避险作为法定出罪事由，有限的出罪立法资源根本无法支撑不断增加的司法出罪需求。虽然《刑法》第13条"但书"通常被认为是刑法出罪的一般规定，能够容纳很多超法规的违法阻却事由，然而何为"情节显著轻微危害不大"，理论上尚未形成共识。将法益侵害及其危险性作为实质违法性判断的依据，与"但书"出罪逻辑高度契合，所谓法益侵害低而无罪与"情节显著轻微危害不大"而出罪，仅具有表述差异而无实质区别。以法益的出罪解释功能促成"但书"出罪达成理论共识，形成以法益解释为中心的"但书"出罪评价标准，能够充分地释放"但书"的出罪潜能，最大限度满足刑事立法活性化时代司法对轻微犯罪、法定犯、抽象危险犯等的出罪需求。在法益替代犯罪客体成为违法性判断的实质依据之后，能够有效嵌入"但书"之中，用以甄别行为是否情节显著轻微危害不大，通过法益侵害性有无及其程度判断阻挡了欠缺法益侵害性或法益侵害性较轻的行为进入犯罪圈，补足了"但书"的先天缺陷。"但书"与法益结合之后，还凭借强大的包容性和吸附性，形成一个以法益为中心的刑法出罪体系，容纳各种超法规的违法阻却事由，有效限缩刑法处罚范围。例如，被害人承诺可以解释为被害人主动放弃个人法益、欠缺结果回避可能性可以解释为法益侵害结果与行为不存在因果关系等，这些事由都可以借助法益解释归入"但书"之中而排除刑事可罚性。

  法益对处罚范围的限制功能还体现在对具体条文的解释上。例如，根据《刑法》第91条第2款规定，国家机关、国有公司、企业、集体企业和人民团体管理、使用或者运输中的私人财产，以公共财产论。如果对此处的"以公共财产论"进行平义解释或者扩大解释，就会得出只要是在上述主体控制之下的私人财产均应毫无例外视为公共财产的结论，然而结合具体情形分析，这样解释既不符合刑法存疑有利于被告人原则，也不利于保护合法的私权利。以乐某等三人涉嫌抢劫案为例，2016年4月初，乐某等三人购买了一辆二手面包车。当天下午，三人驾驶面包车到某医学院门口，准备拉几个学生赚钱，随后执法人员以涉嫌非法营运扣留该车辆。当天晚上,乐某等三人商议将被扣留的面包车偷走,其间两人阻拦停车场看守人员,三人共同将该面包车抢走。[1] 本案的争议焦点之一在于,乐某等三人非法夺取自己所有但已经处于国家机关控制之下的私人财产,是否侵犯了抢劫罪所保护的财产法益?分析该问题的关键在于,该项立法设定规定究竟是为了保护国家机关、国有公司等对财产的管理权,还是为了更为妥善地保护私人财产权这一个人法益,即当权利人从国家机关管控之下夺取个人所有的财产时,能否认为该行为侵犯了财产法益?从保护法益来看,《刑法》第91条第2款的规定非但不是让私人财产公有化,反而是为了更有效保护私人财产权这一个人法益,"因为这部分财产虽然属于私人所有,但当交由国家机关、国有公司、企业、集体企业和人民团体管理、使用、运输时,上述单位就有义务保护该财产,如果丢失、损毁,就应承担赔偿责任"。[2] 由此分析,前述案件中乐某等三人的行为虽然妨害了公务,但三人夺回被扣押面包车的行为,是为了实现其对个人财产的所有权,《刑法》第91条第2款中的"以公共财产论",并不能产生否定个人财产权的法效果。因此,为了有效保护个人法益,《刑法》第92条第2款的"以公共财产论"应进行限制解释,适用于排除第三人侵害和强化行政机关管理义务的场合,当权利人从国家机关取得被管控的私人财产时,不构成对财产法益的侵犯。当然,即使不构成抢劫罪,本案中乐某等人的行为毕竟侵犯了行政执法秩序,涉嫌妨害公务罪,因而并不存在处罚漏洞。

总之,对古典法益与实证法益的反思并非要放弃这两个概念,而是透过概念史梳理确立法益解释功能的应然定位。根据古典法益推导出的处罚限定思想以及基于实证法益引申出的刑法保护对象指引功能,构成了法益解释功能的两个方面,即形式入罪和实质出罪,而两者结合的实益在于通过形式入罪实质出罪的双层次判断限缩司法入罪倾向,确保刑罚法规的规范化与合理化。

三、新预防主义的法益解释论调适:基于限缩集体法益的立场

现代刑法基于预防主义的立法扩张本质上都是集体法益的扩张,这也是

---

[1] 参见江西省抚州市临川区人民法院(2017)赣1002刑初109号刑事判决书。
[2] 王爱立主编:《中华人民共和国刑法条文说明、立法理由及相关规定》,北京大学出版社2021年版,第126页。

传统预防主义备受批判的源头。20世纪以来为顺应给付行政的管制需求掀起的法定犯化立法浪潮，以及21世纪以来为抗制风险保护安全进行的预防性立法与象征性立法，都驱动了犯罪化立法，这些新增犯罪大多以集体法益为保护对象。而集体法益的高度不确定性，容易成为刑罚权泛化扩张的工具，必须予以警惕和反思。[1]如何赋予集体法益以相对确定的内涵，成为对新预防主义进行法益解释论调适的核心问题。

关于集体法益的含义，学界有力观点认为，集体法益作为独立的法益类型，应当具有平等性（任何人均可平等、没有冲突地享受）、不可拆分性（不可能将集体法益及其部分分配给社会的特定成员）以及累积性（多数人实施不法行为才会使集体法益受侵害），三者缺一不可。因此，实害犯和具体危险犯的保护法益不是集体法益，公共安全虽然属于公共法益但却不是集体法益，社会秩序（公共秩序）和经济秩序也不都是集体法益，集体法益应限定为累积犯和抽象危险犯所侵犯的法益。[2]这一观点固然有助于限缩集体法益的范围，然而若对集体法益作如此解释，则集体法益之外的公共安全、社会秩序（公共秩序）、经济秩序等公法益的性质更加难以确定，值得商榷。根据理论预设，一种法益在总体上要么归属于个人法益，要么归属于集体法益，二者只能居其一，不存在第三种法益形态。由于公共安全、社会秩序（公共秩序）、经济秩序主要成分是公共利益，[3]难以归结为个人法益，而更应归属于集体法益范畴。例如，既然认为伪造货币罪和内幕交易罪的保护法益是集体法益，[4]就应当肯定经济秩序属于集体法益的范畴，因为无论是货币的公共信用还是内幕交易市场秩序都是对经济秩序进行实质化解释的结果。况且，现行刑法中绝大多数侵犯集体法益的犯罪都是混合型犯罪，在保护法益上表现出鲜明的公私法益混合特征，[5]由于私法益或个人法益成分的存在，这些犯罪中集体法益的不可拆分性与累积性也难以成立。本书关于集体法益含义的基本看法是：集体法益是一种集合性法益，对集体法益的理解不应仅停

---

[1] 参见冀洋：《法益自决权与侵犯公民个人信息罪的司法边界》，载《中国法学》2019年第4期，第69页。

[2] 参见张明楷：《集体法益的刑法保护》，载《法学评论》2023年第1期，第45-47页。

[3] 参见张明楷：《集体法益的刑法保护》，载《法学评论》2023年第1期，第47页。

[4] 参见张明楷：《集体法益的刑法保护》，载《法学评论》2023年第1期，第47页。

[5] 参见［美］道格拉斯·胡萨克：《刑法哲学》，姜敏译，中国法制出版社2015年版，第636-637页。

留在累积犯和抽象危险犯的狭义层面,根据我国现行刑法规定与司法实务,集体法益至少包含两种形态:第一种是由不特定多数人利益之集合所构成的利益,如公共安全等;第二种是刑法所拟制的集合利益,这类集体法益并不能还原为个人法益,其抽象存在是为了维系国家和社会的正常运作,包括社会秩序、经济秩序等。

古典法益理论基于启蒙主义自由权利观,认为个人法益处于中心地位,集体法益从属于个人法益,任何集体法益本质上都能还原为个人法益,这原本是为了以个人法益限定集体法益的成立范围,进而限缩犯罪圈。然而受限于时代因素,启蒙思想对国家权力具有鲜明的排斥倾向,这种排斥并非纯粹理性思辨,而是带有某种政治考量,它确立了个人自由绝对的政治正确性,于是古典法益理论的所有出发点都与以个人自由为中心的个人法益相关联。自由应当有其边界,当个人法益被视为刑法的唯一的、绝对的保护对象之后,法益自身也随之变得封闭,难以适应刑法的时代变迁。本书认为,对集体法益独立性的轻视,实质上是对古典法益概念的盲目拥护,这种绝对强调个人法益中心地位的哲学的、形而上学的方法论根本很难支撑起实证法解释。近代以来的刑法都确立了对集体法益的特别保护,规定了大量调整公共关系的法定犯,这些犯罪中个人法益要么仅处于次要地位,要么完全没有容身之地,"我国目前的《刑法修正案》都是强调法定犯……这也明显表现出刑法的价值取向已经由公民个人权利的保护转变为社会秩序的管理。"[1]这些法定犯背后的行政管理考量与个人法益保护大相径庭,以个人法益为中心法益观念在实证法发展过程中不断被突破和修正。

本书认为,集体法益未必从属于个人法益,晚近以来刑事立法对集体法益的扩张事实上实现了立法上对个人法益的去中心化,刑法理论不应当拒绝立法的新变化,以个人法益完全限制集体法益解释,而应当顺应立法变迁在解释论上完成对个人法益的适度去中心化,承认集体法益的独立性。法益解释的重心也应随之调整,即当集体法益与个人法益脱钩之后,刑法理论重点应聚焦于如何增加集体法益的确定性,以有效发挥其指导刑法解释的功能。集体法益的扩张促进了法益稀薄化并削弱了法益在个罪中的解释力,帮助行为正犯化、行政义务刑法化、刑法功能的工具主义化等皆是如此。但也要清

---

[1] 王俊:《积极刑法观的反思与批判》,载《法学》2022年第2期,第73页。

醒地认识到，立法上越是无力阻挡犯罪化以及由此带来的法益稀薄化，就越要通过解释论对法益的实体进行强化，使法益发挥限定个罪无序扩张的应有功能。

基于此，法益理论面对集体法益立法扩张的核心任务是，在解释论上促进集体法益的实体化以有效限缩个罪在司法中的无序扩张，在法益保护与人权保障之间寻求合理平衡。这种方法论层面的限缩集体法益的解释功能可提炼为四个方面：

第一，基于法益与法条益相分离之理念，确立法益对法条益进行再限缩的解释立场。法条益乃通过法律予以实证化的利益，因此，所有的法律都有对应的法条益。虽然法条益完全由立法所决定，法律的每一次变动都可能调整法条益，但法益却未必如此。因为法益是值得刑法保护之益，它附着了良善的道德判断，而实在法并不必然带有"道德善"，"道德上邪恶的法律，仍然可以是有效的法律规则或原则"，[1]具有法条益，却欠缺法益性，因此，不能将法条益与法益等同视之。由此决定，在保护集体法益的犯罪中，应当避免将法条益视为法益本身，进而以规范的形式判断替代法益的实质判断。

根据法益保护主义，只有严重侵害或威胁法益的行为才能由刑法规定为犯罪，单纯侵害法条益而没有侵害法益的行为应当排除犯罪圈。以陈某投放虚假危险物质罪案为例。陈某为报复他人，以免费品尝牛奶的方式，将放有两片安眠药的牛奶给多人（共5人）食用，造成多人出现头晕、恶心等症状。该事件被网友传到网上，引起公众议论和恐慌。人民法院以陈某的行为严重扰乱社会秩序为由，判决其构成投放虚假危险物质罪。[2]本案中，陈某投放了虚假的危险物质，形式上符合投放虚假危险物质罪的构成要件，然而，陈某的行为仅造成了他人身体的轻微伤害，原本也没有引起公共秩序混乱，而是由不知名的网友传播信息导致周围人员恐慌。因此，认定陈某构成投放虚假危险物质罪，其实是将本罪的保护法益即社会公共秩序形式地理解为法条益即公众的体感安全。只有区分法益和法条益，实质地判断行为的法益侵害性及其与社会公共秩序混乱的关联性，认定本案中陈某行为不构成投放虚假危险物质罪，才能得出合法合情合理的结论。

---

[1] [英]哈特：《法律的概念》，许家馨、李冠宜译，法律出版社2011年版，第236页。
[2] 参见吉林省长春市公主岭市人民法院（2017）吉0381刑初466号刑事判决书。

第二，即使集体法益与个人法益的脱钩正在加速，然而现行刑法中绝大多数犯罪所保护的集体法益仍然源于个人法益，个人法益与集体法益的规范关联仍然存在，对限缩集体法益具有重要参考意义。刑法分则第二章"危害公共安全罪"中的集体法益，基本上都能够还原成不特定多数人的公共利益，这类集体法益天然由多数个人法益所组成。刑法分则第三章"破坏社会主义市场经济秩序罪"的主法益是社会主义市场经济秩序，然而在部分犯罪中，是否对个人法益造成侵害也是犯罪成立与否的重要考量因素，如集资诈骗罪、合同诈骗罪等的认定中通常情况下受侵害的是个人法益。这是因为，社会主义市场经济秩序虽然不是由个人法益组成，但是保护经济秩序往往也同时保护了处在经济活动中的具体个人法益，因此集体法益与个人法益不可避免地彼此交织。事实上，随着刑法人文主义的回潮，有的犯罪看似与个人法益没有直接关联，实则在解释适用上仍然有向个人法益靠拢之趋势。以污染环境罪为例。2011年《刑法修正案（八）》将污染环境罪的入罪条件从实害结果改为危险结果，只要"严重污染环境的"，即可构成本罪。这一立法转变被认为环境犯罪的法益观从人类中心主义转向生态中心主义，强化了刑法对生态风险的预防和抗制。然而，生态中心主义法益观充满了不确定性，若将其推而广之，势必会加深环境犯罪归因的不确定性与归责的普遍性。因此，环境刑法应"立足于人类中心主义与生态中心主义双方，综合二者来规定环境犯罪的保护法益"，[1] 从法益解释角度建立环境保护与人类行为的密切关联性，限定了污染环境犯罪的成立，即对于污染环境行为，既要侵害国家环境管理秩序，又要损害人身、财产、生活安宁等传统个人法益，才能够成立犯罪。

第三，在法定犯中，集体法益的解释需要遵循法秩序统一性原理，受到前置法的规范约束。法定犯是20世纪以来行政管制扩张的产物，相对于传统自然犯而言，法定犯存在法益性稀薄的先天不足，其违法性实质主要是对规范的不服从而非法益侵害性，因此，法定犯的违法性应受到前置法与刑法的双重限缩。[2] "在行政违法或民事违法不存在时，应当断然否定待处理案件中行为的犯罪性；如果某一个行为的性质在行政法、民商法上有争议，也极有

---

〔1〕 熊亚文：《法益概念的解释论机能及其实现——兼论污染环境罪的法益判定与司法适用》，载《西部法学评论》2016年第3期，第51—52页。

〔2〕 参见刘艳红：《"法益性的欠缺"与法定犯的出罪——以行政要素的双重限缩解释为路径》，载《比较法研究》2019年第1期，第86页。

可能成为'出罪'的理由。"[1]据此,在个案中结合民法、行政法等对行为是否侵犯集体法益进行实质判断,同样可以有效限缩犯罪成立范围。以张某涉嫌虚开增值税专用发票案为例,2004年,张某与他人合伙成立A龙骨厂,因A龙骨厂无法开具增值税专用发票,张某遂以他人开设的B公司名义对外签订销售合同,并以B公司名义对外开具发票。2006年至2007年间,张某以B公司名义开具增值税专用发票共计53张,价税合计4457701.36元,税额647700.18元。基于以上事实,人民检察院指控张某犯虚开增值税专用发票罪,一审法院认定犯罪成立,张某未上诉。最高人民法院复核认为,张某"以其他单位名义对外签订销售合同,由该单位收取货款、开具增值税专用发票,不具有骗取国家税款的目的,未造成国家税款损失,其行为不构成虚开增值税专用发票罪"。[2]虚开增值税专用发票罪是双重法益的犯罪,其形式法益是国家税收管理秩序,实质法益是国家税收安全,这一法益有《中华人民共和国税收征收管理法》《中华人民共和国发票管理办法》等法律法规予以确证。如果仅将法益作为入罪的基础,考虑形式法益即国家税收管理秩序受侵犯,则只能得出张某构成犯罪的结论。只有同时肯定法益的出罪解释功能,兼顾本罪的形式法益与实质法益,才能以张某的行为没有危害国家税收安全这一集体法益而出罪。

第四,危险犯位于集体法益保护的最前端,对是否造成集体法益危险的行为应结合个案行为进行实体化判断。"随着我国社会主要矛盾的转变,公民对社会发展质量的要求越来越高,需要刑法保护的利益(即法益)的范围越来越广。"[3]抽象危险犯是法益保护早期化与刑法可罚性界限前移的鲜明体现,为管控风险而将处罚提前至抽象危险阶段,无疑降低了处罚障碍以更好地落实一般预防思想,并使得犯罪圈明显扩张。但是抽象危险犯并非意味着,只要行为人实施某种定型行为,便能够以违反刑法规范为理由,而毫无障碍地进行定罪。根据刑法理论,所谓抽象危险是"一种立法推定的危险",在一般情况下只要行为人实施了法律规定的行为,则无需司法认定即可类型性地

---

[1] 周光权:《论刑法所固有的违法性》,载《政法论坛》2021年第5期,第39页。
[2] 参见最高人民法院(2016)最高法刑核51732773号刑事裁定书。
[3] 刘传稿:《轻重犯罪分离治理的体系化建构》,载《中国刑事法杂志》2022年第4期,第16页。

认定存在危险,进而认定犯罪成立。[1]然而这并不意味着刑法中的抽象危险是记述的概念,司法推定的过程蕴含着司法人员的价值判断,因此,抽象危险仍然是规范的概念,需要进行个案审查。具言之,抽象危险犯并不排除法益解释,在仅具有规范违反行为而并无任何抽象危险的场合,法益发挥着看似微弱实则强有力的限制入罪功能。以醉驾型危险驾驶罪为例。2011年《刑法修正案(八)》增设醉驾型危险驾驶罪,主要是为了预防交通领域的风险,而作为抽象危险犯的醉驾型危险驾驶行为,其成立并不要求对法益造成侵害或者现实危险,只要行为人血液酒精含量达到80mg/100ml的法定标准,即会被认定为达到危险驾驶的入罪标准,这可能导致犯罪认定拘于形式而失去实质合理性。例如,夜间在无人出没的道路上醉驾,即使不会对公共安全造成任何危险,也可能因为行为人血液酒精含量达到80mg/100ml而被认定为危险驾驶罪。由于醉驾型危险驾驶罪所保护的交通安全管理秩序系集体法益,而上述事例所涉行为,并未侵害任何个人法益,"法不禁止没有任何法益侵害可能性的单纯行为,否则就是对公民自由的侵犯"[2],因而行为人对交通管理秩序的违反并不能还原为对个人法益的侵害或者威胁。据此,应当肯定形式法益侵害而否定实质法益侵害,不宜认定为犯罪。

自由主义宣示了国家对个人的保障义务,"国家是为了自己的国民而存在的,不应当处于第一位的是国民为国家服务"[3],以自由主义为核心的法益理论构建了现代刑法秩序的坚固基石。从启蒙思想诞生的古典法益以及源于法律实证主义的实证法益,在法益概念史中留下了辉煌的两页。以上分析遵循概念史轨迹,既是为了了解概念史,也是在某种程度上"告别"概念史,只不过这种"告别"更多的是一种反思、继承与发展。法益原本是为了限制国家权力而诞生的,自由主义观念牢牢印在了古典法益的精髓之中。但受限于时代因素,法律实证主义替代了自然法思想之后,反而将法益作为规范的替身安排在幕前,于是,法益充当着规范进行行动管制的有效手段,规范论的各种负面性也被强加于法益之上。如果不对法益概念史进行深度考察,就

---

[1] 参见陈兴良:《但书规定的法理考察》,载《法学家》2014年第4期,第63页。

[2] 周啸天:《结果的提前实现——既有学说批判与结果归属认识论提倡》,载《清华法学》2020年第4期,第41页。

[3] [德]克劳斯·罗克辛:《德国犯罪原理的发展与现代趋势》,王世洲译,载《法学家》2007年第1期,第160页。

无法观察到法律实证主义是如何将法益概念遮蔽和带入歧途，并使之拘于形式而消于实质。不过，法益越是面临着障碍，我们就越不应该放弃理论上所做的种种努力，更不能在原地停摆、默默接受，而应当努力思考如何去反思、继承并发展它，这也正是法益概念史留待我们完成的未竟使命。刑事立法通过集体法益扩张适应社会发展变迁有其必然性与合理性，刑法理论不能无视时代趋势继续固守古典法益理论下"集体法益源于个人法益"之教条，刑事司法也不能不加甄别地对新增立法中的法条益进行保护。在新预防主义的法益论框架下，合理限缩集体法益是法益解释功能塑造的核心立足点。

第三章
新预防主义的刑事立法边界调控

犯罪化的实质是国家刑罚权扩张与公民自由权利限缩的双向过程,而刑罚权与其他公权力一样具有本能的扩张倾向,立法者的每种突发奇想都有形成制定法的机会,[1]因此,为了保障公民自由权利不受国家权力侵越,必须对预防性立法进行必要限制。新预防主义基于科学立法的比例原则及刑事法治的正当性考量,提倡应当为刑事立法划定一条相对清晰的入罪标准和界限。

第一节 刑事立法边界:新预防主义的"元问题"

一、新预防主义立法的正当性基础

刑法基于预防主义理念强化安全保护的做法具有双重效应:从积极维度上看,刑法将社会公众普遍关切的危险行为纳入刑事规制范畴,既能够发挥安抚公众恐慌焦虑的象征性功能,也体现了通过早期干预轻微越轨行为来预防重大犯罪的治理策略选择。预防性刑事立法通过引入轻微犯罪完善刑事法网,客观上推动我国刑法向"严而不厉"的科学结构转型。从消极维度上看,以维护安全为由将大量轻微失范行为犯罪化,可能导致刑法不当侵入本应由民法、行政法等前置法规制的领域,引发学界对刑事立法正当性的深刻质疑与反思。

为了回应批判,学界主要借助法益论来论证预防性立法的正当性基础。然而,这种将犯罪与法益理论必然捆绑的惯性思维,在解释预防性立法正当

---
〔1〕 参见〔德〕拉德布鲁赫:《法哲学导引》,雷磊译,商务印书馆2021年版,第35页。

性时已然遭遇理论困境。根本原因在于，用法益论来检视预防性立法的正当性根据，实际上预设了法益概念具有立法批判功能，并试图将其作为指导刑事立法的基准。但问题在于，在犯罪未立之际，所谓的立法批判功能不过是解释者建构的虚拟概念，它会随着解释者主观认知的变化而不断调整，难以形成具有确定性的判断标准。正因如此，关于法益论究竟如何以及在多大程度上能够发挥限制预防性立法的作用，学界始终未能达成共识。这样缺乏现实基础的法益概念，可能只是经过"乔装打扮的个人观点"。[1]即使承认法益具有立法批判机能，也必须认识到立法者实际上很难单纯依靠这一理论作出精确的立法决断，尤其是预防性立法触及的领域大多是刑法与其他法律的模糊地带，在此种场合，立罪与否与其说是遵循法益理论的指引，不如说是立法者的政策选择和价值取向在起决定性作用。

不可否认的是，预防主义与应报主义的立论基础存在根本差异。应报主义的立论基础是法益论或危害原理，这一理论范式主要适用于传统自然犯领域。[2]在应报主义框架下，法益侵害的有无及其程度是对犯罪之"恶"的描述，这种基于客观损害的评价体系为刑罚的报应性提供了坚实的正当性基础。相比之下，预防主义的立论基础是危险原理，它在概念上已经远离了法益论以法益侵害为中心的教义学传统。虽然理论上为顺应刑法客观化要求而强调危险的客观属性，但当立法者以安全保障为名构建预防性规范时，其内在逻辑实际上更倾向于优先考量公众的风险感知，"人们对风险的主观感知和想象在很大程度上形塑着现代风险"[3]。法益侵害的客观实在与安全感知的主观感觉之间的本质差异，从根本上决定了法益理论难以对预防主义立法形成有效的约束机制。

在解释论上，法益论也无法阐明所有已然之罪的处罚正当性，这说明现行刑法中部分罪名的设立并不完全以法益保护为基础。例如，《刑法》第291条之一规定了投放虚假危险物质罪，该罪虽然规定在刑法分则第六章"妨害

---

[1] [英]雷蒙德·瓦克斯：《读懂法理学》，杨天江译，广西师范大学出版社2016年版，第103页。

[2] 参见[日]仲道祐树：《法益论、危害原理、宪法判断——刑事立法分析框架的比较法考察》，蔡桑译，载《苏州大学学报（法学版）》2021年第3期，第144页。

[3] 姜敏：《积极刑法观之面相、根据和实践限度的教义学分析——以〈刑法修正案（十一）〉为分析文本》，载《法学评论》2022年第6期，第39页。

社会管理秩序罪"中,但事实上该罪增设主要受2001年肖永灵案[1]影响。从规范保护目的来看,本罪的核心保护对象实为公众安全感这一主观心理感觉,立法理由也支持这一论断,本罪的客观处罚条件"'严重扰乱社会秩序',主要是指该行为造成社会恐慌。"[2]法益论以客观主义为基础,危险物质本身不具有客观实在性时,公众安全感或恐慌情绪完全建立在主观认知层面,客观上既不存在实害结果,亦缺乏法益侵害的危险。如果将本罪保护法益强行解释为抽象的"社会管理秩序",则此类空洞的法益概念将丧失规范指引功能,反而可能沦为解释者任意填充内容的"空头支票",最终消解刑事处罚的正当性基础。

无论是法益论、危害理论还是危险理论,各种刑事立法正当性理论本质上都秉持着限缩刑法干预范围的基本立场。因此,虽然这些理论在具体论证路径上存在差异,但其根本理念具有内在一致性,即应当为刑法介入划定必要限度。新预防主义则突破了传统预防与报应二元对立的思维模式,主张构建一种既能实现预防功能,又能严格限定刑法介入范围的理性预防体系。

刑法介入限度虽然难以直接从纷繁复杂的社会生活关系中直接推导,却可以在相对明确的法秩序框架内得到确立。法秩序本质上是对法律体系内部关系的系统化整合,它由三方面内容所组成:一是等级关系,体现为不同位阶法律规范的效力等级,遵循上位法优先于下位法的基本原则;二是联结关系,表现为刑法与前置法之间的动态关联,刑法需保持对前置法变动的适应性调整,并尽可能缩小二者之间的规范空隙;三是序位关系,强调刑法在整个法律体系中的最后保障地位,其适用必须严格遵循最后手段原则。[3]法秩序的联结关系与序位关系从两个角度阐明了同等级规范之间的关系,共同界定了刑法在同等位阶规范体系中的介入限度。

联结关系表明,当刑法与前置法存在规范对应时,刑法需跟随前置法的

---

[1] 2001年10月,肖永灵将白色粉末状干燥剂伪装成是炭疽杆菌邮寄给上海市人民政府和上海东方电视台新闻中心,引起公众恐慌。法院认定肖永灵构成以危险方法危害公共安全罪。参见上海市第二中级人民法院(2001)沪二中刑初字第132号刑事判决书。

[2] 全国人大常委会法制工作委员会刑法室编:《中华人民共和国刑法条文说明、立法理由及相关规定》,北京大学出版社2009年版,第603页。

[3] 参见[奥]凯尔森:《法与国家的一般理论》,沈宗灵译,商务印书馆2013年版,第178-189页。

调整而做出相应修正。不过，刑法与前置法之间并非完全紧密无隙，两者中间尚存在一个混沌不清的模糊地带，作为刑法与前置法的过渡地带，这为刑法与前置法的有序进退提供了必要的弹性空间。在传统民刑关系、行刑关系中，为维护刑法的保障法地位，通常遵循民进刑退、行进刑退谦抑原则；而在预防主义导向下，国家刑罚权因应社会治理需求而积极扩张，刑法通过规范前移不断向民法、行政法领域渗透。例如，《刑法修正案（十一）》增设高空抛物罪，向民法中的高空抛物侵权行为靠近；增设妨害安全驾驶罪，向行政法中侵犯道路交通秩序的治安违法行为靠拢。由于这种靠近始终保留着刑法与前置法的本质特征，刑法仅能无限逼近却不可完全等同或替代前置法标准，因而这种做法既未超越刑法的调整范围而僭越罪刑法定原则，也未破坏法秩序要求的刑法与前置法之间的联结关系，正是这种规范互动的动态平衡，奠定了新预防主义在价值层面的正当性基础。

序位关系具有双重规范涵义：在立法上，对于需要刑法与前置法共同规制的领域，如果前置法尚未作出明确规定，刑法不宜率先介入先行立法；前置法已经作出规定，刑法规范则须与之保持协调。以个人信息保护为例，作为典型的私权客体，本应由民法先行确立保护规定。然而，我国自2009年《刑法修正案（七）》规定了专门保护个人信息的犯罪即出售、非法提供公民个人信息罪，而私法中个人信息概念直到2017年才由《中华人民共和国民法总则》（以下简称《民法总则》）确立，这种刑事立法先行现象导致个人信息保护体系出现长达8年的"民刑断裂"，不仅造成民刑法律衔接失衡，还引发刑事司法中长期存在"类案异判"问题。在司法上，新预防主义导向下的直接结果是"刑进"，与之对应，司法机关更应保持克制，不宜再通过司法上的犯罪化驱动二次扩张犯罪圈，以防止刑法过度侵越前置法领域。这表明，新预防主义配套的司法模式是审慎司法。于是，立法的扩张与司法的限缩形成动态互补，这种"立法积极而司法审慎"的互补机制，既保证了刑法在整体法秩序中的最后保障地位，又从方法论层面证成了新预防主义的正当性。

二、新预防主义立法的正当性调控

如何在法益之外划定刑法介入限度，公法领域的比例原则成为首要考量。为平衡预防主义导向下的犯罪化扩张趋势，保障公民的自由权利，必须引入与预防主义相反的克制力量，以维系刑法与前置法之间应有的联结关系和序位关系。良法之治不仅要求法律规范具有形式合理性，更强调"法的内容的合规律性或科学性，即符合客观规律、反映和尊重客观事实"〔1〕，比例原则的核心价值在于将国家权力对私人领域的干预限制在实现公共目的所必需的最小范围内，这一理念与刑事法治尊重公民基本权利的底层逻辑高度契合，因而能够作为调和预防主义扩张的指导原则。不过，比例原则本身并未提供可操作的确切的判断标准，其应当定位为指导具体规则形成的上位原则，有赖于在法理推演和社会生活关系中进一步提炼出具体规则体系。〔2〕

确立犯罪化的合理标准，需要系统梳理和总结预防的规范要素，参照既有"法律规范以及建立在其上的基本法律概念和赋予其规范性意义的因素"。〔3〕循证立法的演进态势，可以提炼出新预防主义的两大核心要素：利益和风险。在这两个核心要素中融入比例原则，可以构建出四种可供筛选的组合方案：一是较小利益的较小风险；二是较小利益的重大风险；三是重大利益的较小风险；四是重大利益的重大风险。

关于较小利益的较小风险和较小利益的重大风险，由于"刑法不理会琐细之事"，较小利益的行为，无论其风险程度如何，通常都不符合刑法干预的基本前提，因而不构成刑事犯罪，针对较小利益造成的危险，不论危险大小，通常都不符合刑法介入的基本前提，不构成刑事犯罪。对较小利益造成危险的行为可能产生两种法律后果：一是当行为处于社会正常交往的容许范围内，具有社会相当性时，将由社会交往规范调整，法律不作负面评价。以个人信息保护为例，《中华人民共和国个人信息保护法》（以下简称《个人信息保护法》）第 28 条规定生物识别信息属于敏感个人信息，最高人民法院也明确，人脸信息具有"高度的可识别性，能够单独或者与其他信息结合识别特定自然人身份或者反映特定自然人活动情况，属于刑法规定的公民个人信息"。〔4〕因此，非法泄露人脸识别信息的行为构成侵犯公民个人信息罪。然而，在短视频行业蓬勃发展的背景下，大量用户上传的视频中不可避免地包含未经许

---

〔1〕 周佑勇：《中国行政基本法典的精神气质》，载《政法论坛》2022 年第 3 期，第 69 页。

〔2〕 See Leandro Mancano, "Mutual Recognition in Criminal Matters, Deprivation of Liberty and the Principle of Proportionality", *Maastricht Journal of Europeanand Comparative Law*, Vol. 25, No. 6, 2019, p. 718.

〔3〕 周佑勇：《中国行政法学术体系的构造》，载《中国社会科学》2022 年第 5 期，第 117 页。

〔4〕 参见最高人民法院第 192 号指导性案例。

可采集的陌生人面部信息,这些人脸识别信息没有获得信息主体(陌生人)同意,事实上也不可能获得其同意,若机械适用《刑法》第253条之一的侵犯公民个人信息罪,将导致此类日常行为被普遍犯罪化,这不仅会造成司法实践的困境,也与公众的正义直觉相冲突。[1]从规范调控角度来看,尽管这种行为在形式上违反了法律规范,但其实质上已经为社会交往规则所接纳,并由既有的社会交往秩序所调整,因此既无需法律另行构建新的规范秩序,更不必动用刑法进行干预。二是对于部分情节轻微的违法行为,可能不作处罚或者给予轻微处罚。例如,根据《治安管理处罚法》第9条规定,对由于民间纠纷引起的轻微斗殴行为,没有造成实质损害的,可以由公安机关进行协调,若调解不成,再视具体情况决定是否给予治安处罚,这体现了法律对社会自治空间的尊重。

关于重大利益的较小风险,虽然因涉及重大利益而满足刑法干预的前提条件,但由于行为对重大利益造成的风险较小,社会危害性尚未达到值得科处刑事处罚的严重程度,刑法的介入仍缺乏必要性,此时由前置性法律规制即可。不过,这类行为通常难以通过民法进行调整,因为民法以损害填补为核心功能,而尚未造成实际损害的风险行为缺乏可填补的损害对象,导致民法介入缺乏基础。[2]在现行法律体系中,行政法成为调整此类行为的主要手段。例如,对于饮酒驾驶行为,饮酒虽会降低驾驶人的辨认控制能力,可能危及公共安全这一重大利益,但当行为人尚未达到醉酒标准时,其风险尚属于可控范围内,不构成危险驾驶罪,对此可以根据《道路交通安全法》第91条规定给予相应的行政处罚,实现风险防控与处罚相当的平衡。

基于利益与风险的合比例性调控原则,刑法仅应规制具有严重社会危害性的行为。随着新预防主义将风险要素引入刑事立法,刑法边界呈现扩张趋势,此时更应当严格限定刑法介入处理的行为范围,即只有同时涉及重大利益与重大风险的行为才应纳入刑事规制范畴,而较小利益或较低风险事项则不应成为刑法考量的对象。我国现行刑法中的预防性立法实践基本遵循此路径,刑法修正案增设的恐怖主义犯罪、交通安全犯罪、计算机信息系统安全

---

[1] 参见[美]保罗·罗宾逊:《正义的直觉》,谢杰等译,上海人民出版社2018年版,第22页。

[2] 参见王利明:《论民事权益位阶:以〈民法典〉为中心》,载《中国法学》2022年第1期,第34页。

犯罪等，均聚焦于国家安全、公共安全、网络安全等重大利益，且所规制的行为类型均为可能引发系统性风险的高发性危险行为。可见，这种"重大利益+重大风险"的双重审查标准，为新预防主义提供了可操作的适用指引。例如，刑法规定醉驾型危险驾驶罪，其正当性基础在于醉驾不仅危及公共安全（重大利益）而且高发（重大风险），有预防之必要。作为参考，生活中比较高发且危害性可能更大的毒驾行为，也符合重大利益与重大风险的双重审查标准，理应纳入危险驾驶罪的规制范围。这一判断有比较法和现实依据。从比较法上看，英美、德日等国都认识到毒驾行为的危害性，对毒驾行为予以刑事规制已达成一定共识，如日本采用严格的行为犯模式处罚毒驾犯罪，即只要在驾驶者体内检出毒品成分即构成犯罪，德国则采取危险犯模式，以"妨碍安全驾驶"作为入罪标准，适度限定了毒驾犯罪的成立。从我国社会现实治理情况来看，据有关统计数据显示，2016年至2021年我国登记在册的吸毒人数均在145万人以上，除此之外，还有不少没有登记在册的吸毒人员，[1]吸毒人员基数大、毒驾行为高发，毒驾引发的恶性交通事故频发，社会危害日益凸显，推动毒驾入刑的呼声持续高涨。据此，将此类既符合"重大利益+重大风险"审查标准又具有广泛社会共识的行为纳入刑事规制范畴，不仅契合新预防主义的法理逻辑，更是回应社会安全需求的必然选择。

  需要强调的是，刑法应当审慎对待利益与风险均不确定的行为，对于不确定的利益与不确定的风险，刑法应当避免制定预防性立法。刑法的谦抑特征要求其保持必要克制，也就是说，"即便市民的自由受到了侵害，其他的控制手段又不能有效地发挥其效果，但刑法也没有必要对其不折不扣地都予以处罚。"[2]重大利益与重大风险皆为规范的概念，承载着价值判断，但这种价值判断本身并非总是准确的，往往有误判的可能，因此，对于利益与风险重大与否无法确定的行为，不应以预防为名轻易犯罪化。以网络暴力立法为例，尽管网络暴力呈现侵害客体多元、参与规模庞大、危害后果严重等新趋势，有全国政协委员主张在刑法中增设"网络暴力罪"，期待以刑事治理手段遏制

---

[1] 参见中华人民共和国公安部：《2021年中国毒情形势报告》，载http：//www.mps.gov.cn/n2255079/n6865085/n7355741/n7355780/c8553877/part/8553888.pdf，最后访问日期：2023年8月16日。

[2] [日]平野龙一：《刑法的基础》，黎宏译，中国政法大学出版社2016年版，第91页。

网络暴力。[1]但深入分析可知，网络暴力表现形式复杂多样，涵盖网络侮辱、诽谤、网络敲诈勒索、网络跟踪、人肉搜索、网络恐吓等多种形态，其中，部分行为的违法性质较轻，没有必要由刑法调整，如网络跟踪，部分行为通过现有法律足以调控，如网络侮辱、诽谤、网络敲诈勒索，情节严重的，可以由刑法中的侮辱罪、诽谤罪和敲诈勒索罪予以处罚。如果刑法仓促增设网络暴力罪，不仅可能冲击宪法保障的言论自由，引发刑法上重复犯罪化的质疑，更为关键的是，这类立法并不满足新预防主义所要求的"重大利益-重大风险"双重审查标准，反而可能不当扩张刑事法网。由于网络暴力的侵害客体较为复杂，难以准确判定个体权益受损程度，也无法确证网络秩序遭受破坏，网络暴力行为并不总是存在重大利益受侵害的重大风险；另一方面，由于网络暴力多以语言方式实施，而语言表达造成的认知差异使得个体对语言的感知和判断产生不同，立法者无法客观量化风险等级并设定明确的犯罪构成要件。新预防主义的扩张适用归根究底会侵蚀公民的自由权利领域，这就要求立法者必须提供确定的和可预见的规范依据。任何不利于公民自由权利的立法裁量，都应当进行审慎考量。事实上，网络暴力的放大性危害主要源于互联网的"雪球效应"，其治理关键在于源头阻断与技术管控。相较于刑事制裁手段的事后惩戒，通过网络监管部门完善内容审核机制、网络平台企业优化预警处置系统，才是更具实效性的预防路径。刑罚应当保持其最后手段性，而非直接介入网络生态的日常治理。

第二节 新预防主义的立法观念基础：消极预防性刑法观

刑法观念之争的本质是刑法定位之争，亦即，刑法应当如何因应社会发展变迁，以实现刑事治理能力现代化？21世纪以来，"网络科技领航，社会飞速发展，风险增加，社会失范行为增多，刑事立法为了回应社会治理对安全与稳定的价值诉求，立法活动日益积极，刑法保护日益前瞻"[2]，积极刑法观随之成为刑法参与社会治理的主流刑法观。在积极刑法观指导下，刑法

---

[1] 参见司晋丽：《"我们的法律要跟得上网络发展态势"——全国政协委员李大进建议在刑法中增设"网络暴力罪"》，载《人民政协报》2022年3月11日，第20版。

[2] 刘艳红：《积极预防性刑法观的中国实践发展——以〈刑法修正案（十一）〉为视角的分析》，载《比较法研究》2021年第1期，第62页。

通过扩容旧罪与增设新罪来增添"新法益"与规制"新行为",搭建起了犯罪预防体系,刑事法网日趋严密。然而,积极刑法观具有本能的入罪倾向,单向度地强调积极预防容易激发刑法的扩张性,导致刑法被迫与前置法脱钩,并以扩大解释助长司法犯罪化,造成刑法功能异化。在刑法现代化转型过程中,如何寻求理性的积极预防,或者说在提倡积极刑法观的同时,适度吸收消极刑法观中的有益思想,使刑法保持应有的谦抑性品质,更加难能可贵。基于此,本章将以网络犯罪治理为线索,在积极刑法观与消极刑法观之争中探讨新预防主义的立法观念基础。

一、现代化进程中的刑法观念之争

我国正处在社会快速转型发展的网络时代,网络技术的广泛运用既有效促进了社会发展变迁,也伴随着更深层次的新问题,网络失范行为的类型与数量明显增多,一些过去危害不大的行为,借助网络技术产生了广泛而深远的负面影响,因此,当下比以往任何时候都需要刑法作出积极回应,"刑法通过增设新罪的方式参与社会治理是'刚性'需求"[1],积极刑法观由此成为了主流刑法观念。在积极刑法观影响下,网络犯罪治理逻辑从事中事后管控走向了事前预防,立法与司法呈现出明显的"刑法积极主义倾向",[2]预防性犯罪化正是积极刑法观贯彻于网络犯罪领域的重要路径。

立法上,通过增设新罪与扩容旧罪等方式,不断增加网络犯罪的总容量,推进网络犯罪刑事法网的严密化与刑罚处罚的严厉化。2015年8月29日,第十二届全国人大常委会表决通过《刑法修正案(九)》,增设了多个新型网络犯罪,并对既有网络犯罪进行扩容,具体而言:《刑法修正案(九)》增设《刑法》第286条之一拒不履行信息网络安全管理义务罪,使网络服务提供者从遵循消极的责任避风港原则到承担积极的网络安全保障义务;增设《刑法》第287条之一非法利用信息网络罪,对利用信息网络传授犯罪方法的行为予以类型化规制;增设《刑法》第287条之二帮助信息网络犯罪活动罪,使网络技术提供者从日常生活的中立角色转变为刑事可罚对象;修改第253条

---

[1] 周光权:《论通过增设轻罪实现妥当的处罚——积极刑法立法观的再阐释》,载《比较法研究》2020年第6期,第41页。

[2] [日]井田良:《最近の刑法学の動向をめぐる一考察》,载《法學研究:法律・政治・社会》2011年第9期,第233页。

之一,对个人信息犯罪进行立法扩容,增加了主体类型及行为方式。2020年12月26日,第十三届全国人大常委会第二十四次会议通过《刑法修正案(十一)》,修改《刑法》第217条侵犯著作权罪,增加规定了未经权利人许可,通过信息网络传播文字、音乐、美术、录音录像制品及表演作品等构成犯罪的情形,适应了网络时代著作权刑法保护的客观需要;修改《刑法》第160条、第161条,提高利用信息网络实施非法集资犯罪行为的法定刑。网络犯罪增设、修改扩容所带来的处罚范围扩大及法定刑提升,正是积极刑法观在立法上的体现。

司法上,通过司法解释与指导性案例将物理空间的裁判规则引入网络空间,并纳入网络犯罪的新侵害形式,促进司法的犯罪化。2013年9月6日,最高人民法院、最高人民检察院公布了《关于办理利用信息网络实施诽谤等刑事案件适用法律若干问题的解释》(以下简称《网络诽谤解释》),其第5条第2款将网络空间解释为"公共场所",使物理空间的"公共场所"概念得以在网络空间转化适用,据此,在网络上发表不当言论扰乱公共秩序,情节严重的,可以构成寻衅滋事罪。最高人民法院、最高人民检察院还发布指导性案例,将"劫持DNS"后果严重的行为认定为破坏计算机信息系统罪、[1]将"撞库打码"情节严重的行为认定为非法获取计算机信息系统数据罪,[2]等等。以上现象表明,积极刑法观在网络犯罪的司法实务中得到了广泛运用。

尽管积极刑法观在与消极刑法观争论中处于优势,并在网络犯罪立法与司法实务中得以贯彻,但是这并不表明积极刑法观具有必然的合理性,也不意味着消极刑法观应当完全退出刑法视野。无论基于何种理论立场,学者们都认可应当为刑法介入社会治理划定必要界限,这是保持刑法理性的必然要求,因为刑法作为公法,"就其在法秩序规定下的意义而言",主要是为了"约制国家机构相关行动(staatsanstaltsbezogenes Handeln)"[3]而制定,"如果不思考刑法的界限,并且从非刑事法律的角度审视刑法,那么被禁止的行为是否正当是无法确定的"[4]。职是之故,即便认为网络犯罪治理应采取积

---

[1] 参见最高人民法院指导案例第102号。
[2] 参见最高人民检察院指导案例第68号。
[3] [德]马克斯·韦伯:《法律社会学:非正当性的支配》,康乐、简惠美译,广西师范大学出版社2011年版,第3页。
[4] [美]道格拉斯·胡萨克:《过罪化及刑法的限制》,姜敏译,中国法制出版社2015年版,第16页。

极刑法观,也不能放弃刑法在整体法秩序中的限制国家刑罚权与"最后手段的法"(Ultima Ratio lege)的体系定位,不能让刑法提前介入处理非刑事纠纷,这一限制刑罚权立场与消极刑法观不谋而合。积极刑法观与消极刑法观既相互对立,又彼此互补。网络犯罪整体上采积极刑法观而推进预防性犯罪化,并不排斥其在具体构成要件解释上吸收消极刑法观的有益思想,在网络犯罪中合理嵌入消极刑法观,有助于划定刑法介入网络犯罪治理的理性边界,基于此,有必要深入分析积极刑法观与消极刑法观之间的辩证关系。

二、积极刑法观与刑法犯罪预防体系搭建

网络既创设自由空间,又聚拢犯罪风险。网络科技发展使网络犯罪由"精英犯罪"蜕变为"平民犯罪",降低了犯罪门槛;与此同时,跨越地域界限的网络犯罪,较之物理空间的传统犯罪而言具有更强的传播性和危害性。[1]网络风险的加深与蔓延,也使公众的价值观念发生了根本转变,过去谈论较多的是网络自由,而现在网络安全却更受关注。"当网络科技高度发达,以至于在网络空间出现了新的行为类型或者新的值得刑法保护的法益时,新的立法就需马上跟进",[2]因此,刑法积极介入网络空间的社会治理是现实驱动之结果。为了防止网络空间不可控的法益侵害风险的滋生,网络犯罪治理时点应当相应提前,惩罚厉度也要对应法益侵害程度适度提升。积极刑法观契合了当前网络犯罪治理的客观需要,现行刑法以此为逻辑基础,搭建起了网络犯罪的预防体系。

(一)在传统犯罪中增添"新法益"

网络空间的犯罪治理面临着更多的新挑战。一方面,传统犯罪行为经由网络异化,升级为危害更大、隐蔽性更强的新形态,如传统诈骗犯罪在网络技术的加持下进化为影响全球犯罪格局的电信网络诈骗犯罪;另一方面,网络空间又衍生出各种新侵害形式,伴随网络技术而生的"深度链接"[3]"流量劫持"[4]等新型犯罪频发且变形多样。在网络犯罪数量剧增与形态多元的双重背景下,传统管控型犯罪治理模式无力应对网络空间不确定的技术风险

---

[1] 参见任彦君:《犯罪的网络异化与治理研究》,中国政法大学出版社2017年版,第30页。
[2] 刘艳红:《网络犯罪的刑法解释空间向度研究》,载《中国法学》2019年第6期,第207页。
[3] 参见江苏省徐州市中级人民法院(2015)徐知刑初字第13号刑事判决书。
[4] 参见上海市浦东新区人民法院(2015)浦刑初字第1460号刑事判决书。

和复杂化的犯罪形势，当务之急是，基于网络风险泛在的特点回溯至犯罪源头，构建具有网络空间适应性的刑事制裁体系。

从某种意义上说，当下的"网络空间仍然是一个'理想的犯罪环境'，因为它包含许多目标和机会，而与之对抗的网络监管却相对较为宽松"。[1]根据卡内基梅隆大学计算机应急响应小组（CERT）的追踪调查显示，21世纪以来计算机入侵犯罪呈现爆发式增长，2001年度全球共报告了52000多起计算机安全事件，到2009年已经有超过900万台计算机受到攻击和感染，且上升趋势仍然明显。[2]2019年12月13日，公安部第三研究所网络安全法律研究中心与百度联合发布的《2019年网络犯罪防范治理研究报告》表明，2018年度全球每分钟因网络犯罪造成的损失高达290万美元，并呈现出上下游犯罪紧密捆绑、犯罪形态错综复杂等新态势，[3]现有立法和监管无法有效应对这些新情况，网络犯罪治理面临法规范和制度供给不足的现实困境。

为预防网络犯罪，刑法通过修改立法扩容旧罪或司法续造扩大解释旧罪构成要件等方式增添"新法益"，以有效应对网络犯罪治理的新变化。法益不是永恒范畴，"法益秩序，可以说是建立在实际的社会上之评价经验的基础之上（auf der Basis der aktuellen sozialen Werterfahrung）"[4]，它会随着社会发展变迁而发生变化。亦即，随着社会发展变迁，过去不重要的利益在现在可能被视为重要的利益，并通过刑法"法益化"；过去重要的利益在现在也可能被视为不重要的利益，不再作为刑法法益加以保护或"去法益化"。网络犯罪预防体系搭建的一条重要路径是，在既有罪名基础上，通过扩容旧罪、扩张性司法解释与类型化司法裁判等方式补充"新法益"，实现了刑法保护范围的扩张。

刑法通过修改条文，将网络犯罪的新形式归入既有犯罪之中。"随着以网络、数字化为代表的新技术的高速发展和应用……通过信息网络传播这种方

---

[1] Russel G. Smith, et al., *Cybercrime Risks and Responses: Eastern Western Perspectives*, Palgrave Macmillan, 2015, p. 14.

[2] Sumit Ghosh, Turrini Elliot, *Cybercrimes: A Multidisciplinary Analysis*, Springer, Heidelb Seeerg, 2011, p. 27.

[3] 参见公安部第三研究所网络安全法律研究中心与百度联合发布：《2019年网络犯罪防范治理研究报告》，载https://www.secrss.com/articles/16003，最后访问日期：2023年8月23日。

[4] 陈志龙：《刑法的法益概念（下）》，载《台大法学论丛》1988年第1期，第150页。

式侵权的行为越来越多",〔1〕一些新的知识产权表现形式如二次创作的"短视频"、自媒体评论文章等,承载着创作者的知识智慧和劳动付出,并已经纳入到著作权法保护。这些新的著作权表现形式,"主要是传统类别的知识产权借助新的数字技术和网络平台而发展形成的,权利内容并未发生本质上的变化,只是其所存在的载体和扩散的媒介发生了变化"〔2〕。为了适应著作权保护的时代变迁,《刑法修正案(十一)》第20条对《刑法》第217条侵犯著作权罪作出修改,增加对二次创作"短视频"等知识产权新形式的刑法保护。

  刑法通过司法解释与司法裁判,续造既有法规范,确立"新法益"的法律地位。数据保护的变迁全面地揭示了这一司法进路。在早期司法实务中,刑法一般不保护数据本身,只有非法获取了计算机信息系统数据之后,才能构成犯罪,即构成《刑法》第285条第2款规定的非法获取计算机信息系统数据罪。刑法设立非法获取计算机信息系统数据罪,是为了保护计算机信息系统安全,因此,单纯获取存储在硬盘等介质中的非计算机信息系统数据的行为,一般不构成本罪。随着网络发展以及数据价值的不断挖掘,刑法针对数据本身的保护也愈发强化。虽然刑法并未直接以数据为保护法益设立新罪,但是通过司法解释与司法裁判,数据的法益化倾向明显,从中分割出了"数据财产权""个人信息权"等民法上的私权利及与之相对应的刑法上的个人法益。〔3〕例如,2017年5月8日最高人民法院、最高人民检察院发布的《关于办理侵犯公民个人信息刑事案件适用法律若干问题的解释》(以下简称《侵犯个人信息刑事解释》)第1条规定,个人信息包括以电子形式存储的能够识别特定自然人身份或者反映特定自然人活动情况的数据,非法获取个人信息数据,情节严重的,构成侵犯公民个人信息罪。这意味着,个人信息数据成为刑法保护对象。再如,有关网络虚拟财产是否受刑法保护,在司法实务中也经历了从否定到肯定的变迁历程。过去刑法理论认为,网络虚拟财产只是

---

〔1〕 王爱立主编:《中华人民共和国刑法条文说明、立法理由及相关规定》,北京大学出版社2021年版,第809页。

〔2〕 付晓雅:《数字时代知识产权刑法保护的挑战与回应》,载《当代法学》2020年第2期,第67页。

〔3〕 参见张忆然:《大数据时代"个人信息"的权利变迁与刑法保护的教义学限缩——以"数据财产权"与"信息自决权"的二分为视角》,载《政治与法律》2020年第6期,第53页。

一段电磁记录或者一段数据，本身没有任何价值，[1]但时至今日，理论与司法已经达成了共识，数据只是网络虚拟财产的存在形式，它的财产价值体现在特定的市场交易过程中，因而网络虚拟财产受刑法保护。

基于上述分析，网络发展拓宽了刑法的法益内容，数据、网络知识产权、网络虚拟财产等"新法益"与物理空间的知识产权、财产等，不仅存在形式差异，也存在内容区别。由于构成要件具有开放性，内容相互关联的不同法益可以归入同一类别，因此，即使刑法没有增设新罪，通过修改刑法条文、制定司法解释以及总结司法裁判经验，亦能够在现行刑法的保护框架下妥善安置"新法益"。

（二）在核心犯罪中纳入"新行为"

积极刑法观的形成是网络风险演化与网络规制发展的共同结果。伴随网络从Web1.0到Web2.0再到Web3.0的代际变迁，网络犯罪也经历了"网络作为犯罪对象"到"网络作为犯罪工具"再到"网络成为犯罪空间"的迭代共生。[2]Web3.0时代的网络犯罪不仅具有Web1.0和Web2.0时代的物理性特征，同时又具备"高度隐匿性、智能性"，网络犯罪分子"善于将智能科技运用于犯罪的各个环节，在缩短犯罪耗时的同时，通过加密或设置傀儡网站等操作以隐藏作案手段"，[3]与之相适应，治理网络犯罪不能照搬物理空间的管控型思维，而应确立具有网络空间向度的预防性思维，即积极刑法观。积极刑法观促进了刑事立法的活跃化，为了预防网络风险，刑法通过增设新罪将"新行为"纳入了规制范围，有效地扩大了刑法的处罚范围。

刑法介入网络治理、预防网络风险，首先考虑设立抽象危险犯，将对"使法益危殆化的法益关联性行为的规制提至具体危险发生之前的阶段"[4]。当网络参与者实施某种失范行为时，将有可能对网络空间不特定多数人利益产生威胁，为了预防这种潜在的不可控的未来风险，"唯一的办法就是采用不

---

[1] 参见刘明祥：《窃取网络虚拟财产行为定性探究》，载《法学》2016年第1期，第151页。

[2] 参见刘艳红：《Web3.0时代网络犯罪的代际特征及刑法应对》，载《环球法律评论》2020年第5期，第100-105页。

[3] 崔仕绣、崔文广：《智慧社会语境下的网络犯罪情势及治理对策》，载《辽宁大学学报（哲学社会科学版）》2019年第5期，第90页。

[4] [日]嘉門優：《法益論の現代的意義（二·完）——環境刑法を題材にして一》，载《大阪市立大学法学雑誌》2004年第1期，第106页。

需要判断结果可归责性的抽象危险犯（abstrakte Gefährdungsdelikte）"[1]，于是，只要行为人实施符合构成要件的定型化行为，就被认为具备法益侵害的抽象危险，构成犯罪。在此意义上说，刑法设立抽象危险型网络犯罪，更有利于实现一般预防效果。《刑法修正案（九）》增设非法利用信息网络罪，将"设立用于实施诈骗、传授犯罪方法、制作或者销售违禁物品、管制物品等违法犯罪活动的网站、通讯群组""发布有关制作或者销售毒品、枪支、淫秽物品等违禁物品、管制物品或者其他违法犯罪信息""为实施诈骗等违法犯罪活动发布信息"，情节严重的行为规定为犯罪，正是基于风险预防逻辑。上述行为并未直接侵害法益，但是放任这些行为，会导致犯罪手段、犯罪工具、犯罪信息等在网络空间无序传播，增加未来的犯罪风险，有可能危害网络安全。刑法设立非法利用信息网络罪，将各种非法利用信息网络的行为类型化规制，[2]以便在抽象危险阶段提前预防法益侵害风险。

另一种方式是，刑法开始将关注焦点从核心犯罪转向外围犯罪，对违法犯罪行为实施全流程打击。在网络初生的Web1.0时代，自由自治成为首要原则，排除包括刑法在内的法律干预被认为是网络自由发展的重要前提。当网络进入到Web2.0和Web3.0时代之后，面对复杂多变的网络失范行为，立法者意识到，只有将网络治理全局纳入法治框架，才能够塑造清朗有序的网络环境。为了落实这一目标，网络空间不再绝对自由自治，而是要求网络参与者依其角色承担相应的网络安全保障义务。《中华人民共和国网络安全法》（以下简称《网络安全法》）、《中华人民共和国数据安全法》（以下简称《数据安全法》）、《个人信息保护法》等都从不同层面规定了网络参与者的法定义务，如《数据安全法》第27条至第36条分别规定了数据风险监测、重要数据处理风险评估、重要数据出境管理、数据中介服务审核、数据行政许可等数据安全保障义务。网络安全保障义务位于网络监管的最外围，是所有网络参与者必须履行的法定义务，刑法以此为基础，增设了新的外围犯罪即拒不履行信息网络安全管理义务罪，该罪"要求网络服务提供者承担协助管理

---

[1] 许恒达：《刑法法益概念的苗生与流变》，载《月旦法学杂志》2011年第197期，第144页。
[2] 参见王肃之：《我国网络犯罪规范模式的理论形塑——基于信息中心与数据中心的范式比较》，载《政治与法律》2019年第11期，第56页。

网络空间的义务，与相关部门共同维护有利于遏制网络犯罪的网络环境"。[1]

基于上述分析，积极刑法观是有效治理网络犯罪的主流刑法观，它促进了网络犯罪预防体系搭建。立法上增设新罪扩容旧罪，使刑法提前介入网络空间的风险预防，改变了网络犯罪的整体格局；司法上增加规制对象与行为类型，充分诠释了传统线下犯罪向线上犯罪转化的逻辑路径，使刑事司法更具网络空间适应性。积极刑法观在立法与司法中的贯彻，确立了网络犯罪治理新格局。

三、犯罪预防的过度化与刑法功能的异化

风险预防犯在刑法理论上经常面临正当性质疑，一个可能的原因是，"这些犯罪并不禁止损害本身，而是禁止损害的可能性"[2]，"当从未有任何损害时"，刑罚是无理由的，[3]它的可罚性基础并不如同实害犯那样坚实可靠。风险预防犯传递着强烈的入罪信号，为了排除入罪限制，刑法被迫与前置法脱钩，并频繁通过采用扩大解释助长司法犯罪化，导致刑事犯罪圈被过度扩张。

（一）立论基础质疑：刑法能够有效管控犯罪风险吗？

现行刑法的主流趋势是犯罪化，其映射的刑法理念似乎是积极预防。然而，越是强调积极预防，就越需要刑法在规范上增加容量、在司法上积极入罪、在政策上从严规制、在理论上模糊界限，因而也会愈发远离现代刑法所追求的安定性、谦抑性与明确性。现代刑法理论对预防主义的态度已经达成了一个基本共识，即预防主义本身需要进行再限制，应当在其中契入一股相反的钳制力量，以避免刑法盲目扩张走向"形式预防的陷阱"，使刑法从"扩张的处罚"转向"妥当的处罚"。[4]

积极预防刑法理念的底层逻辑是风险管控，即通过刑法的宣示和运行管

---

[1] 皮勇：《论中国网络空间犯罪立法的本土化与国际化》，载《比较法研究》2020年第1期，第146页。

[2] [美]道格拉斯·胡萨克：《过罪化及刑法的限制》，姜敏译，中国法制出版社2015年版，第57页。

[3] 参见[英]杰里米·边沁：《论道德与立法的原则》，程立显、宇文利译，陕西人民出版社2009年版，第131页。

[4] 参见张梓弦：《〈刑法修正案（十一）〉的法教义学检视——以"妨害社会管理秩序罪"为切入点》，载《东南法学》2021年第2期，第166页。

控现实生活中高发的、潜在危害巨大的风险事项，预防风险的现实化。风险与社会发展相伴而生，积极预防刑法理念所治理的风险不仅是刑事犯罪风险，也包容了社会性风险。基于此，刑法所承担的不仅是犯罪治理功能，而且包含了部分社会管理功能，对风险的管控成为刑法的任务，刑法在一定程度上被拓展为"社会管理法"。然而，从司法实践来看，刑法积极参与社会并没有取得良好成效，各种风险预防犯逐渐成为刑事司法中的主要犯罪，换言之，积极预防刑法理念的立论基础，即"刑法能够有效管控犯罪风险"这一命题可能难以成立。

第一，风险的泛在性与（绝大多数情况下）不可测度性，成为刑法积极预防功能实现的巨大掣肘。现代社会风险泛在，立法者不可能将所有风险事项纳入刑法，只能从其中挑选若干风险加以规制。由于风险是未定的事项，人们只能大体感知，而不可能精确测度，感知个体差异与风险的易变性导致风险有无、风险大小等判断标准不明，何种风险需要由刑法来预防并没有确切的准则。

最近几次刑法修正虽然增加了不少的预防性犯罪，但是考察这些犯罪的立法过程，可能并没有经过科学的风险考量。有的犯罪是受偶然社会事件激发，如妨害安全驾驶罪，其增设受当时高发的"抢夺司机方向盘"等案件的影响。也有的犯罪是为了特别回应公众的体感治安需要，因而容易产生重复性立法，如高空抛物罪，其规制的高空抛物行为与寻衅滋事罪、以危险方法危害公共安全罪等存在大量竞合，而竞合的结果往往适用其他罪名，能够独立适用高空抛物罪的情形极少。还有的犯罪是出于司法效率考量，如帮助信息网络犯罪活动罪，其是在诈骗罪、赌博罪、非法经营罪等帮助犯的基础上，淡化"明知"要件、降低入罪标准、倒置举证责任。事实上，即便认为风险可以被测度，其测度结果有时并无意义，无法为刑事立法提供有效指导：一个人们不加注意的小风险事项，经过一系列因素的影响也可能发生致人死亡的严重后果；一个重大风险事项，只要人们高度警觉和注意，也可以采取有效措施加以规避，而无需由刑法介入。从风险本身的特性来看，刑法对风险的预防只是一个"想象的命题"。

第二，刑法对风险的积极预防已经被实践证明是无效的，或者说刑法积极预防的投入和收益严重不成比例，缺乏使其理念化、规范化的实践基础。法理在法律之外的实践之中，一个有效刑法理念，应当助力于解决实践问题并能够通过实践活动的反复检验。[1]在当下预防性犯罪治理过程中，一个值得深刻反思的问题是，为何立法者已经明示某种行为构成犯罪，向公众反复传达禁止性规范，他们仍然前赴后继地去"犯罪"，这些事实不符合积极预防刑法理念的预设，恐怕也远非公众缺乏规范意识或者存在侥幸心理所能解释的。例如，自《刑法修正案（八）》醉驾入刑至今已有十余年，"开车不喝酒，喝酒不开车"的规范训诫已然深入人心，按照积极预防刑法理念，这一刑法规范能够有效抑制醉驾，然而，为何醉驾从2019年起始终是司法实践中第一大罪？醉酒驾驶与社会生活息息相关，公众一般不可能对此缺乏违法性认识。既然有充分的违法性认识，意味着刑法禁止性规范已经有效传达给公众，此时刑法规范的预防效果值得怀疑。又如，《刑法修正案（九）》增设帮助信息网络犯罪活动罪，原本是为了预防信息网络犯罪的外围帮助行为，然而，帮助信息网络犯罪活动罪也发展为司法实践中的第三大罪。刑法积极预防目标的频繁落空，从客观上证明了刑法对犯罪风险管控的无效化，或者刑法风险管控力极弱以致于投入大量的司法资源而不见显性的实质效果。

由此可见，积极预防缺乏作为刑法理念的逻辑依据和实践基础，刑法有效管控犯罪风险的积极预防功能已经被证伪。刑事立法增设新罪扩容旧罪、刑事司法频繁入罪、刑事政策从严治理等仅表明存在积极预防倾向，而并不能确立其正当性基础。积极预防不应作为现代预防刑法的基本理念。

（二）法法关系断裂：刑法与前置法的脱钩

刑法增设或扩容的预防性网络犯罪皆为法定犯，对于法定犯，"违反前置法是其构成要件要素，这种定位不仅具有形式意义，还具有实质价值"。[2]具体而言，法定犯具有双重违法性，违反前置法是其第一重违法性的体现，在此基础上还要进行第二重违法性即刑事违法性判断。在预防性网络犯罪中，连接前置法与刑法的要素已经转化为特定犯罪构成要件，它既可以是成文的也可以是不成文的。成文的如《刑法》第286条破坏计算机信息系统罪中的"违反国家规定"；不成文的如《刑法》第285条第3款提供侵入、非法控制计算机信息系统程序、工具罪并未直接规定"违反国家规定"或其他类似要件。然而，即使刑法没有成文规定，在认定该罪时，也应当根据法定犯双重

---

[1] 参见杨春福：《法理概念的三个维度》，载《政法论丛》2022年第4期，第3页。
[2] 夏伟：《刑民交叉的理论构造》，法律出版社2020年版，第166页。

违法性的逻辑指引，结合犯罪构成要件的描述寻找对应的前置法，并在先判断行为是否违反了前置法相关规定。因此，在法定犯中，刑法与前置法的违法判断具有紧密的递进关系。

由于法定犯成立受限于前置法，当前置法没有作出规定或规定模糊时，刑法的犯罪化欠缺充足理据，当前置法规制行为类型较为狭窄时，刑法的犯罪圈也应受到限缩。因此，从某种意义上说，法定犯的结构天然不利于推进预防性犯罪化。为减少前置法限制，刑法在搭建网络犯罪预防体系时，在某些环节被迫与前置法脱钩，创造独立于前置法的刑法标准，具体而言有三条路径：

路径之一：当前置法没有作出规定时，刑法通过增设新罪率先保护新法益。个人信息保护的刑事立法便采取这条路径。我国法律对于个人信息的保护采取先刑事立法后民事立法、先一般立法后专门立法的路径展开，刑事立法先行的特征明显。首先关注个人信息保护的是刑法。早在2009年2月28日第十一届全国人大常委会审议通过的《刑法修正案（七）》中就专门规定了以个人信息为保护法益的犯罪，即出售、非法提供公民个人信息罪；随后，2015年8月29日第十二届全国人大常委会审议通过的《刑法修正案（九）》将该罪修改扩容为《刑法》第253条之一侵犯公民个人信息罪。其次关注个人信息保护的是民法。2017年3月15日第十二届全国人大审议通过的《民法总则》第111条首次规定了个人信息概念，个人信息保护有了私法依据。2020年5月28日第十三届全国人大表决通过《民法典》，将个人信息纳入人格权编加以保护，并确立了个人信息保护的一般规则。最后才有了个人信息保护的专门立法。2021年8月20日第十三届全国人大常委会审议通过《个人信息保护法》，此时，个人信息保护才有了体系化的部门法依据。

反思个人信息保护的发展历程，刑事立法先行不仅在逻辑上难以自洽，在解释适用上也产生不少问题。从逻辑上看，刑法作为整体法秩序中的保障法，一般只有严重违反了其他部门法的行为，才有必要纳入刑法加以规制。个人信息首先作为私法权益而存在，因此，个人信息保护应当先委任于私法规范。在私法尚未规定个人信息概念之前，刑法率先增设个人信息犯罪存在逻辑问题，换言之，个人信息保护立法从刑法到民法再到专门立法，违背了立法的一般逻辑。有学者指出，网络时代个人信息泄露风险日趋严重，个人信息权益受侵犯现象也愈发普遍，刑法将其中严重侵害个人信息权益的行为犯罪化，具有必要性。[1]笔者并不否认增设个人信息犯罪的必要性，但是，立法的必要性与立法逻辑的合理性是两个不同层面的问题，并非只要有必要犯罪化的事项，都应由刑法率先作出。刑法作为整体法秩序中的"保障法"，"只有在其他手段如习惯道德上的制裁、地域社会中的非正式的控制或民事上的控制不充分时的时候，才能使用刑法"。[2]可是，如果刑法之外的其他法律尚未制定，如何能够先验地假设它们不足以妥善保护个人信息呢？因此，刑事立法先行实质上是刑法的过度扩张。更何况，个人信息保护刑事立法先行的逻辑问题也带来了解释适用上的争议与障碍。例如，关于个人信息的法益属性，理论上进行了持久的个人法益说与超个人法益说之争，[3]至今仍未达成共识。再如，关于个人信息分级保护问题，《侵犯个人信息刑事解释》第5条将个人信息分为三个等级，分别是敏感信息、一般敏感信息与普通信息。第一类信息包括行踪轨迹信息、通信内容、征信信息、财产信息4种最核心的隐私信息，私密性最高；第二类信息包括住宿信息、通信记录、健康生理信息、交易信息等私人领域信息，私密性次之；第三类信息是最外层社会领域的其他个人信息，私密性最低。[4]上述分级保护的依据是个人信息对自然人人身、财产安全影响程度，系一元标准。《个人信息保护法》虽然也根据个人信息私密性等级分别保护，但其采取的两级保护策略，只区分了敏感个人信息与其他个人信息。而且，其分类标准是二元的，即依据个人信息对自然人人格尊严或者人身、财产安全的影响程度。由于《侵犯个人信息刑事解释》制定之时，生物识别、宗教信仰等涉及个人尊严的个人信息并未得到广泛关注，因此，司法解释并未将之作为区分个人信息敏感性的标准。归类标准不统一引发了评价差异，生物识别、宗教信仰等涉及人格尊严的个人信息，在

---

[1] 参见高富平、王文祥：《出售或提供公民个人信息入罪的边界——以侵犯公民个人信息罪所保护的法益为视角》，载《政治与法律》2017年第2期，第46页。

[2] ［日］平野龙一：《刑法的基础》，黎宏译，中国政法大学出版社2016年版，第90页。

[3] 参见刘艳红：《侵犯公民个人信息罪法益：个人法益及新型权利之确证——以〈个人信息保护法（草案）〉为视角之分析》，载《中国刑事法杂志》2019年第5期，第19页；于冲：《侵犯公民个人信息罪中"公民个人信息"的法益属性与入罪边界》，载《政治与法律》2018年第4期，第15页；欧阳本祺：《侵犯公民个人信息罪的法益重构：从私法权利回归公法权利》，载《比较法研究》2021年第3期，第55页。

[4] 参见欧阳本祺：《侵犯公民个人信息罪的法益重构：从私法权利回归公法权利》，载《比较法研究》2021年第3期，第64页。

《个人信息保护法》中属于敏感信息,在《侵犯个人信息刑事解释》中却可能归入普通信息,导致两法对个人信息的敏感性评价存在冲突。

路径之二:在前置法规定不明确时,刑法通过虚化构成要件、转嫁证明责任等方式积极入罪。在《刑法修正案(九)》增设帮助信息网络犯罪活动罪之前,其他法律并未就利用信息网络为不法行为提供支付结算等帮助应当如何处罚作出明确规定。刑法理论上,关于帮助信息网络犯罪活动罪的解释适用之争,主要围绕如何理解该罪的主观要件展开,即如何理解本罪中的"明知"。[1]传统刑法理论认为,客观上提供了帮助但欠缺主观故意的行为,不能视为刑法上的故意,甚至连片面帮助犯也无法成立。[2]而帮助信息网络犯罪活动罪存在虚化主观要件之嫌,虽然该罪成立也要求行为人"明知",但包含了"推定的明知"。根据最高人民法院、最高人民检察院《关于办理非法利用信息网络、帮助信息网络犯罪活动等刑事案件适用法律若干问题的解释》第11条的规定,本罪中的"明知"主要有6种情形,包括:①经监管部门告知后仍然实施有关行为;②接到举报后不履行法定管理职责;③交易价格或者方式明显异常;④提供专门用于违法犯罪的程序、工具或者其他技术支持、帮助;⑤频繁采用隐蔽上网、加密通信、销毁数据等措施或者使用虚假身份,逃避监管或者规避调查;⑥为他人逃避监管或者规避调查提供技术支持、帮助。然而,第二种情形"接到举报后不履行法定管理职责"可以是放任即间接故意,也可能只是过失;第三种情形"交易价格或者方式明显异常"难以佐证行为人主观上"明知"他人实施网络犯罪,无法证明存在帮助故意;第五种情形中采用隐蔽上网、加密通信等方式逃避监管,也未必是为他人实施网络犯罪提供帮助,比如网络黑客为了隐藏身份,可能习惯性地采取隐蔽上网、加密通信等手段。因此,上述司法解释关于"明知"的规定明显已经超出了刑法中故意的"明知"范围,实际上包含了"推定的明知"。

推定只传达某种可能性,将"推定的明知"引入犯罪评价将会使刑事法治被迫妥协,与刑法及刑事诉讼法基本理论产生冲突。首先是可归责性缺失。"明知"是刑法中故意的组成要素,基于存疑有利于行为人原则,当"明知"与否无法准确判断时,应当推定不明知而非相反,否则可能使不可归

---

[1] 参见刘艳红:《网络犯罪帮助行为正犯化之批判》,载《法商研究》2016年第3期,第18页。
[2] 参见陈兴良主编:《刑法总论精释(下)》,人民法院出版社2016年版,第522-523页。

责的行为犯罪化，动摇刑法责任主义根基。其次是举证责任倒置。在无法排除合理怀疑的前提下，推定行为人明知他人实施犯罪行为，等同于在诉讼程序上将举证责任倒置，要求行为人提供相反的证据才能出罪，这显然属于不利于行为人的入罪推定。最后是自由裁量权滥用。将故意的认定委任于司法机关的"推定"，变相使不可控的网络风险转嫁给网络参与者，增加了司法误判的可能性。而误判的后果是，"对没有故意、欠缺危害的行为施加刑罚，这将进一步损害公众对法律的尊重，耗损刑法的一般威慑性"[1]与司法的权威性。

路径之三：在前置法规定范围较窄时，刑法通过促进犯罪"口袋化"扩张犯罪圈。《刑法》第285条、第286条规定了5个以计算机信息系统安全为保护法益的犯罪，分别是非法侵入计算机信息系统罪、非法获取计算机信息系统数据罪、非法控制计算机信息系统罪、提供侵入、非法控制计算机信息系统程序、工具罪以及破坏计算机信息系统罪，这些犯罪都是法定犯，其成立要求"违反国家规定"。此处的"国家规定"是与计算机信息系统安全有关的"国家规定"，主要是指1994年发布、2011年修订的《中华人民共和国计算机信息系统安全保护条例》，根据法益指导刑法解释的方法论机能，[2]只有相关行为侵害了计算机信息系统安全，才能构成上述犯罪。

虽然根据前置法规定，上述犯罪的保护法益应当被限定为"计算机信息系统安全"，然而在司法实务中，这一限定早已被突破。以非法获取计算机信息系统数据罪为例，根据前置法以及本罪保护法益，行为人所获取的数据只有与计算机信息系统安全有关，侵害了计算机信息系统安全，才能成立本罪。不过，很多司法判决并未遵循上述逻辑，无论是利用技术手段提取网站上消费者的购物信息[3]，还是窃取旅客购票信息[4]，抑或是窃取游戏账号、密码及账号内游戏装备[5]等都被认定为本罪。消费者购物信息、旅客购票信息以及游戏装备数据等虽然承载着网络权利客体或者私法利益，也存储在相关

---

[1] Brickey F. Kathleen，"Federal Criminal Code Reform: Hidden Costs, Illusory Benefits"，*Buffalo Criminal Law Review*，Vol. 2，No. 1，1998，p. 183.

[2] 参见[日]小林宪太郎：《〈法益〉について》，载《立教法学》2012年第2期，第25页。

[3] 参见浙江省金华市中级人民法院（2020）浙07刑终33号之二刑事判决书。

[4] 参见四川省成都市中级人民法院（2019）川01刑终956号刑事判决书。

[5] 参见福建省龙岩市中级人民法院（2019）闽08刑终210号刑事判决书。

介质中,但是这些数据并非计算机信息系统的组成部分,无关计算机信息系统安全。以上裁判无疑突破了法益的内在限定,将本罪的保护法益即计算机信息系统安全数据,扩张性地理解为存储在计算机中的各种数据,无论该数据是否与计算机信息系统安全直接或间接相关,于是,"似乎所有能储存于电脑系统中的权利客体都可以称为'数据',对其非法获取行为都可能构成非法获取计算机信息系统数据罪,使得该罪成为名副其实的'口袋罪'"。[1]

刑法与前置法脱钩,等于放弃了法定犯的第一重违法性判断。没有了前置法限制,刑法的犯罪化只能倚赖于裁判经验累积,以有效塑造一般规则,这种做法虽然能够预防网络风险,但也包容了经验性错误,当这些错误汇聚在一起并付诸实践时,刑法的基本原则与核心教义将受到根本性挑战。

(三) 司法逻辑误区:扩大解释与入罪倾向

积极刑法观驱动了刑法的扩张性,在刑法条文的解释适用上,倾向于采取扩大解释以实现积极入罪。扩大解释是对刑法用语通常含义的扩大,它并不违反罪刑法定原则,但扩大解释的结论未必都是合理的。换言之,"扩大解释方法本身并不违反罪刑法定原则,但其解释结论则可能与罪刑法定原则相抵触"[2]。积极刑法观导向下的网络犯罪预防体系,全面开放了入罪通道,这不仅体现在立法层面,也体现在司法层面。司法层面的犯罪扩张有两条进路:一是通过司法解释降低入罪标准,扩张刑事犯罪圈;二是在个案裁判中淡化限制入罪的实体要件,积极入罪。无论是降低入罪标准还是淡化限制入罪的实体要件,都是对刑法基本原则的忽视与悖逆。

预防性网络犯罪本身是刑法的扩张,在这些犯罪中如果频繁适用扩大解释,无疑是对网络犯罪的"二次扩张",容易违背罪刑法定原则。这是因为,"如果司法机关决定对现有犯罪作扩大解释,那么亦能产生更多的犯罪化。通过该过程,在根本上没有任何立法行为的情况下,更多的犯罪化亦随之而来"[3]。对《刑法》第253条之一侵犯公民个人信息罪中"违反国家有关规定"的扩大解释即为示例。《侵犯个人信息刑事解释》第2条规定,侵犯公民

---

[1] 杨志琼:《非法获取计算机信息系统数据罪"口袋化"的实证分析及其处理路径》,载《法学评论》2018年第6期,第164页。

[2] 张明楷:《刑法学(上)》,法律出版社2021年版,第50页。

[3] [美]道格拉斯·胡萨克:《过罪化及刑法的限制》,姜敏译,中国法制出版社2015年版,第12-13页。

个人信息罪中的"违反国家有关规定",是指"违反法律、行政法规、部门规章有关公民个人信息保护的规定",这与《刑法》第 96 条关于"国家规定"的定义有所不同。《刑法》第 96 条规定,"本法所称违反国家规定,是指违反全国人民代表大会及其常务委员会制定的法律和决定,国务院制定的行政法规、规定的行政措施、发布的决定和命令",因此,刑法中的"国家有关规定"不包括部门规章。《侵犯个人信息刑事解释》将"国家规定"扩大解释为包含部门规章,有当时的背景因素,因为在该司法解释制定之时,只有《民法总则》第 111 条规定了个人信息概念,除此之外,并没有专门规定个人信息保护规则的法律性文件,以法律为依据而制定的行政法规也极少,相对而言,比较多见的是中国人民银行、工信部等颁布的规范性文件,这些规范性文件对相关领域个人信息保护作出较为详尽的规定,为具体认定行为是否侵犯了个人信息法益提供了重要的司法参考。然而,司法参考并非裁判依据,《侵犯个人信息刑事解释》第 2 条规定使部门规章直接上升为裁判依据,扩大了"国家有关规定"范围,与《刑法》第 96 条的规定不符,也违反了罪刑法定原则。

  对预防性网络犯罪的扩大解释,还容易激发司法入罪倾向,并可能形成不合理的司法裁判。以陈某涉嫌投放虚假危险物质罪为例,陈某为报复他人,以免费送牛奶的方式吸引他人饮用,她先后将放有两片安眠药的牛奶给多人食用,造成 5 人出现头晕、恶心等症状。该事件原本是小范围事件,但是,相关照片被某网友拍下后又上传到微信朋友圈和本地贴吧,引起了较大范围的公众议论和恐慌情绪。据此事实,法院认定陈某的行为严重扰乱社会秩序,构成投放虚假危险物质罪。[1]投放虚假危险物质罪是为预防恐怖主义风险而设立的罪名,其设立背景是,"美国'9·11'事件后,在美国出现了投放炭疽杆菌病毒的恐怖活动,继而出现了以假的炭疽杆菌病毒制造恐慌的事件"[2],因此,只有投放虚假危险物质行为引起了较大范围的群众恐慌才能够认定为此罪。但在本案中,陈某投放安眠药的行为原本只引起了小范围事件,之所以演变为较大范围的公共事件,是由于事件发生后,某网友将相关

---

[1] 参见吉林省长春市公主岭市人民法院(2017)吉 0381 刑初 466 号刑事判决书。
[2] 全国人大常委会法制工作委员会刑法室编:《中华人民共和国刑法条文说明、立法理由及相关规定》,北京大学出版社 2009 年版,第 603—604 页。

照片传到网上所引起的。从投放虚假危险物质罪的构成要件分析，本罪所重点处罚的并非投放行为，而是虚假信息传播所引发的公众恐慌及社会秩序混乱，这才符合本罪以公共秩序为保护法益的理论定位。据此分析，本案中，要想认定陈某的行为构成投放虚假危险物质罪，只能够将某网友上传图片至微信和贴吧的行为扩大解释为陈某行为的延伸，如此才能够在整体上评价为犯罪。然而，陈某既不认识该网友，更没有教唆该网友上传相关照片，线下行为与线上行为之间并无因果关系，因此，陈某的行为不符合投放虚假危险物质罪的构成要件，认为陈某构成该罪的司法裁判既不合法也不合理。

综上分析，预防性网络犯罪本能的扩张性使其与扩大解释方法适配性较高，不合理的扩大解释容易激发司法入罪思维。网络发展"并未对法律基础理论、法学基本教义提出挑战，受到挑战的只是如何将传统知识适用于新的场景"〔1〕，预防风险当然是网络时代的核心主题之一，但它必须遵守罪刑法定、法益保护等刑法基本原则、基本教义，不能以预防为名无限制地制造新犯罪。"确立了罪刑法定原则的刑法典是刑法'现代化'的第一表现，它征表着刑法在秩序与自由这对法律价值范畴中首先确定的是个人自由优先。"〔2〕因此，在网络犯罪的司法实践中，对相关犯罪构成要件进行解释时，应当坚守罪刑法定原则，慎用扩大解释，尤其是入罪的扩大解释。自由才是网络的"第一天性"，无限制的犯罪化不是预防，而是对自由的侵害，其结果可能是，"制造出一个人人安全无虞却丧失自由的社会环境"，〔3〕这将削弱网络犯罪预防的有效性，并与网络空间法治治理的根本目标相抵牾。

四、新预防主义的立法观念确立：消极预防性刑法观

新预防主义在立法观念上具有包容性，它既肯定积极刑法观对立法基础的塑造，同时认为当前立法应当保持相对审慎的消极立场，以防止刑法对社会治理的过度介入。积极刑法观具有两面性，它既将网络犯罪治理导向了预防刑法的正确轨道，构建起网络犯罪预防体系，又以安全保障为名禁锢了自由，并助长了过度犯罪化。过度犯罪化意味着惩罚不适当，"不适当的惩罚，

---

〔1〕刘艳红：《人工智能法学研究的反智化批判》，载《东方法学》2019年第5期，第119页。
〔2〕欧阳本祺等：《实质刑法基本立场与方法》，法律出版社2021年版，第21页。
〔3〕[美]哈伯特·L.帕克：《刑事制裁的界限》，梁根林等译，法律出版社2008年版，第66页。

即或者根本不应当的惩罚……是对刑法的一种伤害"。[1]如果说积极刑法观塑造了刑法参与治理网络犯罪的基本方式，那么，在此之外还应当明确刑法介入网络治理的必要限度，以保持其作为整体法秩序中"最后保障法"的应然定位，这与消极刑法观限制刑罚权的思想暗合。

(一) 消极预防刑法理念的立场辨正与法理阐释

当今时代的社会治理愈发依赖刑法，这种现象的形成并非偶然，它反映了剧烈社会变迁中公众对风险的普遍担忧情绪以及对国家治理能力的期待。不过，科学的立法应当经过充足的理论准备和实践积累，为了快速回应社会变迁而进行的紧急立法，容易吸收非理性的成分，更需要合理解释和慎重适用。这种规范刑法内涵、约束刑法适用的预防刑法理念，可谓之消极预防刑法理念。它有三层含义：

第一，消极预防的刑法主要表达预防姿态，首要任务是通过继续严密刑事法网构建"严而不厉"的现代刑法结构，[2]而在规范适用上不承担或较少承担预防功能，具体预防工作应交由刑法之外的规范包括非正式的社会控制手段开展。刑法基于预防需要将某种行为犯罪化，并不意味着对该行为的大规模制裁就能够有效预防犯罪，两者是不同层面的问题。实证研究表明，刑罚的确定性比刑罚的制裁性更有效，对行为人施加刑事制裁并不能实现犯罪预防目的。[3]这从现行规范体系构造及其功能分析中可以得出确切结论。刑法位于规范体系的最后序列，其针对已然之罪，而要实现预防未然犯罪之目的，必须在刑法之前寻找答案，激发刑法前端的民法、行政法及非正式的社会控制的规范效果。由此决定，刑法的预防主要是一种姿态表达，其通过宣示公众某种行为已经为刑法所禁止，以达到安抚效果，同时也告知其他规范加强对该行为的调控力度，以防止其危害性进一步蔓延。

例如，鉴于当前网络暴力呈现侵害客体复杂、参与者众多、危害性大、产业链逐渐形成等新特征，有全国政协委员呼吁在刑法中增设"网络暴力

---

[1] [丹]努德·哈孔森：《立法者的科学——大卫·休谟与亚当·斯密的自然法理学》，赵立岩译，浙江大学出版社2010年版，第153页。

[2] 参见储槐植：《刑法现代化本质是刑法结构现代化》，载《检察日报》2018年4月2日，第3版。

[3] 参见吴雨豪：《刑罚威慑的理论重构与实证检验》，载《国家检察官学院学报》2020年第3期，第117页。

罪",期待以刑事治理手段遏制网络暴力。[1]然而,网络暴力的表现形式复杂多样,包括网络欺凌、网络侮辱、诽谤、网络仇恨言论、网络敲诈勒索、网络跟踪、网络恐吓等,网络暴力的客体复杂,且主要以语言方式实施,难以确定个人是否受侵害、网络秩序是否被扰乱。其中,部分行为的性质较轻,没有必要由刑法调整,如网络跟踪;部分行为通过现有法律足以调控,如网络侮辱、诽谤、网络敲诈勒索,情节严重的,可以由刑法中的侮辱罪、诽谤罪和敲诈勒索罪调整。正因为如此,2023年9月20日最高人民法院、最高人民检察院、公安部联合发布的《关于依法惩治网络暴力违法犯罪的指导意见》(以下简称《网络暴力指导意见》)第8条规定,要"切实矫正'法不责众'的错误倾向。要重点打击恶意发起者、组织者、恶意推波助澜者以及屡教不改者。"司法解释提出矫正"法不责众"倾向,并非对所有参与人一律处罚,也不等于扩大处罚范围,因为恶意发起者、组织者、恶意推波助澜者以及屡教不改者过去也一直是刑法处罚网络暴力的重点,该解释更多的是通过传达预防姿态安抚公众对网络暴力的负面情绪,同时指引刑法之外的关联规范发挥预防功能,据此,《网络暴力指导意见》第20条提出要"促进网络暴力综合治理……促进对网络暴力的多元共治,夯实网络信息服务提供者的主体责任……",尤其要以平台"软法"治理作为预防网络暴力的主要机制。

第二,正是由于刑法的预防是消极的,因而要最小化干预,而非追求最大化效果。在风险没有现实化之前,所谓的符合犯罪构成要件,实际上缺少了实害结果要件。加上预防性犯罪涵括的行为类型众多,一些行为在外观上可能与日常生活的合法行为并无二致,其违法性特征不明显,这样一些自认为守法的公民就会经常"犯罪",如帮助信息网络犯罪活动罪所规制的为违法犯罪提供网络技术帮助行为。当犯罪行为融入日常生活中接近于社会相当性的行为时,即使刑法规定了犯罪,对于公众而言也是无效的告知。此时,如果刑法将相关行为频繁认定为犯罪,则会与刑事法律制度得以合法化运行的公民"知法推定"与"自愿遵守"原理相违背。

消极预防刑法理念不追求犯罪查处的数量,而要求刑法保持克制,对于社会交往规则所容认、具有社会相当性的行为,刑法不宜以预防之名作否定

---

[1] 参见司晋丽:《"我们的法律要跟得上网络发展态势"——全国政协委员李大进建议在刑法中增设"网络暴力罪"》,载《人民政协报》2022年3月11日,第20版。

性评价。预防性犯罪由于入罪标准较低,属于最易发的犯罪类型,因而刑法的惩处没有任何难度。例如,《个人信息保护法》第 28 条规定人脸识别信息属于敏感个人信息,最高人民法院也明确,人脸信息具有"高度的可识别性,能够单独或者与其他信息结合识别特定自然人身份或者反映特定自然人活动情况,属于刑法规定的公民个人信息"。[1]非法泄露人脸识别信息的行为构成侵犯公民个人信息罪。然而,在短视频平台高速发展的今天,大量短视频博主录制的视频中包含陌生人的人脸识别信息,这些人脸识别信息没有获得信息主体(陌生人)同意,事实上也不可能获其同意,如果机械地执行《刑法》第 253 条之一侵犯公民个人信息罪,这些行为都可能构成犯罪,由此势必引发大规模的犯罪化,也与大众正义直觉相悖。[2]从规范调控角度分析,尽管这种行为在形式上违反了法律规范,但其实质上已经融入社会交往规则中,由社会交往秩序所调整,无需法律建构新秩序,更不需要刑法的干预。

第三,消极预防的刑法的目的不是固守"扩大的处罚",而是实现"妥当的处罚"。刑法的处罚范围既不是越宽越好,也不是越窄越好,而应关注处罚的合理性、妥当性,消极预防刑法理念追求刑法"妥当的处罚"。[3]预防性立法引入轻微犯罪,充实了刑事法网,对刑法走向更加科学的"严而不厉"结构具有正向推进作用。因此,未来相当长一段时期内刑法主流趋势依旧是犯罪化,刑法将继续朝着严密刑事法网的方向推进,一些关乎国家安全、公共利益等重大风险事项将再度进入刑法视野。例如,刑法将醉驾行为纳入危险驾驶罪,是因为醉驾不仅危及公共安全(重大利益)而且高发(重大风险),有预防的必要性。以此作为参考,生活中较为高发且危害性更大的毒驾行为,也有必要纳入危险驾驶罪。这一判断的依据有两点:一是从比较法来看,域外基本都将危害性较大的毒驾行为入罪,如日本采用行为犯模式规定了毒驾犯罪,只要在驾驶员体内检测出毒品即认定构成犯罪,德国则采取具体危险犯模式,以"妨碍安全驾驶"标准适度限定了毒驾犯罪的成立。二是从我国现实来看,据有关统计数据显示,截至 2021 年底,全国现有吸毒人员

---

[1] 参见最高人民法院第 192 号指导性案例。
[2] 参见[美]保罗·罗宾逊:《正义的直觉》,谢杰等译,上海人民出版社 2018 年版,第 22 页。
[3] 张明楷:《网络时代的刑法理念——以刑法的谦抑性为中心》,载《人民检察》2014 年第 9 期,第 12 页。

108.6万名,除此之外,还有不少没有登记在册的吸毒人员,〔1〕吸毒人员基数大、毒驾行为高发,连续引发了大量的恶性案件,毒驾入刑的呼声日渐高涨。将社会高度期待的、符合新预防主义审查标准的毒驾行为入刑,具备坚实的社会与法理基础。

综上所述,消极预防刑法理念对预防的定位与积极预防刑法理念存在根本差异,其在立法上仅表达预防的姿态,而具体的预防工作则交由刑法之外的其他规范完成,从而在司法上使部分预防性立法处于"备而不用"或"备而少用"的状态。消极预防刑法理念不仅继续承担严密刑事法网构建"严而不厉"现代刑法结构的任务,也走出了积极预防刑法理念所陷入的无效预防的窠臼。

(二)消极预防刑法理念的立法贯彻与司法展开

1. 刑法与前置法的协同治理

回顾我国网络立法发展史,刑法较早地介入网络治理,率先制定了严密的网络犯罪预防体系,〔2〕其他部门法如《民法典》《网络安全法》《数据安全法》《个人信息保护法》等与网络治理紧密相关的部门法却相对滞后。这种刑事立法先行的做法,有助于借助刑法的工具性和惩罚性优先规制网络空间中比较严重的失范行为,塑造网络犯罪的刑事治理规则。然而如上分析,刑事立法先行违背了一般立法逻辑,也潜藏着极深的法治危机,并已经在司法适用中反复显现。当刑法基于积极刑法观建立网络犯罪预防体系之后,其核心任务不再是继续推进犯罪化,而是调适既有的网络犯罪立法规范,接纳前置法中对应的网络治理规则,以重塑符合整体法秩序的法法关系。

一方面,刑法应当暂停犯罪化立法,从立法"活跃期"进入到"调整期"。现行刑法经过多次修正,已经形成较为完善的网络犯罪预防体系,它由三部分构成:第一部分是计算机信息系统犯罪,包括《刑法》第285条非法侵入计算机信息系统罪、非法获取计算机信息系统数据罪、非法控制计算机信息系统罪、提供侵入、非法控制计算机信息系统程序、工具罪和第286条破坏计算机信息系统罪,它是Web1.0和Web2.0时代网络犯罪初生期的犯罪架构,主要用于保

---

〔1〕 参见公安部国家禁毒委员会办公室:《2021年中国毒情形势报告》,载https://www.mps.gov.cn/n2255079/nb865805/n7355780/c8553877/part/8553888.最后访问日期:2023年9月24日。

〔2〕 参见王倩云:《人工智能背景下数据安全犯罪的刑法规制思路》,载《法学论坛》2019年第2期,第27页。

护最核心的计算机信息系统安全。第二部分是新型网络犯罪，包括《刑法》第253条之一侵犯公民个人信息罪、《刑法》第286条之一拒不履行信息网络安全管理义务罪、《刑法》第287条之一非法利用信息网络罪以及《刑法》第287条之二帮助信息网络犯罪活动罪，这是Web3.0时代刑法因应网络风险治理的最新成果，主要用于在外围构建网络风险预防的刑法屏障。第三部分是传统犯罪的网络表现形式，比如以网络虚拟财产为侵害对象的盗窃、诈骗等犯罪，它是传统犯罪行为的网络异化体现，依其所侵害的法益类型归入到相关犯罪中，主要用于指引线下规则与线上规则的交互转化。由此可见，我国网络犯罪的预防体系已经成型，刑法应当暂停网络犯罪立法，刑事立法也应从"活跃期"进入到"调整期"，自此之后，刑法在面对网络治理中的新问题新挑战时，"能解释的绝不轻易修改立法，能修改立法的绝不另立新罪"[1]，对预防性网络犯罪的"改"和"释"应成为当下网络空间刑事治理的新主题。

有的网络犯罪立法已经无法适应新情况，可以修改立法。侵犯公民个人信息罪是刑法保护个人信息的核心罪名，但该罪只处罚3种行为，分别是非法获取、非法提供、非法出售公民个人信息。非法获取个人信息入罪，规制对象是非法的信息流入，非法提供、非法出售公民个人信息入罪，规制对象是非法的信息流出，然而，中间层的信息控制者非法使用个人信息行为却不在规制之列。根据《个人信息保护法》第13条的规定，个人信息的收集和使用等处理活动应当经过信息主体同意，未经同意而进行上述处理活动的，都属于违法行为。在现实中，信息控制者未经授权而使用个人信息的情况非常普遍，如网络购物平台提供的精准推送、大数据服务公司非法提供的查询他人征信服务等，都属于未经授权的个人信息非法使用行为，这些行为当然违反了《个人信息保护法》。可是，根据现行刑法规定，信息控制者非法使用个人信息的，不属于侵犯公民个人信息罪中的任何一种情形，不构成犯罪。基于个人信息非法使用行为的法益侵害性，可以考虑在未来对侵犯公民个人信息罪进行修改扩容，将非法使用个人信息情节严重的行为，作为一种情形纳入该罪的规制范围。[2]

---

〔1〕 夏伟：《竞合型犯罪化反思》，载《当代法学》2021年第4期，第25页。
〔2〕 参见刘仁文：《论非法使用公民个人信息行为的入罪》，载《法学论坛》2019年第6期，第118页。

有的网络犯罪司法解释存在明显问题，可以重新解释。例如，《侵犯个人信息刑事解释》第 2 条将"国家规定"扩展至部门规章，是早期立法、行政法规不完善时的权宜之计，如今《网络安全法》《数据安全法》《个人信息保护法》以及相关行政法规已经相继确立，这项与《刑法》第 96 条明显冲突的解释可以考虑废除。即使短期内难以制定新司法解释，在对侵犯公民个人信息罪进行司法裁判时，也不应当以部门规章作为判断是否违反国家有关规定的依据，使这项解释保持"立而不用"的状态，从而在事实上实现对该条的废除。再如，帮助信息网络犯罪中的"明知"，存在将"推定的明知"视同"明知"的问题，导致本罪主观要件的不合理扩张，在司法实践中，应避免将前述"推定的明知"所包含的情形入罪，也可以在总结司法裁判经验之后修改相关司法解释。

另一方面，前置法应当融入犯罪评价，并顺势转化为相关犯罪的成立条件。随着《网络安全法》《数据安全法》《个人信息保护法》等相继确立，网络犯罪认定有了充足的前置法依据。现阶段法法衔接的任务是，前置法如何补充曾经的立法空白，合理融入到预防性网络犯罪的定性评价之中，以还原其作为法定犯的双重违法性判断，使刑法与前置法在整体法秩序中各安其位。基于法定犯结构以及考察相关立法内容，前置法中的两类规则可以转化为犯罪成立条件：

第一，义务性规范向构成要件转化。网络犯罪作为法定犯，其成立要求违反国家规定，确切地说是违反前置法中的禁止性规定或义务性规范。当今时代，"网络管制是各国共同立法议题，网络空间不再是规避义务的'避风港'，网络服务提供者既要尊重个人权利，又要履行法定义务"。[1]《网络安全法》《数据安全法》《个人信息保护法》等前置法中规定了网络服务提供者、数据服务商以及个人信息控制者等网络参与者的法定义务，这些义务构成了网络参与行为的合法性边界。对于法定犯评价而言，所谓违反国家规定其实就是指违反了前置法中的义务性规范，如判断侵犯公民个人信息罪中的"违反国家有关规定"，需要回归到《个人信息保护法》第五章"个人信息处理者的义务"，评价个人信息处理者是否履行个人信息安全保障义务、个人信

---

[1] Taddeo M & Floridi L, "The Moral Responsibilities of Online Service Providers" in: Taddeo, M., Floridi, L. (eds) *The Responsibilities of Online Service Providers*, Springer cham, 2017, p.31.

息处理过程监督义务、个人信息处理合规审计义务、个人信息保护影响评估义务、个人信息保护社会责任报告义务,等等。没有履行上述义务的,都属于违反国家规定,在此基础上,再非法收集个人信息或者造成个人信息不当泄露,情节严重的,构成侵犯公民个人信息罪。因此,在网络犯罪定性评价中,前置法中的义务性规范是判断行为是否违反国家规定的主要依据,应当将之转化为相关网络犯罪的构成要件,以还原法定犯的双重违法性判断、重塑法法关系。

第二,违法排除规则向犯罪排除事由转化。刑法参与网络治理不是单向度地进行入罪化评价,还应为网络自由权利发展留下必要空间,允许适度的非犯罪化。一般而言,当行为该当构成要件之后,能够依照刑法规定出罪的极少,网络犯罪同样如此。但是,网络犯罪作为法定犯,其双重违反性结构决定了,前置法中的合法行为不构成犯罪,具言之,前置法中的违法排除规则可以向犯罪排除事由转化,作为出罪依据。根据《个人信息保护法》第13条的规定,"取得个人的同意""为履行法定职责或者法定义务所必需""为应对突发公共卫生事件,或者紧急情况下为保护自然人的生命健康和财产安全所必需"等情况下处理个人信息是合法的,转换到刑法语境下,上述情形下处理个人信息的,即使造成泄露的,一般也不构成犯罪。这种前置法规则向刑法规则转化的做法有着充足的法理依据。以个人信息保护为例,个人信息作为私法权利,对应到刑法中即为个人法益,[1] 对于个人法益而言,法益持有人拥有放弃该项法益的处分权,这种放弃行为依照刑法法理能够产生"阻却构成要件承诺"(Eine tatbestandsausschließende Einwilligung)或"阻却违法性承诺"(Rechtfertigende Einwilligung)的法效果[2],从而排除犯罪。《网络安全法》《数据安全法》中也规定了相应的违法排除规则,基于法定犯结构,这些规则构成了刑法中超法规的犯罪排除事由,为网络犯罪出罪提供了充分的前置法依据。

总之,当下刑法介入网络治理的核心主题并非推进继续犯罪化,而是在网络犯罪预防体系已经成型的背景下,将重点集中在对既有网络犯罪的"改"和"释",以消除前期刑事立法先行与过度介入的残余负面效应。配合前置法

---

[1] 参见[日]林紘一郎:《個人データ保護の法益と方法の再検討:実体論から関係論へ》,载《情報通信学会誌》2013年第2期,第80页。

[2] 参见陈志龙:《法益持有者之法益保护放弃处分权》,载《台大法学论丛》1989年第1期,第209页。

的完善，将前置法中的义务性规范转化为网络犯罪构成要件，将前置法中的违法排除规则转化为网络犯罪出罪事由，最终在整体法秩序下重塑良性的法法衔接关系。

2. 争议事实评价的司法限缩

网络发展使许多新侵害形式成为可能，但对于司法实践而言，绝大多数网络犯罪都是针对传统法益的，只是侵害的种类和形式是新的而已。多数情况下，线下犯罪与线上犯罪的标准几乎完全一致，如盗窃、诈骗等数额犯，在数额这一入罪标准上并不会因为发生在物理空间还是网络空间而有所不同，这些线下犯罪的线上转化并无争议。当线上线下无争议时，网络犯罪的定性评价并不存在司法障碍。然而，网络作为新的社会交往空间，发生在其中的犯罪事实也存在不少新的司法争议，这主要可以归为两类：一是新法益的确认，网络汇集了各方利益，各种新型权利主张非常活跃，对于这些新型权利主张，刑事司法是否予以确认值得深入探讨；二是客观价值大小的确定，数据、流量、个人信息、虚拟财产等泛在于网络空间的基本组成元素，难以完全根据物理空间的规则量化，如何确定其价值对于司法实践中相关犯罪尤其是数额犯的认定至关重要。

基于消极刑法观限缩刑罚权思想，新法益的确认以法律规定与司法共识为限，当法律没有规定且欠缺司法共识之前，不宜确认为新法益。网络空间的新型权利主张，大多停留在司法经验总结阶段，尚没有达成司法共识或规定在法律中。如数据，虽然有学者主张将之部分权利化，并提出个人数据权概念，[1]但是关于个人数据权属问题却争议不断。[2]目前而言，司法实务主要根据数据的内在价值属性来确定保护模式与限度，如具有财产属性的网络虚拟财产数据参照财产权利加以保护，具有个人信息属性的个人信息数据按照个人信息权益加以保护。换言之，司法实践认为，数据只是表现形式，数据是否值得保护需要穿透外在表现形式判断内在价值，刑法同样依此逻辑。对于刑事司法而言，既没有法律规定又没有达成司法共识的各种新型权利主张，不宜确认为新法益。因为在逻辑上，刑法确认新法益的目的是入罪，而

---

[1] 参见张金平：《欧盟个人数据权的演进及其启示》，载《法商研究》2019年第5期，第182页。

[2] 参见周斯佳：《个人数据权与个人信息权关系的厘清》，载《华东政法大学学报》2020年第2期，第88页。

入罪需严格遵循罪刑法定原则,欠缺法律规定或司法共识径行确认新法益,无端压缩了网络参与者的自由权利,也违背了罪刑法定原则。

当网络空间就客观价值大小确定存在争议时,应当"就低不就高",以避免陷入司法犯罪化境地,其法理基础是存疑有利于行为人原则。例如,网络虚拟财产的价值确定,直接影响盗窃、诈骗等发生在网络空间的财产犯罪认定,并影响量刑裁判。网络虚拟财产"虚而有价",但是它又与传统财物有所不同,其价值难以统一量化。在既往的司法实践中,对网络虚拟财产价值的确定,首先依据的是市场价,没有市场价的,则委托有关鉴定机构评估,如根据2013年4月2日最高人民法院、最高人民检察院发布的《关于办理盗窃刑事案件适用法律若干问题的解释》第4条第1款第1项规定:"被盗财物有有效价格证明的,根据有效价格证明认定;无有效价格证明,或者根据价格证明认定盗窃数额明显不合理的,应当按照有关规定委托估价机构估价。"

然而,当鉴定的网络虚拟财产价值与行为人实际获利价值差距巨大,或者两个以上合法的鉴定机构对同一网络虚拟财产鉴定出不同的价值时,应以何为准?以王某鑫、王某国盗窃案为例。2018年5月底至6月初,王某鑫、王某国利用手机游戏"剑雨春秋"的漏洞,使用外挂软件修改游戏充值的参数,达到让游戏元宝充值翻倍的目的。通过这种方式,二人获得了大量游戏元宝,并将部分游戏元宝转卖给他人,其余的存储在账号中。经鉴定,二人非法获得游戏元宝价值91 099元,游戏公司实际损失91 099元,转卖游戏元宝获利10 150元。[1]本案中,检察机关认为,应当以鉴定确定的实际损失,即游戏公司损失的91 099元作为盗窃数额标准。诚然,按照传统物理空间盗窃罪定性逻辑,盗窃罪的认定应当以行为造成的实际损失而非客观获利为准,据此,王某鑫、王某国盗窃的数额应当是91 099元。然而,网络虚拟财产较之物理空间财产的不同之处在于,其具有高度的可恢复性和可再生性,本案中,只要游戏公司将二人尚未卖出的游戏元宝清零,便不影响游戏的正常运行,也没有任何损失,换言之,二人尚未使用的游戏元宝其实仍然处在游戏公司的控制之下,并且很容易恢复到应有状态。因此,法院考虑到网络虚拟财产的实际特点,认为,"游戏元宝毕竟属于虚拟财产范畴,确实存在缺乏客观价值认定标准及稀缺性,具有可无限再生性的特点……依对被告人最有利

---

[1] 参见广东省深圳市南山区人民法院(2020)粤0305刑初284号刑事判决书。

原则，以两被告人实际获利金额 10 150 元为标准确定本案犯罪金额"。[1]由此可见，确立"就低不就高"规则，有助于更好找到网络虚拟财产的"实价"，也符合存疑有利于行为人原则的要求，为网络空间数额犯认定提供相对合理的量化依据。

综上，积极刑法观促成了网络犯罪的立法扩张，消极刑法观嵌入网络犯罪的一个重要方式是对司法的理性限缩。其理性体现在，在立法扩张与司法限缩的动态平衡关系中，使网络犯罪刑事司法聚焦于争议事实，并在遵循罪刑法定原则的基础上，寻找出一条最有利于行为人的解释路径，从而既有效解决争议问题，又充分保障当事人的合法权益。

积极刑法观与消极刑法观具有相反相成的辩证统一关系，积极刑法观较之消极刑法观并不具有天然的优越性与必然的合理性。现行刑法以积极刑法观为指导，搭建起了网络犯罪预防体系，同时也激发了刑法的扩张性，使之过度介入网络失范行为治理。而当刑法以积极姿态介入网络治理时，需要反思的恰恰是积极刑法观本身，在积极刑法观影响下，犯罪化愈发普遍，非犯罪化愈发稀罕，这绝不是正常现象，也远非单纯社会发展变迁所能解释。立法者显然意识到这一点，在最新的《刑法修正案（十一）》中并未增设新型网络犯罪，而只是对传统犯罪立法适应网络新发展进行了适当调整，有意识地暂停增设新型网络犯罪。时代选择了积极刑法观，但无论如何也不可能完全放弃消极刑法观，将消极刑法观嵌入预防性网络犯罪之中，有助于廓清网络犯罪刑事法治之路，使刑法与其他部门法一道在网络治理中各安其位、各司其职。

第三节　新预防主义的立法实践样态：刑事法网适度扩张

在我国刑法结构从"厉而不严"走向"严而不厉"的过程中，适度增设新罪扩容旧罪以严密刑事法网，成为重要的时代任务。然而，刑事法网的扩张必然伴随着刑事处罚范围的扩大，由此不可避免地带来过度犯罪化、刑法保障法地位动摇等诘问。本书认为，预防性立法带来的一系列理论争议和实践问题，都可以在立法之前得到有效化解，具言之，新预防主义导向下的预防性立法，并非无节制的以严密刑事法网为名驱动犯罪化，而是在科学论证

---

〔1〕参见广东省深圳市南山区人民法院（2020）粤 0305 刑初 284 号刑事判决书。

基础上实现刑事法网的有序扩张。基于此,本书以数据犯罪的立法现状及其完善为例,阐释新预防主义对于推动科学立法、完善刑事法网的潜力。

一、数据犯罪的立法断层与司法瓶颈

我国从1994年接入国际互联网至今差不多三十年,已经相继跨越了信息网络发展的三个时代,与之伴随的是网络犯罪的迭代共生及犯罪治理的新挑战。[1]当信息网络发展快速迭代至数字经济时代,刑法却未能作出及时反应增加对新(数据)法益的保护,导致司法中法官续造裁判规范的问题进一步加重。时至今日,数据犯罪的新问题与旧争议不可避免地"共时态"存在,突出表现为数据犯罪的立法断层与解释瓶颈。

(一)立法代际断层与"规范空白"形成

刑法应当如何在平衡数据安全与数据共享中有效治理数据犯罪,是构建以数据为关键要素的数字经济不可回避的重要课题。立法层面,随着《数据安全法》《个人信息保护法》《网络安全法》等重要法律颁布实施以及配套的行政法规、行业规范等出台,数据保护的规范体系初步成型,位于最后序列的刑法也进入了修正立法完善数据犯罪的"关键窗口期"。司法层面,以数据为载体的财产法益、人格法益等私法益及国家安全、公共安全等公法益受侵害的刑事犯罪增长迅速且形态复杂多变,面对这种情况,最高司法机关积极颁布指导性案例[2]明确类案裁判规则。不过,在刑事立法供给不足的情况下,编纂和发布指导性案例对于数据犯罪治理而言恐怕只是暂缓部分难题的权宜之计。理论方面,虽然围绕数据犯罪的治理方案、保护法益及罪名设计等已经积累了一定成果,然而理论界在不少关键问题上却远远未能达成共识。

---

[1] 参见刘艳红:《Web3.0时代网络犯罪的代际特征及刑法应对》,载《环球法律评论》2020年第5期,第100页。

[2] 参见最高人民法院第102号"付宣豪、黄子超破坏计算机信息系统案"、第103号"徐强破坏计算机信息系统案"、第104号"李森、何利民、张锋勃等人破坏计算机信息系统案"、第145号"张竣杰等非法控制计算机信息系统案"、第192号"李某侵犯公民个人信息刑事附带民事公益诉讼案"、第193号"闻巍等侵犯公民个人信息案"、第194号"熊昌恒等侵犯公民个人信息案"、第195号"罗文君、瞿小珍侵犯公民个人信息刑事附带民事公益诉讼案"等指导性案例以及最高人民检察院第68号"叶源星、张剑秋提供侵入计算机信息系统程序,谭房妹非法获取计算机信息系统数据案"、第69号"姚晓杰等11人破坏计算机信息系统案"、第140号"柯某侵犯公民个人信息案"等指导案例。

比如，关于数据犯罪的规制对象与罪名设计，有学者认为应当设立危害计算机信息系统数据罪，确立数据安全管理秩序为刑法中的独立保护法益，全面规制非法提供、利用、破坏数据的行为；[1]也有学者主张增设规制非法使用数据行为的犯罪，并为"个人信息和企业或政府机构数据设置具有针对性的构成要件"；[2]还有学者认为，应当"将违反合同协议的数据侵害行为出罪，同时将突破技术安全措施和违背事后撤销机制的数据侵害行为入罪"。[3]此外，多数理论研究提供的方案没有充分考量刑法中不同类型数据犯罪之间的复杂关系，导致新旧犯罪交织重叠、滋生竞合问题，犯罪设计也没有体现出法益指导下构成要件的犯罪个别化机能，[4]而多是大而化之的以"数据法益"或"数据安全法益"模糊解释数据犯罪的保护法益，理论准备不足的迹象明显。科学的犯罪化立法需要刑法教义学为之提供充足的理论准备，"立法者事先就必须对有待规范的生活关系、对现存的规范可能性、对即将制定的规范所要加入的那个规范的整体、对即将制定的这一部分规范必然施加于其他规范领域的影响进行仔细的思考和权衡"。[5]

现行刑法中的数据犯罪主要源于前数字经济时代，其后，对于立法未能及时跟进数字经济发展而产生的规范空缺，则是高度依赖于传统犯罪在网络空间的更迭进化及犯罪构成要件的扩张性解释来填补。在刑法没有增加新型数据犯罪的前提下，通过线下犯罪的线上转换实现了数据犯罪的范围扩张，既有规范不断被赋予数据犯罪的新内涵，借由"数据"这一转换介质已经扩展到财产犯罪、人身犯罪及社会秩序犯罪等各个领域。由此也决定，当前刑法中的数据犯罪呈现"散在分布"的特征，归纳起来主要有三种类型：

一是以数据为直接保护法益的核心犯罪（core crime）。就犯罪的规范配

---

[1] 参见苏青：《数据犯罪的规制困境及其对策完善——基于非法获取计算机信息系统数据罪的展开》，载《法学》2022年第7期，第72页。

[2] 张婷：《数字经济时代数据犯罪的风险挑战与理念更新——以数据威胁型网络黑灰产为观察对象》，载《法学论坛》2022年第5期，第128页。

[3] 杨志琼：《美国数据犯罪的刑法规制：争议及其启示》，载《中国人民大学学报》2021年第6期，第155页。

[4] 参见[日]中山研一等：《レヴィジオン刑法（3）——構成要件·違法性·責任》，成文堂2009年版，第145-146页。

[5] [德]卡尔·拉伦茨：《论作为科学的法学的不可或缺性——1966年4月20日在柏林法学会的演讲》，赵阳译，载《比较法研究》2005年第3期，第154页。

置而言，刑法中犯罪有核心与外围之区别，核心犯罪位于刑法法益及规范目的的聚焦之处，它通常在构成要件中被直接描述。[1]从体系化的视角审查数据犯罪，其中的核心犯罪系指法益之实体内容直接指向数据本身的犯罪。目前而言，刑法中只有第285条第2款非法获取计算机信息系统数据罪的保护法益直接指向数据本身，属于核心犯罪之列，其保护的数据类型为涉及计算机信息系统安全的"计算机信息系统数据"。

二是以数据为间接保护法益的关联犯罪（related crime）。关联犯罪对核心犯罪法益的间接保护主要体现在规范适用层面，反映了刑法内在的"联结关系"。[2]在数字经济时代，由于数据可以广泛承载财产利益、人格利益以及公共利益等，不少传统犯罪因与数据存在某种规范关联而附带保护了数据法益。这种规范关联表现为，数据与虚拟财产、个人信息等具体利益之间是载体与内容、形式与实体的"一体两面"关系，在对数据进行利用时一定要考虑其负载的具体利益，反过来，保护具体利益时也要共存地保护好作为载体的数据。[3]当刑法制裁侵犯这些具体利益的犯罪行为时，也间接保护了作为形式载体的数据。刑法中以数据为间接保护法益的关联犯罪，最初主要有共同维护计算机信息系统安全的非法侵入计算机信息系统罪、非法控制计算机信息系统罪、提供侵入、非法控制计算机信息系统程序、工具罪以及破坏计算机信息系统罪，现如今已广泛涵括刑法分则第三章"破坏社会主义市场经济秩序罪"、第四章"侵犯公民人身权利、民主权利罪"和第五章"侵犯财产罪"等。

三是为数据提供保护屏障的外围犯罪（peripheral crime）。从某种意义上说，外围犯罪是立法者基于相对不确定的理由创制的犯罪，比如风险预防、行政管制、司法效率等，因而与核心犯罪相比，"外围犯罪并没有为惩罚犯罪者的国家权力运作提供连贯合理的责任主义基础。"[4]这也意味着，数据犯罪

---

[1] See Coracini A. R., "'Amended Most Serious Crimes': A New Category of Core Crimes within the Jurisdiction but out of the Reach of the International Criminal Court?", *Leiden Journal of International Law*, Vol. 1, No. 3, 2008, pp. 701-702.

[2] See Douglas Husak, "Six Questions About Overcriminalization", *Annual Review of Criminology*, Vol. 6, 2023, pp. 273-275.

[3] 参见申卫星：《数字权利体系再造：迈向隐私、信息与数据的差序格局》，载《政法论坛》2022年第3期，第97页。

[4] Douglas Husak, "Crimes Outside the Core", *Tulsa Law Review*, Vol. 39, No. 4, 2013, pp. 776-779.

体系中的外围犯罪并不以数据为直接或间接保护法益，而是通过维护信息网络安全的方式为数据提供更加宽泛的外在屏障，《刑法修正案（九）》增设的拒不履行信息网络安全管理义务罪、非法利用信息网络罪和帮助信息网络犯罪活动罪，在归类上均属于外围犯罪之范畴。

刑事立法所构建的"核心犯罪+关联犯罪+外围犯罪"数据犯罪体系，总体上兼顾了数据的内涵与外延，三种类型的数据犯罪具有保护法益的共通性与规范功能的互补性。在此逻辑下依照犯罪类型与保护法益的亲疏远近关系，侵犯数据法益的行为原本应当优先适用核心犯罪，次之是关联犯罪，最后才是外围犯罪。然而，由于核心犯罪及部分关联犯罪未能及时跟进数字经济发展而修正完善，当下主要源于前数字经济时代的数据犯罪难以适应数字经济时代数据法益的保护需求，立法存在明显的代际断层。

基于数据犯罪的体系性，在立法断层出现的早期，尚无增设新罪之必要，只需在既有犯罪中增添新的数据要素即可实现保护目的，换言之，此时核心犯罪的缺位可以由关联犯罪和外围犯罪来"代偿"和补充，于是出现了大量的关联犯罪和外围犯罪被用于保护数据法益的阶段性异常现象。其中，关联犯罪因与数据所承载之实体存在规范关联而在侵犯数据法益的犯罪行为规制中得到了广泛适用。刑法中侵犯公民个人信息罪之于个人信息数据保护、盗窃罪之于数据财产性利益保护、侵犯商业秘密罪之于平台商业秘密数据保护等，皆属此列。外围犯罪具有较为鲜明的预防性特征，适应了数据法益保护前置化的时代趋势，在司法上也异常活跃。以帮助信息网络犯罪活动罪为例，2020年全国法院审理帮助信息网络犯罪活动罪案件较上一年度激增34倍，2021年再增超17倍，其中大部分案件都关涉到数据财产法益的刑法保护。[1]

不过，这种体系性"代偿"只是权宜之计，因为无论是关联犯罪还是外围犯罪都并非直接保护数据法益本身，故而也不可能完全填补核心犯罪的缺位，而且随着数字经济发展这种现象可能会进一步演化形成"规范空白"。[2]刑法

---

〔1〕参见中国司法大数据研究院：《涉信息网络犯罪特点和趋势（2017.1—2021.12）司法大数据专题报告》载 https://www.conat.sn.cn/zixun/xiangqing/368121.html，最后访问日期：2023年9月20日。

〔2〕See Wim Voermans, "In the Law We Trust. Some Thoughts on the 'Legislative Gap' in Legal Studies", in A. D. Oliver-Lalana ed., *Conceptions and Misconceptions of Legislation*, Springer Nature Switzerland AG, 2019, pp. 295-297.

中的法益是历史而非永恒范畴，它会随社会发展而变动，"随着社会的发展变化，原本不被认为是利益或者原本不会被侵害的利益，现在却是重要利益并且受到了严重侵害……越是受到普遍侵害的利益，当然越需要刑法保护"。[1]进入数字经济时代，数据被赋予了关键生产要素的重要地位，一些重要价值的数据不仅关乎个人的人格和财产，还涉及到国家安全和公共利益，若不加以妥善保护势必影响数字经济的正常运行。立法者也意识到这一点，在《刑法修正案（十一）》中增设《刑法》第334条之一非法采集人类遗传资源、走私人类遗传资源材料罪，将种族基因数据等关乎生物安全的人类遗传资源纳入保护范围，[2]修改扩容《刑法》第217条侵犯著作权罪，强化对短视频、自媒体文章等数字知识产权的刑法保护。然而，非法采集人类遗传资源、走私人类遗传资源材料罪和侵犯著作权罪仍然属于关联犯罪，其并非以数据为独立的、直接的保护法益，因而类似这种增设新罪、扩容旧罪的方式只能无限缩小而不可能完全填补"规范空白"。

当前数据犯罪的"规范空白"主要体现在两方面：一是由于刑事立法中核心犯罪缺位，一些应当纳入刑法保护的重要数据类型却不在保护之列。例如，重要物资储备数据、宏观经济统计数据等关乎公法益的数据，在《数据安全法》第21条中被视为较之个人信息数据具有更高受保护性的"重要数据"与"核心数据"予以着重保护，但在现行刑法中这些数据并没有被纳入核心犯罪的保护范畴。从犯罪预防角度而言，尽管刑法分则中的危害国家安全罪、危害公共安全罪和妨害社会管理秩序罪等，也内含着对以上重要数据的保护，然而这些关联犯罪和外围犯罪的适用，往往要求行为侵犯了数据所承载的具体利益，此时关乎国家安全、公共利益的重要数据已被泄露，再启动刑法根本无法起到对重要数据法益的预防性保护效果，恐怕为时已晚。二是在已经被刑法保护的数据类型中，原本应当由刑法规制的数据处理行为并没有"全流程"纳入而存在处罚空隙。例如，《刑法》第253条之一侵犯公民个人信息罪只规定了非法获取、非法提供、非法出售三种行为类型，其中，非法获取规制的是前端的个人信息数据流入行为，非法提供、非法出售规制

---

[1] 张明楷：《增设新罪的观念——对积极刑法观的支持》，载《现代法学》2020年第5期，第155页。

[2] 参见焦艳鹏：《总体国家安全观下的生物安全刑法治理》，载《人民论坛·学术前沿》2020年第20期，第40页。

的是末端的个人信息数据流出行为,中间的个人信息使用行为不在规制之列,对个人信息数据进行删、改、增等破坏其完整性的行为也不构成犯罪。因此,现行刑法对个人信息数据的保护难以称之为"全流程"。"规范空白"削弱了刑法的实效性,如果一个明显更具严重危害社会的行为没有被追究刑事责任,会向公众释放错误信号,导致刑法因"明显偏理性公正性标准"而失义,〔1〕也进一步引发了法法衔接困境与司法适用障碍等新问题。

(二)司法续造瓶颈与"规范内涵"耗尽

立法代际断层也加深了司法困惑,司法机关对案情高度相似的"类案"采取了不同裁判规则,〔2〕如同样是利用网络爬虫突破或绕开技术保护措施非法获取数据的侵害行为,〔3〕有的案件仅追究民事责任,〔4〕有的案件仅追究刑事责任,〔5〕有的案件则同时追究民事责任和刑事责任,〔6〕在罪名适用上也不尽相同,有限的数据犯罪立法资源与不断增加的数据法益保护司法需求之间的紧张关系被放大。为了缓和立法代际断层的负面影响,司法机关频繁对刑法分则中相关犯罪的构成要件进行解释性续造,以此填补"规范空白"。〔7〕

以非法获取计算机信息系统数据罪中的"计算机信息系统数据"为例,根据 2011 年 8 月 1 日最高人民法院、最高人民检察院《关于办理危害计算机信息系统安全刑事案件应用法律若干问题的解释》第 1 条第 1 款规定,非法获取"支付结算、证券交易、期货交易等网络金融服务的身份认证信息十组以上的"和其他"身份认证信息五百组以上的",构成非法获取计算机信息系统数据罪。在以上司法解释中,"计算机信息系统数据"被解释为"身份认证信息"。关于何谓"身份认证信息",该解释第 11 条第 2 款规定:"本解释所

---

〔1〕 参见[美]保罗·罗宾逊、迈克·卡希尔:《失义的刑法》,谢杰等译,上海人民出版社 2018 年版,第 2-3 页。

〔2〕 参见杨志琼:《数字经济时代我国数据犯罪刑法规制的挑战与应对》,载《中国法学》2023 年第 1 期,第 125 页。

〔3〕 参见解正山:《个人信息保护法背景下的数据抓取侵权救济》,载《政法论坛》2021 年第 6 期,第 29 页。

〔4〕 参见北京市海淀区人民法院(2017)京 0108 民初 24512 号民事判决书。

〔5〕 参见北京市朝阳区人民法院(2020)京 0105 刑初 2594 号刑事判决书。

〔6〕 参见广东省深圳市南山区人民法院(2017)粤 0305 刑初 153 号刑事判决书、广东省深圳市中级人民法院(2017)粤 03 民初 822 号民事判决书。

〔7〕 参见刘艳红:《网络犯罪的刑法解释空间向度研究》,载《中国法学》2019 年第 6 期,第 205-206 页。

称'身份认证信息',是指用于确认用户在计算机信息系统上操作权限的数据,包括账号、口令、密码、数字证书等。"然而,为了满足司法入罪需要,司法机关对本罪中的"计算机信息系统数据"先后进行了多次的司法续造,已经远远超出了"身份认证信息"的语境和语义限制。例如,2014年最高人民法院研究室《关于利用计算机窃取他人游戏币非法销售获利如何定性问题的研究意见》中指出:"对盗窃网络游戏虚拟货币的行为应以非法获取计算机信息系统数据罪定罪量刑",根据以上意见,网络游戏虚拟货币被解释为本罪中的"计算机信息系统数据",这显然突破了"计算机信息系统数据"的语义范围。最高人民法院作出该认定有其特定的时代背景,因为当时盗窃"财产性利益"尚未成为刑法上的显性概念,"财产性利益"被认为不属于盗窃罪中的"财物",与此同时,理论界与实务界主要参照德国及我国台湾地区的做法,将网络游戏虚拟货币解释为"电磁记录",[1]而现实中不断增加的盗窃网络游戏虚拟货币案件又倒逼司法机关作出积极应对,因此司法机关选择关联性较强的非法获取计算机信息系统数据罪规制此类行为绝非偶然。从今天的视角来看,上述行为应当认定为盗窃罪而不是非法获取计算机信息系统数据罪,换言之,网络游戏虚拟货币不是"计算机信息系统数据"。

当"规范空白"过大时,变相"给予法官的自由裁量余地太多了,因为法官可能发现在许许多多场合下适用立法者创造的规范是不够的"。[2]囿于核心犯罪立法的缺失,司法机关陷入了既不愿放纵"犯罪"行为又担忧刑事制裁合法性不足的两难境地,即"若不将相关行为定罪,刑法的功能就难以发挥;若将它们认定为犯罪,则需要采用某种解释立场和方法帮助说理,否则就面临来自罪刑法定的压力"[3]。而在这两者之间,司法机关显然选择了前者对构成要件进行"灵活解释"扩大处罚范围,这种"错判无罪"的司法惯性使得刑法解释愈发远离合法性标准。为了有效规制相关行为,司法机关不断透支"计算机信息系统"数据的规范语义,已经囊括了车辆交通违法记录

---

〔1〕 参见刘明祥:《窃取网络虚拟财产行为定性探究》,载《法学》2016年第1期,第155-156页。

〔2〕 [奥]凯尔森:《法与国家的一般理论》,沈宗灵译,商务印书馆2013年版,第225页。

〔3〕 刘艳红:《网络时代社会治理的消极刑法观之提倡》,载《清华法学》2022年第2期,第178页。

数据〔1〕、外国公民信用卡信息数据〔2〕、网络平台积分数据等非"身份认证信息"〔3〕,甚至有判决明确指出,行为人只要"采用技术手段非法获取他人计算机信息系统中存储、处理或者传输的数据",情节严重,即构成非法获取计算机信息系统数据罪。〔4〕"为了保护计算机信息系统的安全,1997年修订刑法时,全国人大常委会即对危害计算机信息系统安全的犯罪作了规定",〔5〕可见,刑法设立非法获取计算机信息系统数据罪,本意是为了保护"计算机信息系统安全",行为人只有非法获取了关系到"计算机信息系统安全"的"身份认证信息",才能构成本罪。而经过持续透支"数据"语义的司法续造活动,"计算机信息系统安全"这一本罪的核心法益已被实质放弃。时至今日,"似乎所有能储存于电脑系统中的权利客体都可以称为'数据',对其非法获取行为都可能构成非法获取计算机信息系统数据罪,使得该罪成为名副其实的'口袋罪'"〔6〕。非法获取计算机信息系统数据罪陷入扩无可扩的司法续造瓶颈,"计算机信息系统数据"乃至"数据"本身的"规范内涵"被耗尽,这种以突破法律规定为代价的入罪倾向,天然存在背离罪刑法定主义的法治风险。〔7〕

综上所述,当前数据犯罪立法的"规范空白"已然形成,并且随着数字经济的发展深化还将进一步扩大,这种"规范空白"已经无力通过关联犯罪和外围犯罪填补,传统司法续造也耗尽了既有"规范内涵"。基于立、改、释三者的顺位关系,当既有规范和刑法解释皆已无法规制严重法益侵害性的新行为类型时,就可以着重考虑立新法、扩旧法。〔8〕在此意义上说,修正数据犯罪立法正当其时。

---

〔1〕 参见安徽省高级人民法院(2020)皖民终993号刑事判决书
〔2〕 参见浙江省金华市中级人民法院(2020)浙07刑终33号之二刑事判决书。
〔3〕 参见福建省福州市中级人民法院(2019)闽01刑终402号刑事判决书。
〔4〕 参见福建省龙岩市中级人民法院(2019)闽08刑终210号刑事判决书
〔5〕 全国人大常委会法制工作委员会刑法室编:《中华人民共和国刑法条文说明、立法理由及相关规定》,北京大学出版社2009年版,第593页。
〔6〕 杨志琼:《非法获取计算机信息系统数据罪"口袋化"的实证分析及其处理路径》,载《法学评论》2018年第6期,第164页。
〔7〕 参见刘艳红:《实质出罪论》,中国人民大学出版社2020年版,第18-20页。
〔8〕 参见夏伟:《竞合型犯罪化反思》,载《当代法学》2021年第4期,第25页。

二、从保护法益到介入限度：数据犯罪立法的逻辑基础

犯罪化的实质是国家刑罚权扩张与公民自由权利限缩的双向过程，而刑罚权与其他公权力一样具有本能的扩张倾向，立法者的每种突发奇想都有形成制定法的机会。[1]因此，为了保障公民自由权利不受国家权力侵越，必须对犯罪化进行必要限制。基于数据犯罪立法的正当性考量，应当在立法之前为其划定一条相对清晰的入罪标准，明确受刑法保护的数据范围及受刑法规制的行为类型。

（一）法益论方案无法确立数据犯罪的立法基础

刑法学界在研究数据犯罪立法时，习惯于将数据犯罪的保护法益作为逻辑基础，并以此指导设计立法方案。由此，关于数据犯罪立法大体形成了四种理论方案：

第一种方案着眼于数据安全的内容，认为数据犯罪的保护法益系数据的保密性（Confidentiality）、完整性（Integrity）和可用性（Availability），即CIA。[2]这种方案主要参考欧盟模式，借鉴自欧洲理事会《网络犯罪公约》、欧盟理事会《关于国际信息系统的理事会框架决议》。我国2017年《网络安全法》第10条也作了类似规定，强调"建设、运营网络或者通过网络提供服务，应当……维护网络数据的完整性、保密性和可用性"。

第二种方案着眼于数据安全的类型，认为数据犯罪的保护法益包括"数据流通安全法益"和"数据状态安全法益"两种类型。[3]这种方案主要根据《数据安全法》第3条第3款关于数据安全的定义，即"数据安全，是指通过采取必要措施，确保数据处于有效保护和合法利用的状态，以及具备保障持续安全状态的能力"。

第三种方案着眼于数据的主体，认为数据犯罪的保护法益分为个人数据法益、企业数据法益和公共数据法益，在此基础上应当建立三元保护模式，具体做法是扩容侵犯公民个人信息罪，增设侵犯数据专有权罪和破坏公共数

---

[1] 参见［德］拉德布鲁赫：《法哲学导引》，雷磊译，商务印书馆2021年版，第35页。

[2] 参见杨志琼：《我国数据犯罪的司法困境与出路：以数据安全法益为中心》，载《环球法律评论》2019年第6期，第159-160页。

[3] 参见熊波：《数据状态安全法益的证立与刑法调适》，载《当代法学》2023年第1期，第70-72页。

据罪。[1]这种方案基于《数据安全法》第7条、第8条、第9条关于数据主体权益保护的规定。

第四种方案着眼于数据所承载的具体利益,认为不能以"以数据本身安全作为数据犯罪的法益",而应当"以数据本身所征表的数据信息为中心来建构法益,确保其与具体数据犯罪的法益发生直接关联",据此将数据犯罪的保护法益分为数据财产法益、数据人格法益与数据公共法益等。[2]这种方案贯彻了数据载体与数据价值二分的逻辑,可以说是前数字经济时代关联犯罪制裁思路的延伸。[3]

以上理论方案中,第四种方案试图以关联犯罪规制数据犯罪,这种思路如前文分析无法完全填补数据犯罪的"规范空白",因而并不可取。至于前三种方案,其逻辑思路皆为移植借鉴域外规定或我国现行《数据安全法》《网络安全法》等非刑事法律,以此确立数据犯罪的保护法益,有混淆刑法的保护法益与前置法的保护法益之嫌。从更深层次分析,以上四种方案共通的逻辑基础是前实定法的法益概念对未然立法的先验指导功能,这是方案失败的根本原因之所在。

首先,前实定法的法益无力为数据犯罪立法提供有效指导。理论上言犯罪必谈法益的惯性思维,主要受刑法理论"德日化"的影响,这种思维惯性容易遮蔽研究者的理性判断,可能没有深入思考法益论的适用语境及其能否为我国数据犯罪立法提供理论支撑。以上法益论方案中的"数据法益"或"数据安全法益"实质是立法之前的前实定法的法益,其系指根据启蒙时代以来(个人)自由主义思想,法益在刑事立法之前具有限定国家权力恣意性、保障公民个人自由的立法指导功能,能够"为刑事立法提供正当性判断基准"。[4]殊不知,在新罪未立之际,前实定法的法益不过是研究者虚拟的概念,它并没有现实的规范基础,换言之,当前所谓的"数据法益"或"数据

---

[1] 参见刘双阳:《数据法益的类型化及其刑法保护体系建构》,载《中国刑事法杂志》2022年第6期,第45-51页。

[2] 参见赵春玉:《大数据时代数据犯罪认定的方法转向与价值回归》,载《思想战线》2021年第5期,第140-144页。

[3] 参见唐建国:《新数据观下的数据权属制度实践与思考》,载《法学杂志》2022年第5期,第50-52页。

[4] [日]嘉門優:《行為原理と法益論》,载《立命館法学》2009年第5期,第205页。

安全法益"可能只是"乔装改扮的个人观点"或者"人们自封为立法机关的纯粹意见"。[1]此种充满了个人主义倾向的数据法益论，也更容易随着解释者的主观意向变动而变化，于是法益论方案内部分歧不断也就不难理解了。因此，即使承认前实定法的法益概念，也应当意识到解释者预设的法益"对于划定刑事立法正当边界所能发挥的作用是极为有限的"。[2]

其次，由于前实定法的法益欠缺牢固的法益性根基，因而无法确定值得刑法保护的数据范围。刑法在整体法秩序中属于"最后手段的法"，对于其他法律的规定刑法没有必要也不应该不折不扣地加以反应，基于科学立法的比例原则，刑法应当建立某种筛选机制，对前置法所保护的数据范围有所取舍。事实上，数字社会中的绝大部分数据都无关重要利益，没有必要通过法律保护建立秩序，当人们能够在数字社会交往中更加便捷地实现秩序，此时"法律规则也许没有意义"，[3]当然也更没有必要由刑法介入，这些一般数据如同数字经济中的空气一样应当处于（法律）不设防的共享状态。然而，在法益论的四种方案中，按照第一种方案价值较低的一般数据也存在保密性、完整性、可用性，需要由刑法加以保护；后三种方案共同的问题在于只对数据进行分类，缺少对数据的分级，如将数据安全分为数据流通安全和数据状态安全，或者将数据分为个人数据、企业数据和公共数据等。由于缺少了关键的数据分级，因此也无法过滤不应由刑法保护的一般数据。

最后，前实定法的法益难以解释法益处罚前置化的刑事立法变迁，[4]因而也无法甄别值得刑法规制的数据侵害行为类型。《数据安全法》《个人信息保护法》《网络安全法》等虽然以"安全""保护"为名，但其实质上均兼具"保护法"和"规制法"成分，甚至后者的色彩更加浓烈，比如《数据安全法》实质是"数据处理行为规范法"，《个人信息保护法》实质是"个人信息处理行为规范法"。仅基于法益保护逻辑而疏漏行为规制逻辑，也在很大程度上影响立法方案设计的合理性。按照数据流通的过程，数据处理行为大体可

---

[1] [英]雷蒙德·瓦克斯：《读懂法理学》，杨天江译，广西师范大学出版社2016年版，第103页。

[2] 陈璇：《法益概念与刑事立法正当性检验》，载《比较法研究》2020年第3期，第51页。

[3] [美]罗伯特·C.埃里克森：《无需法律的秩序——相邻者如何解决纠纷》，苏力译，中国政法大学出版社2016年版，第348-349页。

[4] 参见[日]北野通世：《法益論の現代的課題（一）》，载《山形大学法政論叢》2006年第1期，第2页。

以分为前端的数据获取行为、中间的数据使用行为以及后端的数据泄露行为。然而，是否所有环节的数据处理行为都构成犯罪？这是法益论方案所无法回答的。甚至在一些极端情况下，根据法益论的逻辑所得出的结论可能与大众正义直觉完全相左。

（二）数据犯罪立法的"元问题"是刑法的介入限度

为了合理限制犯罪化立法，早期理论主要基于"伤害原则"（Harm principle），"当且仅当一个行为是有害的，才能将其定为刑事犯罪"，[1]现代刑法基于风险预防的需要又发展出了"预防原则"，认为犯罪化立法必须具有预防犯罪的作用。[2]无论是基于何种限制立场，其暗含的根本逻辑都是：应当划定刑法介入社会生活的限度，这才是数据犯罪立法必须认真思考的"元问题"。

所谓刑法介入数据保护的限度问题，其核心是整体法秩序中刑法与《数据安全法》《个人信息保护法》《网络安全法》等前置法的关系，即"法法关系"问题。法秩序作为动态的规范体系，在同级规范之间建立了联结关系和序位关系。[3]前者是指，刑法所保护法益的范围和程度随前置法变动而变动；后者是指，刑法作为最后序位的法，对数据的保护应当限制在最小必要限度内。

基于法秩序内刑法与前置法的联结关系，刑法所保护的数据需要参酌前置法确定，而不是相反。从法律属性来看，数据犯罪应当主要定位为法定犯，具有较强的"禁止恶"，或者至少是有明显法定犯成分的混合犯。[4]由此决定，数据犯罪的构成要件中必然以成文或不成文形式包含着对前置法规定的参酌和援引，因而前置法的规定影响着刑法中数据犯罪的犯罪圈设定。在既往的立法中，存在由于"刑法先行"而引发刑法与前置法保护不协调的问题，这种情况值得反思。以个人信息保护为例，我国个人信息保护立法具有明显的"刑法先行"特点，在《个人信息保护法》颁布实施之前，刑法率先规定

---

[1] Youngjae Lee, "Criminalization, legal moralism, and abolition", *University of Toronto Law Journal*, Vol. 70, No. 2, 2020, p. 195.

[2] 参见［英］杰里米·边沁：《论道德与立法的原则》，程立显、宇文利译，陕西人民出版社2009年版，第131页。

[3] 参见［奥］凯尔森：《法与国家的一般理论》，沈宗灵译，商务印书馆2013年版，第187-194页。

[4] 参见［美］道格拉斯·胡萨克：《刑法哲学》，姜敏译，中国法制出版社2015年版，第637-637页。

了个人信息犯罪,以规制严重侵害个人信息的行为。这种规制固然有其必要性,然而,"刑法先行"使个人信息犯罪认定长期处于无前置法可依的尴尬境地。于是,法官在个案中不得不频繁续造裁判规范,这种规范续造多基于经验理性而欠缺牢固的教义学基础,因而随着《个人信息保护法》颁行,许多裁判结论与《个人信息保护法》规则相左,在基本概念与保护程度等方面均存在"刑民割裂"。例如,依照《个人信息保护法》的规定,电话号码属于"个人信息",但其在刑事司法中却被认为不属于"公民个人信息"。[1]又如,生物识别数据、宗教信仰数据在《个人信息保护法》中属于敏感个人信息,需要得到特别保护,而在刑法中仅属于受保护性最低的"其他可能影响人身、财产安全的公民个人信息"。[2]随着《数据安全法》《个人信息保护法》颁行,刑法宜通过修法重新建立与前置法之间的联结关系,其对数据的保护范围和程度需要与前置法协调一致:前置法不保护的无主体数据,刑法也没有必要予以保护;前置法特别保护的重要价值数据,刑法也不宜降格保护。

在以联结关系确立刑法需要跟随前置法调整而修正后,还要明确如何在数据保护中定位刑法,或者说,如何配置数据犯罪才能够使刑法成为最后序列的保障法而不是在先的社会管理法。[3]基于刑法的体系性及其与前置法的联结关系,刑法介入数据保护的最小必要限度可以从保护(的数据类型)和规制(的行为类型)两个层面确立:

第一,基于数据分类分级保护制度,刑法所保护的数据类型应当限于前置法特别保护的数据,亦即,前置法是否对特定数据设置了较高等级而给予特别保护构成了刑法介入的基本条件。

从数据价值的角度来看,《数据安全法》之所以对数据进行分类分级保护,是由于不同的数据所承载的利益及价值大小不同,立法分别给予不同程度保护,是为了在数据要素共享与法律利益保护之间寻求平衡。据此,承载较低价值或较少利益的数据本就不应该负载过多的法律责任,更不应当由刑法介入保护。例如,个人上网所产生的不含密码等重要内容的Cookies数据,

---

[1] 参见广东省广州市花都区人民检察院穗花检公刑不诉〔2018〕167号不起诉决定书、福建省福州市永泰县人民法院(2019)闽0125刑初44号刑事判决书。

[2] 参见最高人民法院指导性案例第193号。

[3] 参见刘艳红:《人性民法与物性刑法的融合发展》,载《中国社会科学》2020年第4期,第134-136页。

可以说是个人生产的反映个人"网上行踪"的数据。然而，这类数据由于承载的私益较少、重要性较低，没有必要纳入刑法的保护范畴。因此，数据分类分级可以帮助刑法剔除前置法中不受保护以及受保护程度极低的数据。

从数据犯罪的属性来看，无论是核心犯罪还是关联犯罪抑或是外围犯罪，都具有鲜明的法定犯色彩，因而数据犯罪可以说是"时代产物"，它是国家为了"维护社会秩序的需要而为法律所禁止的行为"，[1]天然存在法益性稀薄的问题。更何况，数据犯罪总体上具有比较鲜明的预防主义倾向，在犯罪化时更要慎之又慎，因为这些犯罪"并不禁止损害本身，而是禁止损害的可能性——当实施这种犯罪时，这种损害可能性并没有（通常情况下也并没有）转变为现实危害"，[2]也因此，"它给人一个理由将无害的东西定为犯罪，只要将其定为犯罪会减少危害"。[3]为了防止犯罪化拘于偶然和随意，必须选择相对较高和确定的入罪标准，前置法的特别保护，赋予了刑法以入罪的高标准和确定性，将刑法所保护的数据类型限定在最小必要限度，也为将来根据需要调整犯罪圈预留了必要的缓冲空间。

第二，基于数据要素有序共享理念，刑法既要对非法数据处理行为进行全流程规制，也要考虑到数字社会特定交往场景下无需赋予数据主体"真实"话语权的客观需要，设定排除犯罪成立的出罪事由。

共享是数据的第一主题，刑法规制不是阻止共享，而是为了使共享从无序变得有序、从失范到规范。数据是数字社会新技术新业态的基本要素，在新技术新业态出现的早期，由于法律调控的缺位必然会经历一段时间的"野蛮生长期"，滋生大量失范行为。面对日渐无序的数据侵害现象，公共部门下意识地寄希望于最严厉的刑法来调控，以求快速清理失范行为的存量。这种高压的刑事政策思维，在特定时期是有益的，但它也会误导立法形成"既严又厉"的格局，科学性欠佳。

回归理性，立法者敏锐地察觉到，有序共享是刑法介入数据保护的重要

---

[1] [英]安东尼·奥格斯：《规制：法律形式与经济学理论》，骆梅英译，中国人民大学出版社 2008 年版，第 81-82 页。

[2] [美]道格拉斯·胡萨克：《过罪化及刑法的限制》，姜敏译，中国法制出版社 2015 年版，第 57 页。

[3] Youngjae Lee, "Criminalization, legal moralism, and abolition", *University of Toronto Law Journal* Vol. 70, No. 2, 2020, p. 195.

逻辑，为了保障有序化，刑法当然有必要对非法处理数据的行为进行全流程规制，包括前端的非法获取行为、中间的非法使用（尤其是删、改、增）以及后端的非法泄露行为。然而，刑法秩序的建立从根本上说是为了促进数据共享，因此，刑法对失范行为的规制也应当有其限度。在数字社会中，特定场景下数据主体"真实"的话语权已经被社会交往规则所淡化，比如互联网平台用户通常不会认真审查"数据授权条款"而轻易地给予同意，[1]一些未经数据主体同意的处理行为虽然涉及有重要价值的数据，但也没有必要通过刑法加以规制。例如，为了科学研究而处理个人信息数据、企业知识产权数据及公共数据，即使没有经过特定主体授权，一般也不宜认定为犯罪。又如，为了合法经营而非法获取一般数据，数量较少的，通常只需要通过经济法调整即可，无需作为犯罪处理。

总之，刑法介入数据保护的限度即犯罪化限制至少有两个维度，其中，既有对数据类型的保护限度考量，将不重要的数据类型从刑事犯罪圈排除出去；也有对行为类型的规制限度考察，根据数字社会交往关系设置限制入罪的例外情形。两相结合，不仅增加了数据犯罪立法的科学性、合比例性与确定性，也赋予了其数字经济时代的适应性从而在特定场景中塑造了更强的司法（出罪）潜力。

三、数据犯罪的立法修正路径及体系化调适

立良法方能保善治。所谓良法，必须形体完备与实质良善，"法律若实质善良，而其形体不完美，则就会产生法律疑义百出……法律的形体虽完备，而其实质若不善良，则成峻法严律，其逞荼毒之害"。[2]立法者修正数据犯罪，一方面要保障"形体完备"即体系协调，避免重复立法和规范矛盾，另一方面要关注"实质善良"即处罚合理，避免刑法与大众正义直觉产生不可调和的冲突。

（一）重要数据的刑法保护与规范构造

体系性地考察现行刑法，立法者没有必要针对个人数据、企业数据单独

---

[1] See Rupprecht Podszun, "Should Gatekeepers Be Allowed to Combine Data? Ideas for Art. 5 (a) of the Draft Digital Markets Act", *GRUR International* Vol. 71, No. 3, 2022, p.197.

[2] [日]穗积陈重：《法典论》，李求轶译，商务印书馆2014年版，第5页。

增设新罪,而应基于重大风险预防思维,重点关注刑法缺失的公共利益数据、国家安全数据保护。一方面,个人数据和企业数据中主要承载私法益,此处的私法益主要指向人格与财产向度,[1]形成人身法益与财产法益,前者关联于刑法分则第四章"侵犯公民人身权利、民主权利罪",后者关联于刑法分则第五章"侵犯财产罪",通过解构个人数据和企业数据所承载的具体利益,即可实现对其妥善保护。因此,如果刑法针对个人数据、企业数据单独增设新罪,则几乎属于重复性立法,这样不仅无法填补"规范空白",反而在数据犯罪中制造了法条竞合乃至规范冲突,实为立法之失败。另一方面,较之刑法已经全面纳入保护范围的个人信息数据、知识产权数据等私法益数据,公共利益数据、国家安全数据等公法益数据关乎重大利益,其非法处理很容易产生重大风险,理应具有更高的受保护性。在数据经济时代,私营企业的公化已是不争的事实,教育、医疗、交通等领域的公共数据在公私合作中被大型私营企业所掌握和利用,进一步增加了公共利益数据、国家安全数据泄露的风险。而目前《个人信息保护法》以及《数据安全法》等前置法虽然对公共利益数据、国家安全数据的保护作出了较为详细的规定,但是这些规范中的制裁方式几乎都是要求行为人承担民事责任或给予行政处罚,少数规范会以转致性规范的形式规定"构成犯罪的,应当追究刑事责任"。然而,囿于刑法欠缺保护公共利益数据、国家安全数据的专门罪名,不可避免地会出现转致性规范无转致对象的尴尬问题,此时,对有关行为人的追责只能停留在民事、行政层面。由此导致,一些轻微的侵害个人数据、企业数据的行为构成犯罪,而更为严重的侵害公共利益数据、国家安全数据的行为却不构成犯罪,这种不均衡的制裁方案会削弱法规范的实效性。[2]至于刑法中的非法获取计算机信息系统数据罪已经无法适应这些数据保护的客观需要,也不存在司法续造空间,因此有必要针对公共利益数据、国家安全数据等的保护增设新罪。

为了填补"规范空白",实现《刑法》与《数据安全法》对公共利益数据、国家安全数据等公法益数据保护的有效衔接,刑法宜增设非法处理重要数据罪。该罪的设立还需要明确以下问题:

---

[1] 参见焦艳鹏:《元宇宙生活场景中的利益识别与法律发展》,载《东方法学》2022年第5期,第41页。

[2] 参见[奥]凯尔森:《法与国家的一般理论》,沈宗灵译,商务印书馆2013年版,第92-93页。

第一，立法正当性的澄清。正当性是构建良法规范的基础要求，"为了使规范性观念日常化，为了使惯例性的观念变成实践的一部分，它们必须竭力证明自己的正当性"。[1]正当的法需具备两大要素：一是"强化性效力"，即规范必须具备"规范性力量"或有效性，能够有效指引和约束公众的行为；二是"规范必要性"，即规范对于增益社会秩序良性发展而言是必要的。[2]增设新型数据犯罪体现了立法上的预防原则，由此引申出的预防性犯罪化，具有处罚扩张化和法益稀薄化的先天特性。"刑事处罚早期化、扩张化的初衷在于防控数字经济所带来的巨大而难以估量的犯罪风险。然而，一些新增罪名的司法适用效果未必理想，有的罪名如帮助信息网络犯罪活动罪容易被滥用，有沦为口袋罪的危险。"[3]确保非法处理重要数据罪的立法正当性，需要从两个层面进行立法调适：一是为了防止非法处理重要数据罪成为宣示性大于实效性、"立而不用"的象征性立法，[4]需要对本罪中重要数据等构成要件进行准确识别和明确；二是为了避免非法处理重要数据罪沦为司法上的"口袋性罪名"，需要基于犯罪化立法的比例原则对本罪进行必要限制，[5]将其适用场域限定为预防重大、紧迫风险，这就要求本罪宜设置"情节严重"等罪量要素以适度提高入罪标准。

第二，重要数据的识别。本罪中的重要数据应限定于与国家安全、公共利益密切相关的数据，一般不包括企业数据、个人数据等。这样设定既符合《数据安全法》及相关规范性文件关于重要数据特别保护的规定，也排除了对个人数据、企业数据的重复保护，避免了竞合型犯罪化。

重要数据是《数据安全法》中的专有概念，基于法秩序统一性原理，前置法即《数据安全法》中的重要数据概念及其特别保护规则，宜作为刑法设置数据犯罪的重要参考。《数据安全法》第 21 条规定："……国家数据安全工

---

[1] [加]大卫·戴岑豪斯：《合法性与正当性——魏玛时代的施米特、凯尔森与海勒》，刘毅译，商务印书馆 2013 年版，第 213 页。

[2] 参见[加]大卫·戴岑豪斯：《合法性与正当性——魏玛时代的施米特、凯尔森与海勒》，刘毅译，商务印书馆 2013 年版，第 212-215 页。

[3] 贾宇：《数字经济刑事法治保障研究》，载《中国刑事法杂志》2022 年第 5 期，第 8 页。

[4] 参见刘艳红：《我国刑法的再法典化：模式选择与方案改革》，载《法制与社会发展》2023 年第 3 期，第 79 页。

[5] 参见[日]须藤阳子：《比例原则の現代的意義と機能》，法律文化社 2010 年版，第 12-115 页。

作协调机制统筹协调有关部门制定重要数据目录,加强对重要数据的保护。关系国家安全、国民经济命脉、重要民生、重大公共利益等数据属于国家核心数据,实行更加严格的管理制度……"该条规定了重要数据特别保护制度,还规定对核心数据实施更加严格的管理制度,而核心数据实质上是重要数据中受保护性更高的一类数据,仍然属于重要数据范畴。此外,第30条、第31条、第46条对重要数据处理的风险评估、出境安全管理、非法提供的法律责任等作出了详细规定。《数据安全法》对关乎重大利益的重要数据予以特别保护,乃基于数据分类分级保护的制度安排,在必要时由刑法基于预防原则和比例原则介入保护重要数据具有实质合理性。

《数据安全法》并没有对重要数据作出直接定义,而追溯有关规范文件的演变历程,可以将重要数据确定为关乎国家安全、公共利益的数据,并且在一般情况下需要排除个人数据、企业数据。2016年11月7日第十二届全国人大常委会颁布的《网络安全法》第37条首次提出了重要数据概念,随后,2017年4月11日国家互联网信息办公室《个人信息和重要数据出境安全评估办法(征求意见稿)》第17条第5款首次对重要数据作出定义:"重要数据,是指与国家安全、经济发展,以及社会公共利益密切相关的数据,具体范围参照国家有关标准和重要数据识别指南。"可见,重要数据最初限定于和国家安全、经济发展及公共利益密切关联的数据。2019年5月28日国家互联网信息办公室发布《数据安全管理办法(征求意见稿)》,进一步明确了重要数据的范围,排除了个人数据、企业数据,其第38条第5项规定:"重要数据,是指一旦泄露可能直接影响国家安全、经济安全、社会稳定、公共健康和安全的数据……重要数据一般不包括企业生产经营和内部管理信息、个人信息等。"目前最新的规范文件是2022年1月7日国家市场监督管理总局、国家标准化管理委员会发布的《信息安全技术 重要数据识别指南(征求意见稿)》,根据其第3.1条规定,重要数据(critical data)是"以电子方式存在的,一旦遭到篡改、破坏、泄露或者非法获取、非法利用,可能危害国家安全、公共利益的数据"。以上规定没以"等"结尾,表明重要数据只包括与国家安全、公共利益密切相关的数据,一般不包括个人数据与企业数据。

问题在于,公共利益、国家安全可谓个体利益、个体安全之集合,是否个人数据、企业数据完全不可能成为重要数据而不受非法处理重要数据罪保护?若如此,重要数据的概念可能存在瑕疵。事实上,《信息安全技术重要数据识别指南（征求意见稿）》第3.1条对此作出了注释，即"重要数据不包括国家秘密和个人信息，但基于海量个人信息形成的统计数据、衍生数据有可能属于重要数据"。参酌该规定，基于海量个人数据、企业数据而形成的统计数据、衍生数据也可以被评价为重要数据。关于何谓海量数据，2021年11月14日国家互联网信息办公室发布的《网络数据安全管理条例（征求意见稿）》第26条规定："数据处理者处理一百万人以上个人信息的，还应当遵守本条例第四章对重要数据的处理者作出的规定。"由此得出初步结论，一百万人以上的个人数据可以说是海量数据，至于海量的企业数据如何界定，如是否可以将一百万条以上企业数据认定为海量数据，则有待于相关规范文件予以明确。

第三，罪刑规范的设置。从构成要件分析，由于重要数据与国家安全、公共利益密切相关，数据处理的任何一个环节出现问题都可能产生危害重大利益的风险。为了发挥数据犯罪的预防功能，应当对重要数据的非法处理行为进行全流程规制，据此，非法处理重要数据的行为类型宜包含非法获取、非法使用、非法泄露的数据处理前、中、后三个环节，其中，非法使用包含对数据进行删、改、增等破坏数据完整性的行为。为了避免预防的过度化而导致入罪标准过低，宜在构成要件中增加"情节严重"，至于"情节严重"的内容则由司法解释根据重要数据的数量、重要程度等具体确定。

从法定刑配置分析，重要数据中的核心数据与国家安全、公共利益关系最紧密，在《数据安全法》中也对核心数据设置了较之其他重要数据更高等级的保护制度。故在刑法中可以考虑对重要数据与核心数据进行差异化保护，分别设置不同的法定刑。据此，本罪的法条可以设置为：

【非法处理重要数据罪】第X条：违反国家规定，非法获取、非法使用、非法泄露或者以其他方法非法处理重要数据，情节严重的，处三年以下有期徒刑或者拘役；情节特别严重的，处三年以上十年以下有期徒刑。

行为人非法处理核心数据，情节严重的，处三年以上十年以下有期徒刑；情节特别严重的，处十年以上有期徒刑或者无期徒刑。

第四，法条关系的厘清。非法处理重要数据罪设立后，其与现有数据犯罪体系中核心犯罪、关联犯罪及外围犯罪之间的关系需要予以明确。

首先，非法处理重要数据罪以数据为直接保护法益，属于核心犯罪，其与之前的核心犯罪即非法获取计算机信息系统数据罪在保护数据这一点上具有形式上的交叉关系，但两者的不法结构欠缺实质的包容关系，因而不属于法条竞合。法条竞合必须同时具备两个标准：一是形式上两个法条有包容或交叉关系，二是实质上两个犯罪行为不法有包容性。"倘若适用任何一个法条都不能充分、全面评价行为的不法内容，即使符合形式标准与法益的同一性标准，也只能认定为想象竞合。"[1]具体而言，非法获取计算机信息系统数据罪所保护的数据即"身份认证信息"与国家安全、公共利益并无直接关联，一般不存在形式交叉。但是在一些特殊情况下，如行为人获取的是政府部门计算机系统中的"身份认证信息"，则可能危害国家安全、公共利益，此时非法处理重要数据罪与非法获取计算机信息系统数据罪存在形式交叉，然而以上两个犯罪之间并不具有不法的包容性。换言之，在以上情形中，无论是定非法处理重要数据罪还是定非法获取计算机信息系统数据罪，都无法完全评价非法获取关乎国家安全、公共利益的"身份认证信息"这一行为的不法侵害。由于欠缺不法的包容性，这种情形属于想象竞合而非法条竞合，应当从一重处断。

其次，非法处理重要数据罪与关联犯罪之间原则上是择一关系，因为重要数据在概念上排斥个人数据、企业数据等关联犯罪的保护法益，这也就极大地避免了法条竞合的产生。当然，由于海量个人数据、企业数据能够汇聚形成重要数据，此种特殊情况下非法处理重要数据罪与个人信息犯罪、财产犯罪等将产生法条竞合。其解释适用逻辑是，个人信息数据、财产数据通常情况下仅作为个人信息、财物（财产性利益）等私法益加以保护，唯有海量汇聚形成重要数据的特殊情形才具有公法益性质，相关行为触犯非法处理重要数据罪，属于法条竞合，根据特别法优于一般法原则，适用特别法即非法处理重要数据罪。

最后，非法处理重要数据罪与三大外围犯罪即帮助信息网络犯罪活动罪、非法利用信息网络罪、拒不履行网络安全管理义务罪之间具有补充关系，外围犯罪作为补充性罪名应当在非法处理重要数据罪无法适用时才介入。当然，从竞合论的角度来说，由于非法处理重要数据罪是特别法且法定刑更重，因而无论根据法条竞合还是想象竞合，都能够得出优先适用非法处理重要数据罪的结论。

---

[1] 张明楷：《法条竞合与想象竞合的区分》，载《法学研究》2016年第1期，第127页。

(二) 个人信息 (数据) 犯罪的刑法扩容与场景限制

个人信息数据兼具人格和财产双重属性，《个人信息保护法》将个人信息数据的人格属性分离出来予以独立保护，表明了个人信息数据的双重属性中人格属性具有相对优位性，"在数据处理者实现这些数据财产权权能的过程中，应以其个人信息数据处理行为的合法性为前提，确保个人信息主体的合法权益不受损害"。[1]从法法衔接角度分析，刑法中个人信息犯罪的设立明显先于私法中个人信息保护规则的形成，在《个人信息保护法》颁布实施之后，刑法也没有及时作出调整，导致两法仍然存在衔接错位。基于个人信息数据之保护与共享平衡的理念，《刑法》第253条之一侵犯公民个人信息罪宜作出如下调整：

第一，将非法使用个人信息的行为入罪。诚然，《个人信息保护法》第4条第2款对个人信息处理行为进行了全流程规制，与之相较，《刑法》第253条之一规定的三种行为即非法获取、非法出售与非法提供公民个人信息，缺少对中间环节的非法使用行为规制，存在一定的处罚漏洞。因此，理论上有力主张认为，现行刑法应当将非法使用个人信息的行为纳入规制范围。[2]实践中也致力于续造既有规范，试图涵括对非法使用个人信息行为的规制。比如在司法实践中，行为人非法使用个人信息的，既被追究了民事责任，也被判处帮助信息网络犯罪活动罪。[3]非法使用个人信息行为与非法获取、非法泄露个人信息行为的法益侵害具有等质性，且在多数情况下，个人信息的使用过程正是个人信息数据财产价值的实现过程，如果刑法对非法使用个人信息的行为不予以规制，则个人信息使用环节的刑法漏洞容易被不法分子利用获取经济利益，可能形成过于宽泛的个人信息数据流通自由并造成"劣币驱逐良币"的不良后果，这显然与数字经济发展目标相悖。在此意义上，刑法适度扩容增加对非法使用个人信息行为的规制具有必要性。

第二，敏感个人信息刑法保护宜对应《个人信息保护法》作出扩张性调整。数字经济时代个人信息保护需求日益增长、保护范围日新月异，在后的《个人信息保护法》较之在先的刑法具备更强的时代适应性，两法之间在敏感

---

[1] 李爱君、夏菲：《论数据产权保护的制度路径》，载《法学杂志》2022年第5期，第29页。

[2] 参见刘仁文：《论非法使用公民个人信息行为的入罪》，载《法学论坛》2019年第6期，第118页。

[3] 参见甘肃省平凉市庄浪县人民法院（2022）甘0825刑初26号刑事附带民事判决书。

个人信息的识别与保护上存在较大分歧，相对而言刑法中敏感个人信息的范围狭窄、识别标准单一。2017年5月8日最高人民法院、最高人民检察院《侵犯个人信息刑事解释》第5条将个人信息分为三个级别，分别是"行踪轨迹信息、通信内容、征信信息、财产信息"、"住宿信息、通信记录、健康生理信息、交易信息等其他可能影响人身、财产安全的公民个人信息"以及除以上个人信息之外的"其他公民个人信息"。对照《个人信息保护法》第28条规定，生物识别信息、宗教信仰信息以及不满十四周岁未成年人的个人信息都属于敏感个人信息，而根据以上司法解释，这些信息可能被认定为其他公民个人信息而降格保护。本书认为，《个人信息保护法》通过后，刑法中宜将生物识别信息、宗教信仰信息以及不满十四周岁未成年人的个人信息作为第一档或第二档个人信息升格保护，避免形成刑法与《个人信息保护法》对同种个人信息保护强度截然不同的隐性冲突。

从另一个层面来看，刑法扩容侵犯公民个人信息罪，体现了较为明显的公权扩张色彩，需要其他法律配合调控使刑法回归本位，实现犯罪治理现代化。[1]司法实践也认可对特定场景下的个人信息处理行为，即使没有取得主体同意的，也没有必要动用刑法，或者仅通过民法、竞争法等诸多前置法的协同治理实现妥当规范。[2]因此，侵犯公民个人信息罪立法扩张之后，需要从数字社会生活中总结司法排除犯罪之规则，寻求以司法之"宽"济立法之"严"的宽严相济平衡之道。总体而言，主要有以下四种场景：

场景一：由前置法转化而来的犯罪排除事由。《个人信息保护法》第13条规定了未经个人信息主体同意合理处理个人信息的四种情形，分别是订立合同所必需、履行法定职责或者法定义务所必需、为维护公共利益所需要、在合理范围内处理已公开个人信息。基于法秩序统一性原理，以上情形根据《个人信息保护法》的规定不违法，作为保障法的刑法也没有必要介入，故相关行为也不构成侵犯公民个人信息罪。

场景二：个人信息主体作出了概括自决的情形。数据经济时代个人信息之保护与共享存在相反相成的辩正关系：越是强调个人信息共享，就越会增

---

〔1〕参见刘艳红：《民刑共治：中国式现代犯罪治理新模式》，载《中国法学》2022年第6期，第41-45页。

〔2〕参见陈兵：《保护与竞争：治理数据爬取行为的竞争法功能实现》，载《政法论坛》2021年第6期，第25页。

加个人信息保护难度；反之，越是强调个人信息保护，也就越会压缩个人信息共享空间。为了促进个人信息的有序共享，立法预设在特定场景中可以认为个人信息主体已经作出了概括的自决，这种概括自决并没有剥夺个人信息主体真实的自决权，仍然允许其就具体事项作出不授权的保留性决策。例如，个人信息主体在互联网平台注册和使用时，一般需要进行个人信息数据处理的授权，从而获得平台提供的实时定位、信息推送等功能，这实质上是一种概括授权，平台在该概括授权的范围内取得了个人信息处理权限进而排除犯罪。

场景三：符合数字社会交往规则的处理个人信息行为。个人信息是数字社会交往的基本要素，人们的每个社会生活场景都包含着个人信息的透露，比如网络购物、账号注册等，可以说没有个人信息的透露就没有现代化的社会生活方式。因此，司法机关有时需要对个人信息处理行为进行二次的价值判断，审慎认定是否构成犯罪。以人脸识别数据为例，2022年12月26日最高人民法院第192号指导案例明确，"使用人脸识别技术处理的人脸信息以及基于人脸识别技术生成的人脸信息均具有高度的可识别性"，属于刑法中的个人信息，非法处理人脸识别信息的行为构成犯罪。然而，现实生活中存在大量未经主体同意处理人脸识别数据的行为，已经为数字社会交往规则所共同确认，一般不宜作为犯罪处理。例如，短视频平台上传的视频中包含着大量陌生人的人脸识别数据，这些数据在特定网络平台上传而后在整个网络空间广泛传播。这些个人信息数据的获取和传播不可能取得主体同意，属于"非法"处理，顺着这个逻辑，相关视频制作者及网络平台构成侵犯公民个人信息罪的共同犯罪。如果这一结论取得立法支持，势必制造了大规模的犯罪化，恐怕也与大众正义直觉相去甚远，累及裁判公正。可以认为，在这种符合数字社会交往规则的场景下，相关个人信息数据处理者的行为因具有"社会相当性"而排除犯罪化。

场景四：危害轻微型非法处理个人信息行为。根据《侵犯个人信息刑事解释》第6条规定，为合法经营活动而非法购买、收受其他公民个人信息，获利在五万元以下，且之前没有因侵犯公民个人信息而受刑事处罚或者二年内受行政处罚的，不属于"情节严重"，不构成侵犯公民个人信息罪。根据以上司法解释，可以认为合法经营活动构成了可适当宽恕的事由，相关行为的危害性较为轻微，可以适度出罪。

党的二十大报告强调，要强化数据安全保障体系建设，"统筹立改废释纂，增强立法系统性、整体性、协同性、时效性"。[1]从中可引申出数据犯罪科学立法的逻辑，即要保障立法的系统性、整体性、协同性、时效性。刑法根据《数据安全法》《个人信息保护法》等颁行顺势增设新罪扩容旧罪，可谓立法的整体性；刑法调整数据犯罪兼顾了与人身犯罪、财产犯罪等规范关联，可谓立法的系统性；数据犯罪构成要件设计大规模参酌援引前置法规定以避免隐性冲突，可谓立法的协同性；数据犯罪立法随数字经济时代变革而更新进化，可谓立法的时效性。科学立法将有助于刑事法治的效能在数字经济发展中得到充分释放，使数据共享从无序变得有序、从失范走向规范，实现良法善治。

第四节　新预防主义的立法模式选择：从部门立法到领域立法

在整体法秩序中，民法和行政法拦截在先的违法行为，民法和行政法的有效参与是预防犯罪的重要手段。为了最大化激发犯罪预防功能，需要刑法与民法、行政法等协力，因此，新预防主义要求立法突破单一部门法的局限，根据行为类型与规范领域构建民行刑一体化的领域性立法，从而"尽可能用一个法律解决所有相关问题，以方便机关的执法、司法的用法和民众的守法"。[2]

一、新预防主义与领域立法模式的契合性

20世纪末以来社会的快速转型变迁驱动了立法的活跃化，活跃化的立法不仅带来了法律文本数量的快速增长，更为重要的是，法律部门的开枝散叶尤其是特别法的相继涌现对法典化传统造成巨大冲击。层出不穷的特别法在法典之外确立各种例外，法典的中心地位受到削弱，诸多特别法汇聚成一个独立的"微观系统"并与法典分庭抗礼，这种法现象学理上称之为解法

---

[1] 习近平：《高举中国特色社会主义伟大旗帜　为全面建设社会主义现代化国家而团结奋斗——在中国共产党第二十次全代表大会上的报告（2022年10月16日）》，人民出版社2022年版，第41、53页。

[2] 苏永钦：《寻找新民法》，北京大学出版社2012年版，第78页。

典。[1]

从方法论上看，解法典意味着立法观念与模式的变革，即从部门立法转向领域立法。解法典作为一种逐渐分解法典的立法运动，弥补了法典不能伴随社会进步、无法包含法律之全部以及变相增加解释负累等固有弊端，[2]藉此形成一系列特别法和微观制度，用于调整法典之外的法律关系，而法典仅规定最抽象和最一般的法律制度，法典的规范功能逐渐被边缘化，[3]特别法的适用逐步替代了法典的适用，因而解法典越彻底法典的适用空间愈发逼仄。由此观之，在解法典的过程中，应当关注的重心不单单是法典本身，还要涵括特别法、特别法之间的关系以及特别法与法典之间的关系。

我国部门法立法中的种种迹象表明，解法典的时代已经到来。就民法而言，2020年《民法典》颁布实施之后，我国快速展开了民法典的解法典化，相继通过了《个人信息保护法》《数据安全法》等特别法律，对《民法典》第111条、第127条以及《民法典》"人格权编"中关于个人信息、数据与虚拟财产权益保护的规定进行了解法典化。在民法典颁布实施以后，与之并立并存的《中华人民共和国著作权法》《中华人民共和国专利法》《中华人民共和国商标法》《中华人民共和国消费者权益保护法》等规定特定民事权益的单行法，在内容上包含了大量的"例外规则"，皆为民法典解法典化之体现。刑法的解法典化由来已久。我国刑事立法采取统一刑法典模式，除现行有效的唯一一部单行刑法之外，罪刑规范原则上只能由刑法典设立。然而在实然层面，1997年现行刑法颁布之后，我国最高司法机关通过了为数众多的司法解释，有的司法解释在内容上已经突破了刑法典的规定。例如，2017年5月8日最高人民法院、最高人民检察院发布的《侵犯个人信息刑事解释》第2条规定，侵犯公民个人信息罪构成要件中的"违反国家有关规定"包括违反部门规章，这显然超出了《刑法》第96条关于"国家规定"的规定，意味着司法解释突破了立法壁障，发挥续造创设新法之功能。诸多具有造法功能的司法解

---

[1] See Hachouf Amina, "Problemi Di Decodificazione Di Espressioni Idiomatiche Italiane In Apprendenti Algerini", *Italiano LinguaDue*, Vol. 8, No. 1, 2016, pp. 54-64.

[2] 参见［日］穗积陈重：《法典论》，李求轶译，商务印书馆2014年版，第17-21页。

[3] 参见［意］那蒂达林诺·伊尔蒂：《欧洲法典的分解和中国民法典之未来——告中国同仁书》，张礼洪译，载张礼洪、高富平主编：《民法法典化、解法典化和反法典化》，中国政法大学出版社2008年版，第517页。

释汇聚在一起,构成了独立于主法即刑法典之外的"副法系统",[1]这在事实上亦属于解法典的范畴。与此同时,近年来刑法学界提出在刑法典之外单独设立"行政刑法"[2]或"轻犯罪法"[3],其实质是对统一刑法典模式的突破,可谓解法典化的理论探索。而2021年12月30日颁布的《中华人民共和国反有组织犯罪法》(以下简称《反有组织犯罪法》)和2022年9月2日颁布的《中华人民共和国反电信网络诈骗法》(以下简称《反电信网络诈骗法》)则是刑法解法典化的最新尝试。行政法的情况较为特殊,目前尚未制定统一的行政法典。由于解法典针对的是已然存在的法典,因而行政法领域似乎并无解法典的讨论余地。不过,为了满足行政管制扩张所激发的从秩序行政向给付行政转换的规范与制度供给需求,行政法领域的特别立法长期保持高度活跃状态,不仅单行法的数量最多,合计96部,约占现行有效法律总量的三分之一,且有加速和扩大趋势。由此观之,与其说行政法不具备解法典的前提条件,毋宁说以解法典的方法论探讨行政法的现实处境同样具有重要意义,而且即使将来制定行政法典,行政法中的解法典化现象仍将持续存在。

然而,与解法典化立法的表象繁荣形成鲜明对照,这场蔚为壮观的立法热潮却并未带来治理效能的根本提升,反而陷入了法律越厚重秩序越稀薄的尴尬境地,这意味着,当下的解法典化立法可能是以牺牲法治实效为代价的。不仅如此,法律文本的"批量生产"与特别法对法典的分割会加剧整体法秩序的碎片化,随之而来的是各部门法之间的联系逐渐削弱、差异逐渐扩大,久而久之,势必破坏法秩序的统一性,进而引发整体法秩序的解体危机。这主要体现在三个层面:

其一,法体系的肥大化。解法典化推动了高频度的立法,"这些法律不仅仅是对法典的完善和补充,而是打破了法典的原始统一,创造了具有不同原则的多个微系统",[4]用以应对新情况新问题,"规范不停地被消耗,以满足

---

[1] 参见刘艳红:《开放的犯罪构成要件理论研究》,中国人民大学出版社2002年版,第201页。

[2] 参见张明楷:《刑法的解法典化与再法典化》,载《东方法学》2021年第6期,第64页。

[3] 参见周光权:《转型时期刑法立法的思路与方法》,载《中国社会科学》2016年第3期,第123页。

[4] Murillo Maria Luisa, "The Evolution of Codification in the Civil Law Legal Systems: Towards Decodification and Recodification", *Journal of Transnational Law & Policy*, Vol. 11, 2001, p. 173.

各种独特和偶发的问题。颁布得快，耗尽得也快",[1]大量立法纵横交错对各种事项进行事无巨细的规制，促成了法体系的肥大化。根据中国人大网统计，截至2022年9月2日，我国现行有效法律多达293件，其中，除宪法与宪法相关法之外，部门法中属于法典范畴的法律仅有两部，其余9成以上都是通过解法典所形成的特别法。[2]在此之外，行政法规、部门规章、地方性法规、地方政府规章等形形色色的法律规范，不仅总量难计其数而且内容繁杂琐细，一道构建起了气势恢宏的"法律王国"。法体系肥大化的危害有目共睹：一是大量冗余的规范与过剩的制度供给变相增加了运行成本，法律供给过剩与执法资源有限的紧张关系被显著放大，滋生了法律适用上的文牍主义及选择性、运动式执法，造成了执法的低效能化。二是当规范数量远远超出执法力量所能负荷的极限时，会形成难以填补的执法力量缺口，其结果必然是大量的规范被束之高阁"立而不用"或"立而少用"，不可避免的出现"法律贬值"。[3]三是由于不同法律的理念、原则与制度设计存在根本差异，特别法越是增多，法律关系就越会变得复杂，"法法关系"被进一步割裂。

其二，法规范的竞合化。实在法秩序由众多部门法所构成，"整个法律秩序，也就是大量有效的具体规范与所有法律部门的法律的综合，形成一个统一体、一个'体系'",[4]部门法成分的复杂性决定了重复性立法即法规范竞合的不可避免性，在此情形下，解法典带来的规范数量的激增大大促进了法规范的竞合化。例如，"《环境保护法》与各单项环境污染防治法，条文重复率均超过30%"。[5]又如，《个人信息保护法》《数据安全法》分别是关于个人信息保护与数据安全的专门性立法，在信息网络时代，个人信息又主要以数据形式加以呈现，因此，侵犯个人信息权益的行为往往既要适用《个人信息保护法》又要受到《数据安全法》调整，这导致两法在规范内容与具体

---

〔1〕［意］纳塔利诺·伊尔蒂：《〈解法典的时代〉：二十年后》，徐铁英译，载《苏州大学学报（法学版）》2018年第2期，第67页。

〔2〕参见《现行有效法律目录（293件）》，载http://www.ChinaCourt.org/article/detail/2022/10/id/6949354.shtml，最后访问日期：2022年9月12日。

〔3〕参见何江：《为什么环境法需要法典化——基于法律复杂化理论的证成》，载《法制与社会发展》2019年第5期，第59页。

〔4〕［德］伯恩·魏德士：《法理学》，丁晓春、吴越译，法律出版社2013年版，第316页。

〔5〕吕忠梅：《环境法回归 路在何方？——关于环境法与传统部门法关系的再思考》，载《清华法学》2018年第5期，第20页。

适用上均存在较为明显的交错重叠即竞合现象。良性的法法关系应以减少法规范的竞合为佳，竞合型立法因无法填补立法空白而在本质上属于无效的立法，更深层次问题在于，竞合型立法容易引起法秩序的内在矛盾、制造法规范之间的冲突，[1]一个没有违反民法或行政法的行为被认为是犯罪，或者一个应当被认定为无罪的人被判定为有罪，都会导致刑法的失义，引起法秩序内部矛盾。[2]而"内部存在矛盾的法律秩序将损害对一切公民的、统一的法律标准的要求"，[3]引起司法过程中的"同案不同判"，累及公平正义。

其三，法教义的稀薄化。法教义学（Dogmatische Rechtswissenschaft）是对实在法之客观意义的科学阐释，科学立法天然蕴含着丰富的法教义成分，[4]因为"如果一部法律要有较强的生命力，那么立法者事先就必须对有待规范的生活关系、对现存的规范可能性、对即将制定的规范所要加入的那个规范的整体、对即将制定的这一部分规范必然施加于其他规范领域的影响进行仔细的思考和权衡"。[5]在实在法形成的过程中，其背后的法教义远比法律文本所表达出来的更多更深刻。目前过于活跃的解法典化立法，在一定程度上是为了紧跟社会变迁、快速回应社会热点事件而作出的，有的立法尚未经过充分的理论准备即匆匆面世，然而，一部法律本身就应当构成一个自洽的体系，受个别现象或热点事件激发的立法重象征性而轻实效性，难以形成法理充实且逻辑自洽的规则体系。为了保持法律体系的充实与完整，大量政策性规范被引入法律文本之中，这些政策性规范仅具有宣示性而欠缺可操作化的规范基础，它们的存在大大稀释了实在法的教义色彩。与此同时，政策的易变性又促进了立法的频繁修改，当政策调整变动时，立法者惊讶的发现不久前刚制定的新法已然过时，当"新法不新"频繁修法成为常态，法的安定性将难以维持，这一过程中循环往复也浪费了大量的立法资源。

综上，解法典是法典颁布之后法体系适应社会发展的自然过程，这一过程也包含着对法典缺陷的弥补与法体系的自我调整。然而，过于频繁的解法

---

[1] 参见夏伟：《竞合型犯罪化反思》，载《当代法学》2021年第4期，第20-22页。

[2] 参见[美]保罗·罗宾逊、迈克·卡希尔：《失义的刑法》，谢杰等译，上海人民出版社2018年版，第3页。

[3] [德]伯恩·魏德士：《法理学》，丁晓春、吴越译，法律出版社2013年版，第316页。

[4] 参见[德]拉德布鲁赫：《法哲学导引》，雷磊译，商务印书馆2021年版，第8-9页。

[5] [德]卡尔·拉伦茨：《论作为科学的法学的不可或缺性——1966年4月20日在柏林法学会的演讲》，赵阳译，载《比较法研究》2005年第3期，第154页。

典容易使立法活动陷入无序状态，带来的可能只是法律文本的增量而没有治理效能的实质提升，不仅如此，大量的规范冗余与冲突还会激起另一种形式的法治危机，即法秩序的碎片化乃至解体。基于以上问题意识及反思性考察，下文将对领域性立法模式进行系统性反思，以为新预防主义的跨部门法贯彻提供有效参考。

二、从"诸法分立"到"诸法融合"：新预防主义领域立法的形成逻辑

中国古代自秦以来皆采"刑主民次"的法制模式，历代律典主要是刑事法律，包括大量"有罪化的民商事违法行为条款，仍是刑事法，不是民事法"，[1] 呈现以刑为主的诸法合体面貌。近代以来受社会结构的公私分化及西学东渐等影响，在宪法之下划分出了民事、行政、刑事三大法律部门，形成了以民事、行政、刑事基本法律为中心的"法律子系统"。在预防逻辑驱动下的解法典化表面上加剧了诸法分立之趋势，然而，深度剖析解法典后形成的法体系与特别法规范，在当今社会结构多元分化与社会子系统相互协作的双重影响下，特别法内部存在一种涵括民事、行政与刑事法规范的诸法融合趋势，这种跨越法律部门的特别法构造正是解法典时代重整碎片化法秩序的有益尝试。

（一）部门立法的"诸法分立"形态

中国近代法制开启于清末民初，以涤除传统以刑为主的诸法合体的法制模式及从日本引进欧陆法制为主要标志，总体上表现为"从以刑为主的诸法合体结构迈向现代部门法分立格局"。[2] 由于近代法制并非中国社会自主自觉发展出来，而是在社会剧烈变动与内外压力交困之下形成的，因此带有鲜明的法文化入侵痕迹，传统与现代、中国与西方的法文化与制度冲突在此过程中长期存续。于是，以公私二分为结构基础、以部门法为基本单元的中国特色社会主义法律体系，经历了艰难而漫长的发展历程才得以形成。该过程可归纳为三个阶段：

其一，以移植借鉴西式法制为特征的"诸法分立"模式探索阶段。清末修法运动虽然最终失败，但在移植借鉴西方诸法分立模式的过程中，对中国

---

[1] 俞荣根：《重新认识中华法系》，载朱勇主编：《中华法系（第十卷）》，法律出版社2017年版，第9页。

[2] 宋亚辉：《社会基础变迁与部门法分立格局的现代发展》，载《法学家》2021年第1期，第6页。

古代诸法合体模式作出了有益的尝试性改变。民国初期之立法保留了清末修法的部分成果，经过南京国民政府时期的整合发展形成了"六法全书"，宪法、民法、民事诉讼法、刑法、刑事诉讼法、行政法构成了其主干内容，成为当时法制建设的最大成就，在推动诸法分立建构现代法制意义上迈出了重要一步。然而，一国有一国的国情与法制文化基础，清末民初法制移植存在的一个普遍性问题，即域外法制与我国当时的社会状况契合度不高，容易被扭曲，根本无法达到预期治理效果。"六法全书"实质是封建主义法律与资本主义法律的混合体，它试图将西方资本主义法律制度引进我国，打造"中国版的外国法律制度"，没有充分考虑中华文化的独特性与中国问题的现实性，因而明显"水土不服"。在民国时期，"六法全书"实质上成为了政府以法制之名推行阶级统治的工具，围绕"六法全书"制定出了《反革命条例》《惩治土豪劣绅暂行条例》等具有鲜明阶级对立色彩的法律文件。因此，在新中国成立前夕，象征近代中国半殖民地半封建法律制度顶峰的"六法全书"被废除。

其二，以弃旧法后立新法为目标的中国特色"诸法分立"模式孕育阶段。在旧法废弃新法未立的相当长时间内，新中国的法制依托主要是各种国家政策，社会成员之间的民事纠纷及违法犯罪现象主要依靠政策治理。[1]为了快速建设社会主义法制，具有相同意识形态的苏联法律制度成为了移植借鉴对象，这种对苏联法的移植对新中国的法制建设起到了积极作用，它使得新政权在摧毁旧法统之后很快就建立了新型的替代法制。[2]然而，新中国成立之初最紧迫的任务是，建立以公有制为主体的社会主义制度，而由于社会主义公有制对私有制的绝对排斥，加之民国时期的"六法全书"及旧法体系被彻底废除，以公私二分为结构基础的西方"诸法分立"模式在当时难有生存土壤。这种状况随着改革开放而得到根本改变。改革开放之后，社会主义市场经济体制的确立使得公有制之外的多种所有制经济有了依存空间，公法与私法分立的格局最终确立并得到长足发展，《中华人民共和国刑法》（1979年）、《中华人民共和国民法通则》（1986年）、《中华人民共和国环境保护法》

---

〔1〕 参见高铭暄：《中华人民共和国刑法的孕育诞生和发展完善》，北京大学出版社2012年版，前言第3页。

〔2〕 参见梁迎修：《辛亥革命以来的中国法制现代化——历史演变及其实践逻辑》，载《河北法学》2011年第9期，第24页。

(1989年)、《中华人民共和国劳动和社会保障法》(1994年)等法律相继颁布实施,分别用以调整形态多元的不同性质主体之间的法律关系,勾勒出了中国特色诸法分立模式的雏形。

其三,以构建部门法体系为旨趣的中国特色"诸法分立"模式完善阶段。改革开放早期的中国立法主要是在"宜粗不宜细"的粗疏立法观指导下完成的,由此初步确立了以宪法为根本,以民事、行政、刑事部门法为主干的诸法分立格局。进入到21世纪以后,社会转型带来的全方位变革需要立法作出积极回应,立法的活跃化特征更加凸显,该时期主要的立法任务是,以基本法律为中轴对各部门法进行二次划分,经归类整合形成了以法律部门为界限的法律体系。例如,在民法、行政法与刑法体系中,分别以《民法典》《中华人民共和国行政处罚法》《刑法》为基础统摄诸多单行法、行政法规、地方性法规及其他规范性文件的多层次规范体系。经过21世纪前10年的立法建设与沉淀积累,2011年3月,全国人大常委会在十一届全国人大四次会议上宣布,"以宪法为统帅,以宪法相关法、民法商法等多个法律部门的法律为主干,由法律、行政法规、地方性法规等多个层次的法律规范构成的中国特色社会主义法律体系已经形成"。[1]

总之,从清末民初到改革开放的前30年,中国法制建设的总体基调是从诸法合体到诸法分立,该过程并非简单移植借鉴域外法制,而是融入了中华文化的独特性、"中国问题的现实性和中国意识的自主性"的守正创新。[2]然而,中国特色社会主义法律体系并非完全的理性建构,更多的是经验性探索,如同"摸着石头过河"般"成熟一个,制定一个","很多法律的出台都是由一些偶然性因素促成的",[3]因而这一法律体系并不完美,诸多碎片化的立法既充实了法体系又肢解了法秩序。因此,在解法典时代推进中国式法治现代化,必须重整碎片化的法秩序,进一步完善中国特色社会主义法律体系。

(二)领域立法的"诸法融合"形态

社会变迁对法治建设具有极强的塑造力,中国式法治现代化要求以法治

---

〔1〕 吴邦国:《全国人民代表大会常务委员会工作报告——2011年3月10日在第十一届全国人民代表大会第四次会议上》,载 https://www.sov.cn/2011lh/conen-1827143.htm,最后访问日期:2023年10月15日。

〔2〕 参见刘艳红:《中国刑法制度的守正创新》,载《检察日报》2021年08月20日,第3版。

〔3〕 钱大军:《当代中国法律体系构建模式之探究》,载《法商研究》2015年第2期,第5页。

建设回应现代社会多元分化的结构性变迁。21世纪中国的法治建设是一个单一的体系，它统一于中国式现代化建设，也是一个碎片化的体系，特别法的增加不断分解法典与基本法律，同质化的一般法与多元化的特别法之间存在难以弥合的张力关系。在多元分化的社会结构中，立法者一方面要遵循统一的基本价值取向，坚守中国特色社会主义法治建设的基本立场与基本方向，另一方面又要妥善应对"社会发展的关键节点"问题，对教育、医疗、金融、信息网络、人工智能等领域作出个性化回应，[1]频繁制定新的特别法，以加强对特别领域的预防。于是，诸法之间需要进行第三次整合，与以往不同的是，这次整合既要考虑不同法律部门的界限又要关注不同规范领域的差异。然而，以法律部门为界限的诸法分立模式限定了特别法的规范内容，抑制了特别法的创造潜能，一部特别法中通常只能包含民事、行政抑或刑事规范之一，而无法同时囊括不同性质的部门法规范。这意味着在诸法分立框架下，特别法难以对归属于同一领域的不同部门法规范进行垂直整合，受此模式影响，特别法数量越是增多，法秩序的碎片化程度便可能越高。

　　现代社会中的解法典化立法虽然常常被冠以某法律部门之名进行归类，但这些立法在规范内容上早已超越了单一部门法的界限，"一法一部门"的立法格局事实上被突破，其突出表现是公法与私法的相互渗透融合。解法典后形成的特别法不是异质的、分散的，而是经过有机整合的具有体系化效用的"微观系统"，特别法构建了各个微观领域的法秩序，大量例外规则脱离了"法典调整的整个事项或关系群，构成具有自己的逻辑体系的'小法律规范体系'"，例外规则聚合形成特别法的过程，需要对"某一类型的关系进行持久并且有机调整的规范体系"，这一规范体系的组建需要公私法的协力来消解法典溢出的影响力，最终将特别法打造为"关于某一制度或者整个事项的普通法"。[2]公法与私法的相互渗透融合，具有深厚的法理根基与制度经验，[3]这种法现象可以说是在多元分化的社会结构中构建统一法秩序的重要路径，

---

〔1〕［意］艾伯特·马蒂内利：《多元现代性与中国式现代化道路》，载《中国社会科学报》2021年10月15日，第A12版。

〔2〕［意］那塔利诺·伊尔蒂：《解法典的时代》，薛军译，载徐国栋主编：《罗马法与现代民法（第四卷）》，中国人民大学出版社2004年版，第97-98页。

〔3〕参见刘艳红：《人性民法与物性刑法的融合发展》，载《中国社会科学》2020年第4期，第129-130页。

而且在如今的特别法中愈发普遍和深刻。例如,《个人信息保护法》所保护的个人信息首先作为私法权益规定在《民法典》第111条,理应以私法自由和自治为核心原则。然而,审视《个人信息保护法》的规范内容,其第60条至第65条规定了个人信息的国家保护义务,第66条至第71条前半段规定了侵犯个人信息权益及违反个人信息保护义务的行政处罚,第71条以指引性规范的形式对接《刑法》第253条之一侵犯公民个人信息罪。换言之,《个人信息保护法》在规范内容上实现了"民行刑一体化",其中,行政和刑事性质的规范已超出了私法的范畴,突破了法律部门的界限。事实上,截至2022年3月11日现行有效的81部经济法基本上都属于公法与私法的混合体,公法色彩的融入体现了法治国家对社会主义市场经济自由的必要干预,因为如果自由自治成为了衡量市场经济发展的至高标准,等同于从根本上放弃了自由自治,社会主义市场经济的健康发展不能仅以私法自治为支撑,还要辅之以公法的有形之手加以调控。不仅如此,民法、行政法、刑法等都存在公法与私法相互渗透融合的痕迹,民法中的惩罚性赔偿、行政法中的行政协议、刑法中的法定犯皆是如此。公法私法化回潮与私法公法化发展,淡化了私法与公法的界限,使法体系构建的重心从法律部门的界分转移到规范领域的调整。

解法典逻辑下公法与私法的相互渗透融合即诸法融合,不是中国古代以刑为主的诸法合体模式的复刻,而是在特别法内部依据行业领域对多个部门法进行有机整合,使特别法在内容上包含了民事、行政与刑事规范,因而表现出跨法律部门的特征。当然,这种跨法律部门的特别法构造仍然尊重历史传统,它是对中国古代诸法合体模式中有益成分的继承与发展,扬弃了"以刑为主""刑民不分"的成分,并在"民刑分立""行刑分立"的部门法界分基础上实现了"民行刑一体化"。在推进中国式法治现代化的过程中,人们下意识将与传统法制决裂视为必经之路。"与西方现代化理论家们相似,这一派的知识分子将中国传统与现代性之间的关系,描述为两种相互排斥的力量之间的关系,它们可以相互替代,但却无法真正交融在一起",[1]这种割裂传统与现代联结关系的独断主义值得警惕和反思。中国式法治现代化的根本动

---

[1] [德]多明尼克·萨赫森迈尔:《多元现代性——概念及其潜力》,载[德]多明尼克·萨赫森迈尔、任斯·理德尔、[以]S.N.艾森斯塔德编著:《多元现代性的反思:欧洲、中国及其他的阐释》,郭少棠、王为理译,商务印书馆2017年版,第68页。

力在于自身的长期历史积淀与内在条件变化,而不是外部因素的影响与激荡,内在的历史逻辑在特定时代可能会被遮蔽,但是随着中国自主意识的觉醒,中华法文化会以新的形式在新的法体系中焕发活力。在此意义上说,特别法中的诸法融合现象可谓中国传统法制在现代社会的苏醒,具有深厚的历史根基。

为什么解法典需要打破部门法的界限,并以规范领域为中心重塑法体系?这是由多元分化的社会结构所决定的。社会结构的多元分化塑造了各种独立的社会子系统,每个子系统都遵循自身的运行规则,成熟的功能分化使各个子系统的个性更加突出,不可能仅通过单一部门法来统一约束和规范。由此决定,立法者必须从法典统一性的视角切换至具体的社会子系统中,如人工智能、个人信息、数据安全、电信网络诈骗等,这种转变是现代法治建设自主适应社会结构变迁的自然结果,同时,具体领域的细分必然也伴随着法秩序的碎片化。由此观之,社会结构的多元分化与法秩序的碎片化是交替演化的,两者存在内在的逻辑关联。法治建构需要面对和接纳法秩序碎片化之现实,并在社会结构多元分化背景下寻求解决之道,而不能置若罔闻,否则随着部门法关系的进一步割裂,法秩序的统一性将难以维持。在解法典的逻辑下,立法者以各个社会子系统对应的规范领域为主线垂直整合民事、行政、刑事法律规范,在特别法内部形成"民行刑一体化"的规范构造,是重整碎片化法秩序的有效路径。

以规范领域为中心的诸法融合模式,搭建起了私法与公法协力合作的桥梁,契合多元分化的现代社会的治理需要。一方面,它没有否定业已建立的诸法分立模式,民法、行政法与刑法仍然泾渭分明,各自规范所统辖的领域、互不侵越,诸法分立模式继续发挥应有功能。另一方面,围绕特定规范领域而实现的诸法融合,整合了民法、行政法与刑法等关联规范,使法秩序在特别法内部实现高度凝聚统一,促进了社会子系统的个性化治理。这种兼具稳定性与灵活性的体系,不仅实现了法律系统与社会系统的有机结合,还能最大化提升特别法治理效能,"尽可能用一个法律解决所有相关问题,以方便机关的执法、司法的用法和民众的守法"。[1]

---

[1] 苏永钦:《寻找新民法》,北京大学出版社 2012 年版,第78页。

三、从"增量立法"到"增质立法":新预防主义领域立法的路径选择

随着中国特色社会主义法律体系的建成,立法的主要目标不再是立新法填补空白,而是整合现有法律规范并渐进完善法律体系。以解法典为契机,中国式法治现代化建设的重心应从"增量立法"转向"增质立法",这种转变包含价值论与方法论两个层面:在价值论层面,在反思法秩序解体危机基础上抑制立法过于活跃的积极立法观,回归以稳中求进为总体基调、以高质量立法为目标的审慎立法观;在方法论层面,立法者既要关注特别法自身的合理性,减少内容虚空的政策性立法,又要关注法法之间的协调性,清理交错重叠乃至相互冲突的竞合性立法。

(一)领域立法应保持预防性立法的审慎性

审慎立法观在我国早期立法中有着丰富的实践基础。考察中国特色社会主义法律体系的形成过程,我国改革开放前30年所采取的"宜粗不宜细""成熟一个制定一个""先单行法后综合法"等立法策略,实质上是以一种渐进式的审慎立法观为指导的,是"在立法经验不足和现实条件不允许的情况下",避免陷入"贪大求全、试图一步到位的理想主义"误区的折中策略。[1]"宜粗不宜细"系基于我国幅员辽阔的现实背景,需要多制定概括性立法少制定精细化立法,以为立法适应各地方差异化治理预留足够缓冲空间的审慎立场;"成熟一个制定一个"是在清醒认识我国早期不具备一次性构建完善法律体系条件的基础上进行的审慎考量。"先单行法后综合法"也鲜明体现了稳步推进立法、防止冒进主义的审慎态度。由此看来,我国早期在立法条件与技术不成熟的背景下,采取审慎立法观是经过理性权衡的正确决断。

然而,早期的审慎立法观毕竟是受限于现实条件的权宜之策,虽然取得了丰富的经验性成果,但也存在为了求稳求全而牺牲了立法效率的弊端。在审慎立法观指导下,我国大量立法的制定实施采取先行试验模式,或分地区"由点及面",如《中华人民共和国监察法》颁布之前在北京、山西、浙江三地开展了1年多的试点,或分阶段"先试行立法后正式立法"。这种模式希望通过试验方式获得制定法的最优方案,以降低立法失败的风险,然而,从试

---

[1] 参见钱大军:《当代中国法律体系构建模式之探究》,载《法商研究》2015年第2期,第5-6页。

验立法到正式立法，需要经历长久的时间周期，"边试验边调整"的做法既积累了立法经验也包容了经验性错误，为了适应新情况又不得不再作出调整，如此循环往复变相拉长了立法通过周期。出于审慎考量，有的立法错过了最佳时机，在相当长一段时间内处于阙如状态，例如，我国个人信息保护立法的部署工作开启于2003年，中间多次被认为"时机不成熟"而不得不停滞，直至2021年才正式通过《个人信息保护法》。立法进展不顺，使得本应受到规制的失范行为长期得不到有效治理。

进入21世纪以后，经济全球化、信息网络化与科技爆炸式发展及其副作用等引发了社会的剧烈变迁，民众的法治观念前所未有高涨，高效率、高质量、大规模立法成为立法工作常态。与之匹配，经历几十年审慎立法的积累，立法思路、立法条件与立法技术均达到了迸发的"窗口期"，于是，与审慎立法观几乎背道而驰的积极立法观成为了当下立法的主流观念。在积极立法观指导下，我国立法进入了新一轮活跃期，新法增设与旧法修改日益频繁普遍，党的十八大以来至今仅10余年时间全国人大及其常委会新制定法律70余件，修改法律240余件，如此频繁立新法改旧法在世界范围内实属罕见。从消极层面来看，过度解法典而造成的立法频繁修改消耗了法的安定性，使民众无法形成合理的法治预期；为了快速形成法令而将大量政策规范融入立法，使法律法规沦为宣示政策的象征性规定；未经深思熟虑的急切立法，反而成为不良行为的法律诱因。[1]

立良法方能保善治，审慎立法是提高立法质量实现良法善治的题中之义。在解法典时代推进中国式法治现代化必须"完善以宪法为核心的中国特色社会主义法律体系……加强宪法实施和监督……加强重点领域、新兴领域、涉外领域立法……推进科学立法、民主立法、依法立法"。[2]在立法"数量和领域都迅速扩张的背景下，坚持审慎立法原则，重新思考法律的功能及法律对社会关系的调整方式，是确保立法质量的重要基础"。[3]当然，由于所处时

---

[1] 参见刘风景：《审慎立法的伦理建构及实现途径》，载《法学》2020年第1期，第29-31页。

[2] 中国共产党第二十次全国代表大会报告：《高举中国特色社会主义伟大旗帜 为全面建设社会主义现代化国家而团结奋斗》。

[3] 黄建武：《论立法审慎——以文明促进类立法策略为例》，载《法治社会》2021年第1期，第59页。

代的差异，当下以反思积极立法观为基础包容前期立法经验的审慎立法观，与立法不成熟期间以求稳求实为目标的审慎立法观在内涵与功能上具有明显不同，其核心价值可提炼为三条立法路径：

路径一：以"立改释"协同维持立法稳定性。基于审慎立法观，"立改废"之间存在逻辑上的顺次关系，在同等条件下应选择对立法稳定性影响最小的方式为必要。对于社会生活中出现的新问题新现象，能够解释立法的不轻易修改立法，能够修改立法的不轻易另立新法，以审慎的立场协调立法规制需求增长与法律体系过度膨胀的紧张关系。换言之，在"立改废"三者关系之中，释法先行，改法次之，立法应处于最后序列。例如，由于家庭暴力实施后施暴者往往逍遥法外，故有人大代表建议增设"家庭暴力罪"，对构成犯罪的家庭暴力行为单独入刑。[1]家庭暴力包含身体暴力、精神暴力、性暴力、经济控制，然而，能够纳入刑法处罚的身体暴力、精神暴力以及性暴力都有对应的罪名加以规制，如身体暴力对应故意伤害罪、精神暴力对应侮辱罪、性暴力对应强奸罪（夫妻关系破裂）等，增设"家庭暴力罪"无疑会与现有的犯罪竞合。其实，家庭暴力之所以难以治理，根源不在于刑法，即使有的家暴行为系已经构成犯罪却最终未能够按照犯罪处理，其原因主要在于刑事政策与刑法适用，既如此，只要严格解释适用刑法中的故意伤害罪、侮辱罪等即可实现打击范围的适度扩大，没有必要增设新罪。

路径二：软法硬法治理并举降低立法活跃度。现代社会法律关系的复杂化促进了社会治理手段与治理方式的多元化。积极立法观指导下硬法治理以国家强制力为保障，通过大规模制定新法来应对新问题新挑战，及时跟进社会发展变迁，然而，硬法治理过程趋于封闭和内敛，治理手段过于单一，压制了社会系统的自我调控功能的有效发挥。对硬法治理的依赖，造成国家对新技术新业态以规制为主而促进明显不足，在某些领域还存在过度规制乃至过度犯罪化的现象。解法典时代的立法需要对社会关系分层次的调控，发挥国家机关、社会自治组织与行业主体的共同治理功能，强调软法硬法治理并举。以网络爬虫行为为例，过去学界青睐于通过立法尤其是刑法来加强对此类行为的规制，然而，随着《民法典》《个人信息保护法》《数据安全法》等前置法规则的相继完善，学界愈发意识到"规制法"对网络爬虫技术创新发

---

[1] 参见高莉：《在刑法中增设"家庭暴力罪"》，载《生活报》2017年3月12日，第3版。

展的抑制作用，并渐进推动刑法规制在该领域的退出。在网络爬虫技术发展与行为规制之间寻求合理平衡，应当进一步完善行业规范与企业自治规范等软法规则，以在总体上减少硬法干预，因为硬法干预越多则技术发展空间越逼仄，从而最终让网络爬虫问题的治理回归"法律+技术"共治逻辑。

路径三：对特别法进行"民行刑一体化"垂直整合。在积极立法指导下进行的大规模立法加快了中国特色社会主义法律体系建成步伐，不过，法律文本爆炸式增长也加剧了整体法秩序的碎片化，法法关系更加混乱。解法典包含解构与再建构双重意涵，对法典进行解构形成诸多特别法之后，还需要在特别法内部再建构功能互补的"微观系统"。[1]特别法既在客观上肢解了法秩序，也承担着重整碎片化法秩序的任务。基于前文分析，未来的特别法需要突破"一法一部门"的界限，转向"一法一领域"的新格局，即特别法将以规范领域为主线垂直整合民事、行政、刑事法律规范，法典或基本法将继续保持界分法律部门的基本作用，从而实现法秩序在同一规范领域内的统一性。对特别法的"民行刑一体化"垂直整合意味着一部特别法至少涵括了以往三部特别法的内容，这种聚合效果有效遏制了法律文本数量的无序增长，还倒逼立法者将特别法中重复规范及其他冗余规范排除出去，积极塑造更具生命力的高质量立法。

(二) 领域立法应注重预防性立法的科学性

科学立法是立法工作尊重和体现客观规律的理论表达，党的二十大报告重申科学立法的重要性，并将之作为完善中国特色社会主义法律体系的首要方法论。以解法典为契机推进科学立法，需要对特别法自身、特别法之间以及特别法与法典之间等法律体系内外关系进行审慎反思，以提高立法质量促进良法善治。

首先，科学立法需要借解法典重塑法律规范的明确性。[2]规定明确是良法的基本要求，它要求法律必须以明确的语言表达并尽可能避免含混性，这体现了现代法治国限制国家权力保护公民权利的基本价值取向。我国当前立法总体贯彻了明确性原则，但是在个别法条中仍然存在含混不清之处，并可能影响法治国目标的实现。由于在公私二分的法治框架下，私法遵循自由与

---

〔1〕 See Christina Deliyanni-Dimitrakou, "The Greek Civil Code Facing the Process of Decodification and Recodification of Law", *The Scope and Structure of Civil Codes*, Vol. 201, No. 32, 2016, p. 2017.

〔2〕 参见刘艳红：《以科学立法促进刑法话语体系发展》，载《学术月刊》2019年第4期，第98页。

自治的理念，相对含混的原则性规定并一般不会抑制公民行动自由，反而赋予了法条更加宽广的解释空间，比如民法中高度概括的诚实信用原则、公序良俗原则，不仅没有影响市场自由与秩序，而且在私法纠纷解决中发挥重要调控功能；然而在公法中，含混不清的法条将导致公权力介入的边界不明，而公权力的扩张性与随处可见的处罚冲动，容易造成国家对公民个人自由权利的过度干预，引发私权与公权激烈对抗的治理危机，行政法领域的信用惩戒[1]与刑法中的口袋罪莫不是如此。因此，增加法律法规的明确性，尤其是调整修改公法中不明确的条文，是在解法典时代保持立法科学性的重要路径。

其次，科学立法需要以解法典为契机消除冗余的政策立法。科学立法应当是富有实效的法，政策性立法欠缺实效性，其重点在于宣誓国家政策，并以此指导司法裁判。国家治理体系与治理能力现代化需要法律与政策协力，本土政策融入法律是保持我国法律体系中国特色的重要方式。然而，过多的政策会削弱法律的可操作性，政策的易变性又消耗了法的安定性，长此以往必然影响法律体系的有效运行。在司法实践中，过于强烈的政策高压会激发司法机关打击违法犯罪的力度，进而可能影响司法判决的公正性。解法典化立法对政策的容纳应保持在较低限度，以能够阐明政策基本内涵为限，实现"政策归政策，法律归法律"的有效界分。

最后，科学立法需要在解法典逻辑下再建构体系协调的法法关系。在中国特色社会主义法律体系中，影响法法关系协调性的因素主要有两点：一是重叠的法律规范，二是冲突的法律规范。前者体现在具有交叉关系和上下位关系的法律规范之间，后者主要存在于法律和司法解释之间。

由于现行立法并非以规范领域为主线整合法律法规，立法机关通过的诸多特别法之间难免存在交错重叠之处。在短期难以修法或制定新法之际，作为折中策略可以在具体适用中予以协调，并不会造成实质障碍。例如，非法获取个人信息数据的行为，同时触犯《数据安全法》与《个人信息保护法》，可以赋予被侵权人法律适用的选择权，或者直接适用最有利于被侵权人合法权益保护的法律。现行立法中最为普遍、对立法质量有重大影响的其实是下位法对上位法的复制与抄袭，这种现象尤其体现在地方层面的立法上。当下

---

[1] 参见赵信会、林文博：《社会信用评价的合法性及其限度》，载《浙江工商大学学报》2021年第1期，第127页。

很多地方立法不过是上位法的翻版，没有规范创新和地方问题意识，并且在内容上欠缺可操作性基础，根本不利于地方化问题治理。当立法成为形象工程，为了配合上级立法而出台地方立法之时，立法的实效性也无从谈起。因此，清理与上位法重叠的下位法，督促下位法立法模式的改革创新，是促进下位法助力地方问题治理的有效对策。

司法解释在我国属于广义的"法"的范畴，它的普遍适用效力对各级司法机关活动具有极强的约束力。由于司法系统内部存在领导与被领导、监督与被监督关系，最高司法机关制定的司法解释对各级司法机关而言具有很强的权威性与约束力，[1]司法解释的适用较之立法更加普遍和频繁。当司法解释突破立法规定时，法律的适用可能被司法解释的适用所替代和架空。例如，为了限定交通肇事罪的成立，2000年11月15日最高人民法院《关于审理交通肇事刑事案件具体应用法律若干问题的解释》第2条第3项规定，交通肇事"造成公共财产或者他人财产直接损失，负事故全部或者主要责任，无能力赔偿数额在三十万元以上的"，构成交通肇事罪。然而，该解释超出了《刑法》第133条"使公私财产遭受重大损失"的文义范围。为了扩大伪造货币行为的打击力度，2010年10月12日最高人民法院《关于审理伪造货币等案件具体应用法律若干问题的解释（二）》第5条规定："以使用为目的，伪造停止流通的货币"，以诈骗罪定罪处罚。根据刑法总则关于犯罪预备的规定，单纯伪造停止流通的货币本应属于诈骗罪的预备行为，而按照该司法解释规定却按照诈骗罪既遂处理。为了强化国家工作人员对特定关系人的管理义务，2016年4月18日最高人民法院、最高人民检察院《关于办理贪污贿赂刑事案件适用法律若干问题的解释》第16条第2款规定："特定关系人索取、收受他人财物，国家工作人员知道后未退还或者上交的，应当认定国家工作人员具有受贿故意。"该解释扩大了刑法总则关于国家工作人员受贿故意的成立范围。无论是基于何种规范目的考量，司法解释对立法的侵越与突破，都实质地违背了罪刑法定原则。

我国司法实践中形成的"司法解释依赖症"，根源在于早期立法不完善难以适应社会生活的快速变迁，而随着中国特色社会主义法律体系建成与不断完善，明显与立法存在抵牾的造法性司法解释已然功成身退。在解法典逻辑

---

[1] 参见张明楷：《刑法学（上）》，法律出版社2021年版，第96页。

下推进科学立法，必须正确审视立法与司法解释的关系，清理与立法存在抵牾的司法解释及相关规范性文件。2021年初，《民法典》颁布不久，最高法即着手清理了116件与《民法典》不一致的司法解释与规范性文件，确保民法典的正确统一适用。当然，司法解释的清理工作远不止民法领域，经济法、行政法、刑法等领域的司法解释清理工作仍需进一步推进。

四、结语

中国式法治现代化既要向前看，积极推进全面依法治国建设，也要向后看，理性反思业已建成的中国特色社会主义法律体系，化解隐藏在法律体系背后的法秩序解体危机，妥善激发法秩序的预防功能。改革开放用40余年时间走过了域外国家百多年的法治建设之路，优势与弊端交错纠缠：前30年的立法大体而言是渐进式的，"宜粗不宜细""成熟一个制定一个""先立单项法后立综立法"的立法策略，体现了立法技术不成熟背景下的经验主义与相对保守思维。稳步推进立法积累经验固然重要，不过，经验主义只能作为短期立法的权宜之计，没有对法律体系的长远考量与理性设计，就"很可能陷于唯实践论的境地而不可能有真正的制度创新与突破"。[1]改革开放第40年开始，为了回应社会结构的多元分化与建设中国特色社会主义法律体系，立法进入了快速裂变的活跃化时期，借此，立新法改旧法成为主基调。然而，没有充足理论准备而匆匆进行的立法建构无法真正与社会发展相适应，反而造成了法律越多社会失范现象愈发剧烈的阶段性异常现象，偏离了法治建设的预设轨道。必须承认，这种"压缩的现代化"是利弊共存的，其负面效应毫无例外的及于正在进行的中国式法治现代化建设，在此意义上说，借解法典对既定的法律体系进行解构和再建构以重整碎片化的法秩序，是有效的应对之道。

---

[1] 钱大军：《当代中国法律体系构建模式之探究》，载《法商研究》2015年第2期，第12页。

第四章
新预防主义的一体化刑法解释规则

预防性立法的直接特征是刑法介入时点的提前,表现为刑法渗透至部门法交互的中间地带,因而不可避免地涉及到刑法与其他法律的协调问题,这一协调的过程实质是刑法与其他法律的规范化适用过程。为了使刑法既体现预防特性,又不至于侵越其他法律的统辖领域,在对预防性立法进行解释适用时,应当在坚持法秩序统一性原理的基础上,将刑法与其他法律进行一体化考察,避免个别化考察导致的法法衔接不畅。

第一节 新预防主义坚守一体化解释的法理基础

进入 21 世纪,在新一轮社会转型浪潮的驱动下,我国社会、经济、文化发生了深刻的变化,这促使立法必须作出积极回应,其中最为活跃的无疑是民法和刑法。以民法典颁布为契机,大量新型权利主张转化为立法规范,在此背景下,刑法应如何评价新型权利成为法秩序统一性的焦点问题。从整体法秩序角度分析,该问题实际上是,刑法是否有必要紧随民法的变动而作出调整,亦即,在新型权利入民法典的背景下,刑法应当何去何从,从而既保持刑法作为部门法的独立性,又维持与其他部门法的协调性,此即法秩序统一性逻辑下刑法功能的定位。

一、新预防主义对法秩序统一性的挑战

法秩序有静态与动态之区分。所谓静态法秩序,系统一于回溯至诸规范之"终极效力根据(Geltungsgrund)"的基础规范,该基础规范"具有一目

了然之效力品质,故此规范所涉之行为乃理所当然之义务",因而"此基础规范即诸规范之共同渊源,而构成某秩序之众多规范的统一性(Eniheit)便在于斯"。[1]道德规范、自然法等先验秩序皆属此类。所谓动态法秩序,系被创制的法律秩序,"制定或发布乃法律有效之必备前提,其效力无关乎道德或其他平行秩序,法律之实在性正在斯",[2]换言之,动态法秩序即实在法秩序。静态法秩序因源于共同的基础规范或自然法理,故它们彼此之间天然具备统一性,而现行法理论中的法秩序统一性问题,实则是动态法秩序即实在法秩序的统一性。

由于部门法与整体法秩序是局部与整体的关系,因此,部门法的变动不仅牵动整体法秩序,还影响着与之关联的其他法律。2020年5月28日《民法典》的颁布是中国法治进程中的重大事件,"民法典以民事权利的确认为经,以民事权利的保护为纬",开启了"权利保护新时代"。[3]以权利确认和保护为主线,民法典总则编提纲挈领,2017年3月15日第十二届全国人民代表大会第五次会议表决通过的《民法总则》作为民法典的总则编,规定了民事权利的基本类型,并顺应网络化、数据化以及风险社会的时代发展增加了诸如个人信息权、虚拟财产权、数据权等新型权利,有效地丰富了现行民事基本权利体系;分则各编进一步细化,根据原来的民事单行法以及以总则编确认的物权、债权、人格权、婚姻家庭中的权利和继承为基础,分别形成了物权编、合同编、人格权编、婚姻家庭编、继承编,以及承担权利救济功能的侵权责任编,并将居住权、隔代探望权等新型权利写在对应的民法典分则各编之中,形成了民事权利保护的立体屏障。这样的民法典,是一部当之无愧的"权利法典"。

然而,在1986年4月12日《民法通则》颁布之后至《民法总则》颁布之前的30多年里,我国民事立法却未能根据时代发展需要适时增加新型权利,此间,虽然通过《合同法》《婚姻法》《物权法》《侵权责任法》等若干民事单行法,但由于民事单行法对民事权利的规定主要是在《民法通则》基础上的再细化,同样未能适应时代变化而接纳新型权利。与早期立法的沉默

---

[1] [奥]凯尔森:《纯粹法理论》,张书友译,中国法制出版社2008年版,第81页。
[2] [奥]凯尔森:《纯粹法理论》,张书友译,中国法制出版社2008年版,第81页。
[3] 王利明:《民法典开启权利保护的新时代》,载《检察日报》2020年5月20日,第3版。

形成鲜明对照,新型权利在司法上却表现得异常活跃,各级司法机关作出了不少支持新型权利主张的裁判文书,由此形成了持久的立法和司法背道而驰的权利失范[1]现象。这种权利失范主要体现在两个方面:在立法上,由于未能及时适应时代发展增补新型权利,导致立法规定与社会生活的严重脱节;在司法上,由于未能形成新型权利的统一保护标准,导致类案裁判的差异过大。

民法对刑法的影响具体而深刻,民法领域长期的权利失范现象对刑法中相关犯罪的评价造成了极大阻碍。基于法秩序统一性原理,刑法分则第四章"侵犯公民人身权利、民主权利罪"以及第五章"侵犯财产罪"的具体认定,一般要结合民法关于人身权利、财产权利等的规定进行考量。然而,我国自20世纪90年代开始进入了刑事立法活跃化时代,1997年至今先后颁布了12部刑法修正案以及数量庞大的司法解释,分别从横向和纵向拓展了人身法益及财产法益的内容和类型,人身权利和财产权利保护在民法和刑法中的差距被不断拉大。囿于权利失范,刑法在对有关犯罪进行评价时呈现出无前置民法依据的单向度发展趋势,并与刑法的基本理念以及法秩序统一性原理等形成抵牾。具体而言:其一,由于欠缺民法对新型权利的一般规定,刑法通过增设新罪以及扩大解释构成要件等方式扩展而出的新型法益,要么欠缺合理的判断标准,要么难以确定其扩张边界;其二,由于欠缺民法对新型权利的保护规范,刑法在判断相对应的犯罪时,只能够进行一次违法性判断,没有前置民法的过滤很容易扩张犯罪圈;其三,由于民法对新型权利的保护严重滞后于刑法对新型法益的保护,导致刑法作为民法的保障法却处于无"法"可保障的尴尬境地。

实在法赋予了新型权利以法效力,"一种利益是否能够获得民法上的保护和救济,不仅要确定其内涵和边界,还要从规范层面使其法定化",[2]从主观要求到客观规定,从权利失范到权利规范,各种新型权利主张在民法典编纂过程中上升为了法定权利。具体言之,为适应新时代的新发展,历经5年多

---

[1] 此处所称之权利失范主要是指权利规范缺失,以及由此而导致的权利保护不力和不规范运行的现象。
[2] 王刚:《"新型"权利之民法学思考及应对》,载《苏州大学学报(哲学社会科学版)》2017年第3期,第75页。

的第 5 次民法典编纂[1]除了对现行民事法律进行科学整合、删繁就简之外，还接纳了如个人信息权[2]、网络虚拟财产权[3]以及数据权[4]等各种新型权利（权益），致力于将民法典打造为"人民权利的宣言书"。基于法秩序统一性原理，新型权利入民法典既终结了长期以来民法对新型权利保护不足的状态，同时也深刻影响着刑法中与新型权利保护有关的犯罪评价。民法典编纂过程中所增加的个人信息权、虚拟财产权以及数据权等新型权利多为人身权利和财产权利，而受以往权利失范的影响，刑法因欠缺民法规定而单向度发展出来的个人信息、财产性利益以及数据等新型法益，正是对应于前述民法中新增的人身权利和财产权利。因此，对于刑法而言，新型权利入民法典将是其重新审视人身犯罪和财产犯罪等领域民法与刑法的关系，并摆脱过去因权利失范而造成的犯罪评价误区的重要契机。

基于此，有必要以新型权利入民法典为切入点，从法秩序统一性视角探讨民法典中新型权利增设对刑法相关犯罪评价的规范意义，以消除长久以来民法权利失范带来的刑法犯罪评价困境及相关误区，并重点探讨如下问题：在法教义层面，基于权利与法益的同源性，将民法新型权利作为参照甄别出对应的刑法新型法益，以分析新型法益如何在新型权利的限度内实现有序扩张；在法规范层面，将民法中新型权利保护规范作为相关犯罪一次违法性判断依据，以论证如何通过还原犯罪双重违法性判断从而合理划定犯罪圈；在法秩序层面，根据法秩序统一性原理，结合民法和刑法的基本关系重释刑法保障法原理，以阐明刑法如何发挥对民法新型权利的保障作用。

二、新预防主义坚守一体化解释的法理基础：权利与法益的同源性

由于权利来源于法律（包括民法和刑法）所共同关注的基本生活事实，

---

[1] 2014 年 10 月 23 日，党的十八届四中全会通过《中共中央关于全面推进依法治国若干重大问题的决定》，明确提出"编纂民法典"，第 5 次民法典编纂正式开启。此前，党和国家先后于 1954 年、1962 年、1979 年、2001 年 4 次启动民法典编纂工作。

[2] 参见刘艳红：《民法编纂背景下侵犯公民个人信息罪的保护法益：信息自决权——以刑民一体化及〈民法总则〉第 111 条为视角》，载《浙江工商大学学报》2019 年第 6 期，第 20 页。

[3] 参见杨立新：《民法总则规定网络虚拟财产的含义及重要价值》，载《东方法学》2017 年第 3 期，第 64 页。

[4] 参见王镭：《电子数据财产利益的侵权法保护——以侵害数据完整性为视角》，载《法律科学（西北政法大学学报）》2019 年第 1 期，第 38 页。

同时其又是整体法秩序中的基础概念,这意味着,对于新型权利入民法典之法现象,不能仅从民法角度加以认识,还应从整体法视角进行全面审视。基于权利与法益的同源性,在民法增设新型权利的一般规范之后,刑法可以根据自身需要相应增加对新型法益的保护规定。具言之,新型权利入民法典既为刑法甄别出与之相对应的新型法益提供依据,又为刑法新型法益的合理扩张划定边界,两者在相生相成的互动关系中实现了良性发展。

"刑法问题中存在很多与民法问题相交错的部分",这种交错促使两法彼此汇合,构筑起"一个无矛盾的、整合性的法体系"。[1]在此整体法秩序之下,权利与法益具有同源性,即两者都是为了保护特定利益,"权利为利益而存在"[2],"法益必须与利益相关联"[3],两者只是在利益的保护方式、范围和程度上有所不同而已。

权利和法益具有高度的同源性。一方面,权利和法益均基于自由主义的先验假设。权利的产生和运行存在一条自由主义法则,即正确行使权利意味着个人自由与他人自由可以同时并存,任何非法妨碍个人自由与他人自由并存状态的行为皆为权利的不正确行使或构成对权利的侵犯。[4]法益的自由主义预设体现在,通过禁止构成要件评价的恣意化以及违法性判断的伦理化,维护刑法的明确性与安定性,从而保障国民的自由。另一方面,权利和法益共同指向了社会生活中的具体利益。"权利存在的目的是为了利益",它"以特定的利益为具体内容"。[5]同样的,法益"是作为个人、社会和国家的具体利益而成为保护对象的"[6]。由此观之,权利和法益都以具体利益为内容和保护对象,两者的中心话语近乎一致,这也就不难理解为何部门法学者在分析"法律保护什么"这一论题时频繁地将权利和法益相互对照了。

面向实在法,权利概念为民法所接纳,法益概念为刑法所吸收,但是,两者在不同法领域中依然体现出相同的逻辑结构,权利和法益本质上都是法

---

[1] 参见[日]佐伯仁志、道垣内弘人:《刑法与民法的对话》,于改之、张小宁译,北京大学出版社2012年版,第1-2页。

[2] 刘芝祥:《法益概念辨识》,载《政法论坛》2008年第4期,第98页。

[3] 张明楷:《法益初论》,商务印书馆2021年版,第165页。

[4] 参见[德]康德:《法的形而上学原理——权利的科学》,沈叔平译,商务印书馆1991年版,第40页。

[5] 刘芝祥:《法益概念辨识》,载《政法论坛》2008年第4期,第98页。

[6] 张明楷:《法益保护与比例原则》,载《中国社会科学》2017年第7期,第93页。

规范所确证的利益。在民法中，通过成文法规范将权利概念牢牢锁定在"法律规则的意思中心区域内"，[1]以尽可能地消除概念歧义，保护好权利人的合法利益。民法中的权利与义务虽然是彼此关联的一对基本范畴，但由于"权利并不需要以承担义务为正当化的条件，反而应当将权利视为赋予义务的正当化根据"，[2]在此"权利赋予义务正当性"逻辑之下，权利本身就可以代表义务并发挥全部规范功能。民法中的隐私权、所有权、监护权、著作权等权利类型和内容皆由法律规定，特别是在知识产权领域，权利法定原则对知识产权"权利种类和内容的成文法明确'规定'和'限定'"，[3]将权利的规范性特征体现得淋漓尽致。在刑法中，法益虽然是由法教义学所发展出来的基本概念，并具有先天自由主义的内在特征，但经过合宪性原则以及罪刑法定原则的涤荡之后，已经具备了相当程度的确定性和规范性，法益既要符合宪法规定，又要受到刑法限定。进一步分析可知，《民法典·总则编》第五章虽然以"民事权利"为章标题，但是在该章项下频繁地出现"权益""利益"等表述，如第120条"民事权益受到侵害的……"以及第126条"民事主体享有法律规定的其他民事权利和利益"等，都体现了民法对权利概念作广义理解的倾向，广义的权利即权益。而当权利被广义地扩展为权益之后，其与法益之间几乎没有实质差异，两者之间的最后一丝隔阂也被完全消除了。

为适应时代发展，权利与法益都要不断捕捉各种利益以拓宽概念的外延，两者对新利益的接纳基本同频。例如，为保护网络空间中的虚拟财产，刑法学者通过将刑法分则第五章"侵犯财产罪"中的"财物"解释为"包括了有体物、无体物和财产性利益的最为广义的概念"[4]之后，有效地肯定了虚拟财产的法益性。随后，虚拟财产也被民法接纳为新型权利，《民法典》第127条虽然只是较为模糊地规定，"法律对……虚拟财产的保护有规定的，依照其规定"，但民法学者一般认为，虚拟财产具有"权利属性"，并主张"将其纳入某项既有的民事权利范畴，进而推出其所应适用的法律规则"。[5]至此，虚

---

[1] [美]布赖恩·比克斯：《法律、语言与法律的确定性》，邱昭继译，法律出版社2007年版，序言第6页。

[2] 陈景辉：《权利和义务是对应的吗？》，载《法制与社会发展》2014年第3期，第33页。

[3] 孙山：《重释知识产权法定原则》，载《当代法学》2018年第6期，第61页。

[4] 陈兴良：《虚拟财产的刑法属性及其保护路径》，载《中国法学》2017年第11期，第146页。

[5] 申晨：《虚拟财产规则的路径重构》，载《法学家》2016年第1期，第86页。

拟财产完成了从权利主张到法定权利的转变。再如，有关个人信息，"为保护公民的人身、财产安全和个人信息以及正常的工作、生活不受侵害和干扰，保护公民个人信息不被泄露"，[1]2009年2月28日通过的《刑法修正案（七）》增设了刑法第253条之一出售、非法提供、非法获取公民个人信息罪，对未经允许出售、非法提供以及非法获取等侵犯公民个人信息法益的违法犯罪行为予以规制。为进一步加强对公民个人信息的保护，应对公民个人信息领域的新情况，2015年8月29日通过的《刑法修正案（九）》对此条文进行完善，增加了一般主体出售、非法提供公民个人信息的犯罪作为第1款，将原第1款中"违反国家规定"改为"违反国家有关规定"并在新增了加重处罚情节后作为第2款，原第2款和第3款相应地调整为第3款和第4款，最终形成了侵犯公民个人信息罪，明确了公民个人信息的个人法益属性。[2]个人信息的权利化虽然相对滞后，但不久也被民法所确认，即根据《民法典》第111条规定，"自然人的个人信息受法律保护。任何组织和个人需要获取他人个人信息的，应当依法取得并确保信息安全，不得非法收集、使用、加工、传输他人个人信息，不得非法买卖、提供或者公开他人个人信息"。基于同样的理由，数据权对应数据法益、环境权对应环境法益等都在不同程度上体现了权利与法益之间内在属性的一致性。

由此可见，权利与法益原本就是在同一概念体系之下分化而来的对应概念，只不过在一般意义上，权利因被规定于法条中而拥有深厚的法定烙印，法益则因亲近于（部门）法理论或（部门）法哲学而具备浓烈的教义气息，两者殊途同归。基于权利与法益的同源性，再根据民法与刑法在整体法秩序中的位置安排可知：民法权利起着指引刑法法益保护的作用，比如，《刑法》第253条之一侵犯公民个人信息罪的认定必须要根据《民法典》第111条的规定来确定某种行为是否实质地侵犯了个人信息权，进而指引着行为的法益侵害性判断。刑法法益发挥保障民法权利实现的功能，比如，"刑法上财产犯罪所要处理的对象，是在预防民法之利益分配状态遭受现实上的破坏，换言

---

[1] 全国人大常委会法制工作委员会刑法室编：《中华人民共和国刑法条文说明、立法理由及相关规定》，北京大学出版社2009年版，第518页。

[2] 参见刘艳红：《侵犯公民个人信息罪法益：个人法益及新型权利之确证——以〈个人信息保护法（草案）〉为视角之分析》，载《中国刑事法杂志》2019年第5期，第19页。

之，就是在强化民法所形成之权利关系的稳定性"。[1]正确认识权利与法益的同源性，并肯定两者之间相生相成的良性互动关系，是整体法秩序中民法和刑法进行有效对话的重要基础。

第二节 社会防卫逻辑下一体化解释的实践展开

现代刑法早已跳出对应报主义的固有坚持，而被逐渐塑造为一种社会治理的有效手段——社会治理的方方面面都有刑法的参与，具有鲜明的社会防卫特质。刑法并非简单的对犯罪人处罚了事，而应承担社会义务，为了尽可能使每个人都成为合格的社会成员，抑制犯罪动机，维系社会稳定，刑法应当强化对社会赖以存续和发展的基础法益保护。有鉴于此，下面将以信用法益的刑法保护及其刑民一体化解释规则塑造为主题，探讨刑法的社会治理功能及其规范效用。

一、信用法治化建设的行政法主导性

信用具有个人和社会双重属性。于个人而言，信用系根植于人性的道德品质，同时也是维系良性"人际网络"关系的基本道德准则。在我国，"诚信"价值融入社会主义核心价值观，深刻体现了守信用这一千百年来始终传续的道德传统对公民个人行为的示范意义。于社会而言，信用乃市场经济之根基，信用建设攸关市场竞争秩序及消费者权益等。随着社会主义市场经济建设的深入推进，因不守信用而引发的社会问题日益增多，电信诈骗此起彼伏、P2P金融频繁暴雷以及银行不良贷款率居高不下等问题，无不表明社会信用体系建设的迫切性与必要性。

社会信用体系建设需要良好的法治环境。2011年10月19日国务院召开常务会议，提出要"抓紧建立健全覆盖全社会的征信系统，加大对失信行为惩戒力度，在全社会广泛形成守信光荣、失信可耻的氛围"。[2]为配合信用体系建设，2012年12月26日国务院第228次常务会议通过了《征信业管理条例》，规定了征信机构、征信业务要求、信用数据库建设、监督管理以及法律

---

[1] 张天一：《时代变动下的财产犯罪》，元照出版公司2015年版，第51页。
[2] 《国务院常务会议部署制订社会信用体系建设规划》，载《瞭望》2011年第43期，第31页。

责任等内容,明确了征信业管理的具体规则,开启了社会信用体系法治化建设之路。紧接着,先后又通过了中国人民银行《征信机构管理办法》(2013年11月15日)、国务院《社会信用体系建设规划纲要(2014-2020年)》(2014年6月14日)、中国人民银行《征信机构信息安全规范》(2014年11月17日)、中国人民银行《征信机构监管指引》(2015年12月14日)、国务院《关于建立完善守信联合激励和失信联合惩戒制度加快推进社会诚信建设的指导意见》(2016年5月30日)以及最高人民法院《关于公布失信被执行人名单信息的若干规定》(2017年2月28日)等规范性文件,为社会信用体系法治化建设奠定了较为充实的法律基础。

然而,我国当前社会信用体系法治化建设体现较为明显的行政(法)主导性,民法、刑法等部门法虽然有所涉及,但始终未能给予足够的关注。在民法中,诚实信用虽被视为基本原则,但抽象的基本原则在具体的民事裁判中往往不敷功用。时至今日,信用已经成为维系社会存在所不可或缺的重要因素,"不论信用权是否被承认或采纳,抑或即便未被立法所规定,它都是客观存在的"。[1]《民法典》在其人格权编中规定了一般人格权,并进一步将之具象为生命权、健康权、名誉权、隐私权等具体人格权,形成了兼具稳定性与开放性的人格权保护体系。在这一人格权体系中,隐约能看到信用权保护规则的身影。在刑法中,对人格法益的保护主要集中在刑法分则第四章"侵犯公民人身权利、民主权利罪"中,只有少量散布于刑法分则的其他章节。1997年刑法颁布至今已有20多年,其间虽然先后通过了12部刑法修正案以及数量庞大的司法解释,但这些刑法修正案和司法解释对侵犯人身权利犯罪的调整主要集中在物质性人格权领域,对精神性人格权的保护几乎毫无变动,信用亦未能成为具体犯罪的保护法益。

基于此,有必要反思当前我国民法与刑法对信用权保护的一般规定及其不足之处,并结合民法典,探讨信用权保护规则的构造路径,以阐明如何通过在整体法秩序中推进社会信用体系的刑事法治建设。

二、信用权保护在民法中的隐现及在刑法中的削减

综合分析民法和刑法的具体规定,两法对信用权的保护都存在不同程度

---

[1] Marek Hudon, "Should Access to Credit be a Right?", *Journal of Business Ethics*, Vol. 84, 2009, p. 18.

的缺位。在民法中,诚实信用虽然被视为民事活动的基本原则,并且在民法典中具体规定了对信用的间接保护,但是由于信用权概念尚未形成民法理论自觉,加上《民法典》亦未将之规定为具体人格权,仅依靠抽象的诚实信用原则及少量的辅助性规则难以形成对信用权的有效保护。在刑法中,侮辱罪、诽谤罪与损害商业信誉、商品声誉罪分别体现了对自然人信用和法人信用的立法保护,但侮辱罪、诽谤罪只是通过维护名誉法益的方式而附带地保护自然人信用,同样的,损害商业信誉、商品声誉罪也只是通过维护社会主义市场经济秩序法益的方式而附带地保护法人信用。概而言之,民法和刑法对信用权的保护相对有限。

(一)民法对信用权的涵摄保护与适用限制

自1986年《民法通则》开始,我国民法一直采用"诚实信用原则"+"名誉权涵摄信用"的方式来保护信用权。[1]在这种保护模式之下,诚实信用原则通常只具有一般化的指导意义而很少直接适用于司法实践中,其司法适用通常要借助其他更为具体的规则来实现,如合同义务履行规则、善意取得制度等都是诚实信用原则具象化之体现,对信用权的保护也蕴含在这些具体规则中。而更具关联性的信用权保护规则,主要指的是《民法总则》第110条以及《民法典》第1024条规定的名誉权保护规则。而按照《民法典》第1024条第2款的规定,此处的名誉主要指"对民事主体的品德、声望、才能、信用等的社会评价",亦即,信用包含于名誉之中。

将信用涵摄于名誉权之下,确实能够在一定程度上为之提供保护,但作为精神性人格权的名誉权并不能完整包含信用权,此种做法亦会使得信用权的规范效力无法得到充分释放,并进而导致立法发展和司法适用同时受阻。

在立法上,将原本同位于名誉的信用降格为名誉的下位概念,导致民法与其他部门法之间衔接不顺畅。正如前文所述,名誉权主要是精神性权利,它能涵盖信用之精神性维度,但信用已经不再局限于单纯的精神权利或利益,市场经济赋予了其更多的经济价值,至少是精神权利与经济价值"各执半壁","信用系一种人格利益……兼具精神利益和财产利益的双重内容"。[2]

---

[1] 参见赵万一、胡大武:《信用权保护立法研究》,载《现代法学》2008年第2期,第166页。

[2] 王泽鉴:《人格权保护的课题与展望(三)——人格权的具体化及保护范围(5)——信用权》,载《台湾本土法学杂志》2007年第91期,第33页。

正因为如此，民法学者在谈及信用权保护时，无论如何都无法绕过其经济价值，个人信用尤"以其宝贵的经济价值而备受瞩目"。[1]事实上，立法者已经认识到了信用与名誉的差异，如《中华人民共和国反不正当竞争法》（以下简称《反不正当竞争法》）第11条就明确规定了对"商业信誉""商品声誉"的保护，此处的"商业信誉""商品声誉"无疑附着了企业及其商品的无形经济价值，包含了信用。然而，民法却迟迟不肯将信用从名誉权中分离出来并予以独立保护，这导致了民法与经济法、行政法、刑法等部门法之间的不协调，甚至在某种程度上使民法滞后于其他部门法。

在司法上，信用侵权的成立以符合名誉侵权的构成要件为前提条件，造成司法实践中信用权保护的不全面、不周延。由于信用被置于名誉概念之下，信用侵权成立的前提是构成名誉侵权，但如前分析，信用与名誉之间是交叉关系而非包含关系，这种做法使得司法实践中信用权的保护范围受到极大压缩。两相结合可知，现行司法实践受立法的影响，将"信用作为一种社会评价，它属于名誉的范畴之内"，[2]单纯侵犯信用权而没有侵犯名誉权的行为通常无法成立民事侵权。在此"名誉涵摄信用"的立法逻辑之下，信用权的司法保护同样受到相当程度的不合理限制。不过，司法实务部门也逐渐意识到，信用作为对个人在经济活动中行为可信赖性的评价，值得民法单独予以保护。例如，就冒用他人名义办理贷款且逾期还款，并造成被冒名者不良征信记录的行为，有判决认为其构成了"对个人信用权的损害"，侵犯了一般人格权。[3]

由此可见，民法对信用权的保护隐现于诚实信用原则及名誉权的具体保护规则中，这既表明了信用权尚未独立为立法上的显性权利，同时也意味着，受此影响信用权在司法实践中同样难以得到全面且有效的保护。

（二）刑法对信用权的有限保护与内容削减

法律中"人""人格"等概念的形成与发展深受特定"规范目的"的影响。[4]在我国，人格权主体除了自然人这种生物学上的人之外，还包括法人、

---

[1] 张继红：《个人信用权益保护的司法困境及其解决之道——以个人信用权益纠纷的司法案例（2009-2017）为研究对象》，载《法学论坛》2018年第3期，第138页。

[2] 参见山东省济南市中级人民法院（2019）鲁01民终8166号民事判决书。

[3] 参见福建省厦门市中级人民法院（2019）闽02民终655号民事判决书。

[4] 参见黄茂荣：《法学方法与现代民法》，中国政法大学出版社2001年版，第89页。

非法人组织等规范意义上的拟制人。同样的，信用权主体除了自然人之外，还应包括法人和其他非法人组织。然而，1997年《刑法》制定之初，我国社会主义市场经济发展尚处于初级阶段，对社会信用体系建设并未给予足够重视，随后的12次刑法修正案亦未能增加专门保护信用法益的立法条款；同时受民法影响，刑法对自然人信用的保护被名誉权所涵摄，对法人信用的保护则淹没于社会主义市场经济秩序法益之中。这意味着，刑法与民法一样对信用权的保护自始就是有所削减的。

刑法对自然人信用的保护体现在《刑法》第246条侮辱罪、诽谤罪的保护法益即名誉之中，换言之，刑法通过保护自然人名誉的方式而附带地保护自然人信用。刑法理论一般认为，侮辱罪、诽谤罪侵犯的都是他人"外部的名誉"，即"社会对人的价值评价"。[1]据此，单纯侵犯信用而未侵犯名誉的行为不是侮辱或诽谤，即不构成犯罪。这一逻辑与民法将信用纳入名誉权的做法一脉相承，事实上主要保护了信用的精神价值，而未能涵盖其经济价值。而如前所述，信用不仅涉及到对他人的社会评价，还关系到特定经济价值的实现问题，故在域外立法中，信用常常处于名誉与财产的中间位置，刑法也肯定了信用的精神与经济双重价值属性。例如，《日本刑法典》不仅规定了针对名誉的毁损名誉罪（第230条），同时又规定了毁损信用罪（第233条），信用在此罪中被理解为"从经济方面对人的评价"，因而损毁信用即指"使他人的经济信用降低"，[2]从而明确地将名誉和信用区分开。我国台湾地区相关立法规定了妨害信用罪，亦体现了刑法对信用法益的单独保护，依此规定，"散布流言或以诈术损害他人信用者"，构成妨害信用罪。台湾地区刑法理论一般认为，妨害信用罪系危险犯，不以他人信用已生损害结果为必要。为防止这一危险犯的处罚范围过大，我国台湾地区"公平交易法"上又规定了"先行政后司法"的原则，即对损害信用的行为，可以先采用行政手段予以纠正，如要求停止侵害、限期改正或采取必要更正措施，只有"未停止""未改正""未采取必要更正措施"等情况下才有进入司法程序之必要。此种"先行政后司法"的原则，实际上是将"行政前置程序"作为"危险犯成立之

---

[1] 张明楷：《刑法学（下）》，法律出版社2021年版，第1193页。
[2] ［日］西田典之：《日本刑法各论》，刘明祥、王昭武译，武汉大学出版社2005年版，第85-86页。

'客观处罚条件',实有助于限制国家对公平法刑罚权行使界限,并可解决危险犯有前置刑罚,违背罪责原则之困境"。[1]与这一"民行刑一体化"的信用权保护规范体系相比,我国大陆刑法对信用法益的保护存在明显缺位。

与自然人信用保护相似,刑法对法人信用的保护同样进行了一定程度的削减。具体分析刑法分则第四章的规定,本章所有罪名均是关于自然人法益保护,没有一条涉及到法人人格法益保护。从刑法分则其他章节的规定来看,只有极少数罪名体现了对法人信用的保护,最典型的是《刑法》第221条规定的损害商业信誉、商品声誉罪,其所保护的是法人之商誉。详言之,"商业信誉"是指"他人在从事商业活动中的信用程度和名誉等";"商品声誉"是指"他人商品在质量等方面的可信赖程度和经过长期良好地生产、经营所形成的知名度等"。[2]这意味着,本罪的保护法益与法人的信用紧密相关。然而,由于损害商业信誉、商品声誉罪被规定在刑法分则第三章第八节的"扰乱市场秩序罪"中,意味着刑法将商誉作为市场经济秩序下的公法益而非私法益,基于此,损害商誉的行为只有达到"给他人造成重大损失或者有其他严重情节"的程度,才能够作为犯罪处理。此种将商誉视为公法益的做法,体现了刑法对《反不正当竞争法》第11条之"商业信誉""商品声誉"进行再保障的刑法保障法逻辑。据此,只有行为扰乱了市场秩序才能构成犯罪,入罪的门槛也随之明显提高。

刑法削减对法人信用的保护,说到底是未能将法人作为具体人加以对待。在刑法看来,法人本质上是一种经济体,体现在立法上就表现为,法人之信用损害主要是以经济损失作为计算依据,只有侵害商誉的行为造成较为严重的经济损失,才能够予以犯罪化。可是,法人不仅仅是人格人,还是具体人,民法规定"法人制度的价值在于解决非自然人参加法律关系时的人格和能力问题,目的是适应社会经济政治发展的需要",[3]它是建立在肯定法人之"人"的属性基础之上的。损害法人信用的行为同样侵害了具体人的人格权,刑法应当同民法一道认可法人的人格性,法人的人格性不应被其经济性所

---

[1] 陈志民、林彦妤:《公平交易法刑事责任规定之注释研究》,载《律师杂志》2005年第315期,第73页。

[2] 全国人大常委会法制工作委员会刑法室编:《中华人民共和国刑法条文说明、立法理由及相关规定》,北京大学出版社2009年版,第445页。

[3] 史际春、胡丽文:《论法人》,载《法学家》2018年第3期,第63页。

隐去。

三、信用权保护规则构造的合理路径：推进刑民一体化

在信用权保护规范体系中，民法确立一般标准，行政法划定禁止界限，刑法提供保障功能。然而，在目前行政（法）主导的社会信用体系中，不仅欠缺民法的一般性指导，同时又缺少刑法的有效保障，这也是导致信用权保护效果不彰的主要原因。因此，有效保护信用权应当同时构建民法的一般规则与刑法的具体规则，并使民法与刑法的规则融合成一个无矛盾的规则体系，推进信用权保护规则的刑民一体化构造。

首先，民法和刑法对信用权的保护具有内在一致性，这是由法秩序统一性原理所决定的。"一个法秩序，本来，应当是一个统一的体系。一国的法秩序，在其内部，根据民法、刑法等不同，按照各自不同的原理而形成独立的法领域。这些不同领域之间，应当相互之间没有矛盾，并最终作为法秩序的整体。"[1]虽然作为私法民法和作为公法刑法有着不同的规范构造和制度安排，但是两者具备相同的价值理念，即保护公民的合法权益。"由整体法分化而出的刑法和民法，在立法规定、理论构造以及基本原则等方面都表现出相当程度的同源性"，[2]其中，民法"以民事权利的确认为经，以民事权利的保护为纬"，[3]构筑了民事权利保障的立体屏障；刑法顺着民法对权利的保护，设置了分则第四章"侵犯公民人身权利、民主权利罪"以及第五章"侵犯财产罪"，这两个章节中相关罪名的成立一般都以违反民法对权利保护的相关规范为前提。

具体到信用权保护领域，民法与刑法的这种一致性主要体现在两个层面：在静态层面，我国刑法对信用法益的保护规定与民法对信用权的保护规定总体保持一致。现行民法一直延续《民法通则》用名誉权涵摄信用的传统逻辑，受此影响，刑法也一直将信用纳入名誉法益中加以保护，在立法上一直未突破民法所划定的保护范围。在动态层面，刑法对信用信息的保护曾经走在民法前列。如为保护民事主体个人信息（包括信用信息），2009年2月28日通

---

[1] ［日］曾根威彦：《刑法学基础》，黎宏译，法律出版社2005年版，第212页。

[2] 刘艳红：《人性民法与物性刑法的融合发展》，载《中国社会科学》2020年第4期，第130页。

[3] 王利明：《民法典开启权利保护的新时代》，载《检察日报》2020年5月20日，第3版。

过的《刑法修正案（七）》增设了刑法第 253 条之一出售、非法提供、非法获取公民个人信息罪，对未经允许出售、非法提供以及非法获取等侵犯公民个人信息法益的违法犯罪行为予以规制。为进一步加强对公民个人信息的保护，应对公民个人信息犯罪领域出现的新情况，2015 年 8 月 29 日通过的《刑法修正案（九）》对此条文进行完善，增加了一般主体出售、非法提供公民个人信息的犯罪作为第 1 款，将原第 1 款中"违反国家规定"改为"违反国家有关规定"并新增了加重处罚情节后作为第 2 款，原第 2 款和第 3 款相应地调整为第 3 款和第 4 款，最终形成了侵犯公民个人信息罪。在相当长一段时间内，民法并未规定对信用信息的保护，这一期间可以说民法对信用信息的保护滞后于刑法规定。而随后，《民法总则》第 111 条规定的个人信息权以及《民法典》第 1029 条和 1030 条增加的信用信息保护规则，即非法侵犯民事主体信用信息的行为，依照民法典有关个人信息保护的规定处理，在客观上还原了民法和刑法在信用信息保护上的一致性。

其次，欠缺民法的前置规定，刑法不能以保护信用法益的名义将具体行为犯罪化。信用权本质上是具有防御性质的消极权利，因而在一般情况下，仅造成信用虚假增益而未造成信用实质减损的行为，不能视为对信用权的侵犯，自然也不构成以信用为保护法益的犯罪。

案例 1. 李某于 2013 年创建零距网商联盟网站，该网站不具有获得增值电信业务许可的条件。李某长期以来利用该网站招募淘宝卖家为注册会员，收取每位会员 300-500 元保证金和 40-50 元平台管理维护费、体验费，制定"刷单炒信"规则和流程，组织会员通过该平台发布或接受"刷单炒信"任务。2013 年 2 月至 2014 年 6 月，李某某收取平台管理维护费、体验费和"任务点"购买费至少 30 万元人民币，另收取保证金 50 多万元。后李某被抓获，并被以非法经营罪起诉。法院认为，李某以营利为目的，通过信息网络有偿提供删除信息服务，或者明知是虚假信息，通过信息网络有偿提供发布信息等服务，扰乱市场秩序，构成非法经营罪。[1]

上述案例中，李某及平台会员的行为系"正向炒信"，造成了信用的虚假增益。但是，这种行为损害的是市场竞争秩序以及征信管理秩序，而不是信用权本身。信用权是私权利，在案例 1 中，如果认为"正向炒信"侵犯了信

---

[1] 参见江西省宜春市袁州区人民法院（2017）赣 0902 刑初 136 号刑事判决书。

用权,则意味着淘宝卖家购买刷单服务的行为也构成信用侵权,顺着这个思路便会陷入行为人"自己侵犯自己权利"的逻辑悖论,这显然是不合理的。基于此,本案法院并没有处罚刷单行为的实行者和刷单服务的购买者,而只处罚了组织刷单者,并认为组织刷单的行为破坏了市场经济秩序,构成非法经营罪。此时,刑法处罚的依据并非侵害了信用法益,而是损害了社会经济秩序。

  刑法对信用法益的保护是以民法对信用权的规定为基础的,没有民法的规定,刑法不宜单向度的发展出信用法益,亦不应当创设信用法益保护规则。信用法益对应于信用权,其概念范围应受到信用权的约束。突破信用权范围而扩张信用法益,等同于在民法信用权保护规则之外通过刑法创设信用法益规则,意味着从根本上放弃了法益概念限定处罚范围的机能。[1]失去了这一概念的约束,刑法便能够以保护信用法益的名义创设新规则,犯罪化立法在此逻辑下实现了不当扩张。实际上,不仅信用法益的解释受到信用权概念的约束,信用法益保护的刑法立法同样受到民法的影响。为了保护信用法益,有学者提倡应大规模增设信用犯罪立法,通过扩张犯罪圈的方式对现有严重侵害信用法益的行为予以规制。[2]然而,在民法没有调整的情况下大规模增加信用犯罪立法规定,同样会突破民法对信用权的保护范围,进而出现民法上不违法刑法上却构成犯罪的"刑民倒挂"现象,这显然与法秩序统一性原理相抵牾。

  最后,欠缺刑法的保障,民法将难以实现对信用权的妥善保护。在民法与刑法之间,"民法是前置法,它在前拦截违法行为,刑法是保障法,它在后惩治未被成功拦截的犯罪行为;民法先确立违法性,刑法后确立犯罪性"。[3]民法与刑法之间的这种逻辑关系,体现了刑法的保障法原理,即"只有在其他手段如习惯道德上的制裁、地域社会中的非正式的控制或民事上的控制不充分的时候,才能使用刑法"。[4]反之,当民法无法有效保护特定法益时,刑

---

〔1〕 参见[日]嘉門優:《行為原理と法益論》,载《立命館法学》2009年第5期,第1629-1630页。

〔2〕 参见马长生、罗开卷:《市场信用刑法立法思考》,载《中国刑事法杂志》2010年第6期,第27-28页。

〔3〕 刘艳红:《民法编纂背景下侵犯公民个人信息罪的保护法益:信息自决权——以刑民一体化及〈民法总则〉第111条为视角》,载《浙江工商大学学报》2019年第6期,第22页。

〔4〕 [日]平野龙一:《刑法的基础》,黎宏译,中国政法大学出版社2016年版,第90页。

法就可能有介入的必要。

刑法与民法并非一一对应关系,但在两者存在对应关系的场合,刑法往往对民法起着强有力的保障作用。在刑法中,"许多犯罪本身就是'出礼而入刑',并非'出法而入刑',此时刑事违法的一次性特征是明显的"。[1]所谓"出礼而入刑"的犯罪主要是指自然犯,"自然犯是天生违背了社会伦理道德的犯罪"[2],它反映的是行为之自体恶,但事实上,在很多自然犯中,由于相关法益与民事权利之间存在对应关系,刑法在此类犯罪中依然发挥着重要的保障作用。信用权与信用法益之间存在这种对应关系,在刑法规定的诸多以信用为保护法益的犯罪中,有体现信用人格性的自然犯,如诽谤罪和侮辱罪,也有保障信用经济性的法定犯,如损害商业信誉、商品声誉罪,这些犯罪在保护信用法益的同时,保护了信用权。"部门法由两道防线组成。第一道防线……是民商法、行政法等非刑事部门法所组成的前置规范合集",第二道防线即刑法。[3]当作为第一道防线的民法无法为严重信用侵权行为提供救济,同时又没有刑法对信用法益的保护,则只能放任信用权受到持续侵害,这如何能够回应公众对权利保护的规范性期待?

总之,在信用权保护领域,民法不可舍刑法之保障性而规范全局,刑法亦不可弃民法之规范性而恣意扩张。合理地保护信用权,应先由民法确立信用权保护的一般规则,在此基础上,刑法可以根据自身特点设置符合但又不完全等同于民法的信用权保护规则,这样,民法的一般规定与刑法的特殊规定汇聚在一起,构成了信用权保护规则的自洽体系。

四、信用权刑民一体化保护规则的解释方案

信用权保护从现实诉求走向立法规定,尚需经历理论建构这一中间历程。目前,法学领域尚未完成信用权保护的理论构建,但就"信用权具有双重属性"以及"应将信用权纳入人格权范畴"等基本问题已达成较为普遍的共识。

---

[1] 孙万怀:《违法相对性理论的崩溃——对刑法前置化立法倾向的一种批评》,载《政治与法律》2016年第3期,第10页。

[2] 刘艳红:《"法益性的欠缺"与法定犯的出罪——以行政要素的双重限缩解释为路径》,载《比较法研究》2019年第1期,第87页。

[3] 参见田宏杰:《知识转型与教义坚守:行政刑法几个基本问题研究》,载《政法论坛》2018年第6期,第29页。

推进信用权保护的理论构建,并使之显化为立法上的具体人格权,就必须探明信用权的防御属性及其规范意义,以便于确定何种行为才能构成对信用权的实质侵犯,进而科学地构造信用权保护规则。

(一) 信用权主要是一种消极(防御性)权利

"人格权不仅具有消极防御的属性,也日益具有积极利用的特征",[1]信用权同样如此。认为"人格权为一种'消极权利'",从而"不存在需要权利人以积极行为'行使权利'"[2]的观点主要受天赋人权理论的影响。与之相呼应,立法上通常规定了一般性的人格权防御条款,即人格权受侵犯时可依法排除妨碍,这种具有排除妨碍功能的人格权在理论上被定性为"消极权利",或者说是具有消极防御功能的权利。我国立法将信用纳入名誉权的范畴,并通过禁止侵犯名誉权方式来保护信用权,明显体现了此种防御性的功能特点。不过,仅从防御性的视角来理解信用权,难以全面体现这一权利的规范意义,亦无法为之提供全面的法律保障。这是因为,信用权的内在道德性确实决定了立法对其保护主要是以禁止侵害或排除妨碍为主,一般性防御条款的设立正是以此为基础的。但在此之外,其外在经济性则表明了信用权主体有对该权利进行积极利用、处分的可能,如个人信用借贷、第三方信用担保等民事活动,均是对信用进行积极利用、处分的典型形式。这些积极行为的合法性不仅在相关立法条文中得到确证,同时信用的经济价值也正是在这些积极行为中得以实现的。换言之,积极利用、处分本身就是信用存在的一般形式。

然而,这是否意味着信用权既是消极权利,又是积极权利?实际上,积极权利与消极权利的理论划分,主要基于权利的实现方式及权利人与他人之间的关系不同:积极权利的实现通常要求他人履行积极行为,如社会权的实现要求国家履行保障义务,而消极权利的实现并不要求他人履行积极行为,其核心功能在于排除他人侵害,"在一般意义上,人身性或财产性的消极权利仅仅意味着他者不得侵害我们的权利,而不是要求他人必须为我们的人身或

---

[1] 王利明:《人格权的属性:从消极防御到积极利用》,载《中外法学》2018年第4期,第845页。

[2] 尹田:《人格权独立成编的再批评》,载《比较法研究》2015年第6期,第5页。

财产权提供积极保护"。[1]按照传统自由主义的观点,所有权利都可以说具备消极属性,权利概念可以一般性地表达为个人"自由行为与别人行为的自由的关系","任何人妨碍我完成这个行为,或者妨碍我保持这种状况,他就侵犯了我"。[2]这一自由主义的权利观道出了权利的形式一般性,即个人自由与他人自由协调并存的同时排除他人侵害。因此,权利概念具有天然的排他性,从宪法上的基本权利到部门法上的具体权利,都将禁止他人侵害作为权利保护的一般规则。与之相对,积极属性则常常存在于一些特殊权利之中,"特殊权利是由那些负有相关义务的人对权利人所实施的行为所产生的……它的产生基础是义务或他人应为权利人提供积极帮助的行为",[3]如受教育权、就业权、劳动权等的实现要求国家、社会承担一定的保障义务。这样,消极权利与积极权利的不对称性就很好理解了,消极性是权利的常态或一般状态,尤其涉及个人与他人之间的关系时,权利的消极性就体现得更加明显,立法禁止他人以不法的方式干涉个人权利;积极权利是权利的特殊状态,否则,如果认为权利一般是积极的,就意味着他人有义务协助权利主体维护其人身及财产,这显然超出了权利一般性的范畴。消极性体现的是自由主义权利观,表明权利的存在应建立在一个共识性的前提条件之上,即个人对自己的人身、财产等权利拥有高度的支配力和控制力,权利人无需借助他人便能行使权利,故通常只要排除外在干预或妨碍即足矣。

信用权主要是一种消极权利,但同时,消极权利并不排斥积极保护。在现代社会,"不论基于何种财产制度都应承认信用权,这是由私有财产的排他性以及信用在市场经济中的重要性所共同决定的"。[4]信用与财产或经济相关联之后才产生了经济价值,易言之,信用的经济性不是内生的而是外在的。决定信用权属性的不是其外在经济性,而是其内在人格性,这种人格性证立了信用权的消极性,并进一步促使其产生了防御功能:在通常情况下,只有

---

[1] Ingmar Persson, "The Act—Omission Doctrine and Negative Rights", *The Journal of Value Inquiry*, Vol. 41, 2007, p. 15.

[2] [德]康德:《法的形而上学原理——权利的科学》,沈叔平译,商务印书馆1991年版,第40-41页。

[3] Ingmar Persson, "The Act—Omission Doctrine and Negative Rights", *The Journal of Value Inquiry*, Vol. 41, 2007, p. 17.

[4] Meyer, Marco, "The Right to Credit", *Journal of Political Philosophy*, Vol. 26, No. 3, 2018, p. 305.

他人妨碍了信用权的实现时才构成对信用权的侵犯。消极权利与积极权利固然有所区别，但不论是在经验上还是在逻辑上，消极权利从来都不排斥积极保护。在经验上，自由权、人格权、财产权等权利都属于理论上的消极权利，但这并不意味着这些权利的实现方式完全是消极的。当我们认识到某种权利具有消极性或防御性时，事实上也一并肯定了该权利具有积极性，因为单纯谈论某种权利是积极的或消极的根本毫无意义，消极一定是与积极对比出来的。在逻辑上，任何权利的有效运行均需法律为之提供积极保护，人们之所以感到权利能够顺畅的运行，除了依靠人与人之间相互尊重对方权利以及道德自律之外，更重要的是法律将之规定为权利，权利也随即拥有了法律效力。即使是对消极权利而言，法律的积极保护仍然非常重要，因为权利效力的实现要求法律"适用其强制性资源（coercive resources）来保障或限制私人自由"。〔1〕

综而言之，信用权作为消极权利，通常情况下只要排除他人不当干涉即可。立法为信用权提供积极保护，并不意味着信用权会逐渐蜕变为积极权利，消极权利从不排斥积极保护，消极权利的属性限定了信用权的保护模式。

（二）通过民法确立一般规则：使信用权升格为具体人格权

前文分析指出，信用并不能为名誉权所包含，但在实践中，单纯损害信用而未侵犯名誉权的行为，却常常被作为名誉侵权来处理。

案例2. 2011年1月25日，刘某在赵某不知情的情况下，冒用赵某的名义向农行某支行申请办理了一张名为赵某、授信额度为1万元的信用卡。后刘某持此卡透支消费，逾期金额为3095元，造成赵某形成不良征信记录。赵某知晓情况后报案。就此事实，法院认为刘某冒用赵某的名义办理信用卡并多次逾期欠款，对赵某造成不良征信记录，使其在商业银行申请贷款时因信用受到负面评价受阻，是对赵某名誉权的一种侵害，应依法承担相应的民事侵权责任。〔2〕

上述案例中，刘某冒用赵某名义办理信用卡之后，用此卡透支消费并逾期未还，进而使赵某在银行征信系统中形成不良征信记录，这种行为当然是损害了赵某的信用，但却并未侵犯赵某的名誉权。理由在于，损害信用未必

---

〔1〕［英］哈特：《法律的概念》，许家馨、李冠宜译，法律出版社2011年版，第236页。
〔2〕参见安徽省宿州市中级人民法院（2019）皖13民终2155号民事判决书。

同时侵犯了名誉权，只是单纯给他人造成不良征信记录，通常并不会使他人的社会评价降低。具体到本案中，刘某的行为虽然损害了赵某的信用，但能否据此认为赵某的名誉权也受到了损失，进而认定刘某的行为构成名誉侵权？一般而言，信用"被认为具有人格和（无形）财产双重属性——这与名誉权的非财产属性不同"，[1]征信信息具有人格和财产双重属性。同时，依照《民法典》第1024条第1款的规定，名誉侵权一般以侮辱、诽谤等方式作出，其中，侮辱要求公然性，诽谤要求捏造并传播事实。[2]本案中，刘某的行为既非公然，又没有捏造事实，当然不构成对名誉权的侵犯，而只侵犯了李某的信用权。

对单纯侵犯信用权的行为，实践中除了将之作为名誉侵权处理之外，还存在另外两种做法：一种做法是按照侵犯一般人格权处理。

案例3. 2010年6月30日，金星信用社以宋某为借款人，为实际用款人唐某发放贷款15万元。借款凭证中借款人宋某的印章非本人提供，15万元贷款打入以宋某名义开立的存折，并被分三次取走，三次取款凭条的客户确认签名均非宋某本人签署。该笔贷款到期后，金星信用社未曾向宋某进行催收。2018年5月28日，宋某因购房查询个人征信信息，发现其名下有15万元逾期贷款未予偿还的征信不良记录后，多次与金星信用社交涉解决，但该信用社均未予处理。宋某遂诉至法院。法院认为，金星信用社违反当地信用合作联社关于贷款发放规定，同时未尽应有的审查义务，以宋某的名义违规为他人发放贷款，因该款到期未还导致逾期信息进入国家征信系统，致使宋某信用受损，侵犯了宋某的一般人格权。[3]

另一种做法是直接认定侵犯信用权。

案例4. 2016年12月8日，胡某发现其在甘泉县农村信用合作联社办理的两张储蓄卡无法取款。后经了解系因其父母十几年前的几笔借款未还，华州区信用联社对其储蓄卡限制了服务所致。2016年12月12日，胡某到信用社解决问题，被告知只要归还其父母所欠的5000元即可正常取款，胡某表示同意并当场取款5000元交予工作人员。胡某为解决银行卡被限制服务一事花费

---

〔1〕石佳友：《守成与创新的务实结合：〈中华人民共和国民法人格权编（草案）〉评析》，载《比较法研究》2018年第2期，第15页。

〔2〕参见张红：《民法典之名誉权立法论》，载《东方法学》2020年第1期，第73页。

〔3〕参见辽宁省铁岭市西丰县人民法院（2018）辽1223民初859号民事判决书。

误工费 600 元，交通费 1000 元。后胡某诉至法院，要求华州区信用联社返还非法收取的 5000 元款项，赔偿误工费、交通费，删除对原告的不良信用记录，并赔礼道歉、恢复名誉。本案中，一二审法院均认为华州区信用联社在无法律依据的情况下，以胡某父母十多年前欠款未归还为理由，利用职务便利私自决定针对胡某对银行卡的使用权作出了限制，并将这一情况纳入信用联社的信用记录中，已构成对胡某信用权的侵犯，支持了胡某的部分诉讼请求。[1]

本书认为，解决信用权保护理论分歧以及信用侵权司法不统一问题的根本性策略是将信用权纳入民法典，更确切地说，是将信用权归入民法典人格权编。

首先，信用的本质是人格性的。有学者认为，"信用权则因主要具备财产因素而不大符合人格权特征"。[2]这一观点值得商榷。自 1986 年《民法通则》开始，诚实信用就已经是民法中极为重要的基本原则并延续至今。这一原则可以拆解为两个方面：一是"诚实原则，即对待他人诚实不欺"；二是"信用原则，即承诺必须遵守"。[3]信用原则具有原生的道德规范性，同时又是民事活动的基本准则，其适用范围不仅限于市场交易领域。只是在当下，信用一词则被赋予了更多的经济意义，个人信用登记、企业资信评级等都明确将信用作为经济评价指标，以之为基础的社会信用体系同样主要表达了信用的外在经济性。

然而，信用的内在人格性与外在经济性之间并不存在冲突。不论是对自然人还是对法人，信用都是一种重要的内在人格。自然人信用的人格性自不待言，信用原则原本就是建立在"承诺必须遵守"这一道德准则的基础之上的，因为对于民事活动而言，承诺的意义在于让人产生信赖，如果连承诺人都不遵守承诺，则民事活动无疑会大大受阻。法人信用同样重要，例如，公司法中的人格否认制度原本就是以诚实信用原则为法理依据的，[4]且在比较

---

〔1〕 参见陕西省渭南市华州区人民法院（2017）陕 0503 民初 1199 号民事判决书、陕西省渭南市中级人民法院（2017）陕 05 民终 2509 号民事判决书。

〔2〕 尹田：《人格权独立成编的再批评》，载《比较法研究》2015 年第 6 期，第 6 页。

〔3〕 侯佳儒：《民法基本原则解释：意思自治原理及其展开》，载《环球法律评论》2013 年第 4 期，第 90 页。

〔4〕 参见朱慈蕴：《论公司法人格否认法理的适用要件》，载《中国法学》1998 年第 5 期，第 81 页。

法上，诚实信用原则常常被作为评判公司是否存在人格否认事由的重要依据。[1]道德性构成了自然人和法人信用的价值基础，遵守信用的道德性义务有助于"稳定人们对预期的渴望，构筑交往秩序，使得原本杂乱无序、纷繁多样、充满变数的'社会复杂性'得以'简化'"。[2]近年来，信用与经济的有序结合催生了一种新的经济形态——信用经济，这显然意味着信用的经济价值被进一步发掘，并与自由自治一道构成了保障市场经济运行的重要屏障：没有了信用，等同于没有了良性的市场秩序。信用本质或内在属性仍然是人格性的，经济性是在人格性的基础上延拓而来的，人们之所以守信用正是由于信用的道德约束力或内在人格性，欠缺这一人格性，守信用便可能从当然变成偶然、从常态变成例外，而社会信用体系建设的规范效力亦会大打折扣。

最后，将信用权纳入民法典人格权编，既能助力民法与其他部门法的有序衔接，又能促进信用权司法保护的统一。民法之外的其他部门法对信用权的保护往往都是侧重于某一方面，如行政法主要通过禁止性规范来制裁违反信用管理秩序的违法行为，商法主要是为了保障信用商业价值的实现，经济法则将信用作为维持经济秩序的重要支点。但是，这些部门法只能为信用权提供具体的而非一般的、局部的而非完整的保护。在整体法秩序中，承担完整保护信用权功能的法律当然而且只能是民法。欠缺民法的一般性规定，其他部门法对信用权的保护只能是零散的、不成体系的。在民法典人格权编中写入信用权，确立了信用权的形式一般性，并还原了民法与其他部门法之间在信用权保护上的一般与特殊的应然逻辑关系。

同时，立法上将信用权规定为具体人格权之后，该项权利司法保护不统一的问题也能够得到根本性解决。随着信用经济的发展以及信用权主体意识的觉醒，用名誉权涵摄保护信用以及通过一般人格权保护信用的司法实践做法，都受到不同程度的质疑。名誉权不能包含信用，当某种行为只是单纯侵犯了信用而未侵犯名誉权时，不能强行将之解释为名誉侵权。而用一般人格权保护信用，则难以明确信用为何种具体人格权，为应对此种情况，裁判文

---

[1] 参见刘惠明：《日本公司法上的法人人格否认法理及其应用》，载《环球法律评论》2004年第1期，第109-110页。

[2] 王若磊：《信用、法治与现代经济增长的制度基础》，载《中国法学》2019年第2期，第74页。

书中可能同时出现信用权和一般人格权这两个概念。这就不可避免地会陷入概念的悖论,即司法实践一方面使用了信用权这一概念,另一方面又不承认其为具体人格权。在此两种方案之外,还存在着第三种方案,即由立法单独将信用权规定为具体人格权,结束信用权司法保护不统一的状态。

(三) 民法规则指引下的刑法规则:完善信用犯罪立法

"当下民法典时代的趋势是传统的公法与私法之间不断趋于融合",[1]当民法接纳信用权为具体人格权之后,刑法仿照原《民法通则》《侵权责任法》等作出的以名誉权涵摄信用的立法模式也应顺势作出调整。基于权利和法益的同源关系,以及根据民法对信用权保护的一般规定,刑法可根据民法信用权的指引发展出与之对应的信用法益。以信用法益为教义学基础,刑法再考虑自然人信用和法人信用保护的现实需要,宜作出以下两点完善:一是在刑法分则第四章中增设妨害信用罪,以体现对自然人信用的有效保护;二是适当扩充损害商业信誉、商品声誉罪的规制范围,以彰显对法人信用的平等保护。

第一,增设妨害信用罪。刑法和民法一样关注自然人信用保护。1997年《刑法》根据1986年《民法通则》将自然人信用涵摄于名誉之下的逻辑,同样也以名誉法益涵摄信用法益,规定了诽谤罪和侮辱罪。而当民法将信用权独立规定为具体人格权之后,刑法也应当根据民法的指引对相关犯罪规定进行适当调整,这既是基于刑民一体化的内在要求,又是考虑到我国当下迫切保护信用法益的现实需求。

刑法固然要坚守谦抑性,但作为影响最为深刻的法,刑法也必须紧跟当下社会现实,适当、审慎地推进犯罪化立法。增设妨害信用罪并非以牺牲法的安定性和刑法的谦抑性为代价,相反,这是基于信用法益的重要性以及在信用权被民法接纳为具体人格权的背景下,通过完善刑法规范进一步推进社会信用体系的法治化建设。1997年刑法颁布以来,"面对国内外形势的新发展,以及我国政治经济与社会生活的巨大变化,我国立法者及时将新的犯罪行为纳入刑法规制,快速回应了与犯罪作斗争的现实需要"。[2]而在当下,当

---

[1] 刘艳红:《刑法理论因应时代发展需处理好五种关系》,载《东方法学》2020年第2期,第17页。

[2] 刘艳红:《以科学立法促进刑法话语体系发展》,载《学术月刊》2019年第4期,第99页。

信用频繁成为被侵犯的对象时，刑法却无能为力，这不得不说是"立法的空白"。客观地看，信用在早期未能成为现行刑法中的人格法益主要受到民法的影响。现行刑法以侮辱罪、诽谤罪来保护自然人信用，实际上是延续了《民法通则》以名誉权涵摄信用的传统逻辑，其目的不是保护信用而是保护名誉权。由于侮辱罪、诽谤罪的法益是外在的名誉，它能在一定程度上保护信用，但效力极其有限。例如，实践中频繁出现的冒用他人名义办理贷款或进行商品交易等损害信用的行为，即使由于冒名者存在过错而导致他人信用评价降低的，由于该行为并未造成他人名誉受损，自然不构成侮辱罪或诽谤罪，只能作为民事案件处理或给予行政处罚。当民法、行政法难以遏制这类现象，而侵害信用的违法成本过低时，刑法的介入就有了初步的理据。因为与民事补偿和行政处罚相比，公正的刑罚"既能给人们留下最有效率并且具有持久性的印象"，[1]同时又能避免无辜者被追究责任。更深层次的原因是，整体法秩序具有统一性以及民法和刑法具有内在一致性，现行刑法根据之前民法、经济法、行政法等部门法间接通过名誉权来保护自然人信用，而如今的立法情势又有了新变化，当民法、经济法、行政法等部门法相继接纳了信用权之后，刑法如果不顺势作出调整，如何能体现出法秩序的统一性？由此可见，刑法增设妨害信用罪并非一时兴起，而是在长期累积实务资源以及信用法治化经验基础上的顺势而为。

问题是，妨害信用罪究竟是如同域外和我国台湾地区立法那样设计成危险犯，还是根据信用权防御性特点设计为实害犯？妨害信用罪宜规定在刑法分则第四章，所侵犯的法益是信用权，在性质上本罪应当是自然犯。正因为本罪是自然犯，所以本罪的成立通常要考虑法益侵害性。[2]根据法益侵害说、信用权的防御性以及本章节中针对精神性人格犯罪的条文结构，妨害信用罪的成立通常要给信用权造成实质减损，并且要达到情节严重的程度。这就意味着，未达到情节严重的行为，即使损害了信用，也不构成犯罪，但可能承担民事责任和行政责任。同时，鉴于民法、行政法等前置法规定了信用权保护规则，以及实践中多次损害信用的现象较为普遍，有必要通过刑法予以规

---

[1] [德]梅尔：《德国观念论与惩罚的概念》，考明凯维奇等英译，邱帅萍中译，知识产权出版社2015年版，第23页。

[2] 刘艳红：《论法定犯的不成文构成要件要素》，载《中外法学》2019年第5期，第1162页。

制。为了防止刑事犯罪圈过于宽泛，在未造成严重损害的场合，可以参考我国台湾地区的立法规定，设置行政前置程序，即对多次侵害他人信用的行为，经过两次以上行政处罚仍然不纠正的，才可按照犯罪处理。本罪在刑法中的体系位置，宜放在《刑法》第 246 条侮辱罪、诽谤罪之后，作为《刑法》第 246 条之一。量刑标准上，可以比照侮辱罪、诽谤罪的规定。再者，考虑到信用法益的双重属性，本罪中宜增加罚金刑。基于此，妨害信用罪的条文可以设计为：

《刑法》第 246 条之一：散布流言、冒名欺诈或以其他方法损害他人信用，情节严重的，或者多次损害他人信用，经两次以上行政处罚仍不改正的，处三年以下有期徒刑、拘役、管制，并处或者单处罚金。

第二，对损害商业信誉、商品声誉罪的扩容。损害商业信誉、商品声誉罪的保护法益是社会主义市场经济秩序下的公法益，但若结合民法规定，将法人理解为具体人的话，则本罪的法益又可还原成法人的信用和名誉。换言之，本罪的保护法益可以说是信用和名誉的混合。

案例 5. 某公司主要在淘宝经营论文相似度检测业务。2014 年 4 月，同样经营论文相似度检测业务的董某为谋取市场竞争优势，雇佣并指使谢某，多次以同一账号恶意大量购买该公司淘宝网店铺的商品，造成该公司被淘宝网认定为从事虚假交易，并对该公司作出商品搜索降权的处罚。后经线下申诉，于 4 月 28 日恢复该公司商品的搜索排名。被处罚期间，因消费者在数日内无法通过淘宝网搜索栏搜索该公司淘宝网店铺的商品，严重影响公司正常经营，经审计，订单交易额损失为人民币 159844.29 元，后诉至法院。法院经审理认为，董某和谢某为打击经营对手，以其他方法破坏生产经营，构成破坏生产经营罪，为共同犯罪。[1]

上述案例是典型的"反向炒信"，造成了信用的实质减损。在该案中，董某和谢某的行为确实影响了被害公司的生产经营活动，由于未达到损害商业信用、商品声誉罪的入罪标准，所以只能采取"迂回策略"，以破坏生产经营罪定罪处罚。可问题是，破坏生产经营罪是财产犯罪，没有造成直接财产损害或者难以计算财产损害的，很难认定成立此罪。就上述案例而言，法院以被害公司历史成交情况计算受损数额的做法值得商榷。因为本案中未见明显的直接损失，法院计算出来的损失是以店铺信用评价降低为依据所预估的可

---

[1] 参见江苏省南京市雨花台区人民法院（2015）雨刑二初字第 29 号刑事判决书。

能损失或间接损失，董某和谢某的行为损害的是公司信用而非具体财产。

基于民法中信用权的消极权利本质及其防御特性，刑法在设计法人信用保护规则时应区分信用增益与信用减损两种情形，并主要处罚导致信用减损的侵害行为。"反向炒信"不仅损害了信用管理秩序，同时还侵犯了私主体权利，即法人的信用权。这种行为原本应纳入到《刑法》第221条损害商业信誉、商品声誉罪的规制范围，但由于本罪入罪标准相对较高，实践中往往以"反向炒信"未达到本罪的入罪条件而未予适用。考虑到本罪既非纯粹法定犯亦非纯粹自然犯，而是兼有两种属性的"混合型犯罪"，[1]以及根据前文分析，刑法应当与民法一起尊重法人的"人格性"，故在保持立法相对稳定的情况下，宜通过扩张性解释，对损害商业信誉、商品声誉罪进行适当扩容。根据《关于公安机关管辖的刑事案件立案追诉标准的规定（二）》第74条以"其他情节严重的情形"作为损害商业信誉、商品声誉罪的兜底性规定，以及民法对法人信用的保护规定和司法实践情况，宜在此解释的基础上增加两种"情节严重"情形：（1）通过网络造成企业信用评价严重降低，并导致经营状况持续恶化的；（2）多次损害企业信用，阻碍经营活动，经两次以上行政处罚仍不改正的。

当信任的裂痕产生之后，往往很难挽回。改革开放前四十年里，自由和自治逐渐成为社会主义市场经济的主旋律。自由是市场的天性，然而，18世纪至19世纪中期的自由资本主义危机反复证实了，如果自由自治成为了衡量市场经济发展程度的至高标准，则意味着在根本上取消了自由自治，因为放任的自由自治必然会助长公众的自我性和功利心，这时，市场靠利益勾连，交易靠偶然维系，时间和精力都消耗在"精心计算"和"勾心斗角"之中，哪里还谈得上享受自由自治带来的市场便利？诚实信用取代私法自治成为民法的帝王原则绝非偶然，因为在不断扩张的市场中，如果没有以信用为核心的法律关系维持彼此信赖，大规模交易便无法在"新地域、生人间、不在场时展开"。[2]信任的背后是持久的人际关系，信用的背后则是市场的存在样式。社会主义市场经济发展的"中国速度"有目共睹，但此间，却未能通过信用建

---

〔1〕 参见［美］道格拉斯·胡萨克：《刑法哲学》，姜敏译，中国法制出版社2015年版，第636-637页。

〔2〕 王若磊：《信用、法治与现代经济增长的制度基础》，载《中国法学》2019年第2期，第73页。

立良性的"人际网络",反而因为放任自由而导致信用的大幅度滑坡。迈向民法典时代,我们有理由看得更远,构建起基于整体法秩序的社会信用体系。这一体系下的市场格局将不再是自由自治,而是诚实信用,自律而非放任,确定而非流于偶然。这种依靠法治建立起来的信用体系,将具有持久的生命力。

第三节 刑法修正背景下一体化解释的贯彻路径

社会发展变迁中不断涌现的新情况新问题对刑事治理提出了更高要求,刑法不得不频繁修改自身内容以适应客观需要。在刑法修改过程中,新罪增设和旧罪扩容,大多不是创设新的法益类型,而是在现有法益的基础上将保护界限提前以扩大处罚范围。在具体做法上,立法通常并非设立抽象危险犯或具体危险犯,而是将预防的目的与构成要件设计相结合,将危险犯转变为秩序犯。秩序犯的治理难题不在于立法设计,而在于与秩序保护相关联的构成要件解释。以下将以高空抛物罪入刑后的一体化解释为例,阐明如何在新预防主义的指引下确立秩序犯的解释规则。

一、高空抛物入罪的核心逻辑:风险预防

传统社会向风险社会的跃迁,空前激发了公众对安全保障的诉求,与之相呼应,刑法不再如金字塔般保持沉默,而是在预防观念影响下积极推进犯罪化。[1]随着高空抛物引发的公共安全事件不断增多,保障"头顶上的安全"受到了公众的普遍关切。为此,《刑法修正案(十一)》增设《刑法》第291条之二高空抛物罪,将"从建筑物或者其他高空抛掷物品,情节严重"的行为规定为犯罪。

高空抛物罪位于《刑法》分则第六章第一节"扰乱公共秩序罪"中,根据刑法分则罪刑规范的法益指引功能,[2]该罪的保护法益应当是社会公共秩序。然而,从法益内容分析,公共秩序与公共安全相去甚远,两者并不存在包容关系。既然如此,为何高空抛物罪的增设又被认为是通过风险预防以保

---

〔1〕 参见刘艳红:《人性民法与物性刑法的融合发展》,载《中国社会科学》2020年第4期,第118-119页。

〔2〕 参见[日]嘉門優:《行為原理と法益論》,载《立命館法学》2009年第5期,第1619页。

障公共安全？这需要结合该罪的立法过程进行深度分析。

高空抛物罪首次出现在 2020 年 6 月 28 日十三届全国人大常委会审议的《刑法修正案（十一）》（草案）一审稿第 1 条中，即在《刑法》第 114 条中增加第 2 款："从高空抛掷物品，危及公共安全的，处拘役或者管制，并处或者单处罚金。"对于该款规定，无论是从体系位置还是构成要件上看，都体现了风险预防逻辑下对公共安全的保护。从体系位置上看，该款位于《刑法》分则第二章"危害公共安全罪"中，这表明，草案一审稿中高空抛物罪的保护法益明确指向了公共安全。从构成要件上看，高空抛物罪的成立要求"危及公共安全"，这更是将本罪的保护法益牢牢地限定为公共安全。

然而，上述对高空抛物罪的体系位置安排及条文设计，尚存在两点问题：其一，将高空抛物罪放在《刑法》第 114 条之中，使得它与放火、决水、爆炸、投放危险物质等罪的关系不清，造成刑法条文内部的不协调。[1] 其二，根据《刑法修正案（十一）》（草案）一审稿第 1 条的规定，高空抛物罪的成立必须"危及公共安全"，但问题在于，"危及公共安全"与"危害公共安全"之间是否存在实质区别？事实上，无论认为两者是否存在实质区别，都带来了逻辑难题与适用障碍。如果认为两者不存在区别，则符合高空抛物罪构成要件的行为，必然也该当以危险方法危害公共安全罪的构成要件，据此，高空抛物罪不过是以危险方法危害公共安全罪的具体化，没有扩大处罚范围。换言之，增设高空抛物罪不过是将刑法已经禁止的行为重新犯罪化，只是用"新的更为具体的规范补充了旧的更为概括的规范"，[2] 此种重复性立法欠缺实质的必要性。如果认为两者存在区别，由于"危害公共安全"体现的是具体危险，那么为了区分二者，只能认为"危及公共安全"表征的是抽象危险。但是，既然两者存在区别，为何要将两个法益侵害性不同的条款规定在同一个条文之中？况且，仅以"危害"与"危及"的文字表述差异，认为前者体现具体危险而后者表征抽象危险，未免过于牵强。

正是基于对上述问题的反思，自 2020 年 10 月 13 日十三届全国人大常委会审议的《刑法修正案（十一）》（草案）二审稿开始，高空抛物罪在刑法

---

[1] 参见张明楷：《增设新罪的原则——对〈刑法修正案十一（草案）〉的修改意见》，载《政法论丛》2020 年第 6 期，第 12 页。

[2] [美] 道格拉斯·胡萨克：《过罪化及刑法的限制》，姜敏译，中国法制出版社 2015 年版，第 54-55 页。

分则中的位置发生了根本性变化，调整为《刑法》第291条之二，同时将原条文中的"危及公共安全"替换为"情节严重"，一直延续到修正案正式通过。尽管调整后的新条文既未规定在刑法分则第二章"危害公共安全罪"中，也没有类似于"危及公共安全"的构成要件描述，但这并不意味着修改后的高空抛物罪不保护公共安全。纵观整个立法过程，高空抛物罪的诞生及变动始终以风险预防为核心逻辑，将该罪放在《刑法》第291条之二看似与公共安全无关，实际上是为了更好地保护公共安全。

通过刑法手段提前干预法益侵害行为，"首先是设立抽象危险犯"，[1]《刑法修正案（十一）》（草案）一审稿第1条对高空抛物罪的定位正是基于此。从现实角度看，要求"危及公共安全"才能成立高空抛物罪将导致它的规制范围不全面不周延，因为现实中普遍存在着没有危及公共安全但具有处罚必要性的高空抛物行为，这也是草案一审稿中高空抛物罪的处罚空隙所在。在既往的司法实践中，对没有危及公共安全但具有处罚必要性的高空抛物行为，大多按照寻衅滋事罪来处理。如李某寻衅滋事案，2018年7月11日，李某酒后从自家向楼下抛掷衣服、花盆、锅碗、石块等物品，造成楼下住户陈某家的太阳能热水器、阳台太阳能板及所在单元的公共车棚钢化玻璃损毁。就此事实，法院认为"李某酒后滋事，采用高空抛物的方式任意损毁他人财物，情节严重"，构成寻衅滋事罪。[2]上述高空抛物行为的损害对象特定，并未危及公共安全，按照草案一审稿第1条的规定，不构成高空抛物罪，只能以寻衅滋事罪论处。不过，既然上述行为已经符合高空抛物的类型化特征，又具备处罚必要性，没有理由不纳入新增设的高空抛物罪中而继续沿用寻衅滋事罪加以规制。如果刑法不取消"危及公共安全"这一限制，继续依照寻衅滋事罪处理没有危及公共安全的高空抛物行为，则不仅导致高空抛物罪的类型化不彻底，也会加剧寻衅滋事罪的口袋化。立法者显然意识到了这一点，故在草案二审稿之后，对高空抛物罪进行调整，将没有危及公共安全但具备处罚必要性的高空抛物行为纳入规制范围。

当然，草案二审稿修改后的高空抛物罪仍然坚守了风险预防的核心逻辑。

---

[1] 参见［德］埃里克·希尔根多夫：《德国刑法学：从传统到现代》，江溯等译，北京大学出版社2015年版，第27页。

[2] 参见山东省济宁市任城区人民法院（2018）鲁0811刑初1021号刑事判决书。

尽管修改后的高空抛物罪的条文表述删除了"危及公共安全"这一要件，代之以"情节严重"，但这并不意味着高空抛物罪不保护公共安全。相反，根据高空抛物罪的立法规定及其变迁，刑法增设高空抛物罪的根本目的是预防风险，保障"头顶上的安全"，而且，由于高空抛物罪的成立不再要求危及公共安全，这意味着，刑法将风险预防界限提前至抽象危险之前的行为阶段，对高空抛物行为的规制范围也变得更加宽泛。

综上分析，高空抛物罪是典型的预防型法定犯，其预防性体现在为对相关行为刑法处罚界限的前置化，其法定犯特征则源于该罪以社会管理秩序为保护法益，两相结合，本罪以风险预防为核心逻辑的预防型法定犯属性也呼之欲出了。

二、高空抛物罪风险预防的正当性基础及隐忧

在刑法理论上，预防性犯罪化与法定犯历来都备受争议，两者结合而形成的预防型法定犯更是值得深刻检讨与反思。因此，刑法增设高空抛物罪是否具备实质基础，以及如何把握该罪的入罪边界，需要进行更为深入的分析。

（一）价值论与方法论的正当性检验

面向风险社会，刑法参与社会治理的方式不再消极，而是保持着相当程度的积极性：立法上增设新罪扩容旧罪与司法上处罚的严密化严厉化，皆是刑法活跃化的表现。[1]事实上，处在风险泛在的现代社会，面对日益增加的法益保护需要，[2]有些旧的规范已经逐渐"失范"，无力应对数量不断增加与变型多样的法益侵害行为，需要制定新的规范予以积极应对，这是刑法增设高空抛物罪的逻辑前提，也是其正当性基础。

在价值论层面，高空抛物罪的增设体现了风险社会刑法价值理念转型，即从自由优于安全走向自由与安全的共生共存。

自由与安全并不是一对冲突范畴，两者具有相容性。表面上看，自由与安全是此消彼长的关系，因为在一般情况下，安全越多意味着限制越多自由越少。然而在现代社会，很多情境下自由与安全都是难分彼此相生相成的，在自由与安全之间舍此就彼，或者认为安全应当让位于自由，都是没有多少

---

［1］参见焦旭鹏：《现代刑法的风险转向——兼评中国当下的刑法观》，载《西南民族大学学报（人文社科版）》2018年第12期，第79页。

［2］参见张明楷：《增设新罪的观念——对积极刑法观的支持》，载《现代法学》2020年第5期，第155页。

理由的，甚至可能会带来更大的不自由。例如，在新冠疫情防控期间，采取居家隔离、行踪轨迹数据监控等防疫措施，本质上并未压缩公民的自由行动空间，而是给自由加上了一道安全防线，以实现更高质量的自由。[1]相反，如果不采取严格的防疫措施，任由民众在公共场所自由活动，其结果只能是导致疫情的大规模蔓延，这样连安全也无法保障了，更遑论自由。同样的，面对高空抛物不断引发的公共安全事件，刑法将其中情节严重的行为类型化为犯罪，也是为了更好地保障自由的实现。如果刑法对情节严重的高空抛物行为视而不见，完全寄希望于实效性偏弱的民事或行政手段加以规制，必然会导致公众对"头顶上的安全"的普遍担忧及随之而来的自由行动空间的大幅萎缩，这种做法本质上是放任而非自由。

泛在的社会风险助推了安全价值的地位跃迁，自由不再绝对优位于安全，而是与安全共生共存。风险社会的刑法具有鲜明的功利主义和社会防卫向度，"行为是否需要加以惩罚，必须依其倾向于妨害社会幸福的程度而定，依其有害倾向的程度而定"。[2]而行为之有害性程度并非一成不变，它随着社会发展变迁而变化，甚至在某种意义上说，"巨大的或'本质上的'社会变迁……本身就是一种恶，无论其对个人利益或情感有何影响，这种恶非常严重，足以正当地以刑法加以预防"。[3]在高楼林立的当下，高空抛物如同悬在头顶的利剑让人担忧，高空抛物致伤、致死案件不胜枚举，如2018年3月9日东莞女婴被高空抛物砸中头部致重伤[4]、2019年7月2日贵阳的袁某某被高空抛物砸死[5]，等等。高空抛物事件的频发激起了公众对安全保障的高度诉求，为了守护"头顶上的安全"，高空抛物致害的侵权责任被专门地写入了《民法典》。刑法根据社会变迁以及《民法典》的修改，顺势增设高空抛物罪，不单

---

〔1〕 参见刘艳红：《公共空间运用大规模监控的法理逻辑及限度——基于个人信息有序共享之视角》，载《法学论坛》2020年第2期，第8-9页。

〔2〕 [英]杰里米·边沁：《论道德与立法的原则》，程立显、宇文利译，陕西人民出版社2009年版，第54页。

〔3〕 [美]乔尔·范伯格：《刑法的道德界限（第四卷）无害的不法行为》，方泉译，商务印书馆2015年版，第39页。

〔4〕 参见《东莞"高空掉苹果砸伤女婴"案一审宣判：肇事女孩监护人被判赔偿185万余元》，载《法治日报》2020年4月1日，第6版。

〔5〕 参见贵阳市公安局南明分局2019年7月3日案情通报，载http://m.thepaper.cn/baijiahao_3860490，最后访问日期：2021年5月27日。

是为了回应公众关切,也是基于法益保护的考量,具有实质的正当性。从本质上看,刑法禁止情节严重的高空抛物行为并未侵害自由,因为允许或放任高空抛物的"自由"不是自由,而是对他人的积极侵害。刑法增设高空抛物罪以保障公众更加安全地享受自由,正是对自由与安全共生共存关系的生动诠释。

在方法论层面,刑法增设高空抛物罪将预防界限提前至行为阶段,既有助于匡正高空抛物行为泛罪化的司法误区,也符合高空抛物的风险生成规律,提升了预防的实效性。

在既往的司法实践中,刑法对高空抛物行为的规制呈现出明显的泛罪化倾向。具体表现为,为了有效规制高空抛物行为,频繁运用口袋罪进行兜底性规制,以实现积极入罪。其一,对危害公共安全的高空抛物的行为用以危险方法危害公共安全罪进行"兜底"。2019年10月21日颁布的最高人民法院《关于依法妥善审理高空抛物、坠物案件的意见》(以下简称《高空抛物意见》)强调,要"依法从重惩治高空抛物犯罪",对"故意从高空抛弃物品,尚未造成严重后果,但足以危害公共安全的",依照以危险方法危害公共安全罪论处。受此影响,对高空抛物行为按照以危险方法危害公共安全罪处理的实践做法明显增多。[1]其二,对虽然不足以危害公共安全,但是具有处罚必要性的高空抛物行为,通过寻衅滋事罪进行"再兜底",以确保处罚的周密性。除了这两个口袋罪之外,其他具体罪名如故意毁坏财物罪、故意伤害罪等法益指向明确的犯罪在高空抛物领域却极少适用。口袋罪的大规模适用,体现了最高司法机关要求"用足用好"刑法规范、"从严从厉"处罚高空抛物行为的司法政策取向。然而,口袋罪具有高度不确定性和开放性,为了实现积极入罪,就不得不降低高空抛物行为的入罪标准,这在根本上背离了罪刑法定主义实质侧面的要求,也加剧了司法误判风险。

《刑法修正案(十一)》增设高空抛物罪,既有效规制了值得刑罚处罚的高空抛物行为,又绕开了以危险方法危害公共安全罪和寻衅滋事罪,合理规避了司法泛罪化的实践误区。一方面,高空抛物罪的成立不要求危及公共安全,这意味着,对尚未危及公共安全但具备处罚必要性的行为也能够通过

---

[1] 笔者以"高空抛物""以危险方法危害公共安全罪"为关键词在"中国裁判文书网"进行检索,发现司法实践中对高空抛物行为适用以危险方法危害公共安全罪的案件在2020年有了较大增长,具体而言,2015年有8个,2016年有7个,2017年有7个,2018年有5个,2019年有8个,2020年有45个,这表明,司法解释在客观上助推了高空抛物行为的犯罪化,日期:2021年7月5日。

刑法加以规制，这在客观上提升了刑法对高空抛物风险预防的实效性，避免了寻衅滋事罪的过度适用。另一方面，对危及公共安全的高空抛物行为，既然已经被类型化为新罪，当然一般适用高空抛物罪，而不必以虽然"某种行为并不处于刑法用语的核心含义之内，但具有处罚的必要性与合理性"〔1〕为理由，通过扩张乃至类推解释频繁适用以危险方法危害公共安全罪。由此，高空抛物罪替代了寻衅滋事罪和以危险方法危害公共安全罪在高空抛物领域的适用，有助于克服司法泛罪化带来的法条关系不明、入罪标准不清等问题。

（二）风险预防过度化的法治隐忧

刑法增设高空抛物罪具有两面性。它一方面提升了高空抛物风险预防的实效性，另一方面又"使法益危殆化的法益关联性行为的规制提至具体危险发生之前的阶段"，〔2〕这样的风险预防逻辑，很容易激发刑法的扩张性，使其以法益保护为名行过度犯罪化之实。

首先，将高空抛物的风险预防提前至行为阶段，侵蚀了刑法的保障性。增设高空抛物罪，体现了刑法的扩张趋势，它将没有危及公共安全的高空抛物行为也部分地纳入了刑法规制范围。刑法增设高空抛物罪受多种因素影响，风险预防只能部分地解释这一立法，另一个重要原因是受社会现象激发。当社会中频繁发生高空抛物引发的严重事件之后，公共部门需要作出积极回应，这种回应通常就包括加大对高空抛物行为的惩治力度。在过去，高空抛物行为主要依靠民事、行政手段加以规制，但事实证明，这两种手段在处罚高空抛物行为的力度上明显偏弱，实效性也不强，高空抛物事件仍然普遍存在。在此背景下，实践中需要一种更加强有力的规制手段，而刑法作为最严厉的法自然成为首要考虑对象，这是高空抛物罪增设的另一重要逻辑。但是这样扩张之后，刑法将很难维持其作为"最后手段法"的应然定位，反而成为实然层面的"在先管理法"，刑法的保障法地位受到动摇。

其次，相对开放和模糊的构成要件，为司法扩张埋下了隐患。刑法以语言表达，又受限于语言的模糊性与多义性。为了消除歧义，准确呈现法律的

---

〔1〕 参见张明楷：《实质解释论的再提倡》，载《中国法学》2010年第4期，第51页。

〔2〕 ［日］嘉門優：《法益論の現代的意義（二·完）——環境刑法を題材にして一》，载《大阪市立大学法学雑誌》2004年第1期，第106页。

意义，就必须使用相对精确的语言表达。[1]高空抛物罪的成立要求"情节严重"，这一构成要件原本是为了限制犯罪处罚范围，避免将轻微的违法行为犯罪化。立法也并未就"情节严重"作出具体规定，可以预见的是，"情节严重"的认定将委任于司法解释。参考过去司法解释对"情节严重"的规定，大多采取"列举+兜底"的方式进行，即先列举若干"情节严重"情形，再采用类似"其他情节严重"进行兜底。这种解释方法具有一定合理性，因为立法在制定之后通常需要适用很长时间，立法者不可能跳脱时代背景而预见到以后的所有情形，因此不可避免地采取相对抽象的语言表达。况且，根据同类解释规则，"其他情节严重"的解释应当与已经列举的"情节严重"情形相当或者同质，这也能够在一定程度限制该要件的过度扩张。但是，理论预设与司法实践往往相去甚远，从另一角度看，"其他情节严重"等兜底性规定具有模糊性和开放性，这类兜底性规定的司法扩张历历在目，它的过度适用促成了诸如非法经营罪等备受争议的口袋罪。高空抛物罪"情节严重"要件的解释适用同样有这种口袋化风险，虽然司法解释可以通过列举的方式明示典型情形，但在此之外司法实践新增补的情形却无法受到有效控制，它为司法扩张埋下了隐患。

最后，尽管在解释论上，高空抛物罪仍然可以说是服务于法益保护目的，但不可否认的是，它已经远离了法益的核心，转向了法益侵害性较弱的法益关联行为。现代刑法以法益保护为核心，即使新增预防性立法，也不能突破这一根本立场。高空抛物罪并不是直接禁止损害，而是禁止损害的可能性，这种损害可能性通常也并不会转化为现实，因此，它所规制的乃是可能危及公共安全法益的关联行为，而非法益侵害行为本身，这从高空抛物罪的成立不要求危及公共安全的立法设定可以得到清晰认识。正如批判者指出，风险预防犯所保护的是一种不确定的安全感，它"使得法益保护日益抽象化，并导致刑法介入的早期化"。[2]以此为立法逻辑，则不仅高空抛物的风险需要预防，只要与安全有关的各种风险都有预防的必要性，这将对现代刑法的法益保护理论形成根本性冲击。法益理论认为，犯罪的本质是对法益的侵害或者

---

〔1〕 [美]布赖恩·比克斯：《法律、语言与法律的确定性》，邱昭继译，法律出版社2007年版，第200-202页。

〔2〕 刘艳红：《"风险刑法"理论不能动摇刑法谦抑主义》，载《法商研究》2011年第4期，第26页。

现实威胁，但是这并不意味着侵害法益与威胁法益的行为可以等量齐观。刑法所处罚的犯罪主要是侵害法益的行为，威胁法益的行为虽然有必要作为犯罪处理，但在刑法中应当属于少数或者特殊情形，如刑法中的未遂犯、预备犯在理论上被认为是犯罪的未完成形态或者说修正的犯罪构成，未完成或者修正表明了它并非常态存在。刑法关注高空抛物的风险预防当然有积极意义，但是单独增设高空抛物罪以扩张处罚范围的做法，却存在一定疑问。当刑法将风险预防作为增设高空抛物罪的核心逻辑之后，必然也会导致该罪欠缺充足的法益基础，至少在逻辑上，将高空抛物的风险预防提前至行为阶段，有预防过度化之虞。

三、高空抛物入刑后一体化解释的贯彻

正确理解与适用高空抛物罪，不仅要准确判断行为的法益侵害性，更要看到潜藏在背后的立法者既想提前规制高空抛物行为又担忧将预防界限提得过前的矛盾心态。前者已经通过增设高空抛物罪这一预防性立法写在刑法条文之中，后者则需委任于刑法解释进行妥当的教义学限缩。为了避免预防界限过于提前而导致的过度犯罪化，在高空抛物罪解释适用时应着重考虑以下两点：一是在构成要件层面，对高空抛物罪的"情节严重"要件进行必要的限缩解释，以防止将轻微违法行为犯罪化；二是在"法法衔接"层面，通过激活民事与行政责任机制，以实现刑法的适度退出。

（一）限缩解释"情节严重"要件

从构成要件上看，高空抛物罪成立要求"情节严重"，这为本罪的限缩解释提供了法律依据。刑法在高空抛物罪中规定的"情节严重"要件，具有限制入罪功能，亦即对未达到情节严重的高空抛物行为不宜作为犯罪处理，应当排除出犯罪圈。此处的关键在于，如何理解"情节严重"？"情节严重"是刑法分则中常见的限制入罪要件，对该要件的适用，普遍做法是，通过司法解释的形式明确"情节严重"的内容，以防止司法机关在适用该要件时的自由裁量权过于宽泛。根据不同类型高空抛物行为的危害性差异，以及为避免"情节严重"成为变换形式的口袋化要件，可以从以下两个层面对该要件进行限缩解释：

其一，根据高空抛物行为的危害性程度确定"情节严重"类型。"情节严重"具体类型的设定应基于高空抛物行为的危害性程度，而衡量其危害性程

度，系指在客观方面评估行为的法益侵害性程度。[1]对此，一般主要考虑两点：一是高空抛物的冲击力。如果高空抛物的冲击力较低，根本不可能造成人身或财产损害，则由于该行为的法益侵害性达不到需要动用刑罚处罚的程度，不宜认定为"情节严重"。影响高空抛物冲击力因素主要有抛掷物品的高度、质量及类型。无疑，在同等情形下，抛掷物品高度越高，冲击力越大；抛掷物品质量越重，冲击力越大。因此，抛掷物品的高度与质量，是影响高空抛物行为危害性的重要因素。此外还要注意的是，高空抛物的冲击力与抛掷物品的类型也有关联，例如，同样是从高空抛掷 2kg 的物品，如果抛掷的是铁球、石制花盆等，一般都认为危害性大。但是，如果抛掷的是棉花，则几乎没有人认为该行为有多大的危害性。抛掷物品的高度、质量及类型最终都是为了测算其冲击力，以高空抛物的冲击力为标准实质地判断行为的危害性，既有助于将情节较为轻微的高空抛物行为排除犯罪圈，以明确不同行为的法益侵害性程度差异，也为司法实践认定"情节严重"提供了相对准确的量化标准。二是高空抛物是否造成了公众秩序混乱。认定"情节严重"还需要以本罪的法益内容为基准，判断高空抛物行为是否扰乱了公共秩序，这是高空抛物罪的不成文构成要件要素。这意味着，在认定高空抛物罪时，应当避免结果归罪，不能只要发生了严重后果就轻易认定成立本罪，而应当实质地判断行为是否扰乱了公共秩序。如果行为侵害对象特定，并未造成公共秩序混乱的，则不宜认定为本罪，但可能构成其他犯罪。例如，行为人以高空抛物的方式杀害他人，没有造成公共秩序混乱的，则不构成高空抛物罪，而应当认定为故意杀人罪。

其二，在解释"情节严重"要件时不宜规定类似于"其他情节严重"这种兜底性情形。我国司法解释在解释何为"情节严重"时，普遍倾向于采取"列举+兜底"的方式进行，即先列举若干情形，再以"其他情节严重"作为兜底性规定，以确保解释的周密性。这样做的根本目的是，当司法实践中出现了无法预判的情形时，能够依照该兜底性规定定罪处罚，这显然是司法入罪的突破口。令人担忧的是，如果高空抛物罪中的"情节严重"仍然采取这种兜底性规定，则可能使该罪变成新的口袋罪，因为"其他情节严重"情形

---

[1] 参见陈洪兵：《"情节严重"司法解释的纰缪及规范性重构》，载《东方法学》2019 年第 4 期，第 89 页。

是无穷无尽的。在司法实践中，为了有效打击犯罪，就可以借助该兜底性规定，将各种影响较大的高空抛物行为解释成"其他情节严重"情形，导致高空抛物罪的潜在犯罪圈变得过于宽泛。本书认为，在解释高空抛物罪中的"情节严重"要件时，没有必要以"其他情节严重"情形作为兜底，只要准确把握上述两个条件即高空抛物的冲击力与是否扰乱公共秩序，便能够做到合理定性与处罚。或许有人认为，不对"情节严重"规定兜底性情形，无法保障处罚的周密性。但即便如此，与规定"其他情节严重"情形危害相比，不作出该项规定总体上是利大于弊的。因为司法实践反复证明，一旦规定了类似"其他情节严重"情形，就很容易为犯罪扩张提供依据，非法经营罪的扩张即为范例。现行刑法规定非法经营罪之后，已经通过了 20 个司法解释将各种未经许可的经营行为纳入规制范围，"在司法实践中，非法经营罪不时被望'名'生意地简单拆解为'违法+经营'这一简单的结构"，[1] 而它的依据正是"从事其他非法经营活动，扰乱市场秩序，情节严重的行为"这一兜底性规定。基于此，高空抛物罪"情节严重"的解释不宜规定类似"其他情节严重"这种兜底性情形，在这一点上，谨记犯罪口袋化对司法实践的危害是有教益的。

（二）激活民事与行政责任机制

合理定位高空抛物罪，需要准确甄别高空抛物行为的性质，以明确归责基础与适用规范。对高空抛物行为的调整主要涉及三种法律规范，分别是民法、行政法与刑法。而在整体法秩序中，民法、行政法是前置法，刑法是保障法，民法与行政法调控不力是导致刑法介入高空抛物的重要原因，但这并不意味着，刑法增设高空抛物罪之后，民法与行政法就要退居二线，相反，在刑法增设该罪之后，民法与行政法也要同步提升调控力度，以避免刑法的过度介入。

在民法与刑法之间，如果民法足以规制高空抛物行为，则不宜作为犯罪处理。《民法典》第 1254 条规定了高空抛物致害的侵权责任，即对于高空抛物造成损害的，原则上应由侵权人承担责任，如果难以确定具体侵权人的，除能够证明自己不是侵权人的外，由可能加害的建筑物使用人给予补偿。高

---

[1] 郑勇：《非法经营罪的扩张：原因及其对策》，载《中国刑事法杂志》2018 年第 1 期，第 104 页。

空抛物致害责任具有广泛性,包括故意和过失责任。具体到现实情境中,高空抛物致害的责任承担主要考虑三个要素,分别是公共安全危险、人身损害和财产损失。对于故意高空抛物的行为能否构成高空抛物罪,要具体考察主客观因素,特别是要在客观上判断行为是否扰乱了公共秩序。对于尚未扰乱公共秩序的高空抛物行为,即使危害了公共安全或者造成了人身、财产损害,也不能认定为本罪,而应当根据该行为的性质及危害性程度确定适用的法律。具体而言,如果造成了轻伤以上的人身损害或者数额较大的财产损失,亦或是对公共安全造成了具体危险,可以在认定故意伤害罪、故意毁坏财物罪或者以危险方法危害公共安全罪的同时要求其承担侵权责任;如果尚未达到具体犯罪入罪标准,则只能要求承担侵权责任。对于过失的高空抛物行为,一般只有对公共安全造成了具体危险,或者造成重伤以上后果,才能够作为犯罪处理。如果行为并未对公共安全造成具体危险,或者只造成了不足重伤的人身损害,由于尚未达到入罪标准,一般不作为犯罪处理,只承担侵权责任。至于过失的高空抛物造成财产损失的,也只要承担侵权责任即可。

在行政法与刑法之间,可以根据高空抛物行为的危害性程度不同,通过司法解释确立"先行政后司法"原则,以建立"有罪不一定罚"的出罪机制,[1]为新罪的贯彻落实预留必要的缓冲空间。在现代社会,高空抛物具有普遍性和不可控性,刑法将高空抛物犯罪化之后,固然能够起到一定的威慑性预防效果,但也要看到它带来的负面效果。相对于传统犯罪而言,风险预防犯欠缺法益侵害性而仅具有法益侵害的危险,它的处罚必要性较弱。特别是,与通常意义上的风险预防犯相比,高空抛物罪具有特殊性,如前所述,它是以保护公共秩序的名义维护公共安全,因此,很多时候只要有高空抛物行为而无需对公共安全造成任何危险,就可以认定犯罪。这也意味着,高空抛物罪的风险防线更为提前,入罪更要慎之又慎。本书认为,基于高空抛物罪的核心逻辑是风险预防,对尚未危及公共安全的高空抛物行为入罪应当进行必要限缩,确立"先行政后司法"原则,即"对于违法行为之制裁,倘有许多措施可行时,宜先运用轻罚,俟不能达到遏阻目的时,才使用重罚",[2]

---

[1] 参见刘艳红:《实质出罪论》,中国人民大学出版社2020年版,第7-8页。
[2] 黄铭杰:《让行政的归行政、司法的归司法——跳脱"先行政后司法"后之"先行政无司法"窘态》,载《月旦法学杂志》2012年第201期,第92-93页。

这一做法契入了公法上的比例原则，更有助于实现处罚的合理性。

问题在于，何种情形的高空抛物行为需要"先行政后司法"？显然，不能要求所有情形的高空抛物行为都适用"先行政后司法"原则，因为这样规定意味着每个人都有一次"犯罪机会"，显然不利于刑法规制高空抛物行为，并可能陷入"先行政无司法"的尴尬境地。根据高空抛物罪的立法逻辑及现实情境，只应对尚未危及公共安全但确实造成了公共秩序混乱的高空抛物行为，宜通过司法解释确立"先行政后司法"原则，具体条文可以表述为："对高空抛物情节严重但尚未危及公共安全的行为，可以只给予行政处罚；经行政处罚之后仍不改正的，依法定罪处罚"。而对于已经危及公共安全的高空抛物行为，如果同时扰乱了公共秩序，直接认定为高空抛物罪即可。理由在于：一方面，增设高空抛物罪的主要目的是预防风险、保护"头顶上的安全"，尚未危及公共安全的高空抛物行为不是本罪重点打击对象。尽管刑法扩张性地将尚未危及公共安全但具有处罚必要性的高空抛物行为纳入处罚范围，但如上分析，这种情形的纳入本身有过度预防嫌疑，很容易激发司法入罪，应当予以限制。立法只要规定这种情形构成犯罪，并重点打击已经危及公共安全的高空抛物行为即足以起到犯罪预防效果，没有必要一律处罚。另一方面，对情节轻微的犯罪适用"先行政后司法"原则具有实体法上的根据。根据《刑法》第37条的规定，对于情节轻微的犯罪行为可以免予刑事处罚，这为"先行政后司法"提供了法律依据。同时，"先行政后司法"也并非通过司法解释设立新的罚则，而只是对《刑法》第37条规定的具体化，提示司法机关在这种情况下可以只给予行政处罚，而在个案中，如果司法机关认为犯罪情节严重的，没有必要"先行政后司法"的，也可以直接依照高空抛物罪定罪处罚。

第五章
新预防主义的穿透性犯罪治理模式

在刑法犯罪体系中,预防性犯罪总体上属于外围犯罪之范畴。传统犯罪治理模式侧重于外围犯罪本身的治理,导致为数众多的外围犯罪被查处而相应的犯罪治理效果却较为有限。究其原因,在于如果将重点放在外围犯罪本身的预防,则难以穿透至整个犯罪体系,导致犯罪治理投入与产出的效益不成正比。新预防主义主张跳出先治标后治本、先外围后核心的渐进性治理模式,转向以核心犯罪治理为重点的穿透性治理模式,这建立在对犯罪结构变迁与犯罪进化趋势的科学认知基础上。

第一节 伴随犯罪进化的预防性犯罪治理困局

作为社会发展的另一面,犯罪总是朝着最有利于自身存续的方向进化,增强隐蔽性、提升扩散性等是所有犯罪进化的本能。受时空环境变化的影响,犯罪进化不仅可能产生新的犯罪类型,也会促使同一犯罪类型发生形态的变迁。[1]犯罪形态、结构与功能的全面进化不仅提升了犯罪治理难度,也为犯罪治理模式转型提供了契机。

一、现代犯罪的进化趋势:以有组织犯罪的网络进化为例

网络技术是有组织犯罪进化的重要驱动力量。在网络技术的加持下,有组织犯罪的"组织性"发生深刻变化,组织特征的"产业链化"、组织形式

---

[1] 参见肖剑鸣等:《犯罪演化论——"入世"后犯罪形态演化的机制及其调控》,北京大学出版社2005年版,第20-21页。

的"多中心化"、组织结构的"扁平化"等,显著增强了犯罪的隐蔽性、扩散性和危害性,进化形成有组织犯罪的新形态——网络有组织犯罪。网络有组织犯罪的演变和发展,使得传统刑法评价模式和犯罪治理手段日渐陷入"双失效"境地,网络化的犯罪组织如何界定、多中心组织的正犯如何识别等,成为困扰理论与实务的共同难题。[1]有组织犯罪的网络进化主要通过"组织性"进化实现,具体方式表现为,舍弃犯罪组织特色鲜明的形式特征,通过融合网络技术的优势调整传统有组织犯罪的组织结构、组织形态和犯罪参与模式,强化犯罪组织的实质功能。

(一)组织形态进化为隐蔽性高的扁平结构

传统有组织犯罪的组织结构是等级化的,犯罪组织形成了自上而下的等级体系,组织成员参与违法犯罪的程度及其刑罚配置亦呈现出等级特征鲜明的梯度关系。刑法中的黑社会性质组织犯罪突出体现这种组织结构特性。在黑社会性质组织从低级到高级的发展过程中,一个重要的特征是组织性的强化,组织性越强即组织内部等级结构越稳固,通常意味着黑社会性质组织所处的发展阶段越高级。[2]根据2018年1月16日最高人民法院、最高人民检察院、公安部、司法部《关于办理黑恶势力犯罪案件若干问题的指导意见》第3条、第4条、第13条等规定,黑社会性质组织的第一特征是组织性,组织结构较为稳固,自上而下形成了组织领导者、骨干分子、其他积极参加者、普通参加者的等级序列,违法犯罪活动通常也以组织名义和有组织的方式实施。与之相适应,刑法对黑社会性质组织内的不同等级成员,配置了轻重有别的刑罚处罚。此外,恐怖组织犯罪、传销组织犯罪等传统有组织犯罪,都以等级森严的组织结构为演化目标。

与之相区别,网络有组织犯罪则是朝着隐蔽性更强的扁平组织结构方向进化,这一过程当然也伴随着组织结构的去等级化。由于传统有组织犯罪受限于犯罪手段和犯罪空间,为了实现控制一定区域、一定行业等目标,必须通过严密的等级体系来强化组织结构,确保组织成员行动的一致性,由此也束缚了有组织犯罪的影响力和辐射范围。在信息网络时代,犯罪人利用网络

---

[1] 参见蔡军:《信息网络型有组织犯罪的特点及认定——兼论反有组织犯罪法第23条》,载《人民检察》2023年第4期,第18页。

[2] 参见陈兴良:《论黑社会性质组织的组织特征》,载《中国刑事法杂志》2020年第2期,第23页。

技术可以实现跨区域联合，原本局限于特定区域的犯罪组织可以通过网络连接散布在全世界任何区域。网络技术与有组织犯罪的深度融合，构建出一种更加安全的扁平组织结构，通过犯罪活动的网络化、犯罪手段的多元化、犯罪组织的去等级化等实现全面的网络进化，刨除传统有组织犯罪可识别性最强的形式特征，显著增强了有组织犯罪的隐蔽性。也因此，网络有组织犯罪"通常没有等级控制结构……与传统犯罪组织不同，网络犯罪组织的成员可能从未谋面"。[1]

扁平组织结构分散了犯罪组织暴露风险，便于犯罪分子隐藏。实证研究表明，网络技术在有组织犯罪中的普遍应用，使犯罪组织辐射范围、可利用的犯罪资源和犯罪手段等得到极大拓展，犯罪行为的暴露风险显著降低。[2]这主要表现在两个方面：

第一，扁平组织结构更有利于犯罪组织嵌入合法经营活动，掩盖其违法犯罪行为。相对于传统有组织犯罪，网络有组织犯罪可以通过技术手段掩盖犯罪组织的形式特征，这类组织在表面上与合法企业并无二致，甚至以合法经营活动为主营业务，涉案主体究竟是合法企业还是犯罪组织难以甄别。与此同时，网络有组织犯罪的查证对电子数据证据依赖性较大，此类证据难获取、易销毁，办案机关犯罪查处难度陡增。

第二，犯罪组织成员之间相互匿名，这种由"陌生人"构成的犯罪组织很少有彼此暴露的风险。而且，扁平组织结构让犯罪组织中的组织者、领导者的特征被淡化，通过网络技术可以源源不断地聚拢外围犯罪人，[3]为数众多的外围犯罪人消耗了大量的司法资源，降低组织者、领导者等核心人物的犯罪风险。

(二) 犯罪参与形式进化为扩散性强的合作模式

网络技术在有组织犯罪中的应用与发展，改变了有组织犯罪的参与形式，犯罪组织的内外关系经历了从共生到合作的进化过程。传统犯罪组织内部是

---

[1] Wall David S., "Dis-organised Crime: Towards a Distributed Model of the Organization of Cybercrime", *The Eurppean Review of Organised Crime*, Vol. 2, No. 2, 2015, p. 73.

[2] See Jian Jie, et. al., "Organized Cyber-Racketeering: Exploring the Role of Internet Technology in Organized Cybercrime Syndicates Using a Grounded Theory Approach", *IEEE Transactions on Engineering Management*, Vol. 69, No. 6, 2022, p. 3727.

[3] See Douglas Husak, "Crimes Outside the Core", *Tulsa Law Review*, Vol. 39, No. 4, 2013, p. 779.

一种损益一体的共生模式,与之相对,网络犯罪组织的成员集中度较低,其往往是由多方所组成的"混合体",各方之间没有明确的等级结构,呈现出平行的合作关系。

在内部关系上,网络有组织犯罪成员之间形成的社会联系不同于传统有组织犯罪成员之间形成的社会联系,彼此的联系并不紧密,"往往属于临时性的'同事'类型,除了在犯罪任务中经常与同类反常者交往,其他情况下一般单独行动"。[1]例如,在有组织的电信网络诈骗犯罪中,组织者仅在具体实施时招募网络水军,这些网络水军彼此并不认识,任务完成后也不再与组织保持联系。[2]

在外部关系上,"有组织犯罪在犯罪链条上被分割为犯罪的上中下游等不同'节点',不同'节点'对应不同的犯罪人或者犯罪团伙",[3]不同"节点"之间是平级且独立的,彼此信息封闭,聚合形成合法、违法与犯罪交织的产业链。有的"节点"可能完全从事合法的商业活动,如某技术公司被犯罪组织所利用而成为犯罪工具,该技术公司缺乏犯罪的主观故意,本身不构成犯罪;[4]也有的"节点"混合了合法经营活动与有组织犯罪,如利用淘宝等平台在出售商品的同时帮助犯罪组织洗钱;[5]还有的"节点"则完全从事违法犯罪活动,如有组织地从事个人信息非法搜集和贩卖活动。[6]上中下游等多个"节点"组合形成产业链,违法犯罪隐藏在合法活动中,引发了犯罪参与人与非参与人的区分、正犯与共犯的界分等定性处罚方面的实务难题。

由此可见,网络空间为有组织犯罪提供更多的犯罪机会,各节点组织的互相合作使犯罪活动的扩散性显著增强。有组织犯罪越是向虚拟维度发展,空间对犯罪的约束就越小,从而犯罪也更容易传播扩散。

---

[1] M. Weulen Kranenbarg, T. J. Holt L., "Offending and Victimization in the Digital Age: Comparingcorrelates of Cybercrime and Traditional Offending-only Victimization-only and the Victimization-offending Overlap", *Deviant Behavior*, Vol. 40, No. 1, 2019, p. 40.

[2] 参见江西省抚州市中级人民法院(2021)赣10刑终155号刑事判决书、福建省漳州市中级人民法院(2021)闽06刑终184号刑事判决书、广东省阳江市江城区人民法院(2016)粤1702刑初497号刑事判决书,等等。

[3] 于冲:《有组织犯罪的网络"分割化"及其刑法评价思路转换》,载《政治与法律》2020年第12期,第56页。

[4] 参见辽宁省营口市站前区人民检察院营站检公诉刑不诉[2019]13号不起诉决定书。

[5] 参见北京市第四中级人民法院(2022)京04刑初18号刑事判决书。

[6] 参见甘肃省白银市白银区人民法院(2021)甘0402刑初202号刑事判决书。

第一，网络有组织犯罪的合作模式改变了犯罪参与形式，实现了犯罪扩散速度的本质提升。网络技术从根本上改变了有组织犯罪的参与形式，即从物理参与到信息参与，参与人无需加入特定的"组织"，只需通过信息网络交互完成分配的任务。在这种犯罪形式中，信息化与数字化是一个核心要素，人类与非人类（机器、网络）的深刻活动，促进了犯罪传播速度的跃迁。[1]

第二，网络有组织犯罪的合作模式提供了更多犯罪机会，大大提升了犯罪活动的扩散范围。网络技术不仅为有组织犯罪提供了更高级的犯罪工具，二者的结合进一步生成了新犯罪机会，具体表现为五个方面：（1）交流机会，即增进犯罪分子之间以及犯罪分子与潜在客户之间的交流；（2）管理机会，即犯罪分子根据需求变化轻松、快速地调整交易，提高犯罪市场的效率；（3）升级机会，即犯罪组织可以更好的根据信息变化进行内部整合提升；（4）关系机会，即通过创建新的交易，扩大有组织犯罪的关系群；（5）渠道机会，即作为了解合作的犯罪组织的新渠道。[2]犯罪机会增多、犯罪关系网增强，促使有组织犯罪中各种类型的网络黑灰产业及其各个环节的全链条扩散。[3]

综上分析，网络有组织犯罪的进化主要通过"组织性"进化实现的，组织结构从等级结构进化为扁平结构，提升了犯罪的隐蔽性，使犯罪暴露周期显著拉长；犯罪参与形式从共生模式进化为合作模式，增强了犯罪的扩散性，使犯罪危害性明显升级。网络有组织犯罪有别于传统有组织犯罪的新形态与新特征，要求刑法治理此类犯罪时必须适应有组织犯罪的网络进化，对网络空间的犯罪组织、犯罪参与行为的性质等重新进行教义学审视。

二、犯罪进化对渐进性犯罪治理模式的双重挑战

传统社会向现代社会的转型变迁，不仅促进了刑法结构的调整更新，也带来了更深层次的犯罪治理模式变革。"为了回应社会治理对安全与稳定的价值诉求，立法活动日益积极，刑法保护日益前瞻，刑事处罚日益严厉，刑法

---

[1] See Wytske van der Wagen, Pieters, "From Cybercrime to Cyborg Crime: Botnets as Hybrid Criminal Actor-networks", *British Journal of Criminology*, Vol. 55, No. 3, 2015, p. 580.

[2] See Anita Lavorgna, "Organised Crime Goes Online: Realities and Challenges", *Journal of Money Laundering Control*, Vol. 18, No. 2, 2015, p. 157.

[3] 参见冀洋：《网络黑产犯罪"源头治理"政策的司法误区》，载《政法论坛》2020年第6期，第67页。

早已由事后惩治犯罪的手段变为事先预防犯罪的工具",[1]刑事立法积极增设外围犯罪,提前干预可能引起法益侵害的行为,刑事司法的关注重心也从核心犯罪转向外围犯罪。[2]然而,这场转型对犯罪治理而言并没有取得预期的治本效果,反而导致外围犯罪"越治越多"、核心犯罪"越治越隐蔽",使刑法评价与刑事治理模式陷入了"双失效"境地。

一方面,立法者在设立外围犯罪时有意识地降低入罪标准,使"疑似犯罪"的违法行为有成为犯罪的可能,[3]增加了罪与非罪的界分难度,对刑法评价提出新挑战。一些过去轻微的违法行为,或者处于中间地带的违法行为,因"疑似犯罪"而有可能被作为犯罪处理。尤其是在信息网络时代,网络将犯罪行为分割为若干独立节点,上中下游的参与人仅需要承担部分功能即可,无需对整体犯罪行为有明确认识,故而并非所有的参与行为都可以评价为犯罪行为,有的行为在性质上仅属于一般违法行为。[4]这些一般违法行为由于和犯罪行为存在事实关联,或者在客观上促进了法益侵害结果的发生,有可能被认定为犯罪。在涉众型违法犯罪中,由于参与人数众多而造成较大的累积性侵害,此时,司法机关陷入了既不愿意放纵犯罪又担忧处罚范围过广的矛盾境地,即"若不将相关行为定罪,刑法的功能就难以发挥;若将它们认定为犯罪,则需要采用某种解释立场和方法帮助说理,否则就面临来自罪刑法定的压力"。[5]例如,在网络暴力违法犯罪中,网民受网络大V的影响挑起情绪,集中对特定个人实施侮辱、谩骂、人肉搜索等网络暴力,此时网民的行为是否构成非法利用信息网络罪、帮助信息网络犯罪活动罪存在较大争议。[6]司法实践中,对于参与网络暴力的行为,少数按照侮辱罪、帮助信息

---

[1] 刘艳红:《积极预防性刑法观的中国实践发展——以〈刑法修正案(十一)〉为视角的分析》,载《比较法研究》2021年第1期,第62页。

[2] See Douglas Husak,"Crimes Outside the Core", *Tulsa Law Review*, Vol. 39, No. 4, 2013, pp. 776-779.

[3] 参见刘艳红:《网络爬虫行为的刑事规制研究——以侵犯公民个人信息犯罪为视角》,载《政治与法律》2019年第11期,第16页。

[4] 参见于冲:《有组织犯罪的网络"分割化"及其刑法评价思路转换》,载《政治与法律》2020年第12期,第54页。

[5] 刘艳红:《网络时代社会治理的消极刑法观之提倡》,载《清华法学》2022年第2期,第178页。

[6] 参见刘晓航:《网络暴力的刑法规制困境及应对》,载《北京社会科学》2023年第5期,第111页。

网络犯罪活动罪处理，部分按照人格权侵权处罚，还有部分未对网络暴力的参与行为本身追究法律责任，而仅将是否引起网络暴力作为承担民事责任的考量情节。[1]又如，在电信网络诈骗、网络赌博（开设赌场）等犯罪中，犯罪分子利用第四方支付平台进行支付结算、洗钱等，此时第四方支付平台是否构成犯罪以及构成何罪也存在疑问。早期司法实践中将第四方支付平台的上述行为认定为"非法从事资金支付结算业务"，进而按照非法经营罪处理；[2]随着第四方支付牌照的开放，对已经取得牌照但客观上搭建第四方支付平台为犯罪分子提供便利的行为，多数情况下按照帮助信息网络犯罪活动罪处理。[3]由于第四方支付平台属于"公用"的支付通道，也有司法机关认为上述情形下第四方支付平台只是被利用的犯罪工具，属于"情节轻微不需要判处刑罚"而酌定不起诉。[4]由此可见，刑法增设外围犯罪虽然扩大了处罚范围，但外围犯罪的规范构造以及现实中违法与犯罪的交织，使刑法在众多外围行为中界分罪与非罪、此罪与彼罪变得更加困难，变相提高了司法实践中"同案不同判"的法治风险。

第二，刑事司法对外围犯罪的重点查处增加了司法过程的选择性，使刑罚的矛头往往指向"脆弱群体"，而核心犯罪人却很少受惩处，难以实现标本兼治。外围犯罪存量众多且增量巨大，当犯罪数量超出司法力量所能负荷的极限时，会形成难以填补的缺口，其结果可能造成选择性司法现象，影响司法过程的公正性，因为"不是每个犯罪的人都能被逮捕和起诉，所以执法必然是有选择的和随意的，而且通常是针对最脆弱的人"。[5]由于"脆弱群体"

---

[1] 笔者分别以"网络暴力""网暴"作为关键词在"中国裁判文书网"进行交叉检索，共检索到有效裁判文书61份，其中有4份按照侮辱罪处理、1份按照帮助信息网络犯罪活动罪处理、23份按照人格权侵权处理，另外33份将引起"网络暴力"作为婚姻家庭纠纷、合同纠纷、知识产权纠纷、劳动争议以及侵权责任纠纷等的情节加以考量。检索日期：2023年8月20日。

[2] 参见江西省宜春市上高县人民法院（2003）赣0923刑初139号刑事判决书、广东省深圳市罗湖区人民法院（2019）粤0303刑初1559号刑事判决书、湖北省武汉市中级人民法院（2018）鄂01刑初122号刑事判决书，等等。

[3] 参见福建省宁德市中级人民法院（2021）闽09刑终152号刑事裁定书、海南省三亚市中级人民法院（2021）琼02刑终46号刑事裁定书、新疆维吾尔自治区巴音郭楞蒙古自治州和硕县人民法院（2021）新2828刑初5号刑事判决书，等等。

[4] 参见新疆维吾尔自治区博尔塔拉蒙古自治州博乐市人民检察院博乐市检刑不诉〔2023〕100号不起诉决定书。

[5] Douglas Husak,"Six Questions About Overcriminalization", *Annual Review of Criminology*, Vol. 6, 2023, p. 277.

如学生、老年人等的风险防范意识较低，容易被犯罪分子所利用，一般也没有反侦查的能力，因而通常最容易成为查处对象。例如，帮助信息网络犯罪活动罪已经成为打击涉信息网络犯罪最有力的外围犯罪，从犯罪查处数量上看，2020年较之2019年同比激增34倍，2021年较之2020年同比再增超17倍；对该罪的犯罪主体进行画像，发现18—28岁的被告人占比最高，达到55.09%，学生群体比例高。[1]据有关统计显示，截至2022年11月底，全国共抓获涉信息网络犯罪嫌疑人15.6万名，[2]而全年抓获的电信网络违法犯罪的犯罪集团头目和骨干为351名，[3]核心犯罪人被抓获的数量仅为外围犯罪人的千分之二左右，相对而言明显偏少。当外围犯罪成为刑事治理的重心，将有可能引起刑事司法的不公正，因为这使得刑事司法中可能"隐藏着一个酌情分配刑事处罚的系统的面纱"，[4]将刑事司法的力量导向容易被查处的"脆弱群体"，而危害性更大的核心犯罪人却较少被查处，也愈发远离标本兼治的司法善治目标。

本书认为，外围犯罪的有效治理不能"头痛医头"，将过多司法资源投入到外围犯罪本身的惩处，而应当立足于犯罪进化逻辑对其进行深层次的犯罪学分析，推动形成标本兼治的治理方案。鉴于此，以下将从当前外围犯罪的治理困境出发，提出一种称之为犯罪有机体论的理论，尝试解构外围犯罪与核心犯罪在犯罪社会学层面的规范关联，在此基础上提倡以瓦解核心犯罪为重点的外围犯罪穿透性治理策略。

第二节 新预防主义的穿透性治理模式之确立与展开

刑法重点打击外围犯罪遵循的是先治标后治本的传统治理思路，即先将

---

[1] 参见中国司法大数据研究院：《涉信息网络犯罪特点和趋势（2017.1-2021.12）》，载 http://www.count.8N.cn/zixun/xiangqing/368121.html，最后访问日期：2023年9月20日。

[2] 参见扬子晚报网：《最高检：破获电信网络诈骗案39.1万起》，载 https://www.yangt.se.com/zn-content/2656200.html，最后访问日期：2023年7月23日。

[3] 参见《打击治理电信网络新型违法犯罪成效明显 2022年共破案46.4万起缉捕犯罪集团头目和骨干351名》，载 https://cn.chinadaily.com.cn/a/202305/30/WS6475e77aa310537989376b68.html，最后访问日期：2023年7月7日。

[4] William J. Stuntz, "The Pathological Politics of Criminal Law", *Michigan Law Review*, Vol. 100, No. 3, p. 599.

外围犯罪行为清理干净，再将司法力量集中到核心犯罪行为的治理，渐进推动标本兼治。这种治理思路对大多数犯罪的治理而言是奏效的，然而，其在面对存量多、增量大、"群体基数"广泛的外围犯罪治理时却陷入前所未有的困局，亦即外围犯罪在绝对数量上已超出治理能力负荷，在外围犯罪治理上投入的司法资源不仅未能取得预期的治标效果，而且让针对核心犯罪的根治策略难以启动。产生这种困局的根源在于，外围犯罪不是孤立的存在，而是犯罪整体的有机组成部分，司法实践对外围犯罪的定位认知不清，导致治理思路与真实需求存在明显错位，犯罪治理的投入与收益严重不成比例。

一、外围犯罪与核心犯罪的规范关联：基于犯罪有机体论

美国学者乔治·弗莱彻较早提出了核心犯罪与外围犯罪的区分，其认为刑法中包含着一个核心，也隐喻地指出刑法中还存在着一个包绕核心的外围。关于核心犯罪的界定，乔治·弗莱彻主要采取历史标准，认为核心犯罪主要是长期以来受到英美司法辖区所确认，并由《模范刑法典》所规定的罪行。[1]也有观点认为，核心犯罪的概念是规范性的，主要是指向刑法中那些行为的危害性确定的犯罪，即实害犯。[2]然而，刑法中的犯罪并非一成不变，核心犯罪与外围犯罪会随着刑法的演化而发生变化，这一时期的核心犯罪可能在另一时期是外围犯罪，甚至可能不是犯罪；反之亦如此。因此，无论是历史维度还是规范维度，都是一种静态的观察，无法解释核心犯罪与外围犯罪及其相互关系的动态可变化性，对这两个概念进行犯罪学意义上的动态分析更具有价值。

（一）设立外围犯罪的规范目的考察

在犯罪社会学层面，外围犯罪顾名思义是指围绕特定核心行为存在的犯罪，它主要有两种类型：一种是派生型外围犯罪（derivative peripheral crime），这类犯罪不仅在保护法益上较之核心犯罪提前，而且其发生过程依托于核心犯罪，"因核心而生"是这类外围犯罪的主要特征，[3]如帮助信息网络犯罪

---

[1] See George P. Fletcher, "Dogmas of the Model Penal Code", *Buffalo Criminal Law Review*, Vol. 2, 1998, pp. 3-5.

[2] See Douglas Husak, "Crimes Outside the Core", *Tulsa Law Review*, Vol. 39, No. 4, 2013, p. 778.

[3] See Abrams Norman, "The new ancillary offenses", *Criminal Law Forum*, Vol. 1, 1989, pp. 5-17.

活动罪依托于被帮助的犯罪行为、洗钱罪（掩饰、隐瞒犯罪所得、犯罪所得收益罪）依托于上游的犯罪行为、非法利用信息网络罪依托于关联的犯罪行为等都属于这种类型。另一种是兜底型外围犯罪（catchall peripheral crime），其罪状中规定了相对模糊的构成要件，允许通过灵活解释确保"司法不漏"，作为核心犯罪的补充。换言之，当某种行为无法符合核心犯罪的构成要件且司法机关又不愿意放弃对相关行为的处罚时，这类犯罪往往被适用，[1]如非法经营罪、非法获取计算机信息系统数据罪等。需要注意的是，有的犯罪虽然在规范构造上表现为对实体法益进行提前保护，但在犯罪发生的意义上，其与相关犯罪并不存在共存、依附等紧密关系，不在本研究所探讨的外围犯罪之列。例如，危险驾驶罪之于交通肇事罪、危险作业罪之于重大责任事故罪、准备实施恐怖活动罪之于参加恐怖活动罪等，虽然在保护法益上有着"前置后置"关系，但是这些犯罪的发生相对独立，不存在因谁而派生或为谁而兜底的问题，通常也并不会产生刑法评价的牵连，因此不属于外围犯罪的范畴。

外围犯罪的类型性特征决定了其规范目的的二重性，具言之，其设立既具有犯罪"概念"意义上的文本目的，又具有犯罪"类型"意义上的隐含目的。立法者借规范调整社会关系是以评价为基础的，而立法设置评价规则主要采取两种方式：一种是依靠"概念"，另一种是依靠"类型"。相对于应用"概念"，当立法者运用"类型"设置规则时，所形成的规范具有更大的作用范围和评价空间。因为"类型"比"概念"有更宽泛的外延，其不需要使所有要素均保持精确化、特定化，只要从"整体来看"符合即可归入同一类型，因而"类型"实质是"概念"的抽象集合。[2]立法者依不同形式设置规范，意在调控规范的评价空间，藉以传达不同层次的规范目的。依"概念"设置的立法的评价空间较小，其规范目的通常可以从法律文本中直接读取，即"从法律文义的表达中可以得出立法者的规范意图与具体规范的目的"，[3]故

---

[1] See Eugene Kontorovich, "the Parochial Uses of Universal Jurisdiction", *Notre Dame Law Review*, Vol. 94, No. 3, 2019, pp. 1420-1425.

[2] 参见［德］卡尔·拉伦茨：《法学方法论》，陈爱娥译，商务印书馆2003年版，第95-97页。

[3] ［德］伯恩·魏德士：《法理学》，丁晓春、吴越译，法律出版社2013年版，第315-316页。

大体而言，法律文本的适用过程也是此种意义上规范目的的实现过程。而依"类型"设置的立法除了法律文本层面的规范目的之外，还可能蕴含超越文本或文本未能传达的隐含目的，这种目的并非单纯通过法律适用所能揭示，还要在"符合规范或准则意旨"的条件下进行更加精确的价值判断。〔1〕刑法中的外围犯罪，与其说是一个犯罪"概念"，毋宁说是一种犯罪"类型"，其在事实上由若干犯罪"概念"所组成。例如，帮助信息网络犯罪活动罪涵括了以信息网络手段为诈骗、盗窃、开设赌场、贩卖淫秽物品等具体违法犯罪提供技术帮助的行为，其实质是诈骗罪的帮助犯、盗窃罪的帮助犯、开设赌场罪的帮助犯、贩卖淫秽物品罪的帮助犯等若干具体犯罪"概念"之集合。又如，由于数据具有载体和内容、形式和实体的双重属性，根据数据所承载的具体利益不同，非法获取计算机信息系统数据罪可以与盗窃罪、侵犯公民个人信息罪、侵犯商业秘密罪等若干犯罪"概念"相关联，故以数据形式呈现的各种利益都可以归入该罪的涵摄范围。正因为外围犯罪实质是犯罪"概念"之集合，其规范适用需要进行二重的规范目的的考察。〔2〕

刑法设立外围犯罪的第一层规范目的即法律文本目的，是通过刑法禁止外围犯罪所规制的行为本身。在法律文本意义上，外围犯罪与其他犯罪一样，都是以禁止性规范对特定行为进行否定性评价，以实现行为规制机能。〔3〕考察外围犯罪的立法理由及运作逻辑，其设立通常源于社会治理中出现了新侵害形式或新类型的侵害行为，而与之相对的前置法治理却未能及时跟进，激发了刑法的介入。特别是在新技术新业态发展的早期，由于国家管理的相对滞后往往会经历一段时期的"野蛮生长"，产生了较多与新技术新业态伴生的失范行为，这些行为的调控超出了民法、行政法等前置法的功能负荷，需要更加高效能的治理措施。所谓"重典治乱"并不当然由于"重典"所针对的行为中单个行为的危害性很大，而往往可能是由于某一领域的社会秩序过于混乱而导致缓和的治理措施难以奏效，即社会秩序的混乱程度与治理措施的强度呈现出正相关关系，此时"重典"尤其是刑法有了介入的必要，这也符

---

〔1〕 参见［德］卡尔·拉伦茨：《法学方法论》，陈爱娥译，商务印书馆2003年版，第95页。
〔2〕 参见［德］卡尔·拉伦茨：《法学方法论》，陈爱娥译，商务印书馆2003年版，第94页。
〔3〕 参见［日］平野龙一：《刑法的基础》，黎宏译，中国政法大学出版社2016年版，第73-75页。

合犯罪治理中刑事政策的运作规律。[1]尽管单独来看，外围犯罪对应的具体行为的危害性通常较为轻微，但海量轻微危害行为的累积性侵害对社会秩序的扰乱程度不容忽视，如果不能快速且强有力地清理为数众多的轻微危害行为，则有可能演变成"千里之堤，溃于蚁穴"的不良后果，于是，短期内见效最显著、处罚最严厉的刑法成为了治理的首选，通常表现为增设新的外围犯罪。

刑法设立外围犯罪的第二层规范目的即法律隐含目的，则存在于外围犯罪与核心犯罪的规范关联中。外围犯罪并不是彰显"自体恶"的犯罪，对犯下这些罪行的人单独进行惩罚的合理理由尚未得到证实，如果不将其置于与核心犯罪的规范关联中，则无法找到核心之外惩罚这些"犯罪人"的正当理由。[2]从静态的保护法益来看，外围犯罪系提前为法益保护设置的屏障，具有鲜明的预防主义倾向。例如，刑法增设帮助信息网络犯罪活动罪、非法利用信息网络罪源于传统犯罪的网络异化以及网络空间出现大规模的新侵害形式，是为了"设置较低的入罪门槛，以适当减小取证工作难度，对网络犯罪'打早打小'"。[3]在此意义上，设置外围犯罪的目的是为了预防核心犯罪。从动态的犯罪发生来看，外围犯罪分为派生型和兜底型，其因核心犯罪而派生、为核心犯罪而兜底。无论是从保护法益还是犯罪发生角度进行分析，外围犯罪都是围绕核心犯罪而设立的，由此决定，外围犯罪的有效治理需要充分考量其与核心犯罪的关联性。

在当前司法实践中，外围犯罪一般被视为独立的犯罪类型，在治理时注重外围犯罪本身的分类治理，将外围犯罪行为具体拆分为帮助信息网络犯罪活动罪、特定犯罪的帮助犯、洗钱罪、掩饰、隐瞒犯罪所得、犯罪所得收益罪等不同类型，并进行独立评价，而没有与核心犯罪建立治理策略上的实质关联。然而问题在于，如果对外围犯罪进行孤立的评价，则难以揭示犯罪的整体发生机制，导致刑法评价的分割化；如果将重点放在外围犯罪的"局部

---

[1] 参见陈兴良：《刑法教义学与刑事政策的关系：从李斯特鸿沟到罗克辛贯通——中国语境下的展开》，载《中外法学》2013年第5期，第998页。

[2] See Douglas Husak, "Crimes Outside the Core", *Tulsa Law Review*, Vol. 39, No. 4, 2013, pp. 777-778.

[3] 周加海、喻海松：《〈关于办理非法利用信息网络、帮助信息网络犯罪活动等刑事案件适用法律若干问题的解释〉的理解与适用》，载《人民司法》2019年第31期，第25页。

精准治理",则会一直占用大量的司法资源,导致犯罪治理长期僵持在治标阶段。

(二)外围犯罪与核心犯罪的有机体论之提出

外围犯罪与核心犯罪在保护法益上的"前置后置"关系、外围犯罪对核心犯罪构成要件的变通以及外围犯罪在犯罪发生层面对核心犯罪的依附关系,导致外围犯罪人容易暴露而成为司法实践中主要的查处对象。对于司法机关而言,位于犯罪圈最外层的外围犯罪不仅可选择的入罪对象更多,而且在认定时的证明标准也更低,查处难度较小,为快速完成办案任务提供了更优选择。近年来,司法机关在打击电信网络诈骗犯罪、网络赌博犯罪、涉虚拟货币犯罪、黑恶势力犯罪、经济犯罪以及执法信息搜集等过程中,外围犯罪的适用异常活跃。据2022年最高人民检察院工作报告显示,2021年全国起诉人数最多的十大犯罪中帮助信息网络犯罪活动罪位列第三,并且继续呈现倍增趋势。[1]2023年8月25日最高人民法院发布的《关于帮信罪司法治理的调研报告》也指出,近几年帮助信息网络犯罪活动罪的高发趋势依旧明显,没有任何减缓的势头。[2]

然而,外围犯罪人容易被查处不等于外围犯罪容易被治理。由于外围犯罪在构成要件上接近于行为犯,只要行为人实施了类型性的行为,即可认定具有刑事违法性,只要在客观上对他人实施犯罪起到促进作用,即可推定其主观上存在"明知",而不需要进行司法上的具体判断。[3]同时,外围犯罪基本上都是法定犯,公众对其法感知不强,再加上外围犯罪如帮助信息网络犯罪活动罪所规制的提供"两卡"给他人使用的行为具有社会生活上的相当性,以及为他人提供程序开发、互联网接入等技术支持的行为具有市场交易上的通常性,亦即许多外围犯罪行为在外观上与日常生活中的行为可能并无二致,故而外围犯罪有非常广泛的"潜在群众基础",我们每个人都有成为外围犯罪人的机会。也因此,无论外围犯罪人被查处多少,核心犯罪人总能快

---

[1] 参见张军:《最高人民检察院工作报告——2022年3月8日在第十三届全国人民代表大会第五次会议上》,载《中华人民共和国最高人民检察院公报》2022年第2号,第411—420页。

[2] 参见最高人民法院刑事审判第三庭:《关于帮信罪司法治理的调研报告》,载《人民法院报》2023年8月25日,第4版。

[3] 参见刘艳红:《网络犯罪帮助行为正犯化之批判》,载《法商研究》2016年第3期,第18—22页。

速找到合适的替代者，将其转化为新的外围犯罪人，犯罪治理陷入治之不尽的循环之中。最高人民法院调研指出，帮助信息网络犯罪活动罪的门槛低，初犯人员占比较高，大量人员是受欺骗、蒙蔽而实施犯罪，涉罪群体类型多，未成年人、在校生等对违法犯罪辨识能力不强的群体正成为重点发展对象。[1] 初犯比例较高、群体类型多以及容易不断拓展新群体等特征表明帮助信息网络犯罪活动罪等外围犯罪具有广泛的人员基础，司法实践中针对外围犯罪本身的治理不仅难以实现清存量、降增量的治标目的，也实质阻碍了治本方案的推进。

实质上，外围犯罪治理困局的形成是犯罪进化的结果，反映了核心犯罪人通过外围犯罪人掩藏自身、降低暴露风险的进化趋向。有实证研究表明，网络有组织犯罪中被查获的往往是外围犯罪，与之伴随的是核心犯罪的查处难度大增、查处周期显著拉长。[2] 外围犯罪人之所以容易暴露，也可以说是核心犯罪人有意为之，因为通过相互协作，核心犯罪人有意识地将犯罪活动中容易暴露的风险事项转移给外围犯罪人，自身仅保留风险较低的核心功能。例如，在电信网络诈骗中，诈骗犯罪分子之所以将"供卡"环节转移给他人，是因为电话卡、银行卡中包含大量的个人信息，司法机关很容易通过技术侦查手段获取电话卡内的通话记录、银行卡内的资金流动，快速锁定电话卡、银行卡的持卡人，因而"供卡"行为具有很高的暴露风险，司法实践在打击电信网络诈骗犯罪中查处得最多的也正是"供卡"等外围犯罪人，涉帮助信息网络犯罪活动罪案件中八成左右的案件都是"两卡"案件，多为向上游犯罪提供支付、套现、取现工具。[3] 再如，在网络赌博、贩卖淫秽物品等犯罪链条中，下游为赃款提供支付结算业务的行为本身就受到严格监管，监管部门会对资金的来源、流向等进行全面的实时监控，故这类犯罪行为的暴露风险极高。又如，在网络暴力违法犯罪中，组织者之所以大量招募素不相识的网络水军，除了促进网络暴力的快速传播之外，也有将容易暴露的实行行为

---

[1] 参见最高人民法院刑事审判第三庭：《关于帮信罪司法治理的调研报告》，载《人民法院报》2023 年 8 月 25 日，第 4 版。

[2] See Jian Jie, et. al. , "Organized Cyber-Racketeering: Exploring the Role of Internet Technology in Organized Cybercrime Syndicates Using a Grounded Theory Approach", *IEEE Transactions on Engineering Management*, Vol. 69, 2020, p. 3727.

[3] 参见最高人民法院刑事审判第三庭：《关于帮信罪司法治理的调研报告》，载《人民法院报》2023 年 8 月 25 日，第 4 版。

转移给网络水军的目的,而且"陌生人"的成员构成进一步降低了核心人物的暴露风险。总之,通过将风险事项转移给外围犯罪人,核心犯罪人不仅藉由易查处的外围犯罪人消耗了大量的司法力量,而且明显提高了自身的隐蔽性。

基于以上分析,笔者提出一种体现犯罪进化特性的犯罪有机体论,用以揭示外围犯罪与核心犯罪规范关联的底层逻辑,为有效犯罪治理策略的形成提供理论基础。具言之,在犯罪社会学层面,外围犯罪与核心犯罪已经组合形成了犯罪有机体,二者存在类似于有机体般的运行规律,整个犯罪活动被进行了实质的功能分割,外围和核心如同有机体中的"器官"分别承担不同功能,通过外围犯罪与核心犯罪之间的深度配合完成犯罪任务。这种有机体特性主要体现在三个方面:

其一是协作性,即一次完整的犯罪活动,需要核心犯罪与外围犯罪的功能协作。核心犯罪人将风险较大的事项转移给外围犯罪人,将犯罪活动划分为若干功能节点,此时外围犯罪人与核心犯罪人之间并非传统犯罪组织的等级关系,而是平等的协作关系。例如,电信网络诈骗犯罪通常可以切割为四个平等协作的功能节点:一是提供个人信息的节点,主要用于针对被害人定制"专属剧本";二是实施诈骗的节点,主要任务是骗取被害人的财物;三是提供"两卡"的节点,主要用于诈骗资金的接收、转移;四是变现的节点,主要负责控制诈骗所得财物。从犯罪进化的角度来看,有机体的功能协作一方面提升了核心犯罪人的隐蔽性,整个犯罪过程极力淡化与核心犯罪人有关的线索。这种有机体不同于传统犯罪组织,核心犯罪人与外围犯罪人之间没有等级关系,他们可能从未谋面,在这种"陌生人"的合作模式中,即使外围犯罪人被频繁抓获,核心犯罪人也几乎没有暴露风险。[1]另一方面,广泛的协作对象扩大了犯罪的传播空间,也为核心犯罪人提供了更多的犯罪机会。[2]

其二是代偿性,即犯罪有机体是一个整体,存在可替代的外围,外围犯罪的局部缺失会由其他部分替代补偿,从而维持有机体的正常运作。这种代

---

[1] See David S. Wall, "Dis-organised Crime: Towards a Distributed Model of the Organization of Cybercrime", *The European Review of Organised Crime*, Vol. 2, No. 2, 2015, p. 73.

[2] See Anita Lavorgna, "Organised Crime Goes Online: Realities and Challenges", Journal of Money Laundering Control, Vol. 18, No. 2, 2015, p. 157.

偿机制与生物学类似,可以将承担具体功能的节点视为有机体的"器官",部分非核心"器官"的损坏并不会破坏有机体的运行,这类可替代的"器官"在犯罪有机体中指代外围犯罪。例如,在有组织的电信网络诈骗犯罪中,下游的取钱变现节点被司法机关查处,可以由其他节点替代,如诈骗行为的实行者完全可以自行取钱和变现而无需借助他人。可见,犯罪有机体具有更加灵活的结构,外围犯罪被查处并不会对有机体的运作产生根本影响。

其三是可再生性,确切地说是外围犯罪的可再生性,具体而言,外围犯罪被查处后可以从广泛的群体基础中得到快速补充,实现功能节点的"再生",进而完全恢复有机体的功能,这体现了犯罪有机体相较于非有机体的犯罪(包括传统有组织犯罪)而言具有更强大的生命力。有机体的代偿是有极限的,如果临时代偿的功能一直得不到矫正,则可能引起有机体的结构性失衡。因此,犯罪有机体还存在第三个特性,其具备一种再生机制,能够及时补充有机体中被临时代偿的功能,从而将有机体运作恢复至最佳状态。在近期涉信息网络犯罪治理中,打击外围的帮信行为被寄予了很高期待,认为这是"断链条"的有效策略。例如,为了提升涉信息网络犯罪链条上负责技术支持、引流、资金转移、提现等环节外围行为的侦办效率,2022年8月26日最高人民法院、最高人民检察院、公安部《关于办理信息网络犯罪案件适用刑事诉讼程序若干问题的意见》规定了电子证据采信规则与跨区域取证规则,实质扩大了帮信行为的打击范围;[1]又如,2022年3月22日,最高人民法院刑事审判第三庭、最高人民检察院第四检察厅、公安部刑事侦查局《关于"断卡"行动中有关法律适用问题的会议纪要》中也将着重打击提供"两卡"等帮信行为作为遏制电信网络诈骗犯罪的重要策略。然而从结果来看,司法机关虽然查处了大量的帮信行为,但是有关统计资料显示,涉信息网络犯罪增长势头却没有得到遏制。[2]其根源在于,有机体中外围犯罪的再生机制赋予了其强大的生命力,针对外围犯罪的"断链条"措施无法真正斩断犯罪链条,更无法实现全链条治理。

正是由于外围犯罪与核心犯罪所组成的有机体具备协作性、代偿性、可

---

[1] 参见周加海等:《〈关于办理信息网络犯罪案件适用刑事诉讼程序若干问题的意见〉的理解与适用》,载《中国应用法学》2022年第5期,第57-58页。

[2] 参见中国司法大数据研究院:《涉信息网络犯罪特点和趋势(2017.1-2021.12)》,载 https://count.8N.cn/zixun/xiangqing/368121.html,最后访问日期:2023年9月20日。

再生性，真正对有机体运作起核心、不可替代作用的核心犯罪被深度隐藏，暴露于表层的外围犯罪又是引诱司法执法机关消耗力量的"工具"。因此，司法机关重点打击外围犯罪无法对有机体造成根本伤害，使犯罪治理始终停留在"数量"的清理而治理"质量"却难以得到根本提升。外围治理困局的突破需要从治理模式上进行深刻转型。

（三）有机体论的事实验证：以网络犯罪组织有机体为视角

学界有力观点认为，网络有组织犯罪区别于传统有组织犯罪的重要特质在于其犯罪组织的"节点化"，各个节点保持相对独立，分别位于犯罪的上中下游，有组织犯罪活动被网络分割为若干部分，由不同节点对应的组织具体完成。这种观点立足于有组织犯罪的网络"分割化"趋势，即过去的一个犯罪组织被网络分割为若干节点，不同节点承担着不同功能。受此影响，传统犯罪组织的评价模式难以为继，需要构建一种去中心化、去组织化的有组织犯罪评价模式，这种观点可以称之为节点理论。[1]

节点理论虽然对有组织犯罪的网络"分割化"有较为清晰的认识，但是其主张有组织犯罪的去组织化、去中心化，与网络有组织犯罪进化的逻辑相悖。尽管网络犯罪组织的"组织性"较为松散，组织的整体功能被网络所分割，但如前分析，这种现象并不是传统有组织犯罪"组织性"的退化或解体，相反，传统有组织犯罪向网络迁移进化，克服了传统犯罪组织的主要缺陷，降低有组织犯罪的暴露风险，并最大化激发了网络犯罪组织的资源优势和传播能力。因此，认为网络有组织犯罪是一种"无组织的有组织犯罪"，以及组织中"无居中指挥的人员"，[2]是一种误解。从本质上看，网络犯罪组织是一种新型的犯罪组织，其具有更强的组织功能和犯罪能力。

本书认为，当下的网络犯罪组织已经超出了节点理论所能解释的极限，节点与节点的深度合作形成的犯罪组织具有"拟人"的特性，犯罪组织模仿有机体的功能，通过节点与节点的功能配合可以自适应地完成犯罪任务。因

---

[1] 参见龙宗智：《有组织犯罪案件分案审理问题研究》，载《法学研究》2021年第3期，第155-157页；于冲：《有组织犯罪的网络"分割化"及其刑法评价思路转换》，载《政治与法律》2020年第12期，第47页；莫洪宪：《中国犯罪参与理论的本土构建与刑事实践——以有组织犯罪为视角》，载《政法论丛》2023年第2期，第15-16页。

[2] 参见莫洪宪：《中国犯罪参与理论的本土构建与刑事实践——以有组织犯罪为视角》，载《政法论丛》2023年第2期，第19-22页。

此，正确解构网络犯罪组织，应当在节点理论的基础上再进一步，提倡网络犯罪组织的有机体论。所谓网络犯罪组织的有机体论，系指网络犯罪组织并非若干节点的简单结合，其内部存在类似于有机体的运行规律，每个节点既具有存在形式的独立性，又具有犯罪功能的互补性，它们如同有机体的一个个部件或"器官"一样功能相互补充，共同完成犯罪组织的犯罪活动。这种有机体内在的功能互补关系，是网络犯罪组织完成犯罪任务的重要机制保障。

第一，网络有组织犯罪的组织性，突出体现为有机体的功能协作。有组织犯罪的功能实现方式由其组织结构所决定，扁平组织结构决定了网络犯罪组织为了达成犯罪目标，可以让不同节点、不同组织相互协作，而无需建立一个容易暴露的传统犯罪组织。换言之，组织结构、组织形态等形式的变化，并没有改变网络有组织犯罪的组织性的实质，犯罪活动仍然围绕着组织行为展开。例如，在有组织的网络暴力犯罪中，网络水军之所以实施网络暴力，并不是其自发形成的，而是按照网络暴力发起者、组织者的要求，集中针对特定对象实施，其行为受到网络暴力发起者、组织者的约束。与之相对，网民自发形成的针对特定对象的网络暴力，由于欠缺组织性要件，不能称之为网络有组织犯罪，通常仅作为一般意义上的违法行为承担侵权责任，并由平台承担治理责任。[1]2019年7月23日最高人民法院、最高人民检察院、公安部、司法部发布的《关于办理利用信息网络实施黑恶势力犯罪刑事案件若干问题的意见》第9条、第10条也规定，网络恶势力、网络恶势力犯罪集团以及网络黑社会性质组织的成立必须具备组织性要件，即使相互未见面、彼此不熟识，只要有组织地利用信息网络方式实施违法犯罪，不影响对组织特征的认定。由此可见，网络有组织犯罪一般有明确的职责分工、参与规则等，是否有等级关系、是否相互认识并不影响组织性判断，组织性仍然是网络有组织犯罪的核心要件，网络犯罪组织更加强调实质功能，其组织性体现在统一犯罪目标驱动下各节点的实质功能协作。

第二，作为传统组织的进化形态，网络犯罪组织具有更强的生命力，有机体内部的代偿关系使得"断链条"不足以影响其运作。为了有效打击电信

---

[1] 参见刘艳红：《理念、逻辑与路径：网络暴力法治化治理研究》，载《江淮论坛》2022年第6期，第21页。

网络诈骗活动,切断其犯罪链条,近年来最高人民法院、最高人民检察院、公安部先后多次部署了"断卡"行动,从严从重打击为电信网络诈骗犯罪分子提供银行卡、电话卡的"两卡"犯罪,并以司法解释、司法政策的形式予以确证。[1]例如,2021年6月17日,最高人民法院、最高人民检察院、公安部发布《关于办理电信网络诈骗等刑事案件适用法律若干问题的意见(二)》,强调对电信网络诈骗上下游犯罪的全链条打击,上游犯罪主要包括非法提供个人信息行为以及提供"两卡"的供卡行为,下游犯罪主要是为电信网络诈骗犯罪取现、"洗钱"等行为。又如,2022年3月22日,最高人民法院刑事审判第三庭、最高人民检察院第四检察厅、公安部刑事侦查局发布《关于"断卡"行动中有关法律适用问题的会议纪要》,提出要深入推进"断卡"行动,进一步斩断电信网络诈骗犯罪的上下游链条。经过以上行动部署,2022年电信网络新型违法犯罪治理成效显著,共破案46.4万起,缉捕犯罪集团头目和骨干351名。[2]

然而,自"断卡"等行动实施以来,司法机关查处的电信网络违法犯罪数量每年都保持高速增长,却没有向下发展的势头,这表明,当前电信网络诈骗违法犯罪的治理可能并没有取得预期的治本效果,断链条的思路并不能从根本上遏制网络有组织犯罪。本书认为,有机体内在的代偿关系使得网络犯罪组织的链条难以被真正斩断,因为无论是上游的非法提供个人信息和"供卡"行为,还是下游的"洗钱"行为,都可以通过信息网络渠道快速寻找替代对象,上游和下游链条的临时断裂不会对网络犯罪组织产生根本影响,这也是断链条思路难治本的根源所在。

第三,有机体成熟的功能分化,促进有组织犯罪从单中心发展为多中心。有观点认为,网络有组织犯罪的节点化,使有组织犯罪的中心被淡化,形成无中心的犯罪组织结构。[3]这种观点主要借鉴了网络区块链技术去中心化的

---

[1] 参见刘为军:《论电信网络诈骗的生态治理——以〈反电信网络诈骗法〉为主要研究样本》,载《法学论坛》2023年第4期,第101页。

[2] 参见《打击治理电信网络新型违法犯罪成效明显,2022年共破案46.4万起,缉捕犯罪集团头目和骨干351名》,载https://cn.chinadaily.com.cn/a/202305/30/WS6475e77aa310537989376b68.html,最后访问日期:2023年7月7日。

[3] 参见秦雪娜:《区块链技术背景下参与犯的转型与刑法的体系应对》,载《法律科学(西北政法大学学报)》2020年第5期,第98页。

技术逻辑,[1]然而,以技术逻辑替代对犯罪组织的刑法评价,这种做法值得商榷。刑法评价网络有组织犯罪,不仅需要确定其组织性,还要进一步对其成员性质予以甄别,区分正犯与共犯。如果一个网络犯罪组织没有中心,则在刑法上对谁是组织者、谁是正犯都将难以精确评价,换言之,无中心论难以明确网络犯罪组织的组织性及其成员性质。实际上,刑法对网络有组织犯罪的中心化评价,与技术逻辑上的去中心化,并没有实质冲突。认为网络犯罪组织是有中心的犯罪组织,在技术逻辑上也具有可解释性。网络对犯罪组织的"节点化"分割,主要影响了犯罪组织结构,组织行动不再围绕单一的中心。然而,网络犯罪组织的演化并不会停留于节点化阶段,当其进化至功能成熟的有机体阶段,单中心将会变为多中心,每个中心承担独立功能,这种认识对于刑法评价犯罪组织及其成员的行为具有重要参考价值。

二、外围犯罪治理模式转型:从渐进性治理转向穿透性治理

犯罪有机体论表明,当前外围犯罪的治理策略已经陷入困局,在外围犯罪上投入过多的治理成本,不仅消耗了原本十分有限的司法资源,而且对"脆弱群体"形成无差别打击,容易引发新的社会治理问题。[2]传统渐进性治理模式侧重打击外围犯罪本身,系基于局部主义思维,其无法突破海量外围犯罪形成的"屏障",因而实际治理效果不佳。穿透性治理模式基于有机体论的整体主义思维,直接穿透"屏障"针对核心犯罪,核心犯罪被清除后整个有机体如同"心脏死亡",外围犯罪随之快速"消亡"。因此,突破外围犯罪治理困局的关键在于,从渐进性治理模式转向穿透性治理模式。

(一)有机体论对外围犯罪有效治理策略的指引

有效性是评估犯罪治理情况的一个基础指标,犯罪学的"生命力在于依据它所制定的犯罪预防策略在现实中有效",[3]它也应该成为"犯罪治理研究中最重要的内容",[4]选择何种治理策略首要考虑其犯罪治理效果。犯罪治

---

[1] 参见[英]凯伦·杨:《区块链监管:"法律"与"自律"之争》,林少伟译,载《东方法学》2019年第3期,第121页。

[2] 参见黄俊杰:《电信网络诈骗犯罪治理难题及应对》,载《中国检察官》2021年第17期,第13-14页。

[3] 王瑞山:《2022年我国犯罪学研究述评》,载《犯罪研究》2023年第2期,第11页。

[4] 王瑞山:《2022年我国犯罪学研究述评》,载《犯罪研究》2023年第2期,第11页。

理的有效性是一种经验性评估,通常可以借助实证研究测量,但经验逻辑的生成过程也要有可靠的理论作为指导,否则也容易产生经验主义错误,难以确保治理策略的科学性与治理效果的稳定性。换言之,经验主义判断是相对有限的,它既是探索有益经验的过程,同时也有可能成为试错的过程,需要刑法学的规范判断予以指引和矫正。[1]事实上,当前外围犯罪治理困局的形成与经验主义逻辑存在直接关联,具体表现为,对外围犯罪的治理仍然沿用传统犯罪治理经验,采取先治标后治本方案,而没有对犯罪进化趋势、犯罪有机体的形成等进行深入的理论考量,治理策略的针对性不强、有效性较差。据此,有效性这一犯罪治理指标不仅具备理论上的可解释性,而且对其进行先验的理论评估是形成科学犯罪治理策略的重要保障。从外围犯罪既往的治理经验中可以总体提炼出不同的理论模式,通过对不同理论模式的预期效益进行评估,可以在多种治理策略中发现和选择效益最优方案。

犯罪有机体中外围犯罪的治理困局,实质表现为治理效益的低效化,即投入的治理资源多而产生的效益小,甚至由于有机体存在协作性、代偿性与可再生性,被司法机关清理的外围犯罪能够很快补充,有机体功能随机得到修复,最终使犯罪治理效果趋近于无。这种低效化乃至无效化的治理困局,可以通过边际效益理论得到解释。评估犯罪治理的边际效益,关键在于对犯罪治理的资源投入与产出效果的比较,即在犯罪治理资源投入恒定的情况下,产出效果越好,则边际效益越高;反之,则边际效益越低。有效犯罪治理策略总是朝着高边际效益方向发展,在相对有限的治理资源投入下追求最大化的边际效益。基于犯罪有机体论,目前司法机关侧重打击外围犯罪的做法,虽然在清理犯罪数量的效益上很显著,但由于其无法瓦解犯罪有机体这一整体,因而实际的边际效益较低。理由在于:

第一,对于犯罪有机体而言,外围犯罪治理的边际效益远低于核心犯罪。边际分析不仅针对个体的行为,也针对群体中的个人,即"人类个体的行为具有边际,而人类群体中具有边际成员",[2]换言之,同一策略面向群体中不同的人可能产生迥异的边际效益,这也适用于犯罪有机体中外围犯罪与核心

---

[1] 参见魏东:《常识主义刑法观的指引功能》,载《交大法学》2022年第3期,第101页。

[2] [美]沃德·法恩斯沃思:《高手:解决法律难题的31种思维技巧》,丁艺华译,法律出版社2009年版,第20—21页。

犯罪治理的边际效益之比较。对此,可以从量和质两个层面进行分析。从量的层面来看,司法机关查处一个核心犯罪相较于查处一个外围犯罪的边际效益显然更高,因为核心犯罪往往处于连接整个犯罪上下游的中心位置,上下牵连多个节点的外围犯罪,查处核心犯罪往往可以产生连带式的治理效果,顺势将围绕该核心的外围犯罪清理干净。当然,量的差异尚不足以体现核心犯罪较之外围犯罪在边际效益上的优势,这是由于在同等条件下,查处一个核心犯罪所投入的治理资源较之查处一个外围犯罪更多,但这至少表明在核心犯罪治理中加大治理资源投入与实际产出之间存在正向的相关关系。核心犯罪的边际效益远高于外围犯罪主要体现在质的层面。具体而言,在犯罪有机体中,外围犯罪如同核心犯罪的"工具",单纯治理外围犯罪并不能触及到核心,因此无论清理多少外围犯罪都不可能从根本上瓦解犯罪有机体,核心犯罪人永远有卷土重来的机会,故治理外围犯罪只是一时的治标之策;与之相对,核心犯罪是有机体的"命脉",清理核心犯罪等同于从根本上瓦解犯罪有机体,同时以核心犯罪为线索,能连带清理与核心犯罪产生牵连的各种外围犯罪,最终实现标本兼治。治标与标本兼治之间质的差距,表明了两种策略在最开始的边际效益上就存在根本区别。

第二,随着外围犯罪治理资源投入的不断增加,其治理效益已经进入瓶颈期,继续投入治理资源的收益极小。总体而言,犯罪治理的边际效益随着资源投入会呈现递减趋势,即在犯罪治理早期,投入少量的司法资源便可以产生较大收益,而如果连续不断地增加治理资源投入,则所产生的效益将越来越小。[1]这种现象也符合犯罪治理的一般规律。在犯罪治理前期,由于犯罪基数较大且包含较多易暴露的犯罪,司法机关也比较容易查处犯罪,因而治理效果较好;当易暴露的犯罪被清理完毕,以及犯罪黑数被压缩在极小的限度内,则治理效益将微乎其微。[2]

为预防潜在风险、加强行政管理以及提升司法效率,我国刑事立法持续增设外围犯罪,尤其是自《刑法修正案(九)》增设帮助信息网络犯罪活动罪、非法利用信息网络罪、拒不履行信息网络安全管理义务罪三大外围犯罪

---

〔1〕 参见汪明亮:《犯罪治理过程的市场机制》,载《中国人民公安大学学报(社会科学版)》2012年第6期,第136页。

〔2〕 参见卢建平:《犯罪统计与犯罪治理的优化》,载《中国社会科学》2021年第10期,第109页。

以来，我国在相关外围犯罪的治理上投入了大量司法资源，并渐进将外围犯罪作为刑事司法的重心。这主要表现在两个方面：一是频繁制定司法解释及相关规范性文件，强调对外围犯罪的全面打击；二是多次开展针对外围犯罪的专项行动，将打击外围犯罪作为司法工作的重点内容。以帮助信息网络犯罪活动罪为例。据不完全统计，[1]目前最高司法机关已先后通过15部与本罪直接相关的司法解释及司法政策文件，除此之外，地方规范性文件中涉及本罪的共有41部，如此高频率地制定司法解释及规范性文件，反映了司法实践中对本罪适用状况保持高度关注。配合司法解释及有关政策文件的规定，公安部配合工信部等有关部门多次开展"断卡"等针对外围犯罪的专项行动，试图以刑事手段斩断犯罪分子的信息流和资金流，由此导致帮助信息网络犯罪活动罪、非法经营罪、非法利用信息网络罪等外围犯罪的司法活跃度极高。历经以上过程，帮助信息网络犯罪活动罪等外围犯罪治理边际效益较大的红利期已过，当前正处于犯罪治理边际效益较小的瓶颈期，继续增大打击范围与打击力度也难以产生明显实效。

基于以上分析，刑事司法应当调整网络有组织犯罪的治罪策略，确立以核心犯罪为治理重点的穿透性方案。传统犯罪治理模式是回应性的，是在犯罪之后针对个体行为作出的否定性回应，系典型的局部思维。这种长期累积的思维惯性对预防性立法的适用产生了潜移默化的影响，于是相当长一段时期内，帮助信息网络犯罪活动罪、非法利用信息网络罪等在数量上爆发式增长，但是治理效果却较为有限。[2]以有组织的电信网络诈骗犯罪治理为例，2021年6月17日最高人民法院、最高人民检察院、公安部发布《关于办理电信网络诈骗等刑事案件适用法律若干问题的意见（二）》，2022年9月2日第十三届全国人大常委会通过《反电信网络诈骗法》，共同确立了电信网络诈骗全链条治理策略。在具体实施方案上，"断卡"（银行卡、电话卡）行动被寄予高度期望，认为切断了犯罪源头的"卡"就能够遏制诈骗犯罪。然而从结果来看，司法机关虽然查处了大量提供"两卡"的帮助行为，但是电信网络诈骗犯罪并没有得到明显遏制。

---

〔1〕 数据来自"北大法宝"，载 https：//www.pkulaw.com/law？isFromV5＝1，最后访问日期：2023年9月1日。

〔2〕 参见刘艳红：《帮助信息网络犯罪活动罪的司法扩张趋势与实质限缩》，载《中国法律评论》2023年第3期，第59页。

根据犯罪进化理论及现代犯罪结构进化趋势,有效发挥刑法的预防功能,应当聚焦于核心犯罪治理。[1]现代犯罪进化的一个重要方向是产业化和链式延展,产业化让违法犯罪行为披上了合法化的外衣,链式延展让不关键的外围犯罪行为暴露在外,两者共同特征是掩藏核心犯罪行为。外围犯罪如同核心犯罪行为的"工具",不能触及到核心犯罪,犯罪产业链无法从根本上瓦解,核心犯罪人永远有卷土重来的机会。同时,核心犯罪被瓦解,外围犯罪也如无根之萍难以在网络有组织犯罪中存续。因此,以核心犯罪为重点的穿透性治罪策略,是契合网络犯罪组织进化逻辑的标本兼治方案。

　　当然,刑法在重点打击核心犯罪,附带打击外围犯罪的同时,也要考虑到外围犯罪自身的特性。也即网络有组织犯罪分子以产业或交易形式加以伪装,普通民众毫无疑问成为了信息"弱势"群体,无力甄别违法犯罪行为,容易被利用。而在公民容易被蒙蔽的情境下,国家也不应对其提出过高的守法期待,此种意义上的"帮助"行为原本就没有实质的非难可能性,在定罪时需要慎之又慎。[2]否则,刑法无差别的打击会伤及无辜公民,导致其公信力减损。

　　基于对上述现象的反思性考察可知,外围犯罪有效治理的关键不在于外围犯罪本身数量的清除,将外围犯罪从有机体中割裂开来并投入大量的司法资源单独治理,已经被实践证明难以取得良好治理效果。刑法治理外围犯罪应当转变思路,以瓦解整个犯罪有机体为目标导向,将治标策略融入治本方略中同步推进,只有治其核心根本才能遏制潜在基数近乎无限的外围犯罪。

　　（二）基于有机体论的外围犯罪穿透性治理模式

　　犯罪治理模式选择深受社会变迁影响。[3]在当前犯罪结构变迁与犯罪形态进化的双重影响下,外围犯罪治理已经不宜固守先治标后治本的渐进性治理模式,快节奏的犯罪增长以及犯罪结构与功能上的进化,都要求犯罪治理

---

[1] 参见李栋:《风险社会背景下预防刑法的扩张与破局》,载《甘肃政法大学学报》2021年第1期,第114页。

[2] 参见刘艳红:《中国刑法的发展方向:安全刑法抑或自由刑法》,载《政法论坛》2023年第2期,第60页。

[3] 参见张健:《中国犯罪治理模式变迁及其逻辑:1949—2019》,载《法治现代化研究》2020年第3期,第93页。

模式必须作出相应调整,以提升犯罪治理效果。[1]事实上,这一治理思路的转变在近期司法实践中已有所尝试。例如,2022年8月1日,最高人民法院、最高人民检察院、公安部发布《关于敦促电信网络诈骗犯罪集团头目和骨干自首的通告》(以下简称《通告》),《通告》重点针对电信网络诈骗犯罪集团的头目和骨干,明确对2022年9月30日前投案的犯罪集团头目和骨干分子,依法可以从轻或减轻处罚,这在一定程度上体现了国家开始关注电信网络诈骗犯罪中核心犯罪治理的刑事政策倾向。本书认为,此种基于犯罪进化特性并聚焦于核心犯罪的治理模式,不仅适用于电信网络诈骗犯罪,也包括网络黑社会性质组织犯罪、网络赌博犯罪、网络暴力违法犯罪以及部分线下犯罪。总之,凡是具备有机体特性的犯罪都可以适用,这种治理模式可以称之为"穿透性治理模式"。

穿透性治理模式之"穿透性"可以从两个方面进行理解:一是治理对象的穿透性,即穿透外围犯罪人形成的外部"屏障",将治罪重点指向最里层的核心犯罪人;二是治理效果的穿透性,立足于犯罪有机体论的科学研判,从治标穿透至治本(标本兼治),通过有机体的整体瓦解让外围犯罪无所依附而逐步"消亡"。

穿透性治理的首要特征在于强调核心犯罪的重点治理。从某种意义上说,犯罪有机体具备"组织性"特征,只不过这种"组织"并没有明确的等级结构,各个节点之间是平等合作关系。总体而言,核心犯罪人可以视作整个犯罪的组织者。消灭组织者即核心犯罪人,外围犯罪会陷入"无组织"状态,其危害性将大大降低甚至完全与犯罪脱离。而且,核心犯罪实质上也是整个犯罪的源头。源头犯罪不等于上游犯罪,其实质是整个犯罪活动的发起环节。[2]例如,没有诈骗犯罪分子提出购买个人信息、银行卡、电话卡等需求,上游的个人信息犯罪及下游的帮信犯罪,均不可能产生;又如,没有网络暴力组织者雇佣网络水军提出实施网络暴力需求,网络水军一般也不可能无缘

---

[1] 参见周建达:《转型期我国犯罪治理模式之转换——从"压力维控型"到"压力疏导型"》,载《法商研究》2012年第2期,第59页。

[2] 参见冀洋:《网络黑产犯罪"源头治理"政策的司法误区》,载《政法论坛》2020年第6期,第67页。

无故聚集起来集中对特定个人实施网络暴力。[1]既然核心犯罪是整个犯罪的组织者和源头，则无论在刑法评价还是治理策略上，都应当将其作为重点治理对象。

从渐进性治理到穿透性治理，不仅是犯罪治理侧重点的变化，也带来了治理效能的根本提升。在理念上，穿透性治理提倡寓治标于治本之中，所以对核心犯罪的重点打击也蕴含着对外围犯罪的系统性治理，以核心犯罪治理为线索牵连出一系列外围犯罪，在提升办案效率的同时，也避免了渐进性治理模式在治标中投入过量资源的僵局。在制度上，穿透性治理强调针对核心犯罪的特征"因罪施策"，有更多机会发展出富有实效性的制度。例如，电信网络诈骗犯罪中的核心犯罪行为是诈骗，其目的是获取被害人财产，故可以在制度层面阻止该犯罪目标的实现，通过规定紧急止付制度来及时防止资金流向诈骗犯罪分子，挽救被害人的财产损失，这在我国《反电信网络诈骗法》第 20 条中已有明确规定。[2]在方法上，穿透性治理建立在外围犯罪与核心犯罪的科学区分基础之上，犯罪治理资源的分配轻重有别，因而也更能保障治理的实效性。

犯罪治理模式转型是立足于犯罪结构变迁与犯罪形态进化、贯穿于犯罪治理全流程的系统性工程，因此，穿透性治理模式的确立，需要对相关刑事政策、刑法规范和配套制度进行必要的调整更新。

首先，犯罪治理资源的投入深受刑事政策的影响，刑事政策重点关注的事项，司法机关会投入更多治理资源；反之，刑事政策较少关注的事项，司法机关也较少投入治理资源。近年来，外围犯罪由于涉及的数量庞大，累积性危害较大，常常被视为社会治理中的重点和紧急事项，颇受刑事政策关注。因此，贯彻穿透性治理模式，要对刑事政策的大方向进行一定调整，制定重点打击核心犯罪的司法政策文件，以便于为司法机关开展针对核心犯罪的专项行动提供指引。

其次，司法解释的高度关注也是造成外围犯罪被重点查处的重要原因。司法解释在我国具有准立法的性质，不仅对刑事治理策略具有牵引作用，也

---

[1] 参见于冲：《有组织犯罪的网络"分割化"及其刑法评价思路转换》，载《政治与法律》2020 年第 12 期，第 51-52 页。

[2] 参见初殿清：《电信网络诈骗案件紧急止付的规范基础——兼论〈反电信网络诈骗法〉第 20 条》，载《法学家》2022 年第 6 期，第 112 页。

进一步夯实了刑事司法活动的合法性基础。我国当前针对外围犯罪的治理策略，是在先治标后治本理念推动下形成的，由此进一步产生了一系列司法解释，为司法机关重点查处外围犯罪提供了规范性依据。为此，建议及时制定针对核心犯罪的司法解释，明确外围犯罪与核心犯罪的区分和识别标准，强调对核心犯罪的重点打击，并细化核心犯罪的定罪和量刑规则，引导司法机关将关注重心从外围犯罪转移到核心犯罪。

最后，司法机关选择外围犯罪作为查处重点也与办案考核制度有关。由于当前办案考核主要是以案件数量为依据，[1]而外围犯罪存量多、查处难度小，比较容易获得司法机关的重点关注。然而，查处核心犯罪与外围犯罪在资源投入、办案难度等方面存在较大差异，不宜不区分案件类型单纯按照案件数量进行等量评价。有效贯彻穿透性治理模式，还需要对司法机关的办案考核制度进行适当调整，建议采取等价评价的办案考核模式，即对一个核心犯罪案件可以根据犯罪投入、办理难度等因素将其等价评价为若干个外围犯罪案件，从而消除司法机关内部可能存在的办案选择性倾向。[2]

第三节　新预防主义的穿透性治理模式之配套与贯彻

由于预防性立法编织的刑事法网较为严密，一些轻微违法行为容易被评价为犯罪而成为处罚对象，引起大规模的犯罪化。新预防主义提倡刑法与其他法律的协同治理，故为了避免刑法处罚过宽过广，有必要根据预防必要性大小对不同参与人进行分类甄别，建立与穿透性治理配套的程序出罪机制，并适用刑法之外的民事、行政手段对轻微犯罪人分流治理，渐进实现标本兼治。

一、基于穿透性治理的分类甄别评价

网络犯罪组织经过新一轮的进化，其内部结构已经从独立的节点组织升级为功能分化成熟的有机体，这要求刑法在对网络有组织犯罪定性评价时，

---

[1] 参见高景峰：《检察机关领导干部办案制度化的若干思考》，载《人民检察》2021年第20期，第3-4页。

[2] 参见姜涛：《中国刑法走向何处去：对积极刑法立法观的反思》，载《国家检察官学院学报》2021年第5期，第123页。

应当在节点理论的基础上更进一步,充分考量有机体的运作逻辑。有机体内各节点的功能互补,是网络犯罪组织的"组织性"体现,网络犯罪组织实质是多中心的犯罪组织,因而需要对刑法评价模式进行更新完善。有机体的代偿效应导致"断链条"难以实现标本兼治,因而亟需构建针对网络犯罪组织"有机体性"的全链条治理机制。

网络有组织犯罪刑法评价的另一问题是,如何对网络犯罪组织中的参与行为进行分类甄别评价,从而做到罪责刑相适应。有观点指出,网络有组织犯罪的不同成员对犯罪的贡献存在实质差异,贡献较大的,可以被评价为主犯或正犯,贡献较小的,可以被评价为从犯或帮助犯,确立轻重有别的治理思维,同时对主犯或正犯从重处罚,对从犯或帮助犯适度从宽,贯彻宽严相济的刑事政策。[1]然而难点在于,参与人成分的复杂性与参与方式的多样性,使得犯罪人与非犯罪人、主犯与从犯或正犯与共犯的区分标准无法统一,不得不委任于司法裁量。在个案裁判中,对于为数众多的帮助行为,有的以帮助信息网络犯罪活动罪论处,有的以特定犯罪的帮助犯论处,还有的仅作为一般违法行为对待,尤其是近年来针对网络有组织犯罪的刑事政策频繁变动,司法裁量的空间大增。而无论是有罪还是无罪判决都是依法裁判,由此导致"同案不同判"现象增多,累及裁判公正。本书认为,有机体论提倡网络犯罪组织的多中心化与功能互补,其与共同犯罪理论及个罪裁判规则的有机结合,能够为网络犯罪组织中参与行为的定性评价提供合理参考。具体而言有三个方面:

第一,有机体论强调网络犯罪组织的功能性,据此,共同犯罪评价基准应当从行为分工转变为功能分类,根据承担功能类型及作用大小区分正犯与共犯,实现责任的个别化。违法的连带性与责任的个别化是共同犯罪的两个支点。网络有组织犯罪作为有组织犯罪的新形态,其与传统有组织犯罪一样,在形式上符合共同犯罪的全部特征,故从整体上看,网络犯罪组织实施的行为具有实质的法益侵害性,各参与人的违法行为具有连带性,这一点并无争议。争议的焦点在于,有责性要求行为人的行为具有可谴责性,[2]而网络有

---

[1] 参见万国海、马荣春:《有组织犯罪的研究导向:超越具体类型的一种"规划"》,载《苏州大学学报(法学版)》2015年第2期,第94页。

[2] 参见[日]西田典之:《日本刑法总论》,王昭武、刘明祥译,法律出版社2013年版,第176页。

组织犯罪中不同行为人的参与方式、参与程度、主观认识等存在较大差异，在此情况下，如何根据个案差异对不同行为人进行个别化归责？

根据网络犯罪组织的有机体论，可以对参与行为的性质进行两个层面的责任评价：其一，罪与非罪的甄别。由于有机体强调功能分工，上下游仅需要承担功能，无需明知核心节点的犯罪故意内容，因此，部分参与人与整个犯罪活动的核心节点之间可能并不存在主观意思联络。换言之，有的参与人未必是犯罪人，甚至可能只是被利用的工具。例如，有关网络犯罪组织利用第三方支付平台，将违法犯罪所得资金转移或洗钱的行为，尽管第三方支付平台的行为在客观上对网络犯罪组织起到帮助作用，但由于其与有组织犯罪者缺乏主观意思联络，不构成洗钱罪或掩饰、隐瞒犯罪所得、犯罪所得收益罪。又如，在有组织的网络暴力犯罪中，不知情的网络水军传播网络暴力信息，通常仅涉嫌侵权而不构成犯罪。其二，由于不同节点在网络有组织犯罪中功能大小有别，根据其分担的功能大小，可以在网络犯罪组织的节点层面区分正犯与非正犯。通常而言，网络有组织犯罪的核心节点位于中上游，承担制定犯罪计划、发起犯罪活动等关键功能，其他节点主要予以配合。例如，在事前有约定的电信网站诈骗犯罪中，实施诈骗犯罪的节点承担主要功能，为诈骗分子洗钱的节点承担次要功能，就诈骗罪的责任分配而言，可分别归为正犯和帮助犯。

第二，基于有机体多中心的特性，网络犯罪组织中承担独立功能的每个节点都是独立的犯罪组织，存在核心人物与边缘人物，据此，每个节点中也可以区分正犯和非正犯。作为独立的犯罪组织，每个节点中存在组织者、具体实施者以及提供技术辅助者等。其中，组织者由于对整个节点的一切行动起主导作用，具有组织支配性，故一般认定为间接正犯，[1]具体实施者属于直接正犯，而提供技术辅助者则成立帮助犯。例如，晏某某发起成立专门为赌博网站洗钱的工作室，积极寻找场所、召集人员。甘某负责搭建第四方支付平台，为洗钱活动提供技术支持。尽管洗钱节点处于赌博犯罪的下游，在整个有组织的赌博犯罪中起次要作用，但就洗钱节点的洗钱行为而言，仍然可以区分正犯与非正犯。本案中，相关人员通过搭建第四方支付平台帮助犯

---

〔1〕 参见［德］克劳斯·罗克辛：《论利用有组织的权力机构建立的犯罪支配》，徐凌波译，载《中外法学》2016年第6期，第1653页。

罪分子洗钱，涉嫌非法经营罪。其中，晏某某是工作室的发起者、组织者，处于决策地位，甘某按照晏某某的要求提供技术支持，处于从属地位。因此，晏某某属于正犯（间接正犯），甘某成立帮助犯。[1]

第三，基于有机体功能互补的特性，每个节点既具有独立性，又在整体上分担网络有组织的部分功能，因而独立节点的犯罪参与行为具有二重性，即其参与行为本身可以被评价为独立犯罪，如帮助信息网络犯罪、非法经营罪等，也可以被评价为整个网络有组织犯罪的一部分，需要进行罪数论层面的协调。

根据各个独立节点中参与行为的内容与性质，可以分为三种情形分析：其一，有组织犯罪包容独立节点犯罪，此时，独立节点的参与行为涉嫌数罪，一般宜认定为想象竞合，从一重处断。在参与有组织犯罪的各方事前有约定和分工的场合，各个独立节点的行为实质是整个有组织犯罪行为的一部分；同时，独立节点的行为可能涉嫌其他犯罪，如帮助信息网络犯罪活动罪。需要注意的是，这里的包容关系是指犯罪行为之间的包容关系，而非法条之间的包容关系，因而不属于法条竞合，而是想象竞合。例如，某公司专门搜集银行卡、电话卡，为诈骗犯罪集团"供卡"，其行为构成帮助信息网络犯罪活动罪和诈骗罪（帮助犯），属于想象竞合，依法对涉案人员按照处罚较重的犯罪处罚。[2]其二，有组织犯罪不完全包容独立节点犯罪，对于未被包容的部分犯罪，一般应当与有组织犯罪数罪并罚。对于长期从事违法犯罪的独立节点，其在与网络犯罪组织建立共同意思联络之前的行为，应当单独成立犯罪，之后的行为可以纳入网络有组织犯罪中予以评价。例如，某公司长期从事非法获取个人信息业务，同时将部分个人信息贩卖给诈骗犯罪集团，应当按照侵犯公民个人信息罪和诈骗罪（帮助犯）数罪并罚。[3]其三，对于欠缺参与有组织犯罪主观故意的行为，一般可以不作为犯罪处理。例如，行为人虽然与犯罪集团有交易，但是交易收取手续费符合市场价格，没有证据证明其明知涉案资金来源于犯罪组织，依法不予起诉。[4]

网络技术与有组织犯罪的结合，不仅改变了犯罪的形态，也在一定程度

---

[1] 参见江西省宜春市上高县人民法院（2020）赣0923刑初139号刑事判决书。
[2] 参见河南省南阳市淅川县人民法院（2021）豫1326刑初124号刑事判决书。
[3] 参见北京市第一中级人民法院（2018）京01刑终673号刑事裁定书。
[4] 参见江西省上饶市广信区人民检察院饶广信检公诉刑不诉［2020］22号不起诉决定书。

上影响刑法的犯罪评价。相对于传统有组织犯罪，网络有组织犯罪的进化主要体现为组织进化，传统刑法评价模式对其"组织性"欠缺正确认知，因而所形成的治理策略效果欠佳。节点理论的提出，廓清了网络对犯罪组织"分割化"的形式特征，构建了网络有组织犯罪的雏形；而从节点理论发展为有机体论，则是对网络有组织犯罪本质特征的进一步提炼。网络犯罪组织本质上是多中心的有机体，因而其组织特征有别于传统有组织犯罪，有机体的代偿效应，解释了"断链条"难以实现标本兼治的根本问题。基于网络犯罪组织的有机体论，刑事司法上应当确立以打击核心节点与核心犯罪为重点的全链条治理方案，并对不同参与人进行分类甄别和处理，渐进推动网络有组织犯罪的标本兼治。

二、配套穿透性治理的程序出罪机制

由于外围犯罪大多不具有典型的犯罪性特征，其将部分主观恶性不确定、客观危害较小的行为也纳入处罚范围，故如果完全按照外围犯罪所预设的犯罪圈进行规制，容易导致刑法处罚范围过宽而制造大规模犯罪化，不利于犯罪治理的社会效果。犯罪结构变化要求刑法进行更加精确的分层治理，对轻重不同的犯罪采取差异化的治理策略，考虑对其中较轻的行为作出非罪化处理。[1]因此，在基于穿透性治理模式锁定核心犯罪之后，还要对外围犯罪中不同参与行为进行分类甄别，并建立与之相配套的出罪机制。

（一）外围犯罪实体出罪的困境与反思

实体出罪的依据是刑事实体法，即要求刑法提供对某种行为出罪的实体理由。如德日刑法广泛规定了被害人承诺、违法性认识错误、缺乏期待可能性、法令行为等出罪事由，为相关行为的出罪提供了充分的实体法依据。[2]我国刑法中的实体出罪主要倚赖于《刑法》第13条"但书"规定，[3]一般而言，对于形式上符合犯罪构成要件但实质上不具有处罚必要性的行为，可

---

〔1〕 参见袁彬：《犯罪结构变化呼唤刑法精准治理》，载《人民论坛》2021年第23期，第79页。

〔2〕 参见［日］西田典之：《日本刑法总论》，王昭武、刘明祥译，法律出版社2013年版，第111-113页。

〔3〕 参见崔志伟：《"但书"出罪的学理争议、实证分析与教义学解构》，载《中国刑事法杂志》2018年第2期，第21页。

以适用"但书"规定予以出罪。外围犯罪主要是轻微犯罪，原本可以较为普遍地适用"但书"出罪，然而，外围犯罪的定位决定了其在实体上入罪易而出罪难，换言之，外围犯罪天然缺乏实体出罪的潜力。

从根源上看，外围犯罪难以适用实体出罪与其自身的立法设计存在直接关联。为了真正形成核心犯罪的外围屏障，外围犯罪用"类型"而非"概念"囊括多种犯罪行为，这就要求立法者对其构成要件进行特殊设计。就派生型外围犯罪而言，为了扩大处罚核心犯罪派生的关联行为，刑事立法有意识地淡化特定主观或客观构成要件，例如，帮助信息网络犯罪活动罪中主观"明知"的推定，洗钱罪中"明知"和三个"协助"要件的删除等。根据2019年10月21日最高人民法院、最高人民检察院《关于办理非法利用信息网络、帮助信息网络犯罪活动等刑事案件适用法律若干问题的解释》第11条规定，只要行为人实施了司法解释规定的七种行为，无论其事实上是否明知，一律推定其明知。推定的明知系出于司法便宜性考量，其简化了证明标准、降低了证明责任，[1]当确定的明知被替换为推定的明知，意味着特定情形下明知与否无需司法判断即可认定，严重压缩了主观要件的出罪空间。对于兜底型外围犯罪而言，立法者在制定刑法条文时没有对其边界进行有效框定，条文中的概括性条款更具"开放性"，可以包容各种可预期和难以预期的行为，这为频繁进行扩大乃至类推解释留下空间。借此法官可以更加轻易地续造裁判规范，经过这一过程，刑法无需增设新罪即可实现处罚扩张之目的。例如，非法经营罪中的其他非法经营行为，已经通过21部司法解释及有关部门规章涵括规制各种与经营相关的行为，非法获取计算机信息系统数据罪中的"数据"，已经被解释为存储在计算机中的各种类型数据。[2]由此可见，兜底型外围犯罪的条文"开放性"，实际上开放的是入罪通道，相应的出罪空间却被极力压缩。

这一点可以通过司法实践得到进一步验证。审查起诉阶段的实体出罪，主要表现为检察机关依法对涉案人员作出法定不起诉。笔者以"帮助信息网络犯罪活动罪"和"不起诉"作为关键词，在"中国检察网"进行检索，共

---

[1] See Brickey Kathleen F., "Federal Criminal Code Reform: Hidden Costs, Illusory Benefits", *Buffalo Criminal Law Review*, Vol. 2, No. 1, 1998, p. 168.

[2] 参见杨志琼：《非法获取计算机信息系统数据罪"口袋化"的实证分析及其处理路径》，载《法学评论》2018年第6期，第164页。

检索到不起诉决定书688份，其中只有2份是法定不起诉，[1]而且针对的是同一案件中的两个当事人。[2]由此可见，审查起诉阶段外围犯罪极少适用实体出罪，绝大多数适用程序出罪。审判阶段的实体出罪，主要体现为法院认为相关犯罪事实不成立而作出无罪判决。笔者以"帮助信息网络犯罪活动罪"作为"案由"、以"无罪"作为审理结果，在"中国裁判文书网"进行检索，获得的案例数量为0件，而对应的帮助信息网络犯罪活动罪有罪判决数量为35695件，去除重复、无效的裁判文书后，有罪判决的数量32607件，据此统计出来的无罪率为0。[3]刑法中的实体出罪机制原本主要适用于轻微犯罪，[4]帮助信息网络犯罪活动罪作为轻微犯罪，理应符合适用条件，而外围犯罪的规范设计几乎封闭了其实体出罪空间。

综上分析，外围犯罪的立法设计决定了其对实体出罪存在天然排斥倾向，一些性质轻微的行为，因类型性地符合犯罪构成要件而被纳入规制范围，一些缺乏主观"明知"的行为，因推定的广泛适用而被认定为构成犯罪。立法条款设计的入罪化倾向，使得外围犯罪的实体出罪机制难以容身。

（二）外围犯罪程序出罪的选择与探索

与实体出罪模式相对应，程序出罪以承认行为人构成犯罪为前提，体现了检察机关起诉裁量权的运用，并且我国《刑法》第37条和《刑事诉讼法》第177条第2款分别为其提供了实体法和程序法上的依据，因而具有充分的合法性基础。从比较法来看，程序出罪作为一种灵活的出罪模式，其在轻微犯罪的出罪中最为活跃。德国检察官具有较大的不起诉自由裁量权，大约有90%的案件被检察官以犯罪情节轻微、采取替代性的非刑罚处罚措施、与被告人达成不起诉协议等理由不起诉；[5]日本也采取类似做法，在审判之前不作为犯罪处理的案件达到95%以上，其中绝大多数都是轻微犯罪，真正进入到审判阶段的都是极少数，而且几乎都是有罪判决，有日本刑法学者称这种

---

[1] 检索日期为2023年9月2日。
[2] 参见青海省玉树藏族自治州、囊谦县人民检察院囊检刑不诉［2022］5号不起诉决定书、青海省玉树藏族自治州、囊谦县人民检察院囊检刑不诉［2022］7号不起诉决定书。
[3] 检索日期为2023年9月2日。
[4] 参见夏伟:《"但书"出罪运行机制实证研究》，载《中国法学》2023年第4期，第240页。
[5] 参见［德］托马斯·魏根特:《德国刑事程序法原理》，江溯等译，中国法制出版社2021年版，第328-330页。

模式为"精密司法"。[1]

程序出罪的合理适用,既能够防止刑事处罚范围的过大,也能够有效避免刑事程序过度推进对司法资源的占用,有效确保法律效果和社会效果的有机统一。我国刑事司法对外围犯罪的出罪也主要通过程序出罪实现,非法经营罪、帮助信息网络犯罪活动罪、非法利用信息网络罪、非法获取计算机信息系统数据罪、洗钱罪、掩饰、隐瞒犯罪所得、犯罪所得收益罪等皆是如此。当然,程序出罪的适用也要满足一定的实体要件,即"犯罪情节轻微不需要判处刑罚"。关于这一要件的理解,传统理论认为主要考察行为的社会危害性,通过对行为性质、行为人的人身危害性的综合判断,来确定是否属于"犯罪情节轻微不需要判处刑罚"的情形。[2]不过,社会危害性是一个综合概念,并不能提供适用于外围犯罪的精确标准,无法明确何种外围犯罪行为可以适用程序出罪。鉴于此,有必要结合外围犯罪的特性,进一步提炼其程序出罪规则。

程序出罪作为检察机关自由裁量的结果,应当明确其裁量基准以规范权力行使,确定外围犯罪中可以适用程序出罪的范围。通常而言,程序出罪主要适用于"犯罪情节轻微不需要判处刑罚"的案件,其中,"犯罪情节轻微"主要考量犯罪时的要素,一般是指行为人所犯之罪系法定刑3年以下有期徒刑的轻微犯罪;"不需要判处刑罚"主要考量犯罪后的要素,一般是指行为人事后积极修复受侵害的法益和消除人身危险性,前者如退赃退赔,后者如自首、认罪认罚等。两相结合,可以认定为"犯罪情节轻微不需要判处刑罚",依法作出不起诉处理。除了以上普适性的程序出罪规则之外,根据外围犯罪的规范构造和实践特征,可以对外围犯罪中不同参与人进行分类甄别,进一步发展出更具可操作性的程序出罪规则。具体而言:

第一,在个人实施外围犯罪的场合,可以对参与次数较少的非累积性侵害行为适用程序出罪。外围犯罪总体而言针对危害性较轻的行为,刑法设立此罪的规范目的之一是为了预防海量的累积性侵害。单次或较少次数的外围犯罪行为,尚不具有累积性侵害,通常可以不作为犯罪处理。相关司法解释

---

[1] 参见[日]松尾浩也:《日本刑事诉讼法(上卷)》,丁相顺、张凌译,中国人民大学出版社2005年版,第16-17页。

[2] 参见储槐植、张永红:《善待社会危害性观念——从我国刑法第13条但书说起》,载《法学研究》2002年第3期,第88-89页。

对此予以确认,如 2020 年 12 月 21 日最高人民法院刑事审判第三庭、最高人民检察院第四检察厅、公安部刑事侦查局《关于深入推进"断卡"行动有关问题的会议纪要》第 4 条规定:"……对于出租、出售信用卡达不到多次、多张的,认定构成犯罪要特别慎重",言外之意是,次数较少、涉及张数较少的出租、出售信用卡行为,可以不定罪。此处的"特别慎重",体现了司法政策的倾向性意见,即如果没有其他严重情形,"一般应当"不作为犯罪处理。本书认为,外围犯罪的实质侵害体现在不断累积的过程中,非累积性侵害的外围犯罪都可以考虑适用程序出罪,包括为违法犯罪提供少量电话卡、为违法犯罪提供支付结算帮助次数较少、参与网络暴力违法犯罪次数较少且没有造成严重后果等情形。

第二,在有组织或单位实施外围犯罪的场合,可以对主要责任人和积极参加者以外的其他人员适用程序出罪。从犯罪管控思维发展到犯罪治理思维,一个重要的特征是对不同性质的犯罪行为、不同的犯罪人区别对待,做到轻重有别。在信息网络时代,犯罪产业链上的外围犯罪常常是以"组织"或单位的名义实施,涉案单位甚至以从事相关外围犯罪活动作为主营业务,此时,是否应当对该"组织"或单位的所有人员判处刑罚?本书认为,外围犯罪本身属于较为轻微的犯罪类型,其在整个犯罪链条中扮演边缘角色,外围犯罪中参与程度较低的行为人,其行为的社会危害性更小,依法可以认定为"犯罪情节轻微不需要判处刑罚"而作出不起诉处理。

受刑民不分、以刑为主的传统法制模式影响,我国刑事司法在处理轻微的外围犯罪时倚重于刑事制裁,而相应的行政、民事措施的规制效能不彰,[1]司法实践中对于依法作出不起诉的外围犯罪人,一般也较少给予行政处罚或追究民事责任。本书认为,外围犯罪毕竟具有相当程度的社会危害性,对其非罪化处理后应当做好与其他法律的衔接,激活行政、民事及其他制裁措施的适用。法作为强制秩序,其效力主要体现在制裁过程中,不附制裁的法律义务将极大削弱法的规范性;[2]而且,对于行为人而言,制裁的确定性往往比

---

[1] 参见刘艳红:《民刑共治:中国式现代犯罪治理新模式》,载《中国法学》2022 年第 6 期,第 27-29 页。

[2] 参见[奥]汉斯·凯尔森:《纯粹法学说》,雷磊译,法律出版社 2021 年版,第 65-66 页。

制裁的严厉性更加有效。[1]因此，对非罪化处理后的外围行为依法给予制裁，不仅是为了体现对相关行为的否定性评价，也是确保外围犯罪治理效果的当然要求。2023年9月20日，最高人民法院、最高人民检察院、公安部发布的《网络暴力指导意见》第8条强调，对网络暴力违法犯罪行为，要切实矫正"法不责众"错误倾向，重点打击恶意发起者、组织者、推波助澜者以及屡教不改者。诚然，纠正"法不责众"错误倾向，并不意味着"参与即有罪"或对所有参与人一律适用刑事制裁，此处的"法"宜理解为广义的法，除了刑法之外，还包括行政法、民法，以及软法。

在行政法和民法之间，通常可以根据行为侵害的法益类型选择调控手段。对于侵害秩序法益的外围行为，构成行政违法的，依法可以给予行政处罚。例如，行为人明知他人从事违法犯罪活动，提供两卡及支付账户给他人用于支付结算的，没有实际获取利益而不起诉的，依照《反电信网络诈骗法》第38条规定给予行政处罚。[2]对于侵害个人法益的外围行为，依法可以要求其承担相应的民事责任，以填补被害人遭受的财产损失及修复其受到的精神损害。当然，如果行为人的行为既侵害了秩序法益又侵害了个人法益，可以同时给予其行政和民事制裁。

在信息网络时代，外围犯罪的有效治理还要重点关注网络平台参与，这种由平台主导的"软法"治理模式，不仅能够约束海量的失范行为，而且可以避免民法、行政法及刑法过多介入带来的"全民违法"[3]及大规模犯罪化问题。本书认为，外围犯罪之所以治之不尽、不断滋生和蔓延，归根究底是社会基础环境的问题，尤其以信息网络技术为代表的新技术新业态快速发展，因此，从根本上消除外围犯罪最终需要回归到以网络平台为代表的数字社会基础环境建设层面。网络平台作为技术的集大成，在治理海量失范行为上具有先天的技术优势，同时，网络平台承载一定的公共利益，其也有义务避免利用平台实施或发生在平台中的违法犯罪行为。2023年8月4日，北京市互

---

[1] 参见吴雨豪：《刑罚威慑的理论重构与实证检验》，载《国家检察官学院学报》2020年第3期，第117页。

[2] 参见浙江省杭州市公安局拱墅区分局小河派出所杭拱公（小）行罚决字［2023］03010号行政处罚决定书。

[3] 参见秦前红：《宪治审视下"全民违法"现象的产生及破解之策》，载《政治与法律》2022年第4期，第2页。

联网法院发布涉网络暴力典型案例,其中"谷某诉吴某、北京某公司网络侵权责任纠纷"中明确,被害人遭遇网暴时向平台求助的,平台有义务采取技术措施阻止网暴。本案中,涉案平台没有履行上述义务,法院判决其承担侵权责任。[1]将平台责任嵌入至外围犯罪治理中,也是实现外围犯罪穿透性治理的题中应有之义。

网络有组织犯罪治理的根本难题在于,如何在多个犯罪节点、多个犯罪中心以及为数众多的涉罪群体中找到合适的司法执法"锚点",从而实现标本兼治。如果将网络犯罪组织视为一个功能完备的有机体,将其犯罪活动视为有机体实施的有害行为,则网络有组织犯罪的治理应当以消除有机体中不可恢复、不可代偿的核心功能为主要目标,重点治理网络有组织犯罪中的核心节点及核心犯罪。

三、贯彻穿透性治理的标本兼治方案

网络有组织犯罪的技术特征是节点化,每个节点都是独立的犯罪组织,因而网络犯罪组织实质是多中心的犯罪组织,每个犯罪节点都可以被评价为犯罪中心。这种技术特征赋予了网络犯罪组织"拟人"的特性,各个犯罪节点分别承担不同的功能,不同功能既相互独立又彼此补充,围绕一致目标组合形成犯罪有机体。也因此,继续坚持以往的节点思维,对节点组织逐个击破,容易陷入网络有组织犯罪的治理困局。其一,网络有组织犯罪的治理目标是全链条治理,尽管犯罪组织被网络化分割为若干节点,但并非去除某个或某几个节点就能切断犯罪链条。网络犯罪组织实质是分化成熟的有机体,这种"有机体性"决定其具有很强的"网络再生能力",去除某个或某几个节点,只能在短期内抑制其犯罪潜力,无法从根本上清除其犯罪能力。节点思维本质上是一种局部治理思维,是一种短期的治标之策,而非标本兼治之道。其二,如果对网络有组织犯罪的每个节点都不加区分,则难免陷入节点犯罪组织为数众多而司法资源却较为有限的困境,治理成效难以得到保障。[2]

---

〔1〕 参见赵岩:《北京互联网法院发布涉网络暴力典型案例》,载《人民法院报》2023年8月4日第1版。

〔2〕 参见黄明儒、成波:《我国现代化社会转型影响有组织犯罪的机理与驱动因素》,载《中南大学学报(社会科学版)》2023年第2期,第83页。

因此，有效治理网络有组织犯罪需要转变理念思维，从切断犯罪链条的节点思维转向标本兼治的"有机体性"思维。

事实上，从犯罪"有机体性"角度审视网络犯罪组织，有机体内的所有组成"部件"并非同等重要，有的"部件"是维系有机体存在而不可或缺的，有的"部件"则在有机体运行中起到相对次要作用，可以被替代。因此，网络有组织犯罪的全链条治理，并非不加甄别地对所有节点相同对待、同等治理。[1]一般而言，网络犯罪组织的各个节点有核心节点与辅助节点之分。辅助节点的数量较多，其围绕着核心节点运转，即使某个辅助节点被司法机关去除，犯罪分子也可以通过网络技术很快寻找到新的替代节点。[2]与之相对，核心节点的数量单一或较少，其在整个犯罪链条中的功能作用不可替代，通常也是犯罪的源头，犯罪目标选择、犯罪计划制定以及犯罪活动实施等都由其组织安排。核心节点一旦被司法机关去除，整个犯罪链条将如同"心脏死亡"般快速萧条。

以有组织的电信网络诈骗为例。一般而言，有组织的电信网络诈骗犯罪存在四个节点：一是提供被害人信息的非法获取个人信息节点；二是提供用于诈骗活动和接收诈骗资金的银行卡、电话卡的"供卡"节点；三是具体指挥、策划实施诈骗行为的诈骗犯罪节点；四是对诈骗犯罪所得进行取款、变现的"洗钱"节点。在上述四个节点中，第二个节点即诈骗犯罪节点无疑是核心节点，没有诈骗犯罪节点提出的需求和安排的犯罪活动，非法获取个人信息节点、"供卡"节点以及"洗钱"节点难以正常运作。而且，电信网络诈骗犯罪中的辅助节点，至少存在两种替代方案：其一，当某个辅助节点被司法机关去除，犯罪组织可以通过网络快速寻找新的合作对象，填补缺失。例如，在刘某等利用信息网络组织、领导黑社会性质组织案中，涉案企业为了获取开展"套路贷"诈骗和软、硬暴力催收活动等违法犯罪活动的个人信息，先后从多家公司购买公民个人信息。在个别公司被司法机关查处后，又快速寻找到新的合作对象。[3]其二，由于辅助节点的功能相对单一，有机体

---

[1] 参见刘艳红：《网络犯罪的刑法解释空间向度研究》，载《中国法学》2019年第6期，第205页。

[2] 参见李怀胜：《网络犯罪案件的行刑衔接机制研究——以反电信网络诈骗等网信监管为样本》，载《中国刑事法杂志》2022年第4期，第94页。

[3] 参见湖南省长沙市长沙县人民法院（2019）湘0121刑初157号刑事判决书。

内的其他节点可以临时补充甚至完全替代。例如,在肖某、白某某等有组织电信诈骗案中,涉案人员均为"中聚公司"工作人员,在犯罪组织分工中,部分人员利用 APP 非法获取公民个人信息,部分人员负责具体实施诈骗活动。[1]换言之,在该起有组织犯罪中,非法获取个人信息行为与诈骗行为被合并为一个节点。由此可见,上述四个节点中只有诈骗犯罪节点不可替代,在整个电信网络诈骗犯罪的链条中起核心作用。

本书认为,基于网络有组织犯罪的技术特征及其"有机体性",刑法应当确立"技法结合"的治理理念,将网络有组织犯罪全链条治理的目标划分为两个阶段,渐进推动全链条治理。具体而言:

阶段一:重点打击核心节点,瓦解网络犯罪组织不可恢复的核心功能。面对复杂多变的网络有组织犯罪形势,如何利用好有限的司法资源清除不断增加且快速进化的网络犯罪组织,成为了破局的关键。将网络犯罪组织评价为一种分化成熟的有机体,是对其进化阶段的理性判断,也是生成有效治理策略的司法立足点。

"有机体性"指引司法机关在治理网络有组织犯罪时,应当区分核心节点与辅助节点、核心功能与辅助功能,重点消除有机体中的核心节点。司法机关也意识到这一点,在近期的司法实践中逐渐转变治理思路,将司法资源重点投入到核心节点治理当中。例如,2022 年 8 月 1 日,最高人民法院、最高人民检察院、公安部发布的针对网络诈骗集团头目和骨干的《通告》,将有组织的电信网络诈骗犯罪的治理重点放在诈骗犯罪集团及其头目和骨干分子,督促核心节点的诈骗犯罪组织成员投案自首。又如,2023 年 9 月 20 日,最高人民法院、最高人民检察院、公安部发布的《网络暴力指导意见》第 8 条提出,"要重点打击恶意发起者、组织者",对组织"水军""打手"实施网络暴力的核心节点行为从重处罚。2023 年 7 月 7 日,国家网信办公布《网络暴力信息治理规定(征求意见稿)》第 27 条强调,对组织、煽动发布网络暴力信息的网络机构要依法严惩。

阶段二:逐步清理游离的辅助节点,推动网络有组织犯罪的全链条治理。在网络有组织犯罪中,辅助节点对核心节点具有依附关系,随着犯罪组织中

---

[1] 参见河南省洛阳市洛龙区人民法院(2020)豫 0311 刑初 11 号刑事判决书、河南省洛阳市中级人民法院(2020)豫 03 刑终 692 号刑事裁定书。

核心节点被清除，辅助节点将从网络犯罪组织逐渐脱离。不过，由于辅助节点具有独立性，即使脱离了核心节点也能够独立存在、独立运作，并可能与其他核心节点相结合，形成新的网络犯罪组织，参与实施新的社会危害行为。故不能任其发展，而应当及时清理。对于犯罪最有力的约束并不是刑罚的严厉性，而是其确定性和及时性。[1]游离于网络空间中的辅助节点，本身就是犯罪组织以及网络黑灰产业链的组成部分，清理这些辅助节点是有组织犯罪全链条治理的重要一环。也因此，《网络暴力指导意见》明确指出，要"切实矫正'法不责众'错误倾向"，对所有涉及网暴违法犯罪要依法严惩。

相对于刑法而言，辅助节点的治理更需要平台参与。网络有组织犯罪治理应当预防与惩治并重，刑法作为最严厉的法，如果对所有节点的参与行为都给予刑事处罚，可能会形成大规模的犯罪化，社会效果不彰。辅助节点的参与行为主要为核心节点提供帮助，因而在刑事政策上可以从宽处理，这也有利于贯彻宽严相济的刑事政策。对于参与程度低、主观恶性小的辅助节点，可以通过平台治理的方式予以规范。网络平台是公共利益的载体，其管理活动具有一定的公共属性，当网络有组织违法犯罪通过平台进行信息交互或者将平台作为犯罪空间时，平台有义务消除违法犯罪风险。例如，《反有组织犯罪法》第16条、第72条规定了电信业务经营者、互联网服务提供者发现含有宣扬、诱导有组织犯罪内容的信息，有义务阻止传播、采取消除等处置措施，并为公安机关侦查提供技术协助。不履行以上义务的，主管部门有权要求其改正，并可给予行政处罚。又如，《反电信网络诈骗法》和《网络暴力指导意见》围绕电信业务经营者、互联网服务提供者等在电信诈骗信息监测、处理等方面作出了详细规定。由此可见，平台在预防和治理网络有组织犯罪方面的义务已得到规范确证，成为平台合规的重要内容。

五、结语

科学的犯罪治理策略建立在对犯罪现象、犯罪结构等全面认识的基础之上，刑事法治现代化要求犯罪治理策略应当同时适应现代社会的犯罪结构变

---

[1] 参见张明楷：《刑法修正的原则与技术——兼论〈刑法修正案（十二）〉（草案）的完善》，载《中国刑事法杂志》2023年第5期，第3页。

迁与犯罪形态进化。[1]现代化进程中我国犯罪发展的新趋向，不仅表现为犯罪结构上的"双升""双降"，即轻微犯罪和轻刑率上升、严重犯罪和重刑率下降，更表现为犯罪形态上的更迭进化，这使得传统渐进性治理模式的治理效果受到极大削弱。近年来公安机关虽然查处了大量的外围犯罪，却没有取得预期的治理效果，背后的原因值得深思。本研究提出犯罪有机体论，是对当前犯罪进化特征的理论提炼。有机体的协作性、代偿性、可再生性三大特性，揭示了外围犯罪与核心犯罪的规范关联，解释了针对外围犯罪的"断链条"策略及全链条治理难以奏效的根本原因，也提供了外围犯罪有效治理的新方案。据此，当下外围犯罪治理应当以瓦解犯罪有机体为目标，将治理重点放在核心犯罪，这种穿透性治理模式，是打破外围犯罪治理僵局、提升犯罪治理整体实效的有益尝试。

---

[1] 参见彭文华、傅亮：《犯罪结构变迁背景下犯罪刑事治理的目标与路径》，载《中国人民公安大学学报（社会科学版）》2023年第2期，第12页。

第六章

新预防主义的法治风险及其制度弥合

新预防主义天然存在处罚扩张的冲动,当刑法以预防的姿态参与社会治理时,随之而来的刑事处罚正当性、刑法处罚边界等一系列问题,都呈现出一定程度的法治风险。为了避免单纯回应公众体感治安的重复性立法,以及刑法对轻微违法行为的过度处罚,刑事实体法与刑事程序法应当建立筛选机制,将没有必要由刑法处罚的行为排除出去,确保预防的有效性和必要性。

第一节 无效预防的竞合型犯罪及其排除

大约从20世纪90年代中期开始,我国进入了刑事立法活性化时代,尤其表现为"为抑止犯罪而积极使用刑法的犯罪化倾向",[1]刑法通过增设新罪与扩容旧罪等方式来增加规范供给,以预防数量不断增加与变型多样的法益侵害行为。新预防主义在指导立法设计时强调立法的有效性,刑法每增设一个罪名都要求能够有效规制一类行为,反对以单纯回应民众体感治安而对同种行为重复规制的竞合型立法。这种以预防为名的重复性立法,在我国当前立法中较为普遍存在,有必要予以反思。

一、竞合型犯罪化:《刑法修正案(十一)》增设新罪的重要路径

纵观1997年《刑法》颁布至今的刑法发展历程,仅仅20多年我国就先后通过了12部刑法修正案,增加了70多个新罪、修改扩容了近三分之一的

---

[1] [日]井田良:《最近の刑法学の動向をめぐる一考察》,载《法學研究:法律·政治·社会》2011年第9期,第221页。

旧罪,如此频繁地修改刑法在世界各国实属罕见。特别是,2020年12月26日第十三届全国人大常委会通过的《刑法修正案(十一)》更是增加了17个罪名,修改了29个罪名,进一步推进了我国刑法的犯罪化之路。刑法规范数量与容量剧增的背后,共同折射出了一个异常的法现象,即"我们不断重复地犯罪化——一次又一次地对同种行为进行犯罪化",[1]这种以预防为名通过重复性立法增设新罪的方式可称之为竞合型犯罪化。

总体而言,《刑法修正案(十一)》增设新罪一方面是由于"日益增加的需要刑法保护的法益",[2]如扩容《刑法》第217条侵犯著作权罪,是为了有效保护录音录像及其制品的复制发行权;另一方面可能是为了回应时事热点或公众关切,主要表现之一是竞合型犯罪化,即通过制定新的更为具体的规范来补充旧的概括性规范。

当社会上发生某个恶性或轰动事件引起了公众的普遍关注,公共部门将承诺"做些事情"来预防此类事件,这通常就包括规定一种新的犯罪。[3]然而,受个别事件激发的犯罪化未必是真正意义上的犯罪化,因为它可能并未增加刑法规范的总容量,而只是将过去已经为刑法所禁止的行为转变为新的更加具体的规范,《刑法修正案(十一)》在公共安全、市场经济、社会秩序等领域新增的犯罪即为示例。

首先是公共安全犯罪。近年来,在公共交通工具上抢夺方向盘、殴打驾驶员等危及公共安全的事件时有发生,特别是2018年因乘客与司机争执互殴而引发的"10·28重庆公交坠江事故"[4]更激起了公众对公共交通工具行驶安全的广泛关注。为有效惩处上述危害公共交通工具行驶安全的行为,2019年1月8日最高人民法院、最高人民检察院、公安部颁布的《关于依法惩治妨害公共交通工具安全驾驶违法犯罪行为的指导意见》(以下简称《妨害安全

---

[1] [美]道格拉斯·胡萨克:《过罪化及刑法的限制》,姜敏译,中国法制出版社2015年版,第54页。

[2] 张明楷:《增设新罪的观念——对积极刑法观的支持》,载《现代法学》2020年第5期,第155页。

[3] See William J. Stuntz, "The Pathological Politics of Criminal Law", *Michiga Law Review*, Vol. 100, No. 3, 2001, p. 507.

[4] 2018年10月28日,重庆市一辆公交车失控坠入长江,造成13人死亡,2人失联,引发社会强烈反响。几天后,该公交车坠江原因公布,据车内黑匣子监控视频显示,该起事故系因乘客与司机争执互殴所引起。

驾驶指导意见》）明确规定，对"抢夺方向盘、变速杆等操纵装置，殴打、拉拽驾驶人员，或者有其他妨害安全驾驶行为，危害公共安全，尚未造成严重后果的"，按照以危险方法危害公共安全罪论处。《刑法修正案（十一）》则进一步增设《刑法》第133条之二，将"对行驶中的公共交通工具的驾驶人员使用暴力或者抢控驾驶操纵装置"等行为单独规定为妨害安全驾驶罪。

有学者认为，增设妨害安全驾驶罪，"能够有效化解司法恣意扩大以危险方法危害公共安全罪适用空间所带来的罪刑法定的危机"，因为在过去的司法实践中，"对驾驶人员实施暴力行为然后抢夺汽车操纵装置的，都在没有仔细考量行为类型及其危险性的情况下，就相对容易地得出行为危害公共安全的结论，从而大量认可以危险方法危害公共安全罪的成立"。[1]粗略地看，这一分析很合乎逻辑，因为以危险方法危害公共安全罪属于具体危险犯，其成立要求危害公共安全或者对公共安全造成具体危险，不考虑具体危险而直接将殴打驾驶员或抢夺方向盘等汽车操纵装置的行为认定为以危险方法危害公共安全罪，存在稀释"危害公共安全"这一彰显具体危险要素的可能性。从逻辑上看，上述行为尚有从行为犯或抽象危险犯的角度进行规制的余地，据此，单独制定妨害安全驾驶罪，既能够有效规制此类行为，又能够防止以危险方法危害公共安全罪被滥用。

然而，上述分析只是"从逻辑上看"，对照公共交通工具的行驶场景进行具体分析则未必如此，具言之，按照以危险方法危害公共安全罪规制"对行驶中的公共交通工具的驾驶人员使用暴力或者抢控驾驶操纵装置"的行为并不存在处罚漏洞。因为在公共交通工具正在行驶的场景之下，涉及的公共安全事项不仅限于车内的公共安全（主要是人员安全），还包括车外的公共安全，换言之，即使车内只存在驾驶员和乘客两个人，如果该乘客对驾驶员使用暴力或者抢夺操纵装置的，当然也可能危害车外空间的公共安全。因此，根据《妨害安全驾驶指导意见》的规定按照以危险方法危害公共安全罪处罚上述行为，并不存在无法弥合的罅隙。从构成要件上看，妨害安全驾驶罪的成立要求"危及公共安全"，这一要素与"危害公共安全"只有一字之差，认为前者体现的是抽象危险而后者彰显的是具体危险未免过于牵强。退一步

---

[1] 周光权：《论通过增设轻罪实现妥当的处罚——积极刑法立法观的再阐释》，载《比较法研究》2020年第6期，第46页。

说，即便认为本罪是抽象危险犯，按照立法规定，也只有在"危及公共安全"的场合才能成立犯罪，而基于公共交通领域的特殊性，既然该行为已经"危及公共安全"，那么无论如何也很难否定其对公共安全造成了具体危险，必然也符合以危险方法危害公共安全罪的构成要件。据此而论，无论是从现实场景还是从构成要件分析，妨害安全驾驶罪都很难在以危险方法危害公共安全罪之外单独成立，《妨害安全驾驶指导意见》的规定足以应对"对行驶中的公共交通工具的驾驶人员使用暴力或者抢控驾驶操纵装置"等妨害安全驾驶的行为。

种种迹象表明，《刑法修正案（十一）》增设妨害安全驾驶罪是受个别社会现象激发而未经深思熟虑的结果，这体现了立法者既想要提前规制上述行为又害怕将预防界限提得过早的矛盾心态，经过折中权衡之后而形成的妨害安全驾驶罪，不过是对以危险方法危害公共安全罪的具体化，它并未增加刑法规范的总容量或者说并未扩张刑事犯罪圈，只是在将具体情形单独犯罪化之后降低了法定刑。也许正是出于对法定刑降低后规制效果更弱的担忧，《刑法》第133条之二第3款重申，对构成妨害安全驾驶罪的行为，同时又构成其他犯罪的，从一重罪处断。

其次是市场经济犯罪。为有效打击证券领域的违法犯罪，《刑法修正案（十一）》对证券犯罪作出了重要修改：一是增加证券犯罪的法定刑，涉及的罪名有欺诈发行证券罪和违规披露、不披露重要信息罪；二是增加证券犯罪的行为类型，涉及的罪名是操纵证券、期货市场罪。这两项修改被认为是适应证券市场发展需要的合理修正，因为在《刑法修正案（十一）》颁布之前，证券犯罪因法定刑配置较低、涵盖类型不全而备受质疑，[1]此次修正对法定刑的提升及对行为类型的增加，有效填补了证券犯罪的漏洞。除此之外，还有第三项修改，即将证券犯罪的幕后者提至幕前，或称之为共犯行为的正犯化，具体而言：《刑法修正案（十一）》在第160条新增了第2款规定，"控股股东、实际控制人组织、指使实施前款行为的，处……"；在161条新增了第2款规定，"前款规定的公司、企业的控股股东、实际控制人实施或者组织、指使实施前款行为的，或者隐瞒相关事项导致前款规定的情形发生的，

---

〔1〕 参见刘宪权：《互联网金融时代证券犯罪的刑法规制》，载《法学》2015年第6期，第83-85页。

依照前款的规定处罚"。

然而，原本依据刑法总则关于共同犯罪的规定便能对证券犯罪的幕后者进行归责，在此前提下，是否有必要再将之正犯化？理论上对共犯行为正犯化的质疑是，这种做法可能将日常生活中的中立行为作为犯罪处理，从而导致刑法的过度介入。[1]从立法上看，它的问题还在于增加了不必要的重复犯罪化，亦即，根据共犯理论，在成立证券犯罪的前提下，如果有证据证明处在幕后的控股股东及实际控制人参与了犯罪行为，则幕后者当然能够成立共同犯罪。因此，在定性上，既然刑法已经将上述行为规定为犯罪，则增设这两款缺乏必要性；[2]在归责上，即使没有上述规定，根据《刑法》第26条有关主犯、组织犯的规定及第29条有关教唆犯的规定，对组织、指使他人欺诈发行证券和违规披露、不披露重要信息的，应当认定为教唆犯，且一般都以主犯论处。因此，上述两款规定完全是在刑法已有规定情况下的重复犯罪化，由此带来的负面后果是，刑法总则有关共同犯罪的规定与分则独立成罪的规定产生竞合，这种非必要的共犯行为正犯化，既弱化了总则有关共同犯罪规定的效力，"又使得分则条文所规定的构成要件相互交织，出现罪刑不均衡或者复杂的罪数问题"。[3]

最后是社会秩序犯罪。随着高空抛物、坠物造成的公共安全事件不断增多，保障"头顶上的安全"成为立法关注的重点：在民法中，《民法典》第1254条专门规定了高空抛物致损的侵权责任；在刑法中，2019年10月21日最高人民法院颁布的《高空抛物意见》规定，对故意、过失从高空抛掷物品威胁公共安全或者造成公民人身、财产损害的行为，分别按照以危险方法危害公共安全罪、过失以危险方法危害公共安全罪、故意杀人罪、故意伤害罪、故意毁坏财物罪等论处。由于《高空抛物意见》是对既往司法实践经验的总结，因而并未将刑法应对高空抛物行为的防线提前，而为了更加有效地维护"头顶上的安全"，《刑法修正案（十一）》将高空抛物单独成罪。

---

[1] 参见刘艳红：《网络犯罪帮助行为正犯化之批判》，载《法商研究》2016年第3期，第18页。

[2] 参见张明楷：《增设新罪的原则——对〈刑法修正案十一（草案）〉的修改意见》，载《政法论丛》2020年第6期，第3-4页。

[3] 刘艳红：《网络犯罪的刑法解释空间向度研究》，载《中国法学》2019年第6期，第217页。

然而，高空抛物的入刑路径曲折而富有争议。第一个争议问题是，高空抛物罪应当放在刑法分则何处？原本，《刑法修正案（十一）》（草案）一审稿拟将高空抛物罪放在《刑法》第114条第2款，具体条文是，"从高空抛掷物品，危及公共安全的，处拘役或者管制，并处或者单处罚金"。然而，这也意味着，高空抛物罪与放火、决水、爆炸、投放危险物质罪及以危险方法危害公共安全罪在法益侵害性上具有一致性或相当性，据此，高空抛物行为只有对公共安全造成具体危险才能构成犯罪。若真如此，则高空抛物罪不过是以危险方法危害公共安全罪的一个具体类型，完全没有增设的必要。为此，自《刑法修正案（十一）》（草案）二审稿开始，高空抛物罪就被调整至《刑法》第291条之二，位于刑法分则第六章第一节"扰乱公共秩序罪"中。第二个争议问题是，"危及公共安全"是否为高空抛物罪的必要条件？换言之，是否存在虽然不危及公共安全，但也值得刑法规制的高空抛物行为？答案是肯定的。因此，"危及公共安全"这一要件在《刑法修正案（十一）》（草案）二审稿中也被取消，代之以"情节严重"，"之所以增加'情节严重'的规定，是为了将从高空抛掷极为轻微的物品且未造成危害后果等不值得科处刑罚的行为排除在犯罪之外"，〔1〕这就保障了逻辑上的周延性。

逻辑上的周延不等于体系上的自洽，《刑法修正案（十一）》（草案）二审稿对高空抛物罪的调整只解决了第二个争议问题但没有完全解决第一个争议问题，而是通过挪移罪名位置的方式绕开了这一问题。但罪名位置变化之后，需要考虑的新问题是该罪与关联性罪名之间是否存在冲突。目前来看，高空抛物罪极易与寻衅滋事罪发生竞合。立法设置高空抛物罪，主要是为了规制那些尚未危害公共安全，但仍有必要给予刑罚处罚的行为，这些行为大致有三类：一是高空抛物造成人身损害，尚未达到轻伤以上后果，但情节严重；二是高空抛物造成财产损害，尚不构成故意毁坏财物罪等其他犯罪，但情节严重；三是高空抛物既没有造成人身损害又没有造成财产损害，但由于起哄闹事而扰乱公共秩序，情节严重。然而，这三种行为类型在《刑法》第293条寻衅滋事罪都能够找到对应条文，在既往的司法实践中，对上述情形引发的违法犯罪也普遍按照寻衅滋事罪定罪处罚。例如，李某为发泄情绪将一

---

〔1〕 张明楷：《增设新罪的原则——对〈刑法修正案十一（草案）〉的修改意见》，载《政法论丛》2020年第6期，第12页。

台电脑主机及数个水泥砖块从房顶抛下，砸中陈某停放在该楼房下的小轿车，造成该车车身多处不同程度损毁。法院认为，李某的行为属于破坏公共场所秩序，情节严重，构成寻衅滋事罪。〔1〕值得反思的是，既然已有寻衅滋事罪能够规制不危及公共安全的高空抛物行为，那么增设高空抛物罪的必要性便大打折扣。对于司法实践而言，增设高空抛物罪的负面后果是，司法机关需要频繁面对和处理新增犯罪所产生的犯罪竞合问题。

通过对公共安全、市场经济及社会秩序领域增设的新罪进行梳理，可以清晰地呈现竞合型犯罪化的形成脉络，即从个别事件激发到司法实务关注再到立法规范成型。竞合型犯罪化并未改变刑事犯罪圈，刑法的实际范围不增不减。那么它究竟为何被描述为一种无用的犯罪化，以致有不少学者将取消竞合型犯罪化视为刑法改革的重要目标。〔2〕这就需要结合竞合型犯罪化的内在逻辑及其法律效果进行深度检讨。

二、从"有"到"有"的立法过程：竞合型犯罪化的逻辑悖论

一般而言，典型的犯罪化是将过去刑法没有规定的行为新增为犯罪，它是一种从"无"到"有"的过程。而竞合型犯罪化则是将某种先前已经为刑法所禁止的行为规定为犯罪，新增的犯罪只是对旧的犯罪的具体化，同时可能伴有法定刑的加重或减轻，它是一种从"有"到"有"或者说是从概括规范中分离出具体规范的立法过程。在此过程中，刑事犯罪圈并未得到实质地扩张，因而竞合型犯罪化常常被认为是无用而有害的。言其无用在于它无法填补立法空白，言其有害则是指它导致了刑法适用障碍。

（一）立法基础质疑：未必存在立法空白

由于刑法所调整的事项关涉公共利益或者个人重大利益，同时在整体法秩序中，刑法处于保障法地位，因而刑法增设新罪需要实质基础。法益论者侧重从法益保护必要性角度寻找立法基础，认为刑法之所以增设新罪是基于法益保护需要，具体而言，随着社会发展出现了新的值得刑法保护的法益，或者"原本不被认为是利益或者原本不会被侵害的利益，现在却是重要利益

---

〔1〕参见海南省琼海市人民法院（2018）琼9002刑初365号刑事判决书。
〔2〕See Brickey F. Kathleen, "Federal Criminal Code Reform: Hidden Costs, Illusory Benefits", *Buffalo Criminal Law Review*, Vol.2, 1998, pp.161-165.

并且受到了严重侵害",抑或是"原本轻微的法益侵害会演变为严重的法益侵害"。[1] 规范论者则认为,刑法之所以增设新罪,是因为随着社会发展,旧的规范逐渐失效,无力阻止不断增加的犯罪量和升高的犯罪率,为了防止规范"失范",就需要增加新的规范以积极回应社会治理。[2] 尽管表述不同,但透过理论表象不难发现,刑法增设新罪的根本理由其实是一致的,即存在需要填补的立法空白。

然而,竞合型犯罪化只有罪名的增长而无罪质的增量,它不过是将原本已经为刑法所禁止的行为重新犯罪化,并以新的罪名呈现,它的增设不以存在立法空白为大前提,可能受突发社会事件、刑事政策或者公共舆论等影响或驱动。

以刑法增设催收非法债务罪为例。由于高利贷等非法债务是黑恶势力的聚集领域,特别是上述非法债务的催收常常引发社会性问题,为了保障"扫黑除恶"政策的有效落实,《刑法修正案(十一)》增设《刑法》第293条之一催收非法债务罪,将通过暴力或者"软暴力"催收非法债务的行为规定为犯罪。然而,即使没有增设催收非法债务罪,根据刑法有关规定,对于"使用暴力、胁迫方法""限制他人人身自由或者侵入他人住宅""恐吓、跟踪、骚扰他人"等方式催收非法债务的,也能够作为犯罪处理。2019年7月23日最高人民法院、最高人民检察院、公安部、司法部发布的《关于办理非法放贷刑事案件若干问题的意见》第6条第2款规定,"为强行索要因非法放贷而产生的债务,实施故意杀人、故意伤害、非法拘禁、故意毁坏财物、寻衅滋事等行为",构成犯罪的,依法定罪处罚。这表明,催收非法债务行为原本就可能视情形构成故意杀人罪、故意伤害罪等。特别是,将催收非法债务罪的三种情形与寻衅滋事罪进行对照发现,"使用暴力、胁迫方法"或者"恐吓、跟踪、骚扰他人"方式催收非法债务达到"情节严重"程度的,必然也构成寻衅滋事罪。既然催收非法债务罪位于刑法分则第六章第一节,从本节的保护法益即社会公共秩序来看,该罪中的"情节严重"所指向的应是暴力催收行为扰乱了社会公共秩序,这两种情形与寻衅滋事罪的前两种情形"随

---

[1] 张明楷:《增设新罪的观念——对积极刑法观的支持》,载《现代法学》2020年第5期,第155页。

[2] 参见周光权:《转型时期刑法立法的思路与方法》,载《中国社会科学》2016年第3期,第127页。

意殴打他人，情节恶劣""追逐、拦截、辱骂他人，情节恶劣"保持对应。至于"限制他人人身自由或者侵入他人住宅"这种情形，如果情节严重的，一般也可以成立非法拘禁罪或者非法侵入住宅罪。据此分析，寻衅滋事罪、非法拘禁罪和非法侵入住宅罪完全能够涵盖催收非法债务罪规定的三种情形。司法实践中，对采取上述暴力或者"软暴力"方式催收非法债务的行为都能够找到对应的处理方案，如将采用暴力手段催收赌债的行为认定为寻衅滋事罪[1]、将采用软暴力（威胁、恐吓等）手段催收高利贷的行为认定为寻衅滋事罪[2]、将为索取高利贷而非法关押他人的行为认定为非法拘禁罪[3]，等等。以上分析表明，催收非法债务的行为并不存在立法空白。

事实上，竞合型犯罪化从一开始就面临着必要性和正当性疑问。效用是立法的第二指标，确证立法必要性的重要标准在于这项立法的有用性或者作为"满足某一目的的手段"，[4]对于新增的犯罪化立法而言，效用意味着该规范能够填补立法空白或者规制原刑法之外的新犯罪行为，而这正是竞合型犯罪化所不具备的。

最直观的问题是，竞合型犯罪化可能过于追求立法的确定性而不符合立法的效用性。[5]法律以语言表达，又受限于语言的模糊性。以语言作为呈现媒介的法律规则具有确定的意涵，也存在"模糊性边缘"（a fringe of vagueness），具备"开放性结构"（open texture）。[6]因此，法律表达无需绝对精确，只要达到呈示法律的意义所必要的确定性即为妥当。[7]对法律确定性的不同理解直接影响着立法观念的形成，对此，刑法领域向来存在粗疏立法观和细密立法观之争。"1979 年刑法典是在粗略与疏放亦即粗疏立法观指导之下制定的，它是我国刑事立法起步阶段立法技术欠发达的体现"，[8]粗疏的刑事立法中广

---

[1] 参见青海省海西蒙古族藏族自治州都兰县人民法院（2020）青 2822 刑初 24 号刑事判决书。
[2] 参见福建省泉州市中级人民法院（2020）闽 05 刑终 912 号刑事判决书。
[3] 参见山西省临汾市中级人民法院（2020）晋 10 刑终 38 号刑事附带民事判决书。
[4] 参见[丹]努德·哈孔森：《立法者的科学——大卫·休谟与亚当·斯密的自然法理学》，赵立岩译，浙江大学出版社 2010 年版，第 47—49 页。
[5] See Jeffrey Standen, "An Economic Prespective On Federal Criminal Law Reform", *Buffalo Criminal Law Review*, Vol. 2, No. 5, 1998, pp. 290-291.
[6] See H. L. A. Hart, *The Concept of Law*, Oxford University Press, 1997, pp. 120-124.
[7] 参见[美]布赖恩·比克斯：《法律、语言与法律的确定性》，邱昭继译，法律出版社 2007 年版，第 201—204 页。
[8] 刘艳红：《以科学立法促进刑法话语体系发展》，载《学术月刊》2019 年第 4 期，第 94 页。

泛存在着概括性条款,期待以立法的"粗疏"来保障司法的"不漏"。可是,"粗疏"立法也给司法部门过多自由裁量权,为了做到司法"不漏"而存在过度犯罪化之虞,使得诸如寻衅滋事罪、非法经营罪等借助概括性条款逐渐发展为"口袋罪",犯罪边界趋于模糊。为了构建完备的刑法体系,就必须对概括性条款及"口袋罪"等进行补充,以巩固刑法的确定性,使刑法更加具体化。但是,增加刑法确定性的方法多种多样,常见的如制定司法解释、发布指导性案例或者修改刑法条文,只有在极其少数情况下才需要增设新罪。竞合型犯罪化是在已有立法规定前提下的重复犯罪化,为了规制高空抛物行为而增设高空抛物罪、为了具体应对催收高利贷、赌债等非法债务的行为而增设催收非法债务罪等,这些都是过度精细化的立法表现。在此立法逻辑下制定的大量重复性规范不仅未能使刑法更加完备,反而带来了不必要的规范增量,也使刑法规范的效用性被削弱。

更深层次的问题是,不以填补立法空白为目的的竞合型犯罪化是永无止境的。纵观 1997 年《刑法》颁布至今的刑法发展,通过 12 部刑法修正案而推动的犯罪化,大多是在概括性罪名之后增加更为具体的罪名,其典型特征是,以"第 XX 条之一"这种形式置于某个概括性或者关联性罪名之后;而从实质上看,该条文所描述的行为类型又完全能够为相关概括性罪名所包容,由此造成罪与罪、条与条之间的逻辑混乱。竞合型犯罪化往往受个别社会现象激发,但是,在社会发展过程中,个别现象远非刑法所能穷尽列举,也因此,我国 1997 年《刑法》采取"宜粗不宜细"的立法思想,对概括性条款的解释适用也普遍采取"列举+兜底"的方式进行。而如果将竞合型犯罪化的逻辑推而广之,几乎所有的概括性条款中都可以具体化出若干新罪名,若真如此,刑法条文数量将会在现有的基础上成倍增长,法条关系更加复杂,刑法也将变得臃肿不堪。

(二)立法适用障碍:制造新的法律冲突

竞合型犯罪化并非以填补立法空白为目的,其因欠缺可靠的立法基础而使新罪增设拘于随意和不确定。尽管增设新罪之后,规范的容量没有增长,但无意义的规范数量增长本身便是问题,具体规范与抽象规范并存会使规范之间的关系变得混乱,由此导致了大量的犯罪竞合问题及随之而来的刑法适用冲突。

大量的规范重复或犯罪竞合,导致刑法规范内容"难以为公众理解、也难以通过理论解释以及难以进行司法运用"。[1]这样"难理解""难解释""难运用"的刑法规范,其适用过程往往也困难重重。

首先,竞合型犯罪化使一般公众更难理解刑法规范的意义,刑法的自由保障机能将更难实现。刑法适用主要面向一般公众,在同等条件下,刑法规范数量快速增长本身就增加了公众接受刑法规范的难度,因为规范的增多意味着公众必须耗费更多的精力去接受新增加的内容,而现实情况往往是,面对数量繁多的刑法规范,公众逐渐丧失了接受新规范的动力。为了保障公众自由权利,刑法必须以明确的方式事前告知(fair notice)罪与非罪、此罪与彼罪等与公众切身利益息息相关的刑事处罚事项。[2]令人担忧的是,即使刑法事前以极其精确的方式规定合法与违法边界,但大量制定重复性规范使法条之间的关系更加复杂化,此时,连法学专业人士可能都无法有效理清法条之间的复杂关系,更遑论一般公众。换言之,对于一般公众而言,这种事前告知因未有效传达必要信息而无意义,可以说是,"刑法条款虽然已经制定出来,但并未传达到该条款原本打算适用的对象",[3]此即无效的告知,无效的告知等于没有告知。若真如此,则刑法为一般公众提供行动预测的自由保障机能将受到极大影响。[4]此外,大量的竞合型犯罪化会导致一个犯罪行为同时触犯为数众多的刑法禁止性规范,[5]这无疑严重侵蚀了刑法的规范性、损耗了公众对刑法的信赖。

其次,竞合型犯罪化制造了新的法律规范冲突,为了解释新旧规范之间的关系,理论上不得不频繁使用扩大解释甚至是类推解释。竞合型犯罪化毕竟增设了新罪,而在一般意义上,新罪较旧罪之"新"在于,其将旧罪之外的新行为纳入规制范围。为了从新罪中解释出新行为,区分新罪与旧罪,解释

---

[1] Joost H. Robert, "Federal Criminal Code Reform: Is It Possible?" *Buffalo Criminal Law Review*, Vol. 1, No. 1, 1997, p. 195.

[2] See Boutrous, Theodore J. Jr, B. H. Evanson, "The Enduring and Universal Principal of 'Fair Notice'", *Southern California Law Review*, Vol. 86, No. 2, 2013, p. 193.

[3] [英]杰里米·边沁:《论道德与立法的原则》,程立显、宇文利译,陕西人民出版社2009年版,第132页。

[4] 参见[日]西田典之:《日本刑法总论》,王昭武、刘明祥译,法律出版社2013年版,第38页。

[5] See William J. Stuntz, "The Pathological Politics of Criminal Law", *Michiga Law Review*, Vol. 100, No. 3, 2001, p. 507.

者青睐于扩大解释，部分解释甚至有类推之倾向。如有学者认为，《刑法修正案（十一）》（草案）一审稿规定的高空抛物罪是抽象危险犯，"危及"公共安全不要求"足以危害"，从而将之与以危险方法危害公共安全罪相区分。[1]在笔者看来，上述观点不过是为了强行区分高空抛物罪和以危险方法危害公共安全罪而作出的扩大解释。在理论上，抽象危险犯与具体危险犯确有区分标准，但从现实来看，"危及"也好"危害"也罢，只存在有无问题，而很难判断出程度差异。立法者也意识到，将高空抛物罪与以危险方法危害公共安全罪置于同一条文中和使用"危及公共安全"的表述难以体现出实质差异，因而很快对该罪的分则位置及条文表述作出了调整。对竞合型犯罪的类推解释也并不罕见，如为了彰显催收非法债务罪与其他犯罪的区别，有学者指出认为，"本罪设立的目的显然是以'兜底'的方式将尚不构成故意杀人、故意伤害、非法拘禁、故意毁坏财物等犯罪的催债情形囊括进刑法规制的范畴……换言之，此次立法的重点在于以罪刑法定的形式确立对以往实践中难以定性的滋扰型软暴力的刑事制裁"。[2]然而，正如前文分析，《刑法》第293条之一规定的三种情形完全能够被寻衅滋事罪、非法拘禁罪、非法侵入住宅罪等传统罪名所覆盖，如果认为更轻的滋扰性软暴力行为也能够构成催收非法债务罪，则无疑属于有罪类推，这不仅难以符合该条文设置的"情节严重"限定，也会将原本只应根据《治安管理处罚》第26条规定给予行政处罚的一般寻衅滋事行为犯罪化，有架空行政处罚之嫌。

最后，竞合型犯罪化对刑事司法的影响同样深刻。具体而言：其一，复杂的法条关系对司法机关的检控能力提出更高要求，增加了司法误判的可能性。鉴于如此复杂的法条关系，司法机关习惯于规避而非解决问题，面对具体案件时，更倾向于选择概括性条款予以适用，而不去考虑是否违背了隐含的法律规则，这无疑加剧了诸如寻衅滋事罪、以危险方法危害公共安全罪、非法经营罪等概括性罪名的"口袋化"。其二，即使没有带来实质内容增长，单纯刑法规范数量增加也为最大化刑事检控提供了更多选择，检察机关可以

---

[1] 参见李晓明：《"高空抛物"入罪的法教义学分析与方案选择》，载《天津法学》2020年第4期，第57-58页。

[2] 魏东、赵天琦：《刑法修正案的规范目的与技术选择——以〈刑法修正案（十一）（草案）〉为参照》，载《法治研究》2020年第5期，第62页。

同时提出数种指控以增加刑罚的威慑性。[1]这不仅为检察机关审查起诉提供了更多的选择余地，也可能导致被告人在被数罪并罚之后承担更多的刑罚。

总之，不断生产重复性立法的竞合型犯罪化为刑法适用制造了多重障碍：对于一般公众而言，复杂的法条关系导致刑法规范意义无法有效传达，刑法的自由保障机能失效；对于刑法理论而言，新的法律规范冲突助长了扩大解释、类推解释等的运用，刑法的谦抑性原则受损；对于刑事司法而言，形式上的罪名增长经过刑事程序转化之后变相增加了刑罚的量，罪刑均衡原则被突破。

三、诉诸理论与回溯立法：竞合型犯罪化的应对之道

反思近年来的刑事立法，应当意识到竞合型犯罪化有着一定的现实基础，它背后的社会现象引起了公众的广泛关注。也因此，在某种意义上说，竞合型犯罪化"顺应了民意"，并由此得以长久存在。然而，现实反复证明，民意不等于正义，因为在当今时代，社会现象中的某些关键信息很容易被媒体阉割、被舆论掩盖，民众在很多情况下也无法管窥事实全貌而存在偏见，盲目遵从民意反而可能对正义造成更大伤害。而从整体上看，竞合型犯罪化是弊大于利的，消除犯罪竞合及可能的冲突应成为未来刑法改革方向。同时，为了避免刑法改革过于激烈而引起"民意"的强烈反对及对刑法安定性的动摇，在短期内，应当将犯罪竞合理论构建作为有效应对之策，处理好既有的竞合型犯罪化带来的刑法规范适用问题，而从长远来看，通过"立改废释"并举抑止竞合型犯罪化才是根本之道。

（一）权宜之计：构建犯罪竞合理论

一直以来，深受德日刑法理论影响，我国刑法学界面对复数规范冲突问题，倾向于构建竞合理论来应对，将竞合视为"复数规范的评价关系下，法律效果决定的问题"，[2]而很少从立法层面反思竞合现象的产生是否具有必然的合理性。客观地说，竞合理论为解决复数规范冲突问题提供了合理指引，它既契合了罪刑法定原则，又避免了对一个事实的重复评价及对一个行为科

---

[1] See Heather Schoenfeld, et al., "Maximizing Charges: Overcriminalization and Prosecutorial Practices During the Crime Decline", *After Imprisonment: Special Issue Studies in Law, Politics, and Society*, Vol. 77, 2018, p. 168.

[2] 柯耀程：《刑法竞合论》，中国人民大学出版社2008年版，第25页。

以数个刑罚而对罪刑均衡原则的悖逆。特别是,竞合理论对立法和司法都产生了重要影响。

在立法上,竞合理论转化为立法规定,成为调和刑法规范冲突的重要方式。《刑法修正案(十一)》增设的新条文有不少受到竞合理论影响,例如,增设《刑法》第291条之二高空抛物罪之后,正是意识到该罪容易与寻衅滋事罪、故意伤害罪、故意杀人罪等竞合,因而该条第2款规定:"有前款行为,同时构成其他犯罪的,依照处罚较重的规定定罪处罚",这就避免了高空抛物行为同时构成高空抛物罪和寻衅滋事罪、故意伤害罪等多个罪名时的规范适用冲突;再如,增设《刑法》第133条之二妨害安全驾驶罪之后,在其第3款也作出了类似的规定。

在司法上,不论是否明文规定,大量的复数规范冲突问题的解决都依赖于竞合理论。一方面,很多司法解释明文规定了竞合规则,例如,鉴于寻衅滋事罪极具开放性,容易与其他犯罪产生冲突,2013年7月15日最高人民法院、最高人民检察院颁布《寻衅滋事解释》,根据其第7条规定,实施寻衅滋事行为,同时构成故意杀人罪、故意伤害罪、故意毁坏财物罪等,依照处罚较重的犯罪定罪处罚。根据上述规定,寻衅滋事罪与其他犯罪竞合时的一般处理规则是从一重处断。另一方面,即使没有法律明文规定,司法实践也可以根据竞合理论,结合事实与法条关系,推导出适用规则。例如,对行为人张某以伪造合同的方式骗取他人财物的行为,人民法院指出,"诈骗罪与合同诈骗罪是法条竞合关系,是普通法和特别法的关系",根据特别法优于一般法,本案中对张某应适用合同诈骗罪。〔1〕

上述分析表明,对于复数规范冲突问题,刑事立法早已接纳竞合理论并完善了相关规定,刑事司法也借助竞合理论形成了大量的司法范例。基于刑法安定性,当《刑法修正案(十一)》增设诸如妨害安全驾驶罪、高空抛物罪、催收非法债务罪等新罪之后,短期内无法通过刑法修改解决竞合型犯罪化带来的刑法规范冲突问题,应更多地委诸于竞合理论构建。如上分析,妨害安全驾驶罪、高空抛物罪都将竞合理论转化为立法规定,分别成为《刑法》第133条之二第3款和第291条之二第2款的规定,此二罪与其他犯罪的竞合适用从一重处断。至于催收非法债务罪,尽管《刑法》第293条之一并未直

---

〔1〕 参见湖北省咸宁市中级人民法院(2017)鄂12刑终251号刑事判决书。

接规定竞合规则,但前文分析表明,"使用暴力、胁迫方法"或者"恐吓、跟踪、骚扰他人"方式催收非法债务与寻衅滋事罪存在竞合,根据《寻衅滋事意见》第7条规定的竞合规则,应当从一重处断,最终也能够实现合理定性与妥当量刑。由此可见,竞合理论的广泛运用为解决《刑法修正案(十一)》竞合型犯罪化所带来的复数规范冲突问题,提供了成熟而富有实效的解决方案。

然而,现实情境远远超出了竞合理论的极限,大量的复数规范重复评价或法律冲突问题根本无法通过理论解决。"刑法竞合论(Konkurrenzlehre)向来都是刑法问题中,最复杂且棘手的部分",[1]之所以棘手,一个重要原因是,复杂的法条关系远非竞合理论所能概括,即使形成了一般规则,在面临特殊法条关系时,也可能顾此失彼而难以自洽和周延。

一方面,竞合理论无法建立统一规则,不同规则的适用条件也不明确。"竞合犯的基本特征是部分或全部事实要素,被两个或两个以上的刑法规范重复评价",[2]而根据竞合产生原因不同,刑法理论区分了法条竞合和想象竞合,法条竞合的一般规则是特别法优于一般法,想象竞合的一般规则是从一重处断。然而,上述一般规则常常被突破:法条竞合也可能从一重处断规则,如根据《刑法》第149条第2款的规定,构成生产、销售伪劣产品罪,同时又构成生产、销售、提供假药罪、生产、销售有毒、有害食品罪等特殊罪名的,依照处罚较重的规定定罪处罚;想象竞合犯也可能数罪并罚,如根据2014年8月12日最高人民法院、最高人民检察院发布的《关于办理走私刑事案件适用法律若干问题的解释》第22条的规定,如果行为人一次走私了淫秽物品、文物、假币等多种物品的,即使只有一次走私行为,也应当按照走私淫秽物品罪、走私文物罪、走私假币罪等数罪并罚。据此可知,尽管理论上针对法条竞合与想象竞合都设置了一般规则,但也存在为数不少的例外性规则,这使得一般性规则适用的稳定性受到极大影响。受此影响,司法实践中对竞合规则常常存在误用,例如,对利用职务上便利骗取他人财物的行为,有法院认为其属于法条竞合,从一重处断。[3]这很显然是将想象竞合误判为

---

[1] 柯耀程:《变动中的刑法思想》,中国政法大学出版社2003年版,第270页。
[2] 姜敏:《刑法修正案犯罪化及限制》,中国法制出版社2016年版,第122页。
[3] 参见湖南省湘潭市中级人民法院(2019)湘03刑终472号刑事判决书。

法条竞合，而且，此处从一重处断规则也与法条竞合不匹配。

另一方面，由于法条竞合与想象竞合的处理规则迥异，因而两者区分一直是理论重点，但在有些情况下，根据现有理论未必能够准确区分两者。刑法理论一般认为，法条竞合只有两个法条具有包容关系才能成立，而法条之间的关系具有多样性，包括特别关系、补充关系、吸收关系、择一关系等。[1]更何况，理论上关于法条竞合的概念范围，尤其是择一关系或者交叉关系（或部分包容关系）是否属于法条竞合也存在较大争议，如有学者认为，"在择一关系之中，不属于包摄关系并且两个构成要件没有交叉的场合，由于原本就没有产生法条之竞合问题，也就不属于法条竞合"。[2]比较分析个罪的构成要件，交叉关系引起的竞合问题从一个角度看似乎是法条竞合，从另一个角度看又像是想象竞合。例如，行为人采取非法拘禁的软暴力方式催收非法债务，似乎是法条竞合，因为它源于立法增设了《刑法》第293条之一催收非法债务罪，或者说是法条设置本身造成的，但又像是想象竞合，因为它属于同一行为触犯非法拘禁罪和催收非法债务罪，是根据构成要件事实推导而出的。正因为如此，有学者干脆放弃对两者的区分，提出了大竞合概念。[3]但在笔者看来，大竞合更像是法条竞合与想象竞合的上位概念，它不是解决问题而是在逃避问题。

既往的立法和司法实践表明，竞合理论确实为处理复数规范冲突问题提供了积极有益的理论方案，但同时也应看到，竞合概念的不确定性、竞合规则的多元性等都消耗了它的普遍适用性。这样看来，在竞合型犯罪化产生之后，再通过竞合理论的构建来应对它所衍生的问题并非根本性对策。

（二）根本之道：抑止竞合型犯罪化

当刑法已经禁止了某种行为时，则再度犯罪化已无必要。欠缺立法必要性的竞合型犯罪化产生了诸如削弱刑法效用、造成刑法体系臃肿及制造法律规范冲突等问题，这些问题大多可以在立法之后通过刑法解释或者司法调适予以适当缓和。但如前所述，刑法解释与司法调适对竞合型犯罪化弊端的消除都是不彻底的。基于对现行刑法的体系性考察，既然问题的根源在于立法

---

[1] 参见张明楷：《刑法学（上）》，法律出版社2021年版，第624页。
[2] 参见[日]山口厚：《刑法总论》，付立庆译，中国人民大学出版社2011年版，第371页。
[3] 参见陈洪兵：《不必严格区分法条竞合与想象竞合——大竞合论之提倡》，载《清华法学》2012年第1期，第38页。

误区,那么解决问题的根本之策也应是回溯立法论,通过"立改废释"并举抑止竞合型犯罪化,具体而言,可以细分为两条路径。

路径之一:通过适度的非犯罪化消除已有的竞合犯罪。"晚近以来,我国刑事立法的活性化主要是犯罪化,犯罪化成为我国刑事立法'立改'主要内容,以除罪化为内容的刑事立法的'废除'工作基本停止",[1]在犯罪化的主基调之下,预防性犯罪、辅助型犯罪及竞合型犯罪数量激增,[2]而与前两者相比,竞合型犯罪并未扩张刑法规制范围,因而也更容易隐藏在法条关系中。但这并不意味着它没有危害或者危害很小,正是由于竞合型犯罪化善于隐藏而使其能够深深扎根于法条关系中,导致长期以来对它的危害性认识严重不足,对立法和司法都产生了极大的负面影响。本书认为,刑法既要顺应时代发展合理推进犯罪化,也要反思自身适度进行非犯罪化,废除多余条文。当然,此种意义上的非犯罪化并非缩小处罚范围,而是废除不必要的条文或罪名,精简刑法体系。具体而言,根据法条之间的关系,有两种基本方法:一是直接删除条文。如果两个条文所规制事项完全一致,则完全可以删除其中之一;或者说,即使没有某个条款,也不影响刑法的定罪量刑,也可以删除该条文。例如,《刑法修正案(十一)》增设的《刑法》第 160 条第 2 款和第 161 条第 2 款关于共犯行为正犯化的规定,完全可以被刑法总则中的共犯规定所包容,因而可以删除。再如,刑法中大量存在的注意规定,并不影响定罪量刑,也属于可删除的条文。二是合并条文。如果某个概括条款完全包含了另一具体条款的内容,并且该条文内容有保留的必要性,则可以将这两个条文合并。例如,《刑法修正案(十一)》增设的《刑法》第 293 条之一催收非法债务罪,可以不予删除,作为一种情形合并入寻衅滋事罪,以适应《民法典》第 680 条禁止高利放贷的规定,体现刑法对高利贷等非法债务从不保护到相对禁止的立场转变。

路径之二:通过"立改释"的协同预防将来的重复立法。进入刑事立法活性化时代,刑法"立改释"都很发达,12 部刑法修正案增设了大量新罪、修改了大量旧罪,数量庞大的司法解释更是形成了一个相对独立的"副法"

---

[1] 刘艳红:《刑法理论因应时代发展需处理好五种关系》,载《东方法学》2020 年第 2 期,第 11 页。

[2] 参见[美]道格拉斯·胡萨克:《过罪化及刑法的限制》,姜敏译,中国法制出版社 2015 年版,第 71 页。

体系。[1]问题在于,刑法之"立"、"改"与"释"之间的关系趋于混乱,何时该立法、何时该改法、何时又该释法,需要进一步明确。一般而言,当社会出现了需要由刑法加以调整的棘手问题或现象之后,首先应当考察的是它能否为现行刑法所规制,如果现行刑法完全能够进行规制,那么它便属于解释论或司法论问题,而不是立法论问题。刑法在面对新问题应对新挑战时,能解释的绝不轻易修改立法,能修改立法的绝不另立新罪,换言之,在"立改释"三种方法中,"立"应位于最后序列。

有的问题已经通过司法解释解决,就没有必要增设新罪。《刑法修正案(十一)》增设《刑法》第133条之二妨害安全驾驶罪和《刑法》第291条之二高空抛物罪,但此前已经通过了相关司法解释。根据《妨害安全驾驶指导意见》和《高空抛物意见》的有关规定,对足以危害公共安全的干扰公共交通工具行驶的行为应按照以危险方法危害公共安全罪处理,对扰乱公共管理秩序的高空抛物行为一般以寻衅滋事罪论处。而如前分析,上述司法解释并不存在处罚空隙,妨害安全驾驶罪中的"危及公共安全"与"危害公共安全"或许存在理论区别,但在公共交通工具正在行驶的场景下并无区分必要,高空抛物罪中的"情节严重"也能为寻衅滋事罪所包含,增设上述条文只不过是增加了新罪名及调整了法定刑,其中,罪名称谓并无实质意义,法定刑即使不调整也能做到罪刑均衡。因此,对上述问题已经有合适的司法解释,增设新罪欠缺必要性。

有的问题只要修改立法便能解决,也没有必要增设新罪。由于增设新罪会产生犯罪竞合等新问题,因此,在修改立法能够产生同等效益的情况下,应当优先修改立法。《刑法修正案(十一)》增设《刑法》第293条之一催收非法债务罪,该罪之设立明显受"扫黑除恶"刑事政策影响,而没有细致考量法条关系。前文分析指出,催收非法债务罪中的"使用暴力、胁迫方法"和"恐吓、跟踪、骚扰他人"这两种情形,在寻衅滋事罪中能够找到完全对应的行为类型,增设新罪实无必要。即使认为这两种情形有必要单独规定,也只需要修改寻衅滋事罪的条文,增加一款规定,其条文可以表述为"为催收非法债务而使用暴力、胁迫方法或者恐吓、跟踪、骚扰他人,情节严重的,

---

[1] 参见刘艳红:《开放的犯罪构成要件理论研究》,中国人民大学出版社2022年版,第201页。

按照前款的规定处罚"。这样修改既能够避免增设新罪带来的法条竞合等问题，又能够通过立法强调暴力催收非法债务的可罚性，同时也最大化激发既有条文的效用。

总之，基于"立改废释"之间的协同性，刑法不能够直接越过"释"、"改"而"立"新罪。应对竞合型犯罪化，刑法既要反思过去，在非犯罪化的逻辑下，逐步废除非必要的重复性立法，以清除既往竞合型犯罪化的残余效应，又要面向将来，在厘清"立改释"关系基础上，将"释"和"改"置于"立"之前，以防止滋生非必要的竞合型犯罪化，同时为真正需要增设的犯罪留下足够的缓冲空间。

第二节　新预防主义的程序出罪机制：基于酌定不起诉

任何形态的预防主义天然存在"泛刑"倾向，新预防主义也不例外，立法者每进行一次增设新罪扩容旧罪的立法活动，就会增加一分法治风险，因此，新预防主义也天然存在入罪易而出罪难的顽疾。为了克服新预防主义的"泛刑"风险，需要在司法上配套相应的程序出罪机制，以过滤一些轻微的犯罪行为。我国刑事司法中的程序出罪机制，主要在审查起诉阶段加以实现的，这与我国无罪判决难的客观现实有直接关联。虽然在多数情况下，有罪与无罪的界限是相对清晰的；但有时候，犯罪的认定可能仅因裁判理念差异、辩护技巧乃至社会舆论因素等而有所不同。在刑事程序的发展过程中，有两个因素曾起到决定性作用：一是"针对犯罪分子而增强的国家保护人民的需求，导致中世纪刑事程序向纠问程序转换"；二是"针对国家而增加的保护无辜人的要求，促使纠问程序大约从1848年开始向现代刑事程序转换"。[1]现代刑事程序设计更加强调对人权的保障，既有辩护权、沉默权等为犯罪嫌疑人、被告人提供正向保护，又有无罪推定原则作为刑罚权的反向制约[2]，但或许也正因

---

[1] [德] 拉德布鲁赫：《法学导论》，米健译，商务印书馆2013年版，第173页。

[2] See Springer Victoria, Lalasz Camille B., "Death-qualified jurors and the assumption of innocence: A cognitive dissonance perspective on conviction-prone verdicts", *The Social Science Journal*, Vol. 51, No. 2, 2014, p. 287.

为如此,"以前,大法官担心错误的定罪,现在他们担心错判无罪"〔1〕。我国刑事司法制度因无罪判决率低而备受争议,甚至有学者认为,"无罪判决率低却已经成为阻碍我国刑事诉讼制度,特别是辩护制度发展的现实瓶颈"。〔2〕

一、无罪判决"控""辩""审"三元影响因子体系的预设

为了更好地反映出我国无罪判决的实际情况,笔者从"中国裁判文书网"、"无讼案例网"随机抽取100则生效案例作为样本。需要说明的是,笔者所抽取的案例是以辩护方为着眼点的,换言之,笔者所选取的案例并非都是最终认定无罪的判决,只要辩护方提出"无罪"的诉讼请求,原则上即可纳入到本研究数据的范畴。之所以如此做,主要基于如下两点理由:一方面,分析无罪判决的生成路径,实际上反映的是从起诉到判决全过程各方因子的角力状况,但其前提是辩护方提出"无罪"的诉讼主张;另一方面,以往的研究大多选择"判决结果为无罪"的案例作为研究对象,但实际上,这样选取数据只能够根据对"结果"的描述统计来"推测"出影响无罪判决的因素,而无法建立对无罪判决生成"过程"的评估模型,未必能真实反映各因素与无罪判决作出之间的关联性。

(一)以"控-辩-审"三方关系为中心进行指标归类

通过分析既往的文献、研读判决书,兼顾数据的可获取性与可计量性,笔者选取了影响无罪判决生成的3类共10项指标,其中:

第一类指标主要表征检控因素,反映的是检察机关所指控的犯罪事实情况。通过侦查、审查起诉阶段的研判,检察机关初步认为根据已有的证据已经能够证明犯罪事实。进入到诉讼阶段,检察机关所有的理由都是围绕着犯罪事实与检控罪名成立而展开的,换言之,检控因素是有罪判决的推动力,当然会对是否作出无罪判决的结果有影响。

第二类指标主要反映辩护因素,指向的是辩护意见是否影响无罪判决的作出。有研究表明,律师的辩护对有罪与无罪的判决有实质的影响,这种影响表现为选择做无罪辩护的,其辩护理由必然围绕着反驳关键性定罪证据;

---

〔1〕[英]萨达卡特·卡德里:《不公正的审判》,杨雄译,华东师范大学出版社2017年版,第338页。

〔2〕李扬:《论影响我国无罪判决的关键性因素——对百例无罪判决的实证分析》,载《政法论坛》2013年第4期,第48页。

但与此同时,在协商性司法之下,即便预先认为行为人无罪,但当证据链完整、有罪事实较为明确时,律师做有罪辩护既是妥协也是明智的选择。[1]因此,研究无罪判决的生成,必然要考虑到辩护因素的影响,在做无罪辩护的情况下,能否反驳检控理由及主要证据,是律师主要关注的辩护点。

第三类指标主要测度审判因素,表明审判介入程度与无罪判决是否有关。无罪推定作为审判阶段的程序性权利,与实质人权的理念高度吻合。[2]无罪推定是一种前提预设,其之于无罪判决生成的推动力不亚于辩护因素,坚持无罪推定的实益在于:一方面,对于一审法院而言,无罪推定与"罪疑惟轻"相对应,防止先入为主的有罪思维;另一方面,对于二审或再审法院而言,无罪推定是其严格审查上诉、抗诉或申诉案件犯罪事实与主要证据的理念支撑,具有先导性的作用。

表1 无罪判决生成路径的指标体系

类别	符号	指标名称	指标赋值
检控因素	X_1	无罪类型	"存疑无罪"=1;"法定无罪"=2
	X_2	轻罪或重罪	"轻罪"=1;"重罪"=2
	X_3	犯罪性质	"自然犯"=1;"法定犯"=2
	X_4	无罪阶段	"构成要件"=1;"违法性"=2;"有责性"=3
辩护因素	X_5	辩护采纳	"未采纳"=0;"部分采纳"=1;"完全采纳"=2
	X_6	主要证据	"言词证据"=1;"实物证据"=2
	X_7	上诉或抗诉	"未上诉或抗诉"=0;"上诉或抗诉"=1
审判因素	X_8	案件审级	"一审"=1;"二审"=2;"再审"=3
	X_9	法院层级	"基层法院"=1;"中院"=2;"高院"=3;"最高院"=4
	X_{10}	轻判替代	"否"=0;"是"=1

必要说明:

---

[1] See Helm, Rebecca K. et al., "Limitations on the ability to negotiate justice: attorney perspectives on guilt, innocence, and legal advice in the current plea system", *Psychology Crime & Law*, Vol. 24, No. 9, 2018, pp. 928-931.

[2] See Richard L. Lippke, "The Presumption of Innocence in the Trial Setting", *Ratio Juris*, Vol. 28, No. 2, 2015, p. 179.

（1）各指标含义：①"无罪类型"是根据检控方提出的犯罪事实以及辩护方所提出的无罪辩护理由确定的，分为"存疑无罪"和"法定无罪"；②"轻罪或重罪"根据检控方提出的行为人犯罪事实所可能判处的刑罚以及实际判处的刑罚，以有期徒刑3年为界点，分为"轻罪"和"重罪"；③"犯罪性质"是根据检控的犯罪事实可能触犯的罪名，分别归入"自然犯"与"法定犯"；④"无罪阶段"是根据辩护方提出的无罪理由，结合三阶层犯罪论体系所提炼的，其表征的是行为人的行为可能在哪个阶段被否定犯罪性，分为"构成要件""违法性""有责性"三个阶段；⑤"辩护采纳"是通读判决书所提取出的指标，所反映的是人民法院对无罪辩护观点的认可情况，分为"未采纳""部分采纳""完全采纳"；⑥"主要证据"是根据辩护方提出的证据情况，甄别可能影响犯罪认定的关键证据类型，这部分需要结合法院判决书的说理部分综合考量，分为"言词证据"和"实物证据"；⑦"上诉或抗诉"都会使得案件进入二审阶段，进而影响案件判决的结果，根据"上诉或抗诉"的情况，分为"是"与"否"2种情形；⑧"案件审级"反映的是生效判决的审级，分为"一审""二审""再审"；⑨"法院层级"是根据生效判决作出法院的层级进行的分类，分为"基层法院""中院""高院""最高院"4种类型；⑩"轻判替代"是结合现有文献中普遍提到的"罪疑惟轻""留有余地的判决"等现象所提炼的指标，通过个案分析，用以监测实践中是否存在用轻微判决替代无罪判决的现象。

（2）各指标归类：根据刑事诉讼中控辩博弈及审判中立之三方关系，以上10项指标共分为3类，其中：第一类指标是描述检控的犯罪事实的，包括"无罪类型""轻罪或重罪""犯罪性质"3个指标。第二类是表明辩护情况的，分为"无罪阶段""辩护采纳""主要证据"3个指标。或许有人认为，这三个指标既涉及辩护方，又涉及审判方，应当综合考量。但实际上，控方总是主张行为人有罪的，控方对于案件的观点其实通过其提交的证据已经基本确定，因而影响无罪判决的变量因素主要在于辩护方。与此同时，在诉讼阶段，辩控双方在博弈的过程中主要是围绕相同事实展开的，是可以归入一类的。第三类是反映审判状况的，包括"上诉或抗诉""案件审级""法院层级""轻判替代"4个指标。之所以将"上诉或抗诉"归入到审判因素而非"辩护因素"，主要考虑到"上诉或抗诉"的目的是为了再启审判程序，与"案件审级""法院层级"存在紧密的关联。

(3) 本指标体系是笔者根据案例内容以及刑事诉讼相关知识所提取的影响因子加以确定的,在最终建模时可能会有所删减。

(二) 样本案例在各预设指标上的分布情况

表 2 样本案例的归类统计

指标名称	案件数量
无罪类型	"存疑无罪" 91 例;"法定无罪" 9 例
轻罪或重罪	"轻罪" 30 例;"重罪" 70 例
犯罪性质	"自然犯" 66 例;"法定犯" 34 例
无罪阶段	"构成要件" 94 例;"违法性" 5 例;"有责性" 1 例
辩护采纳	"未采纳" 58 例;"部分采纳" 11 例;"完全采纳" 31 例
主要证据	"言词证据" 29 例;"实物证据" 71 例
上诉或抗诉	"未上诉或抗诉" 33 例;"已上诉或抗诉" 67 例
案件审级	"一审" 33 例;"二审" 53 例;"再审" 14 例
法院层级	"基层法院" 23 例;"中院" 53 例;"高院" 20 例;"最高院" 4 例
轻判替代	"否" 94 例;"是" 6 例
是否有罪	"否" 31 例;"是" 69 例

通过分析上表可知:

(1) 在随机提取的 100 个案例中,"存疑无罪"的主张的数量占绝对多数,为 91 例。这主要是由于,从律师的角度看,"存疑无罪"的辩护难度较小,"法定无罪"的辩护难度较大。除了"赦免""犯罪嫌疑人、被告人死亡"等极其特殊的情形外,"法定无罪"的成立通常要在该当"构成要件"的前提下否定行为的"违法性"或"有责性",因而辩护的风险较大。

(2) 对"重罪"做无罪辩护的数量明显较"轻罪"的多,这有一点出乎意料。然而,如果分析具体案件的内容便不难看出,在很多重罪案件中,由于行为人面临可能被判处十年以上有期徒刑、无期徒刑乃至死刑,此时,辩护方存在"一搏到底"的心态,选择做无罪辩护。

(3) 从"犯罪性质"来看,"自然犯"做无罪辩护的明显多于"法定犯"。原因在于:其一,"自然犯"犯罪的绝对数量本身就明显多于"法定犯"。其二,有些"自然犯"的证据容易出现遗漏,且难以形成完整的证据链,尤其是需要言词证据的佐证。与之相对,"法定犯"的成立以违反其他法律尤其是行政法规范为前置条件,亦即已经能够证明行为的违法性,只不过需要再评价行为的违法性程度是否达到构成犯罪的要求,可做无罪辩护的空间也相对较小。

(4)从"无罪阶段"来看,绝大部分无罪辩护都是否定行为的"构成要件该当性",样本案例中共有94例,其主要辩护理由是"犯罪事实不清、证据不足",只有极少数案例是以否定行为"违法性"或"有责性"的方式进行辩护的。其主要原因是,提出证据不足、否定行为"构成要件该当性"的难度与风险明显低于否定"违法性"或"有责性"。

(5)法院对无罪辩护的采纳情况分布以"未采纳"为主,为58例,此外,"部分采纳"11例、"完全采纳"31例,"部分采纳"的相对较少。

(6)从"主要证据"这项指标来看,无罪辩护中认定犯罪事实证据中"实物证据"占据较多数,为71例。这主要是由于,"言词证据"的可靠性较"实物证据"弱,除了贪污、受贿等特殊案件依赖言词证据定罪外,多数案件仍然以"实物证据"作为定罪的依据。

(7)从"上诉或抗诉"的情况来看,"已上诉或抗诉"67例,占据明显的多数。

(8)从生效判决的"案件审级"来看,大多数无罪辩护案件都进入了"二审"或者"再审",共67例。

(9)从案件审理的"法院层级"来看,"中院"是无罪辩护案件审理的主力,这与大部分无罪辩护案件都会进入二审有很大的关系。

(10)从"轻判替代"的监测情况来看,绝大多数案件都不存在这种现象,但通过案件的整理分析,依然发现6例这样的案件,主要表现为,在证据链不完整或事实不清晰的情况下,判处较法定刑明显轻微的刑罚或定罪免刑[1],从而降低裁判的风险。

---

[1] 例如,在山西省吕梁市方山县人民法院(2016)晋1128刑初85号刑事判决书中,一审法院以"鉴定证据无效"为理由作出无罪判决。然而,二审法院发回重审之后,原审法院在未重新鉴定的情况下,认定行为人张某销售假冒注册商标的汾酒数额巨大,认定其构成销售假冒注册商标的商品罪。同时,又以行为人"主观恶性较小,社会危害性不大"为理由,跨越"数额较大""数额巨大"两个量刑幅度,免于其刑事处罚。

（11）"是否有罪"是本部分增加的 1 个变量，是前述 10 个指标检验的对象，即被解释变量。统计结果显示，无罪辩护的案例中，有 31 例是获得支持而认定无罪、有 69 例因未获支持而确定有罪，无罪辩护的成功率达到 31%，如此高的比例似乎与实际情况大相径庭，但结合实证分析的结果便不难解释，这点将在后续论证的过程中予以说明。

二、无罪判决生成影响因子体系的确立

由于前述选取的影响无罪判决生成的指标多达 10 项，指标之间可能存在共线性关系（即显著的相关关系），进而干扰实证分析的结论。因此，有必要通过因子分析进行降维处理，提取主成分因子，消除指标之间的共线性。

（一）各影响因子与无罪判决的相关性检验

由于指标 X_1、X_2、…、X_{10} 只是根据研究经验所预设或假设的，其中可能存在不相关的因素。因此，作为前提，首先需要检验这 10 项指标与"是否有罪"之间的相关性，以排除不相关的指标。

1. 检验方法选择的前提：样本数据的正态性检验

由于指标"无罪阶段""案件审级""法院层级"属于连续型变量，因而在进行相关性分析之前，还需要对这 3 个指标进行正态性检验。以"是否有罪"变量为依据进行分组，分为"无罪组"和"有罪组"，其中，"无罪组"样本 31 个，"有罪组"样本 69 个，并对两组数据的 3 个指标进行正态性检验，以确定验证相关性的方法。

假设1：指标 X_4、X_8、X_9 项下的数据是符合正态分布的。

表3　单样本 K-S 检验结果

指标	无罪组		有罪组	
	K-S 值	显著性	K-S 值	显著性水平
X_4	2.992	0.000	4.434	0.000
X_8	2.039	0.000	2.380	0.000
X_9	1.788	0.003	2.176	0.000

采用单样本 Kolmogorov-Smirnov 检验正态性，由上表可知，在"无罪组"中，3 个指标的显著性水平都小于 0.05，表明应当拒绝原假设，即该组中 3

个指标的样本数据不符合正态分布;同样的,在"有罪组"中,3个指标的显著性水平也都小于0.05,表明该组中3个指标的样本数据不符合正态分布。因此,"无罪阶段""案件审级""法院层级"这3个指标应选择非参数检验方法验证相关性。

2. 以"Wilcoxon符号秩和"检验"有罪""无罪"两组数据与各指标的相关性

为了检验前述10个指标与"是否定罪"变量的相关关系,本研究采用Wilcoxon符号秩和检验法进行分析。

假设2:无罪判决与变量X_1,X_2,…,X_{10}之间显著相关。

表4 Wilcoxon符号秩和检验结果

变量	检验统计量		
	Wilcoxon W 值	Z 值	显著性水平
X_1	3474.000	-0.158	0.875
X_2	3419.000	-0.610	0.542
X_3	1488.500	-0.699	0.484
X_4	3478.000	-0.109	0.913
X_5	2520.000	-7.679	0.000
X_6	911.500	-6.032	0.000
X_7	3073.000	-3.765	0.000
X_8	2985.500	-4.140	0.000
X_9	3102.000	-3.127	0.002
X_{10}	-1472.500	-1.685	0.092

由上表可知,在受检验的10个变量中,有5个指标的显著性水平小于0.05,分别是X_5、X_6、X_7、X_8、X_9,应当拒绝原假设,即"辩护采纳""主要证据""上诉或抗诉""案件审级""法院层级"这5个指标与"是否定罪"这一变量之间存在显著的相关关系;而另外5个指标的显著性水平大于0.05,分别是X_1、X_2、X_3、X_4、X_{10},应当接受原假设,即"无罪类型""轻罪或重罪""犯罪性质""无罪阶段""轻罪替代"这5个指标与"是否定罪"这一

变量之间不存在显著的相关关系。

第一,"无罪类型"不是影响"是否有罪"判决的显著因素,在无罪辩护中,主张"存疑无罪"的数量明显多于"法定无罪",最终获得支持的也是"存疑无罪"偏多,这与近期的相关研究结论有很大不同。[1]实际上,从前文的描述性统计可以看出,辩护方主张"存疑无罪"属于常态事项,只有在正当防卫、紧急避险或者"情节显著轻微危害不大"等场合,才会适当选择做"法定无罪"的辩护。因为在我国,主张无罪辩护意味着"孤注一掷"地放弃(有罪)量刑辩护,[2]同时又面临检控方超乎寻常的阻力,因为无罪辩护的成功意味着检控的失败。因此,律师在做无罪辩护时,选择"存疑无罪"既能够降低难度,又能够利用无罪推定的原则,可谓最稳妥的辩护方案。

第二,"轻罪或重罪"与"是否有罪"的关系不显著,这多少有点出乎意料,但也在情理之中。通过研读案例可知,很多无罪辩护的案件都是诸如毒品犯罪、故意杀人、严重职务犯罪等,这类犯罪一旦成立,行为人将会面临非常严重的刑罚,即10年以上有期徒刑、无期徒刑或者死刑,选择无罪辩护更多的是侥幸心理作祟。此外,重罪作为无罪辩护对象时,控辩双方往往就证据能否认定犯罪事实存在争议,即证据是否确实充分的问题,这有待于法院的进一步判定。正因为如此,在证据可能不够充分与被告人自主选择双重因素的干扰下,轻罪的无罪辩护数量反而比重罪的无罪辩护数量少得多。

第三,"犯罪性质"虽然不是"是否有罪"判决的显著影响因素,但是,"自然犯"与"法定犯"在是否构成犯罪的判断路径上确实有所不同。就"自然犯"而言,是否构成这类犯罪,主要原因在于能否形成完整的证据链,控辩双方主要就证据能否证明案件事实存在疑问,即辩护方主张"证据不足"、控方认为"证据确实充分";就"法定犯"而言,其"变易性较

---

[1] 例如,有学者以"我国各级司法公开示范法院近20年公布的做出无罪生效判决的刑事案例为基准,从中选取了通过生效判决书能够展现案件全貌且为当地审判机关推荐至最高人民法院作为精选案例在全国范围内公开的案例"作为研究对象,选取了100例无罪判决进行研究,其中法定无罪的有59例,存疑无罪的41例。但是,这种案例的选取方式欠缺随机性,因为这类"精选案例"实际上预先进行了人为地筛选,未必能够反映无罪判决的真实面貌。参见李扬:《论影响我国无罪判决的关键性因素——对百例无罪判决的实证分析》,载《政法论坛》2013年第4期,第49页。

[2] 参见牟绿叶:《论无罪辩护与量刑辩护的关系》,载《当代法学》2012年第1期,第32页。

大，……，以违反行政法、经济法为前提"[1]，因而进入刑事司法阶段以前，这类行为的违法性其实已经能够认定，控辩双方之所以对其犯罪性存在疑问，是因为辩护方认为行为没有达到刑事违法性程度而控方持相反的观点，即辩护方主张"事实不清"、控方认为"事实清楚"。

第四，"无罪阶段"不能显著影响"是否有罪"的判决，其原因与前述"无罪类型"相似。因为"存疑无罪"表现为在程序法上"事实不清、证据不足"，对应到实体法上就表现为不该当"构成要件"，因而否定犯罪事实或否定证据的真实性、充分性其实就是否定被告人行为的构成要件该当性；相应的，"法定无罪"也主要与后两个阶层相对应，根据辩护的具体理由以确定其否定的究竟是"违法性"还是"有责性"。

第五，现实中，确实存在"轻罪替代"的现象，样本案例共有6例。但通过相关性检验不难看出，"轻罪替代"在刑事司法中属于偶然现象，并非影响"无罪判决"的显著因素。但无论如何，在证据不足或欠缺的场合，只有推定行为人无罪才符合人权保障的要求，定罪免刑尽管不会对被告人造成实质的刑罚负担，但犯罪标签的残留依然带有刑法的报应色彩。[2]事实上，现代刑事程序法治的各种制度设计，都不允许"轻罪替代"现象普遍化，尤其是随着证据制度的发展和法官自由裁量权的削弱，"罪疑惟轻""留有余地的判决"等现象逐渐为无罪推定制度所替代。

（二）无罪判决影响因子的降维与验证

1. 影响因子的适应性分析

由于前述筛选的5项指标只是对影响无罪判决的因素进行的假设，未必所有的指标都适应因子分析；与此同时，各因子与无罪判决的正负相关性及其程度也有所不同。因此，需要进行因子适应性检验，以检验原始变量是否适合进行因子分析。

假设3：以 X_5、X_6、X_7、X_8、X_9 这5个指标所构建的相关系数矩阵是一个单位阵。

---

[1] 张明楷：《自然犯与法定犯一体化立法体例下的实质解释》，载《法商研究》2013年第4期，第47页。

[2] See Campbell, Dr Liz. "Criminal Labels, the European Convention on Human Rights and the Presumption of Innocence", *The Modern Law Review*, Vol. 76, No. 4, 2013, p. 707.

表 5 KMO 和巴特利球形检验结果

KMO 值	巴特利球形检验		
	近似卡方值	自由度	P 值
0.684	203.047	10	0.000

由上表可知,样本数据统计的 KMO 值为 0.684,大于 0.6,巴特利球形检验的近似卡方值为 203.047,其相伴概率 P 值为 0.000,小于 0.05,应当拒绝原假设,说明变量之间存在相关性,适合做因子分析。

2. 确定因子数目

以特征值大于 1 为标准,根据各因子的方差贡献度来确定因子个数,具体计算步骤是:第一,计算样本数据的协方差矩阵;第二,求出各指标特征值及其正交化单位特征向量;第三,根据特征值大于 1 与累计贡献率确定主成分。

表 6 因子特征值与方差贡献率分析表

主成分因子	提取平方和载入			旋转后平方和载入		
	特征值	方差贡献率%	累计贡献率%	特征值	方差贡献率%	累计贡献率%
F_1	2.726	54.515	54.515	2.291	45.810	45.810
F_2	1.120	22.391	76.907	1.555	31.096	76.907

由上表可知,以特征值大于 1 为标准,可以提取 2 个主成分因子,2 个因子的方差贡献率分别是 54.515%、22.391%,累计方差贡献率达到 76.907%,大于 70%。因子旋转后,累计方差贡献度仍然是 76.907%,因此这 2 个公因子可以解释变量的大部分信息,因子分析的效果比较理想。

3. 因子载荷分析

为了确定各公因子的实际意义,采用最大方差法进行因子旋转,得到旋转后的因子载荷矩阵,用以反映主成分因子对于原始指标的解释力度。

表7　旋转后的因子载荷矩阵

原始指标	公共因子	
	F_1	F_2
X_5	0.237	0.821
X_6	-0.098	-0.886
X_7	0.911	0.094
X_8	0.893	0.242
X_9	0.773	0.168

旋转后从因子载荷矩阵中以系数绝对值大于0.6为筛选标准,可以得出各公共因子的含义:

公共因子F_1在指标X_7(上诉或抗诉)、X_8(案件审级)、X_9(法院层级)上有较大载荷,主要由反映审判情况的指标构成,命名为"审判因子"。

公共因子F_2在指标X_5(辩护采纳)、X_6(主要证据)上有较大载荷,主要由反映辩护情况的指标构成,命名为"辩护因子"。

4. 因子得分函数

表8　因子得分系数矩阵

原始指标	公共因子	
	F_1	F_2
X_5	-0.071	0.561
X_6	0.157	-0.642
X_7	0.442	-0.142
X_8	0.398	-0.027
X_9	0.355	-0.055

确定各因子所代表的意义后,通过主成分回归得出因子的得分系数,将各公因子对应的得分系数分别乘以原始指标,即可得出因子分析的得分函数:

$$F_1 = -0.071X_5 + 0.157X_6 + 0.442X_7 + 0.398X_8 + 0.355X_9$$
$$F_2 = 0.561X_5 - 0.642X_6 - 0.142X_7 - 0.027X_8 - 0.055X_9 \tag{1}$$

三、无罪判决生成路径的实证模型与检验

为检验 2 个公共因子 F1（审判因子）、F2（辩护因子）与"是否有罪"之间的因果关系，本研究采用二元 Logistic 回归模型进行分析。

（一）无罪判决生成路径的实证模型的建立

1. 回归方程及其中各参数的含义

显然，样本数据服从贝努利分布，即假设有罪案例（占总案例数）的比率为 P，那么无罪案例的比率为 1-P。设被解释变量 y 为 0-1 型随机变量，当 y=1 时表示判决有罪，当 y=0 时表示判决无罪。于是，Logistic 回归方程可以表示为：

$$P(y=1|x) = \frac{1}{1+e^{-y}} \tag{2}$$

其中，P 表示有罪判决的概率，取值范围为（0，1）；y 为被解释的两分类随机变量，当 y=0 时，表示判决无罪，当 y=1 时，表示判决有罪。y 作为 F_1、F_2 两个公因子的共线性组合，其表达式为：

$$y = a_0 + a_1 F_1 + a_2 F_2 \tag{3}$$

2. 各影响因子与无罪判决生成的正负相关关系及相关性程度

运用 SPSS 软件，对提取的两个公因子（即审判因子与辩护因子）进行二元 Logistic 回归分析，以测度无罪判决和两个公因子之间的正负相关性和相关性程度。

假设 4：对拟合概率进行 10 个 decile 分组，每个分组中拟合值与观测值无明显偏差。

表 8　Hosmer 和 Lemeshow 检验

卡方值	自由度	显著性
3.739	8	0.880

通过 Hosmer 和 Lemeshow 检验模型的拟合优度，由上表可知，模型的显著性水平为 0.880，大于 0.05，应当拒绝原假设，即模型的拟合优度较好，可以建立 Logistic 回归模型。

假设 5：F1、F2 对无罪判决的生成无显著影响。

表 9　Logistic 回归分析结果

变量	参数估计	统计量	显著性	OR 值
F_1	−1.537	10.150	0.001	0.215
F_2	−3.050	23.233	0.000	0.047
截距	1.863	14.206	0.000	6.443

由上表可知，主成分 F_1、F_2 的显著性水平分别为 0.001 和 0.000，均小于 0.05，应当拒绝原假设，表明解释变量与被解释变量的相关性显著，模型拟合较为成功。

将参数代入后可以得出无罪判决生成路径的模型：

$$P(y=1|x) = \frac{1}{1+e^{-1.863+1.537F_1+3.050F_2}} \quad (4)$$

由于，$P(y=1|x)$ 反映的是有罪判决的概率，那么无罪判决的概率可以表示为：

$$P(y=0|x) = 1 - P(y=1|x) = 1 - \frac{1}{1+e^{-1.863+1.537F_1+3.050F_2}}$$

$$= \frac{1}{1+e^{1.863-1.537F_1-3.050F_2}} \quad (5)$$

通过分析以上模型可知，主成分 F_1 与作出无罪判决的概率显著正相关，与有罪判决显著负相关，F_1 的值每增加一个单位，有罪判决将降低 0.215 倍。这表明，审判能力的提升，有助于无罪判决的生成。主成分 F_2 也与作出无罪判决的概率显著正相关，与有罪判决显著负相关，F_1 的值每增加一个单位，有罪判决将降低 0.047 倍。这意味着，辩护能力的提升，对无罪判决的形成也有很大影响。

由于主成分 F_1、F_2 都是若干指标的线性表达，因此，通过将公式（1）代入公式（5），可以进一步得出 X_5、X_6、X_7、X_8、X_9 与无罪判决生成概率的关系模型：

$$P(y=0|x) = \frac{1}{1+e^{1.863-1.602X_5+1.717X_6-0.246X_7-0.529X_8-0.378X_9}} \quad (6)$$

由模型（6）的函数表达式可知：

第一，"辩护采纳"指标与无罪判决的生成存在显著的正相关关系。在刑事诉讼中，辩护意见是影响判决结果的重要因素：一方面，辩护方做无罪辩护还是量刑辩护，将决定着法庭辩论的方向。无罪判决的前提是辩护方做无罪辩护，且论点和论据都是证明行为人无罪。如果一开始就选择做量刑辩护，那么就意味着间接承认行为人有罪。另一方面，决定做无罪辩护之后，辩护理由是否被采纳及采纳的程度，与无罪判决是否作出直接相关。毋庸讳言，全部采纳辩护意见的，法院自然会作出无罪判决；但部分采纳无罪意见的，则需要结合采纳的意见和证据内容，最终确定被告人是否有罪。

第二，"主要证据"指标与无罪判决的生成呈现负相关关系，这并非意味着证据数量越多越不利于作出无罪判决，而是意味着"主要证据"是言词证据的，更有利于作出无罪判决。[1]这是因为，证言心理学的发展使得言词证据的可靠性受到质疑，在刑事司法过程中，裁判者更加青睐于通过实物证据定罪。由于言词证据的特殊性，非法证据排除规则也主要是针对这类证据所展开的，[2]而在笔者搜集的案例中，很多一审认定有罪的案件之所以在二审阶段改判，其主要正是因为二审言词证据与一审言词证据存在明显出入，而这项言词证据却直接影响案件的定性。考虑到没有其他证据证明案件主要事实，法院只能够以证据不充分为理由，判决被告人无罪。

第三，"上诉或抗诉"指标与无罪判决的生成呈现正相关关系，也就是说，"上诉或抗诉"后的无罪判决率更高。其原因或许在于：其一，一审法院由于大多数为基层法院，对于犯罪事实、案件证据的把握不够严密；相对的，二审、再审查更加严格，对犯罪的认定也更加慎重。其二，从辩护方的角度来看，既然无罪辩护在一审已经被否定，为了降低辩护的风险，在二审阶段通常不会再做无罪辩护，除非有确切的无罪证据才会坚持做无罪判决，这是二审阶段无罪判决生成率高的重要原因。

第四，"案件审级"与"法院层级"两个因素其实可以同时考虑，二者与无罪判决的生成存在正相关关系。但是，不能据此简单的认为"案件审级"

---

[1] 因为在建模的过程中，言词证据的赋值为1，实物证据的赋值为2，前者小于后者，根据指标相关关系可以得出此结论。

[2] 参见林喜芬：《论"两个证据规定"的三大突破与五个局限——以非法言词证据的证据能力为重心》，载《现代法学》2011年第2期，第174页。

越高、"法院层级"越高,法院的审判水平也越高。只能够说明,相对于较低审级或较低层级的法院而言,较高审级或较高层级的法院会在原法院的基础上考虑更多的因素,进而有更明显的采纳无罪辩护的倾向。而这些因素之所以被忽略,可能是由于审判水平的差异,也可能只是纯粹自由裁量的影响。因为尽管"公正解决纠纷对司法制度提出的要求是:法院应当最大限度地准确查明讼争中的事实真相",[1]但毕竟法律事实与客观真实之间的截距是不可抹除的,即便从法律上看某个案件证据链已经完整,但其所反映的法律事实依然可能与客观真实相违背。

(二)以样本数据验证模型的准确率

以所选取的 100 则样本案例为基础,将 X_5、X_6、X_7、X_8、X_9 各项指标对应的数据代入回归方程。以 0.6 作为无罪判决生成 Logistic 回归模型测算的分割点,即测算的准确率大于 0.6 的,就认为模型的测度效果比较好;反之,则认为模型的效果较差,需要寻找其他方法提高准确率。

表 10　无罪判决生成模型验证

样本	预测		准确率%
	无罪	有罪	
无罪	23	8	74.2
有罪	4	65	94.2
总体准确率			88.0

由上表可知,根据无罪判决生成 Logistic 回归模型测算,已知的 31 个有罪样本中,测算正确的有 23 个,测算错误的有 8 个,准确率为 74.2%;已知的 69 个有罪样本中,测算正确的有 65 个,测算错误的有 4 个,准确率为 94.2%。综合有罪与无罪的测算结果,模型的总体准确率达到 88.0%。由此可见,该无罪判决生成模型的预测效果比较理想。

---

[1] [美]戴维·奥布莱恩编:《法官能为法治做什么:美国著名法官讲演录》,何帆等译,北京大学出版社 2015 年版,第 74 页。

四、反思性结论

前文按照相关性检验（排除不显著相关的指标）→因子分析（消除共线性干扰）→Logistic（探索相关性程度）的实证研究思路，主要解决了两个基本问题：其一是，在已知因素中，哪些是与无罪判决生成显著相关的因素，哪些是不显著相关的因素；其二是，各相关因素与无罪判决生成究竟是正相关还是负相关以及对无罪判决生成的影响程度。

（一）主要结论

经过前文的实证分析，可以得出如下结论：

第一，在进入诉讼阶段后，无罪判决的生成与检控因素没有显著相关关系，主要受辩护因素和审判因素影响。实证研究表明，在其他条件不变的情况下，辩护采纳越充分、主要证据越偏向于言词证据的，更有助于法院作出无罪判决；上诉或抗诉后，层级越高、审级越高的法院也更倾向于支持无罪判决。

第二，审判因素对无罪判决生成的影响力大于辩护因素。前文分析表明，主成分 F1 的系数大约是主成分 F2 系数的 4.6 倍，表明"审判因子"每变动 1 个单位所起到的效果是"辩护因子"的 4.6 倍。由此可见，审判方在推动无罪判决生成上的助力是远远大于辩护方的，所谓"法院无罪判决难"或"将无罪判决率低的主要原因归于法院"的观点并不成立。

第三，无罪判决难的关键不在于法院不愿作出无罪判决，而在于律师不愿意在审判阶段做无罪辩护。无罪辩护量与无罪辩护率是无罪判决统计的基数。通过前文分析可知，在 100 则样本案例中，无罪辩护获得支持的有 31 例，支持率达到 31%，可谓相当之高。无罪判决的形成固然受"公-检-法"三机关关系的制约，但被忽略的问题是无罪辩护的基数低，换言之，辩护方不愿意做无罪辩护。在这种情况下，即使无罪辩护获得支持的比率高达 30% 左右，也很难提升整体的无罪判决率。有学者以我国某地区法院 2007 年至 2010 年间受理的刑事案件为例进行统计分析，结果显示，在这 4 年期间，该法院受理刑事案件 1230 件，主张做无罪辩护的只有 54 件，无罪辩护率为

4.25%〔1〕。如果将该数据（无罪辩护率）结合前文 Logistic 回归模型进行测算，无罪判决在全部案件中的比重也就在1‰左右，这与近年来《中国法律年鉴》公布的无罪判决率相吻合。

（二）反思

1. "无罪判决率"不是真实的"无罪率"

一般而言，立案数是真实反映刑事案件状况的最佳指标，"若要把握犯罪的实际情况，关注犯罪统计所反映的立案件数是重要的线索，……，犯罪的立案件数与犯罪实际数量的官方统计最为接近"。〔2〕但是在我国，立案数可谓是"一笔糊涂账"。我国公安、检察机关刑事立案数与审判机关受理案件数之间每年大约存在12%比例的案件"缺口"，这造成立案数与起诉数、判决数之间难以有效形成对应关系，而这一"缺口"的形成与我国刑事司法制度的构造有直接关联：其一，在侦查阶段，虽然公安机关已经立案，但如果符合《刑事诉讼法》第15条规定的6种情形的，应当作撤销案件处理。其二，在审查起诉阶段，如果起诉的理由不充分，分情况应当或可以作出不起诉的决定，具体分为法定不起诉（《刑事诉讼法》第16条规定的6种情形）、酌定不起诉（犯罪情节轻微，依照刑法规定不需要判处刑罚或者免除刑罚的）以及证据不足不起诉，其中尤以证据不足不起诉居多。因此，同样是"无罪判决率"，由于我国"以侦查为中心"的刑事诉讼结构使得公检法之间配合不足，以审判阶段的无罪案件数量来统计无罪率难以反映出真实情况。

为了印证该结论，笔者梳理了2012年至2016年不捕不诉、无罪判决的数据〔3〕，具体如下表所示：

表11　2012-2016年不起诉、无罪判决情况统计

年度	不起诉人数	不逮捕人数	起诉人数	不捕不诉率	无罪人数	有罪人数	无罪判决率
2012	80528人	92115人	1390771人	11.04%	727人	1174133人	0.06%

〔1〕 参见成安：《无罪辩护实证研究——以无罪辩护率为考察对象》，载《西南民族大学学报（人文社会科学版）》2012年第2期，第89页。

〔2〕 [日] 川出敏裕、金光旭：《刑事政策》，钱叶六等译，中国政法大学出版社2016年版，第6-7页。

〔3〕 数据分别来自《2013年中国法律年鉴》《2014年中国法律年鉴》《2015年中国法律年鉴》《2016年中国法律年鉴》《2017年中国法律年鉴》。

续表

年度	不起诉人数	不逮捕人数	起诉人数	不捕不诉率	无罪人数	有罪人数	无罪判决率
2013	51393人	82089人	1324404人	9.16%	825人	1158609人	0.07%
2014	23269人	116663人	1391225人	9.14%	778人	1184562人	0.07%
2015	25778人	131675人	1390933人	9.23%	1039人	1232695人	0.08%
2016	20070人	132081人	1402463人	9.79%	1076人	1220645人	0.09%

据上表可知，2012年至2016年间，检察机关不起诉、不批捕人数的基数较大，由此导致检察阶段不捕不诉率始终保持高位，均在9%以上。与之相对，无罪的人数始终在几百至一千人附近徘徊，最高不超过1100人，虽然无罪率总体上有小幅度提升，但始终低于1‰。由此可见，绝大部分无罪、轻微刑事案件，其实在起诉前阶段已经无罪化处理，真正进入到刑事审判阶段的案件往往事实比较清晰、证据比较充分，无罪辩护的空间自然比较小。公、检机关在作出不逮捕或不起诉决定之后，事实上封闭了审判机关介入的可能性，这是导致无罪判决率偏低的主要原因。因此，由于各国刑事诉讼结构存在差异，导致各国司法机关在刑事司法过程中所扮演的角色存在明显的不同，进而在立案、起诉、判决的统计量和统计依据存在实质区别。因此，统计方式的差异也是引起无罪判决差异的重要原因，单纯以"无罪判决率"来判别刑事法治发展程度是片面的。

2. 提升"无罪辩护率"与"无罪判决准确率"甚于提高"无罪判决率"

由前可知，无罪判决率低的主要原因在于无罪辩护基数小、无罪辩护率低。那么问题是，为什么在刑事司法过程中，无罪辩护率如此之低呢？

第一，在诉前阶段，大量"无罪辩护"被消解或未被统计。依照《刑事诉讼法》第34条的规定，律师自犯罪嫌疑人被侦查机关第一次讯问或者采取强制措施之日起即可介入案件。这里需要分两个阶段进行讨论：其一，在侦查阶段，律师可以帮助犯罪嫌疑人整理有利证据，并向侦查机关说明情况，同时对侦查工作起到监督作用。在该阶段，"无罪辩护"成功的表现是侦查机关作出撤销案件的决定。其二，在审查起诉阶段，律师可以复制案件相关的证据材料并提出疑问，检察机关认为证据不足的可以退回补充侦查；经两次补充侦查仍然存在疑问的，检察机关会作出"不起诉"的决定。但是，无罪辩护率的统计是以审判阶段为参照系的，律师介入后未进入审判阶段的案件不在无罪辩护的统计范畴，这是无罪辩护率持续偏低的重要外在因素。

第二，在审判阶段，量刑辩护与无罪辩护的两难抉择。一般而言，量刑辩护"通常建立在法院已经形成有罪裁决结论，或者控辩双方对被告人构成指控罪名没有异议的情况之下"；[1]无罪辩护建立在有罪与否尚存争议的基础之上。从概念上看，二者似乎泾渭分明，但实际上并非如此。一方面，量刑辩护与无罪辩护的选择权究竟在律师还是在被告人。对此，理论上存在两种截然相反的观点，各执一词。[2]各地方律师协会也曾制定辩护规范回应这类问题，如2013年1月1日施行的《量刑辩护规范指导意见（试行）》第4条规定，"对于无罪辩护、量刑辩护的选择，辩护律师应当征求被告人的意见"，由此可见，尊重被告人的选择是律师基本职业道德的要求。然而在实践中，违背当事人的意志做独立辩护的情况仍然存在：一是在被告人认罪的情况下，继续做无罪辩护。例如，在2010年李庄案二审过程中，"上诉人李庄当庭认罪"，但辩护人依然做无罪辩护。[3]二是在被告人不认罪的情况下，径自做有罪辩护。例如，在"林守华、李健文诈骗案"一审判决中，被告人崔某某不认罪，辩称他没有参与犯罪，但"其指定辩护人做有罪辩护"，并提出辩护意见。[4]这两种现象的存在表明，量刑辩护与无罪辩护的选择权有时并非掌握在被告人手中。另一方面，从辩护风险的角度考虑，选择做量刑辩护的风险较低，主张无罪辩护后在法定辩护阶段难以围绕量刑问题展开。笔者对样本案例进行了梳理，发现只要做无罪辩护的，在辩护人意见部分都不会出现有关轻罪、刑轻的辩护主张，不论是最终判决有罪还是无罪。很显然，无罪辩护与量刑辩护存在天然的冲突，辩护人一旦主张无罪辩护，就放弃了轻罪、刑轻意见的发表。基于这种辩护风险的考量，律师通常不愿意做无罪辩护也就不难理解了。

问题在于，是否需要"前端"（侦查、检察阶段）释放轻微案件，从而提升无罪辩护的基数？如前所述，无罪判决率与无罪率是两个不同层面的问题，无罪判决率低是我国刑事司法制度特殊性的产物，其中或许有"以侦查为中心"的烙印，但总体而言，在侦查阶段撤销无罪案件、在检察阶段

---

[1] 陈瑞华：《论量刑辩护》，载《中国刑事法杂志》2010年第8期，第5页。
[2] 参见陈虎：《独立辩护论的限度》，载《政法论坛》2013年第4期，第37页。
[3] 参见重庆市第一中级人民法院（2010）渝一中法刑终字第13号刑事判决书。
[4] 参见广东省东莞市第二人民法院（2018）粤1972刑初524号刑事判决书。

对不必要起诉的案件作出不起诉的决定,既有利于保障犯罪嫌疑人的人权,也有助于节约司法资源。因此,没有必要为了提升无罪判决率这种形式的需要释放前端轻微案件(使之进入审判阶段),从而破坏现有的刑事司法制度。

当今时代,轻微犯罪立法与轻微犯罪裁判数量呈现快速的"双增长"趋势,立法增设新罪有严密法网之意,这是一种不可逆转的刑法预防性时代趋势。在此背景下,刑事司法的首要任务不在于严厉惩处立法规定的各种轻微犯罪,而在于如何建立与立法相配套的程序出罪机制,激活酌定不起诉等检察机关的起诉裁量权,实质提升审判之前的"无罪率",促进轻微犯罪治理的现代化。

第三节 新预防主义的实体出罪机制:基于"但书"出罪

预防性犯罪大多属于轻微罪的范畴,故在规范逻辑上,这类犯罪行为可能属于"犯罪情节显著轻微危害不大",可以适用"但书"出罪。面对司法上普遍存在的泛刑倾向,新预防主义提倡构建针对轻微犯罪的常态化出罪机制,这就要求充分激活"但书"出罪功能,并以此为基础完善刑事实体出罪体系。

一、"但书"出罪的理论瓶颈与初步反思

我国《刑法》第 13 条是形式与实质混合以及"定性+定量"双重限定标准的犯罪概念,是中国特色社会主义的刑法制度守正创新的重要成果,在立法和司法上都具有重要的价值和功能。然而,在该条混合的犯罪概念下,形式的违法性容易被实质的社会危害性所遮蔽,加之我国刑法罪刑法定原则"出罪解释的机能缺损"[1],使得犯罪概念条款的入罪倾向被强化。为了确保刑事处罚的实质合理性,最大限度地保证司法平衡情理法,应充分发挥"但书"将"情节显著轻微危害不大"的行为排除在犯罪圈之外的出罪功能。

长期以来,刑法理论有关"但书"的出罪功能之争僵持不下。首先,关

---

[1] 参见梁根林:《罪刑法定视野中的刑法合宪审查》,载《法律科学(西北政法大学学报)》2004 年第 1 期,第 20 页。

于"但书"是否具备出罪功能,刑法学界并未达成共识。我国刑法中的"但书"规定源自 1960 年《俄罗斯苏维埃联邦社会主义共和国刑法典》第 7 条第 2 款:"形式上虽然符合刑事法律所规定的某种行为的要件,但是由于显著轻微而对社会没有危害性的行为或不作为,不认为是犯罪。"与该款相比,我国刑法"但书"并未完整地阐释出罪的形式与实质要件,而是简化为"情节显著轻微危害不大的,不认为是犯罪",这导致"但书"的规范意涵存在较大解释空间,理论上不乏否定"但书"出罪功能的主张。如有学者指出,在行为已经符合犯罪构成的前提下,不能"再划出一块'情节显著轻微危害不大'的范围"[1],换言之,"但书"不具备出罪功能。其次,关于何为"情节显著轻微危害不大",传统理论认为是指行为的社会危害性低,[2]当下刑法理论受德日影响,"情节显著轻微危害不大"又被解释为行为的法益侵害性低。[3]然而,无论是社会危害性低还是法益侵害性低,似乎都只是"情节显著轻微危害不大"的同义转述,均无法提供更加精确的实践标准。最后,关于"但书"的适用范围,理论上围绕具体问题也形成了诸多对立观点。例如,有关"但书"能否适用于故意杀人罪等重罪,肯定说认为,无论是轻罪还是重罪,只要符合"但书"规定的情形,都有出罪的余地;[4]否定说则指出,从立法精神考量,"刑法分则规定的犯罪性质特别严重,犯罪后果特别严重的犯罪"不能适用"但书"[5]。又如,关于"但书"能否适用于罪量确定的数额犯,有学者指出,基于刑法总则对于分则的统摄力,"但书"原则上能够适用于分则中任何罪名,包括数额犯;[6]持相反观点的学者认为,罪量要素的规定本身就是具体犯罪的可罚性条件,已经将"但书"规定的情形排除在外,

---

[1] 王尚新:《关于刑法情节显著轻微规定的思考》,载《法学研究》2001 年第 5 期,第 24 页。

[2] 参见储槐植、张永红:《善待社会危害性观念——从我国刑法第 13 条但书说起》,载《法学研究》2002 年第 3 期,第 89 页。

[3] 参见王昭武:《犯罪的本质特征与但书的机能及其适用》,载《法学家》2014 年第 4 期,第 76 页。

[4] 参见陈伟、钟滔:《刑法"但书"出罪的功能失调及其规范适用》,载《四川师范大学学报(社会科学版)》2020 年第 3 期,第 69 页。

[5] 参见王尚新:《关于刑法情节显著轻微规定的思考》,载《法学研究》2001 年第 5 期,第 22 页。

[6] 参见崔志伟:《"但书"出罪的学理争议、实证分析与教义学解构》,载《中国刑事法杂志》2018 年第 2 期,第 6-8 页。

当然没有适用"但书"规定的余地。[1]总体而言，刑法学界对"但书"的研究分歧多而共识少，这一方面源于我国刑法一直面临着法系融合的挑战，域外理论与本土学说在"但书"的解释路径上龃龉不合，另一方面也意味着刑法理论在"但书"出罪问题的解释上陷入了瓶颈。

综上所述，既有的法教义学研究进路着眼于"但书"的规范意涵阐释，这种研究范式对理解"但书"的出罪功能具有一定解释力，然而，法教义学研究进路终究只能做到逻辑自洽而难以揭示实践路径，更无法圆满回答从宏观抽象的"但书"规定到微观具体的个案出罪的完整运行机制。法教义学与实证法学的"内部合作能够改善教义学的论证结构，提升教义学的生产能力，输出更加有想象力和说服力的法教义学产品"[2]。因此，为了阐明哪些因素如何影响"但书"出罪判决，在刑法教义学研究之外，还需要借助实证研究深入剖析"但书"出罪的运行机制，以充分发挥"但书"的出罪功能并指导当前司法实践，回应新时代"少捕慎诉慎押"刑事司法政策"释放司法善意增进社会和谐"之需求，[3]尤其是在犯罪化成为我国当下刑事立法主导趋势之下，这无疑具有重要的理论和实践意义。

二、"但书"出罪运行机制的理论模型与具体方案

从实证角度研究"但书"出罪的运行机制，必须要贯通理论与实践，建立契合实践逻辑的理论模型。刑法理论关于"但书"出罪的研究，涵括了对立法的教义学分析与对个案裁判的凝练总结，为实证研究的理论模型构建提供了重要参考。中国裁判文书网自2013年7月1日起上传裁判文书，搜集2014年至2021年有关"但书"出罪的裁判文书，为检验理论模型、充分揭示"但书"出罪机制的运行状况提供了实践样本。

（一）理论模型构建

我国刑事立法采取"定性+定量"的一元犯罪化模式，分则中具体犯罪的构成要件，不仅描述了犯罪行为的定性特征，也包含了诸如"数额较大""情节严重"等罪量要素。在总则中，"但书"更鲜明地体现了定量评价对犯罪认

---

[1] 参见陈兴良：《但书规定的规范考察》，载《法学杂志》2015年第8期，第2页。

[2] 车浩：《法教义学与社会科学——以刑法学为例的展开》，载《中国法律评论》2021年第5期，第118页。

[3] 参见李亚兰：《释放司法善意 增进社会和谐》，载《检察日报》2022年2月24日，第4版。

定的实质意义,"但书"的出罪逻辑即"情节显著轻微危害不大的,不认为是犯罪",是指行为虽然符合犯罪行为的定性特征,但是由于罪量未能达到刑法规定的入罪标准而予以出罪。"但书"是社会危害性的载体,判断"情节显著轻微危害不大"的过程就是对行为的社会危害性进行评价的过程,是通过判断社会危害性的程度而得出有无刑事违法性的结论。[1]在此意义上说,"但书"出罪功能的发挥主要是通过否定罪量要素加以实现的。

从"但书"适用到无罪判决的产生,是抽象规范运用于具体个案的司法过程。"但书"的实质要件是"情节显著轻微危害不大",由于该要件具有相当程度的抽象性,因而在具体认定时需要结合可观测的其他关联要素辅助评价,如犯罪行为的性质、行为人是否被胁迫参加犯罪、是否存在犯罪中止、犯罪手段的恶劣程度等要素,从不同侧面体现了情节的轻重,用这些要素辅助判断情节是否显著轻微危害不大,亦符合司法实践逻辑。因此,在"但书"出罪的因果链条中,必然存在着影响裁判作出的中间环节,这些环节不可能存在于法条的一般规定中,而只可能存在于个案所呈现的微观诸要素之中。这些要素的相互作用,将对法官裁判施加影响,法官在面对相似行为、相似事实、相似情节时,会对入罪判决较为排斥,而倾向于适用"但书"作出无罪判决。

"但书"作为总则性规定,原本应该适用于刑法分则中的所有犯罪。"不管是轻微犯罪还是严重犯罪,都有出罪的可能性。'但书'适用的唯一根据是罪量因素达不到犯罪成立的标准。"[2]作为总则一般性条文的"但书"在应然层面固然应该适用于所有分则的个罪,然而,在司法适用的实然层面,可能并不现实。例如,有学者认为,在重罪如故意杀人罪中,如果行为处于犯罪预备阶段,可以运用"但书"出罪。[3]这种观点值得商榷。不同于德日刑法,我国刑法总则规定了犯罪预备可以从轻、减轻处罚或者免除处罚的一般规则,对于重罪的预备犯原则上至少都应当定罪免刑,而不是直接出罪。在实证研究的样本案例中,有 7 例重罪以"但书"名义出罪,但分析法院的裁

---

[1] 参见王昭武:《犯罪的本质特征与但书的机能及其适用》,载《法学家》2014 年第 4 期,第 75 页。

[2] 储槐植、李梦:《论微罪的出罪事由》,载《人民检察》2019 年第 18 期,第 13 页。

[3] 参见崔志伟:《"但书"出罪的学理争议、实证分析与教义学解构》,载《中国刑事法杂志》2018 年第 2 期,第 6 页。

判说理,这 7 例判决所阐释的实质理由均为无证据表明犯罪事实成立,[1]这些判决与其说是重罪适用"但书"出罪,毋宁说是因证据不足而不能入罪。因此,"但书"出罪功能的适用范围需要受到一定限制,应当立足于我国刑事立法与司法实际,主要限定为轻微犯罪出罪。这里的轻微犯罪既包括轻罪也包括微罪,轻罪是指"法定最高刑为 3 年以下有期徒刑的犯罪"[2],微罪则是指"可判处拘役及以下刑罚的犯罪"[3],总之都是社会危害性或法益侵害性较低且法定刑不高(最高刑 3 年以下)的犯罪。

充分释放"但书"在轻微犯罪中的出罪功能与轻微犯罪治理的理念逻辑相契合。风险社会激发了新一轮犯罪化浪潮,大量的社会失范行为被增设为刑法中的轻微犯罪,刑事处罚的范围日渐扩张,如何利用相对有限的出罪资源合理地限缩司法,成为当下刑事法治实践所面临的重要课题。纵观我国刑法规定,除了正当防卫与紧急避险之外,"但书"是唯一具有出罪功能的法定事由。与正当防卫、紧急避险相比,"但书"的实质要件"情节显著轻微危害不大"具有较大的开放性,也更容易进行扩张解释,在出罪立法资源较为有限的前提下,"但书"被赋予更多的出罪期待,广泛适用于立案阶段撤销案件、审查起诉阶段(法定)不起诉以及审判阶段无罪判决。在此情况下,如果对"但书"不加限制地适用于包括重罪在内的所有犯罪,可能是以谦抑之名将刑法推向另一个极端即过度限缩刑罚权,"刑罚权的启动如果被'过度化'限缩,刑法作为法律及社会控制手段的独立地位可能名存实亡"[4],可能会由于"但书"的过度适用而致使刑法"偏离公平性标准","一个明显的杀人犯被认定为无罪","或者一个应当被认定为无罪或罪轻的人被判定为有

---

[1] 参见山东省烟台市中级人民法院(2014)烟刑一终字第 119 号刑事判决书,浙江省金华市中级人民法院(2014)浙金刑再字第 2 号刑事判决书,江苏省高级人民法院(2017)苏刑再 3 号刑事判决书,山东省威海市中级人民法院(2017)鲁 10 刑终 9 号刑事判决书,吉林省白城市中级人民法院(2017)吉 08 刑再 2 号刑事判决书,湖北省鄂州市中级人民法院(2019)鄂 07 刑终 109 号刑事判决书,广东省阳江市中级人民法院(2017)粤 17 刑终 145 号刑事判决书。

[2] 肖中华:《轻罪的范围界定、设置原则与认定规则》,载《贵州大学学报(社会科学版)》2022 年第 1 期,第 84 页。

[3] 储槐植、李梦:《论微罪的出罪事由》,载《人民检察》2019 年第 18 期,第 11 页。

[4] 高铭暄、孙道萃:《预防性刑法观及其教义学思考》,载《中国法学》2018 年第 1 期,第 184 页。

罪或重罪",[1]都会导致刑法的失义。因此,将"但书"出罪限定于轻微犯罪具有实质合理性。

据此分析,在"但书"出罪运行机制中,需要轻微犯罪这一中介变量传导,换言之,犯罪性质是轻微还是严重可能影响无罪判决的作出。

"但书"并非单一的出罪事由,而是包容了诸多情节要素的出罪系统。[2]因此,明确哪些情节如何影响"但书"出罪,是形成完整出罪机制的关键环节。"但书"之"情节显著轻微危害不大"的判断,需要着眼于情节本身,尤其是从宽情节。根据经验逻辑,个案中从宽情节越多、从宽幅度越大,法官越倾向于作出无罪判决。刑法中的从宽情节分为法定从宽情节与酌定从宽情节。当法官适用"但书"较多地考量酌定从宽情节时,意味着法官较为活跃地运用自由裁量权,对"但书"出罪进行司法续造;反之,则意味着法官自由裁量的活跃度较低,对"但书"出罪持较为审慎的司法立场。

除了实体法上的出罪理由之外,程序法上的相关制度同样影响出罪判断,并激发"但书"条款的适用。域外轻微犯罪的出罪主要通过程序机制实现,通过不起诉等制度构建,赋予检察机关不起诉的自由裁量权,在审查起诉阶段实现程序出罪。德国检察官的起诉裁量权即为适例,2013年德国检察官所受理的案件中不起诉的高达90%,其中,24%是由于犯罪情节轻微而不予起诉,12%是采取了非刑罚性的替代措施(处罚令),另有5%是检察官和被追诉人达成了协议而附条件不起诉。[3]"目前我国轻微刑事案件的程序出罪体现于公安机关的立案环节和检察机关的不起诉环节",[4]根据《刑事诉讼法》第112条规定,侦查机关认为"犯罪事实显著轻微,不需要追究刑事责任的时候,不予立案",第177条第2款规定,检察机关认为"犯罪情节轻微,依照刑法规定不需要判处刑罚或者免除刑罚的",可以酌定不起诉。这意味着,对原本已经构成犯罪的行为,通过立案阶段作出的不立案决定和审查起诉阶

---

[1] [美]保罗·罗宾逊、迈克·卡希尔:《失义的刑法》,谢杰等译,上海人民出版社2018年版,第3页。

[2] 参见刘艳红:《形式入罪实质出罪:无罪判决样本的刑事出罪机制研究》,载《政治与法律》2020年第8期,第120页。

[3] 参见[德]托马斯·魏根特:《德国刑事程序法原理》,江溯等译,中国法制出版社2021年版,第328-330页。

[4] 史立梅:《论醉驾案件的程序出罪》,载《中国法学》2022年第4期,第250页。

段作出的不起诉决定，规避了有罪判决。由于刑事程序对轻微犯罪具有层层过滤功能，即使侦查机关与检察机关均已作出有罪预判，审判机关也需要对侦查阶段与审查起诉阶段行为人的自首、认罪认罚、立功、达成和解等犯罪后的表现进行实质审查，对认为符合"情节显著轻微危害不大"的行为适用"但书"出罪。换言之，侦查阶段与审查起诉阶段行为人犯罪后的表现通过程序机制的传导也推动了审判阶段"但书"出罪判决的作出。

综上可见，目前刑法理论研究尚未探明"但书"出罪的运行机制，有关解释缺少链接"但书"与无罪判决的关键环节，而理论与实践的初步结合分析，为深化对该问题的研究提供了新线索。基于以上分析，可以建构如下理论模型：在"但书"和无罪判决之间，很可能存在三个中介影响因素，即"轻微犯罪"、"从宽情节"与"罪后表现"，其中，由于"情节显著轻微"构成了"但书"的内容，因而所有适用"但书"出罪的案件都要考虑"从宽情节"。在以上三个因素的独立或共同作用下，法官更容易适用"但书"作出无罪判决，即通过实证研究证立如图1所示的"但书"出罪解释框架。

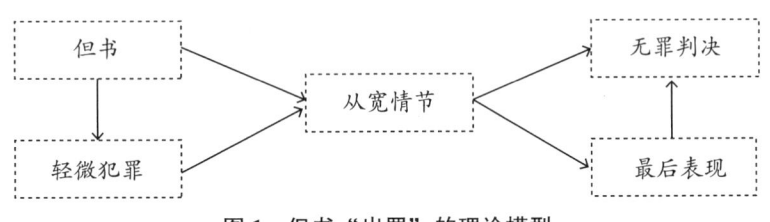

图1 但书"出罪"的理论模型

（二）研究设计与概念操作化

1. 数据来源

本研究实证数据来源于"中国裁判文书网"2014年至2021年相关裁判文书。"但书"出罪判决的作出一般以辩护方提出无罪辩护为前提，因此，本研究将辩护方依据"但书"提出无罪辩护的案件作为研究的总样本，在此基础上，进一步分析其中获得法院支持的"但书"出罪判决。通过研读裁判文书，发现在许多案件中辩护方虽然以符合"但书"规定为理由提出了无罪辩护，法院最终却援引《刑法》第37条"犯罪情节轻微不需要判处刑罚"的规定对行为人定罪免刑，由此初步推断，"但书"出罪与定罪免刑之间存在某种实践关联，为了揭示二者之间的关系，定罪免刑案件也被纳入考察范围。

根据以上分析，本实证研究的样本数据主要由三部分组成：首先，依据"但书"作无罪辩护的案件构成了研究的总样本。在判决书中，体现出无罪辩护意见及被告人无罪陈述的内容分布在判决书的"事实"部分，检索"事实"部分包含"情节显著轻微危害不大"的裁判文书，其他检索条件限定为刑事案由、判决书，共检索到有效文书9243份。其次，法院支持"但书"出罪的案件。这部分内容主要体现在裁判文书的"理由"与"判决结果"部分，检索"理由"部分包含"情节显著轻微危害不大"且"判决结果"为无罪的裁判文书，其他检索条件限定为刑事案由、判决书，共检索到有效文书224份。最后，依据"但书"作无罪辩护，但法院最终判决定罪免刑的案件，该样本用于分析定罪免刑与"但书"出罪之间的关系。检索"事实"部分包含"情节显著轻微危害不大"且"判决结果"为免予刑事处罚的裁判文书，其他检索条件限定为刑事案由、判决书，共检索到有效文书1807份。以上文书检索日期为2022年3月18日，均去除了重复、无效和无关联的判决书，作为本实证研究的有效样本。样本数据的分布情况如下表所示：

表1 研究样本的分布情况

年份	"但书"辩护判决	"但书"出罪判决	定罪免刑判决
2021	536	2	29
2020	1390	19	118
2019	1783	27	292
2018	1522	34	305
2017	1201	35	312
2016	1060	32	308
2015	953	32	241
2014	798	43	202
合计	9243	224	1807

2. 研究方法

刑法学界对"但书"出罪的实证研究大多基于描述性统计和线性回归分析方法，这两种方法的优势在于直观和相对简便，然而，采用这两种方法进行的实证研究可能无法充分揭示"但书"出罪的运行机制,尤其是涉及多因素与间接因果效应分析时更是如此。描述性统计只能观测"但书"出罪案件的基本分布状况,无法体现哪些因素如何影响"但书"出罪判决的作出,因而只适合做理论的支持性研究,无法做更深层次的因果分析。线性回归虽然能够实现多因素分析,然而,以线性回归方法研究"但书"出罪运行机制,存在两个难以克服的缺陷:一是线性回归只能分析自变量对因变量的直接效应,无法分析间接效应。在"但书"出罪运行机制的理论模型中,对于"裁判结果"而言,"轻微犯罪"与"从宽情节"都属于间接影响因素,需要进行间接效应分析。二是线性回归需要消除多重共线性,因此,单个多元线性回归模型无法进行多重因果分析,即无法通过单个线性回归模型来检验一个变量既作为自变量又作为因变量的复杂情况。在前述预设的理论模型中,中间层次的"轻微犯罪""从宽情节""罪后表现"既是自变量,又是因变量,仅建立单个线性回归模型对此无能为力。为了解决这个问题,研究者往往需要建立多个线性回归模型,然而,每建立一个新的模型进行一次回归分析,相应地就要消除一次共线性,同时也会损失掉部分信息,最终,多个线性回归模型合并考量所得出的结论可能与真实情况相去甚远。因此,以多元线性回归模型研究"但书"出罪机制,各因素之间的因果关系可能被人为削弱,导致研究的有效性受损。

为避免建立多个回归模型对重要信息的耗损,本研究采用结构方程模型(Structural Equation Modeling,简称 SEM)进行分析,以解释从抽象的"但书"条文到具体的个案出罪的运行机制。基于以上理论模型的设定,本研究将"罪量要素""轻微犯罪""从宽情节""罪后表现""裁判结果"作为不可观测的潜在变量,通过精读裁判文书、提取关键要素,将其中与"但书"出罪紧密相关的要素作为观测变量,用以反映潜在变量,在此基础上,通过路径分析解释以上潜在变量之间的因果关系。

3. 变量选取

本研究被解释的潜在变量为"裁判结果",结论有两种即无罪与有罪,分别赋值 1 和 0,类型为分类变量。模型判断的逻辑过程是,个案在"轻微犯罪""从宽情节""罪后表现"的独立或共同作用下,法官将倾向于适用"但书"作出"无罪判决"。

"罪量要素"是本研究最上游的自变量,它是"但书"的实质要件即

"情节显著轻微危害不大"的具体化。由于"但书"发挥出罪功能,实质上表现为行为因罪量不足而被认为社会危害性低、不宜受刑罚处罚,这与德日刑法因法益侵害较低而无罪化处理的可罚的违法性理论殊途同归。[1]因此,为了更加清晰地呈现出罪逻辑,实证研究将"但书"代换为"罪量要素"。在司法实践中,罪量要素分为两类:一类是弹性罪量,如情节严重、足以严重危害人体健康、足以造成严重后果、严重扰乱社会秩序等;另一类是定额罪量,如数额3000元以上、血液酒精含量80mg/100ml以上等。另外,刑法中少数罪名同时规定了弹性罪量与定额罪量,经区分后仍可归入以上两类之中。例如,《刑法》第383条第1款第1项规定,贪污"数额较大或者有其他较重情节的,处三年以下有期徒刑或者拘役,并处罚金",这也是贪污罪的入罪标准。根据2016年4月18日最高人民法院、最高人民检察院《关于办理贪污贿赂刑事案件适用法律若干问题的解释》第1条第2款规定,此处的"其他较重情节",是指"贪污数额在一万元以上不满三万元",同时具备"贪污救灾、抢险、防汛、优抚、扶贫、移民、救济、防疫、社会捐助等特定款物""曾因贪污、受贿、挪用公款受过党纪、行政处分""曾因故意犯罪受过刑事追究"等条件之一的。据此可知,如果行为人贪污数额超过三万元的,对定罪起决定作用的是"数额较大"这一定额罪量;如果行为人贪污数额在一万元以上不满三万元,则对定罪起决定作用的是"其他较重情节"这一弹性罪量。一般而言,弹性罪量的自由裁量空间较大,而定额罪量限制了自由裁量,既如此,有理由相信不同罪量要素对"但书"出罪的适用存在影响。实证研究中两种罪量要素需分别考察,分别赋值1和2,类型为分类变量。

"轻微犯罪"是本研究中的第一个中介变量。在我国刑法中,轻微犯罪主要有三类,分别是法定刑3年以下的抽象危险犯、法定刑3年以下的具体危险犯以及法定刑3年以下的实害犯,以上三类犯罪将作为反映"轻微犯罪"的观测变量,分别赋值1、2和3,类型为分类变量。需要说明的是,此处的法定刑3年以下,是指在个案中,根据案件事实应当适用的基准法定刑为3年以下有期徒刑,不包括减轻处罚以后应当判处3年以下有期徒刑的情形。因为减轻处罚后的刑罚为3年以下有期徒刑的犯罪,实际的基准刑为3年以

---

[1] 参见[日]中山研一等:《レヴィジオン刑法(3)——構成要件・違法性・責任》,成文堂2009年版,第145-146页。

上有期徒刑，实为重罪而非轻罪，且减轻处罚的适用以法院认定行为已经构成犯罪为前提，故这种情形不在本研究所讨论的轻微犯罪之列。

"从宽情节"是本研究中的第二个中介变量，系指犯罪时的从宽处罚情节，不包括犯罪后的从宽情节。根据立法规定及司法实践，"但书"出罪中适用的从宽情节分为法定从宽情节与酌定从宽情节。法定从宽情节有：第一，行为的社会危害性较低，如防卫过当、避险过当、共同犯罪中的从犯（包括胁从犯）；第二，主动减少行为的社会危害性，如犯罪中止；第三，刑事政策刑法化的从宽理由，如犯罪主体为未成年人、老年人、聋哑人或盲人。酌定从宽情节系犯罪时的法外因素，如被害人对损害的发生负有责任[1]、犯罪行为事出有因[2]等。以上情节在归类之后，作为反映"从宽情节"的观测变量。法定从宽情节与酌定从宽情节分别赋值1和2，类型为分类变量。

"罪后表现"是本研究的第三个中介变量。行为人在犯罪后，积极配合侦查机关与检察机关的相关司法活动，有利于节省司法资源，如投案自首、坦白、立功、认罪认罚等，同时还可能修复犯罪行为所造成的法益侵害及损害的社会关系，如盗窃后返还财物、犯罪后主动向被害人赔礼道歉、赔偿损失、达成刑事和解、取得被害方谅解等。以上事实虽然发生在犯罪之后，且侦查机关、检察机关并未因此撤销案件、不起诉，但是在司法实践中，侦查机关与检察机关所确认的自首、坦白、赔偿损失等事实，可能作为审判阶段法院适用"但书"作出无罪判决的理据，这体现了刑事诉讼中层层过滤"情节显著轻微危害不大"行为的程序机制。根据行为人犯罪后是配合司法机关还是修复受损法益或社会关系，分别定义为配合因素和修复因素，分别赋值1和2，类型为分类变量，作为反映"罪后表现"的观测变量。

综上所述，以上理论模型和研究方案均立足于刑法理论与刑事司法实践。理论模型预设的解释路径源于刑法理论有关"但书"出罪中关键问题的争议，研究方案选取的样本数据来源于有关"但书"出罪的判决文书，确定的结构方程模型基于"但书"出罪判决作出受多重因素影响的司法现实。理论模型中各变量对"但书"适用的影响效应，构成了分析"但书"出罪机制运行状况的主体内容。

---

[1] 参见云南省曲靖市麒麟区人民法院（2015）麒刑初字第624号刑事判决书。
[2] 参见湖南省益阳市赫山区人民法院（2015）益赫刑二重初字第3号刑事判决书。

三、"但书"出罪运行机制的全样本与修正样本分析

分析裁判文书并结合刑法理论,抽象危险犯与定罪免刑可能成为本研究的干扰因素。刑法理论一般认为,抽象危险犯只要有行为即可推定存在类型性的抽象危险而入罪,不需要进行司法上的具体判断,[1]因而难以适用"但书"出罪。换言之,抽象危险犯的裁判样本可能存在类型性的有罪推定,排斥"但书"出罪,进而干扰出罪模型的有效性。如前所述,总样本中存在许多定罪免刑的案件,即辩护方提出应适用"但书"出罪,法院最终却以"情节轻微不需要判处刑罚"为理由定罪免刑。为了检验司法实践对抽象危险犯是否存在类型性的有罪推定,以及定罪免刑与"但书"出罪是否存在某种实践关联,需要对样本进行三次实证分析,分别是全样本分析、去除抽象危险犯的修正样本分析以及纳入定罪免刑的修正样本分析,后两者统一归入到修正样本分析之中。

(一) 全样本的路径分析与问题阐释

为了探究"但书"出罪的运行机制,本研究采用 Amos 21.0 软件运行结构方程模型。在模型中,"轻微犯罪""从宽情节""罪后表现"是三个相关联的中介变量,连接"罪量要素"与"无罪判决",模型的运行结果[2]报告如下:

---

[1] 参见张明楷:《刑法学(上)》,法律出版社 2021 年版,第 215 页。

[2] 指标说明:在 Amos 结构方程中,卡方的 P 值小于 0.05 表示具有统计学意义。卡方自由比(CMIN/DF)小于 3 表示模型理想,大于等于 3 且小于 5 表示模型较为理想。均方根误差(RMSE)越接近 0 表示模型测量的精密度越好,其中,小于 0.10 表明精密度可以接受,小于 0.05 表明精密度较好,小于 0.01 表明精密度非常好。赤池信息准则(AIC)反映数据拟合的优良性,数值越小越好,在多个模型中,推荐选择数值最小的模型。比较拟合指数(CFI)和良性适配指数(GFI)反映模型的拟合效果,取值范围均在 0 到 1 之间,大于 0.8 表明模型可以接受,大于等于 0.9 表明模型的拟合效果较好。标准化路径系数(SMC)反映自变量变化对因变量的影响大小,用来反映不同路径的解释效果,取值在 0 至 1 之间,系数越大意味着影响越大;其中,结构模型的标准化路径系数(SMC)小于 0.19 表明该路径解释效果不好,此时一般需要考虑调整变量,标准化路径系数(SMC)大于等于 0.19 小于 0.33 表明该路径解释效果一般,标准化路径系数(SMC)大于等于 0.33 小于 0.67 表明该路径解释效果中等,标准化路径系数(SMC)大于等于 0.67 表明该路径解释效果好。参见王济川等编著:《结构方程模型:方法与应用》,高等教育出版社 2011 年版,第 16-23 页;邱皓政、林碧芳:《结构方程模型的原理与应用》,中国轻工业出版社 2019 年版,第 138-145 页。

表2 "但书"出罪全样本模型的运行结果

配适指标	样本拟合值	路径	标准化路径系数（SMC）	预测准确率
卡方（CMIN）	3217.500（P=0.000）	罪量要素→从宽情节	0.530	63%
卡方自由比（CMIN/DF）	2.907	罪量要素→轻微犯罪	0.715	
均方根误差（RMSE）	0.083	轻微犯罪→从宽情节	0.570	
赤池信息准则（AIC）	2771.750	从宽情节→罪后表现	0.418	
比较拟合指数（CFI）	0.870	从宽情节→无罪判决	0.655	
良性适配指数（GFI）	0.831	罪后表现→无罪判决	0.553	

根据以上模型运行结果，该模型的卡方（CMIN）的P值=0.000<0.05，卡方自由比（CMIN/DF）=2.907>3，均方根误差（RMSE）=0.083<0.1，比较拟合指数（CFI）=0.870>0.8，良性适配指数（GFI）=0.831>0.8。由于模型中的均方根误差（RMSE）在0.05和0.10之间，比较拟合指数（CFI）和良性适配指数（GFI）在0.8和0.9之间，因此模型的拟合效果总体较为一般，有63%的"但书"出罪判决通过该模型的三条路径得到解释。具体分析如下：

路径一："罪量要素"→"从宽情节"→"无罪判决"。这条路径最为精简，从结果来看，"罪量要素"→"从宽情节"和"从宽情节"→"无罪判决"的标准化路径系数（SMC）分别为0.530和0.655，均在0.33和0.67之间，表明该路径的解释效果中等。由此观之，司法实践中存在为数不少的仅依据"从宽情节"即适用"但书"出罪的判决。在224例裁判文书中，法官均适用了酌定从宽情节，而法定从宽情节的运用只有75例，法官广泛适用酌定从宽情节作为"但书"出罪依据意味着自由裁量的活跃度高。多数裁判文书（185

例)中运用了多个"从宽情节",少部分裁判文书(39例)中仅运用了单一的"从宽情节",这些案件中,法官在判决时常常援引自陷风险、期待可能性等超法规的出罪事由,以增强裁判说理。这表明"但书"对超法规的出罪事由可能具有"接应功能",司法实践以"但书"规定为基础变相发展出了"多元化的出罪事由体系"。[1]

路径二:"罪量要素"→"轻微犯罪"→"从宽情节"→"无罪判决"。该条路径在路径一的基础上增加了"轻微犯罪"作为"罪量要素"和"从宽情节"的中介变量,解释效果有较好提升。具体而言,"罪量要素"→"轻微犯罪"和"轻微犯罪"→"从宽情节"的标准化系数(SMC)分别为0.715和0.570,均大于"罪量要素"→"从宽情节"的标准化系数(SMC)0.530,特别是前者明显大于0.67,这表明理论模型中关于"但书"出罪主要适用于轻微犯罪的预判具有很强的解释力。从裁判文书来看,重罪即基准法定刑在3年以上有期徒刑的犯罪难以通过"但书"出罪,这条路径的普遍化无疑有效印证该判断。在轻微犯罪中,一旦出现了重的实害结果也同样难以出罪。在224例样本中,有207例适用"但书"出罪的案例产生了较轻的实害结果,有14例是没有出现实害结果的危险犯(分别是具体危险犯13例,抽象危险犯1例[2]),仅有3例是出现重实害结果的过失犯(2例致人重伤,1例致人死亡)。由此分析,按照结果的轻重程度,司法实践中"但书"出罪的适用呈现出向中间层次的较轻实害结果聚拢的趋势,例如,仅故意伤害致人轻伤的"但书"出罪的样本案件中就有103例。一旦出现了较重的实害结果,即使行为属于过失,对应的基准刑为3年以下有期徒刑,一般也不适用"但书"出罪。因此,重实害结果的出现是限制轻微犯罪适用"但书"出罪的影响因素。

路径三:"罪量要素"→"轻微犯罪"→"从宽情节"→"罪后表现"→"无罪判决"。在路径二基础上加入"罪后表现"之后,解释效果有一定减弱。"从宽情节"→"无罪判决"的标准化路径系数(SMC)为0.655,增加"罪后表现"作为中介变量之后,"从宽情节"→"罪后表现"和"罪后表

---

[1] 参见杜治晗:《但书规定的司法功能考察及重述》,载《法学家》2021年第3期,第153页。

[2] 本案中,行为人岳某酒后回家休息一晚,第二天开车被交警测出血液酒精含量为84mg/100ml,达到醉酒标准,后被起诉。法院认为,岳某未意识到自己醉酒,没有危险驾驶故意等为理由,认为岳某的行为属于情节显著轻微危害不大,不认为是犯罪。参见新疆维吾尔自治区哈密地区中级人民法院(2016)新22刑终113号刑事判决书。

现"→"无罪判决"的标准化路径系数（SMC）分别为 0.418 和 0.553，相对而言均有所降低，但仍然在 0.33 和 0.67 之间。因此，行为人犯罪后的自首、认罪认罚、刑事和解、取得被害人谅解等表现，对于"但书"出罪判决的形成具有中等程度的解释力。除此之外，数额犯中行为人事后返还财物或事后修复法益的行为，可能被评价为"情节显著轻微危害不大"并适用"但书"出罪。例如，根据 2007 年 7 月 8 日最高人民法院、最高人民检察院《关于办理受贿刑事案件适用法律若干问题的意见》第 9 条第 2 款规定："国家工作人员收受请托人财物后及时退还或者上交的，不是受贿。"受贿案件中行为人收受财物后及时退还财物的，说明其"客观上虽然收受了他人财物，但主观上没有受贿故意的行为"[1]，因而成为司法实践中适用"但书"出罪的重要理由。[2]

问题在于，将行为人犯罪后的表现如侦查阶段、审查起诉阶段的自首、立功以及事后修复法益的行为等作为"但书"出罪的考量因素，与定罪的基本法理有所抵牾。刑法理论区分了定罪情节与量刑情节，前者才是定罪的考量因素，定罪情节"是具体犯罪构成的要件"，"某些具体犯罪中，行为必须要具有某些情节才能构成犯罪"[3]。而自首、认罪认罚、立功以及事后修复法益等行为人犯罪后的表现，确实能够消除其人身危险性、降低对法益的侵害性，刑法应当予以肯定评价。然而，以上情节均为量刑情节，其适用前提是犯罪已经成立，将犯罪后出现的量刑情节用于评价犯罪成立与否，无疑混淆了定性与定量两者不同的规范意义。"但书"的功能在于出罪，因而只能考虑行为时的定罪情节。当依据行为时的定罪情节已经认定行为构成犯罪，则无法再以行为人犯罪后的表现出罪。将自首、立功等作为"但书"出罪的参考依据，虽然是为了强化说理，但实质上混淆了定罪与量刑的关系，导致原本已经构成犯罪的行为被评价为"情节显著轻微危害不大"而出罪，属于"但书"的误用。

（二）修正样本的路径分析与问题阐释

以上模型拟合效果与解释力总体较弱，面对这种情况，可优化的方案有

---

[1] 张明楷：《受贿罪中收受财物后及时退交的问题分析》，载《法学》2012 年第 4 期，第 134 页。

[2] 参见福建省高级人民法院（2014）闽刑终字第 279 号刑事判决书，河南省济源市中级人民法院（2014）济中刑终字第 5 号刑事判决书，安徽省安庆市中级人民法院（2013）宜刑再终字第 3 号刑事判决书等。

[3] 王充：《定罪情节若干问题研究》，载《法学评论》2000 年第 6 期，第 131 页。

两种：一是修正模型，提高模型的拟合优度；二是修正样本，排除样本中的干扰项。以上模型中的潜在变量与观测变量，均系理论结合实践从裁判文书中提取而出，模型内在逻辑关系经过多次调整最终确定。再结合裁判文书的内容进行研判，抽象危险犯与定罪免刑有可能成为干扰因素，故主要对相关样本进行调整后重新拟合。

修正样本模型一：去除抽象危险犯。综合梳理研究样本可以发现总样本中抽象危险犯的数量较多，为 2713 例，但其中适用"但书"出罪的仅 1 例，出罪率明显低于总样本。为了排除影响模型有效性的干扰项，将抽象危险犯从总样本中删除，剩余总样本 6530 例，剩余"但书"出罪样本 223 例，根据以上样本重新运行模型，模型的拟合结果报告如下：

表3 "但书"出罪修正样本模型的运行结果（去除抽象危险犯）

配适指标	样本拟合值	路径	标准化路径系数	预测准确率
卡方（CMIN）	2219.900（P=0.000）	罪量要素→从宽情节	0.660	
卡方自由比（CMIN/DF）	2.305	罪量要素→轻微犯罪	0.870	
均方根误差（RMSE）	0.070	轻微犯罪→从宽情节	0.652	75%
赤池信息准则（AIC）	2007.610	从宽情节→罪后表现	0.421	
比较拟合指数（CFI）	0.907	从宽情节→无罪判决	0.750	
良性适配指数（GFI）	0.946	罪后表现→无罪判决	0.583	

与全样本模型对比，去除抽象危险犯之后的修正样本模型的拟合效果有较为明显提升，卡方自由比（CMIN/DF）、均方根误差（RMSE）、比较拟合指数（CFI）以及良性适配指数（GFI）得到明显优化，优化后的模型能够解释75%的"但书"出罪现象。这说明抽象危险犯是"但书"出罪运行机制的

干扰因素,也即抽象危险犯难以通过"但书"出罪。

由于抽象危险犯中的危险是一种立法推定的危险,一般无需法官查明,故有学者指出,抽象危险犯不存在情节显著轻微危害不大,需要借助"但书"规定予以出罪的情形。[1]认为"以抽象危险犯个罪行为特征来判断某一具体行为是否属于某一个罪的行为类型,是从构成要件符合性角度进行的判断,而不是适用'但书'的判断"[2],这种理论逻辑推演下的抽象危险犯必然入罪易而出罪难。抽象危险系行为的危险,通常有行为即构罪,刑法理论难以限缩抽象危险犯的成立范围。[3]然而,难以出罪并不等于无法出罪,刑事司法几乎禁止"但书"运用于抽象危险犯出罪,于法于理均值得反思。

虽然抽象危险犯之危险系立法推定的类型性的危险,[4]但这并不妨碍司法上通过提供相反的证据将该推定推翻并认定"情节显著轻微危害不大"适用"但书"出罪。抽象危险犯并非行为犯,并非有行为即必然成立犯罪。所谓推定的抽象危险,是一种立法预设,本质上也是一种法律评价而非无需评价,"允许行为人反驳抽象危险犯对行为风险的法律推定,是合理控制抽象危险犯过度处罚无风险行为的有效路径。"[5]如果承认抽象危险是刑法中的规范要素而非记述要素需要进行价值评价,就必然存在肯定与否定、存在与不存在两种评价结论。犯罪的评价包含入罪与出罪两个维度,认为抽象危险犯无法适用"但书"出罪,褫夺了抽象危险犯的出罪评价功能,削弱了抽象危险犯本应具备的规范意涵。据此,经提供相反证据判断无抽象危险的行为不成立抽象危险犯,即此时的行为并没有引起值得刑法处罚的抽象危险而不满足罪量要素,符合"情节显著轻微危害不大"的"但书"规定。

即使认为抽象危险犯一有行为即推定构成犯罪,基于罪刑法定原则也应当允许适用"但书"出罪。罪刑法定原则的实质要义在于限制刑罚权,某些行为虽然在形式上符合犯罪构成要件,但实质危害性较小的,也应允许适用

---

[1] 参见陈兴良:《但书规定的法理考察》,载《法学家》2014年第4期,第63页。

[2] 王飞跃:《论抽象危险犯个罪裁判规范的续造》,载《中国法学》2022年第2期,第156页。

[3] 参见王霖、阎二鹏:《抽象危险犯认定路径检思与谦抑认定机制重构》,载《国家检察官学院学报》2017年第2期,第116—117页。

[4] 参见[日]西田典之:《日本刑法总论》,王昭武、刘明祥译,法律出版社2013年版,第127页。

[5] 谢杰:《"但书"是对抽象危险犯进行适用性限制的唯一根据》,载《法学》2011年第7期,第32页。

"但书"出罪,这种形式入罪实质出罪的逻辑原本就不存在违反个罪形式理性的问题,不会与形式罪刑法定原则相抵触。抽象危险犯是典型的轻微犯罪,其设立固然是为了提前保护重大法益,但是对仅具有抽象危险的行为一律入罪,必然造成处罚范围的过大。例如,交通肇事罪与危险驾驶罪,分别规定在《刑法》第133条和第133条之一,前者所造成的结果、危害性以及法定刑均高于危险驾驶罪,而交通肇事罪中适用"但书"出罪的案件并不罕见,没理由相对较重的犯罪可以适用"但书"出罪而相对较轻的犯罪却近乎完全排斥。因此,禁止危害性与法定刑明显更低的危险驾驶罪适用"但书"出罪,在司法逻辑上无法自洽。

修正样本模型二:纳入定罪免刑。在总样本中,定罪免刑的案件数量是"但书"出罪的8.1倍且两者的情节高度接近,实践逻辑也高度相似。不妨假设定罪免刑的运行机制也符合预设的理论模型,可能在司法实践中与"但书"出罪存在竞争关系进而影响模型的有效性。为了验证这一假设,将定罪免刑纳入到被解释的潜在变量中,对模型进行重新拟合。模型拟合的结果报告如下:

表4 "但书"出罪修正样本模型的运行结果(纳入定罪免刑)

配适指标	样本拟合值	路径	非标准化系数	预测准确率
卡方(CMIN)	2613.470 (P=0.000)	罪量要素→从宽情节	0.831	
卡方自由比(CMIN/DF)	1.917	罪量要素→轻微犯罪	0.972	
均方根误差(RMSE)	0.051	轻微犯罪→从宽情节	0.743	88%
赤池信息准则(AIC)	2155.920	从宽情节→罪后表现	0.530	
比较拟合指数(CFI)	0.922	从宽情节→无罪判决	0.914	
良性适配指数(GFI)	0.953	罪后表现→无罪判决	0.761	

从模型运行结果分析，纳入定罪免刑之后的修正样本模型的拟合效果得到较大提升，卡方自由比（CMIN/DF）、均方根误差（RMSE）、比较拟合指数（CFI）和良性适配指数（GFI）得到进一步优化，优化后的模型预测准确率达到88%。这表明，"但书"出罪与定罪免刑可以共用同一模型，也证明了两者存在近乎相同的运行机制。

首先，定罪免刑与"但书"出罪的实质要件高度相似，这是导致两者运行机制几乎完全一致的立法根源。根据立法的原本预设，定罪免刑的实质要件为"情节轻微不需要判处刑罚"，它与"但书"出罪的实质要件即"情节显著轻微危害不大"显然是不同梯度的情节，两者对应的法效果也存在有罪和无罪的根本区别。然而，立法在模糊规定"情节轻微"与"情节显著轻微"两档情节之后，并没有进一步明示应当如何区分轻微的情节和显著轻微的情节，导致两者的梯度关系"有名无实"而难以真正界分。

其次，定罪免刑与"但书"出罪的实质要件在司法上具有共通性，两者评价共用统一的情节标准。在司法解释中，"情节轻微"与"情节显著轻微"往往共用统一的情节标准而被置于同一条款之中。例如，2022年3月1日最高人民法院《关于审理非法集资刑事案件具体应用法律若干问题的解释》第6条第2款规定："非法吸收或者变相吸收公众存款，主要用于正常的生产经营活动，能够在提起公诉前清退所吸收资金，可以免予刑事处罚；情节显著轻微危害不大的，不作为犯罪处理。"司法解释规定"免予刑事处罚"，意味着将非法吸收的公众存款"用于正常的生产经营活动，能够在提起公诉前清退所吸收资金"一般属于"情节轻微"；紧接着，该款规定"情节显著轻微危害不大的，不构成犯罪"，言外之意是，以上情节也可以被认定为"情节显著轻微"，而究竟如何认定，主要取决于法官的自由裁量。又如，2022年4月6日最高人民法院、最高人民检察院《关于办理破坏野生动物资源刑事案件适用法律若干问题的解释》第2条第3款第3项、2022年3月2日最高人民法院《关于进一步加强涉种子刑事审判工作的指导意见》第6条第2款、2021年6月17日最高人民法院、最高人民检察院、公安部《关于办理电信网络诈骗等刑事案件适用法律若干问题的意见（二）》第16条第3款等司法解释，几乎只要规定了定罪免刑必然紧随其后规定"但书"出罪，司法解释的规定模式淡化了二者的界限。司法实践中，定罪免刑与"但书"出罪之间也陷入了难以区分的尴尬境地。例如,"张某某破坏交通设施案"[1]"王某某滥用职权案"[2]"徐某某职务侵占案"[3],均是一审判决定罪免刑,二审改判适用"但书"出罪。从定罪免刑到无罪判决,体现了二审判决对一审判决的纠错,然而,以上二审改判皆是在事实和证据不变的情况下作出的,仅在裁判说理中将一审判决认定的"情节轻微不需要判处刑罚"代换为"情节显著轻微危害不大",二审改判的规范基础有待进一步夯实。

最后,多数情况下,法官在二者之间自由裁量时,倾向于优先适用定罪免刑而非"但书"出罪。从绝对数量上看,在共用统一的情节标准前提下,定罪免刑判决是"但书"出罪的8.1倍,而由于立法与司法解释并未清晰划定"情节轻微不需要判处刑罚"与"情节显著轻微危害不大"的界限,无论法官选择定罪免刑还是"但书"出罪,均属于依法裁判、合理裁判,这无疑表明法官在同等条件下倾向于选择定罪免刑而非"但书"出罪。更有甚者,在抽象危险犯与采用定额罪量的有关犯罪中,如果司法解释没有特别规定可以适用"但书"出罪,几乎一律都适用了定罪免刑。以危险驾驶罪为例,此类案例共有997例总样本,其中适用定罪免刑的有101例,适用"但书"出罪的仅有1例。这种司法倾向不仅存在于审判阶段,也存在于审判之前的阶段。为了验证该结论,笔者以"危险驾驶罪""不起诉"作为关键词于2022年4月3日在《中国检察网》进行检索,共检索到不起诉决定书184842份,再分别以"情节显著轻微""情节轻微"为关键词进行筛查,发现认定"情节轻微不需要判处刑罚"而酌定不起诉的案例共有113662份,适用"情节显著轻微危害不大"而法定不起诉的案例651份,两者数量的巨大差异说明审查起诉阶段也可能存在上述倾向。

基于以上分析,定罪免刑与"但书"出罪在立法规定上高度相似,在司法解释中普遍共用情节标准,二者不可避免地存在竞争关系,而法官在相似情节、相似事实的案件中倾向于优先适用前者,这导致定罪免刑挤占了"但

---

〔1〕 参见贵州省安顺市紫云苗族布依族自治县人民法院(2019)黔0425刑初32号刑事判决书,贵州省安顺市中级人民法院(2020)黔04刑终83号刑事判决书。

〔2〕 参见湖南省郴州市北湖区人民法院(2016)湘1002刑初371号刑事判决书,湖南省郴州市中级人民法院(2018)湘10刑终157号刑事判决书。

〔3〕 参见四川省广元市利州区人民法院(2014)广利州刑初字第128号刑事判决书,四川省广元市中级人民法院(2015)广刑终字第40号刑事判决书。

书"出罪的适用空间。这种现象的产生可能基于"司法变通"的考量,是在司法责任制压力下避免遭受错案追究的变通方案。[1]还可能隐含着某种"程序惯性",具言之,当侦查机关、检察机关对案件均作出有罪预判时,审判机关通常不会作出相反的无罪判断。然而,"但书"出罪与定罪免刑的法效果存在根本差异,两者关系的混乱容易激发"同案不同判"现象,累及裁判公正。

四、"但书"出罪运行机制的完善路径

现代刑事法治国的构建不仅要求刑法坚守自由主义刑法时代的形式秩序,还需适应现代风险刑法、预防刑法和安全刑法的调控危机及法益多元化、处罚前置化的现实,立足比例原则和基本权利保护向度为犯罪划定实质合理性边界。当下刑法发展的主流趋势是犯罪化,然而,与刑事立法活跃化的立法表象繁荣形成鲜明对照,这场蔚为壮观的立法热潮并未带来刑法治理效能的根本提升,反而由于犯罪数量增多与处罚范围扩大而加剧了入罪与出罪的不协调性,即法律越厚重出罪功能越稀薄。在出罪的立法资源极度匮乏与司法需求不断增加的紧张状态之下,"但书"被误解误用也就不难理解了。在轻微罪治理体系中,行之有效地发挥"但书"的出罪功能,需基于实证研究的问题导向对"但书"及其周边关系进行合理的再定位,以此为契机推动刑法出罪体系的科学构建。

(一)"但书"出罪功能的溢出与分流

司法的高期待加剧了"但书"出罪功能的溢出,亦即,司法实践以"但书"出罪为名,变相接纳了被害人承诺、违法性认识错误、期待可能性等超法规的出罪事由,看似让超法规的出罪事由有了容身之处,实则使"但书"成为涵括诸多出罪事由的出罪系统,超出了"但书"的功能负荷。每种出罪事由都有独立的法理基础,例如,被害人承诺出罪的法理是被害人处分或放弃了受保护的法益、期待可能性出罪的依据是欠缺非难可能性,而在个案中,适用期待可能性等事由出罪时对应的情节可能较为恶劣而非显著轻微,造成的结果可能较为严重而非危害不大。换言之,将超法规的出罪事由不加甄别地纳入"但书",不仅从实质上稀释了出罪事由的法理基础,还可能引发具体

---

[1] 参见姜涛:《从定罪免刑到免刑免罪:论刑罚对犯罪认定的制约》,载《政治与法律》2019年第4期,第20页。

出罪事由的适用与"情节显著轻微危害不大"的立法预设不协调的新问题。

"但书"的形式一般性赋予了其解释的开放性与包容性,"超法规的违法性阻却事由在四要件犯罪构成中无以容身,而不得不委身于混合的犯罪概念,也提升了犯罪概念'但书'在出罪上的价值"[1]。这种过度透支"但书"出罪功能的做法实属立法出罪资源有限情况下的无奈之举,并值得警惕。实证研究表明,"但书"越是包容各种具体出罪事由,就越会加剧出罪系统的压力负荷,使其判断基准愈发模糊化,进而激起另一种形式的罪刑擅断——恣意出罪。"但书规定作为出罪的总括性根据,存在着遮蔽通过对构成要件、违法性和有责性的犯罪成立条件进行法理解释而形成开放性出罪事由之弊"[2],这导致"但书"在司法过程中也可能被"善意滥用"。以"张某涉嫌交通肇事案"为例,2016年6月11日,张某驾驶一辆重型仓栅式货车,沿连霍高速由西向东行驶至隧道时,由于超速行驶并且操作不当,致使其所驾车辆发生侧翻后,在该车之后行驶的由宋某所驾的另一辆重型厢式货车又与该车相撞,造成与张某同乘的胡某(张某之妻)当场死亡,两车不同程度受损。关于本案,一审法院认定张某构成交通肇事罪,判处拘役六个月,缓刑六个月。[3] 张某不服提起上诉。二审法院认为被害人陈某与张某系夫妻关系、被害人父母对张某谅解、张某自首,综合以上情节,认定张某的行为符合"但书"规定的"情节显著轻微危害不大",故改判张某无罪。[4] 然而,被害人陈某与张某系夫妻并非法定出罪情节,被害人父母对张某谅解与张某自首也仅为行为人犯罪后的表现,以上情节均与定罪没有直接关联,三者叠加无法得出张某的行为"情节显著轻微危害不大"的无罪结论。这种以"但书"出罪为名的"善意司法"实为"恣意司法","在行为符合法定犯罪构成的前提下,滥用刑法第13条但书宣告无罪的现象,应当杜绝"[5]。

出罪体系的立法结构与"但书"的规范意涵共同决定了"但书"应当定位为具有兜底功能的出罪事由,而非容纳各种出罪事由的出罪系统。理论上

---

[1] 刘艳红:《目的二阶层体系与"但书"出罪功能的自洽性》,载《法学评论》2012年第6期,第50页。

[2] 陈兴良:《但书规定的法理考察》,载《法学家》2014年第4期,第49页。

[3] 参见甘肃省天水市麦积区人民法院(2017)甘0503刑初101号刑事判决书。

[4] 参见甘肃省天水市中级人民法院(2017)甘05刑终109号刑事判决书。

[5] 张明楷:《司法上的犯罪化与非犯罪化》,载《中国检察官》2009年第1期,第93页。

言出罪必论及"但书"的路径依赖根源在于我国出罪立法资源的匮乏,在欠缺法定理由的情况下,法官常常援引行为人犯罪后的自首、立功、修复受损法益等情节,以补强"但书"出罪说理,却又陷入了定罪情节与量刑情节混淆不清的尴尬境地。司法出罪的主要模式是"但书"模式,而"但书"模式带来了构成要件虚化等弊端,"应当尽量采用明确、具体的出罪事由,限制模糊的出罪事由"〔1〕,为此,应当将理据充分且司法认可的超法规出罪事由上升为立法规范,以分流"但书"的出罪压力并促进刑法出罪体系的完善。具体而言,可增补的出罪事由如下:

(1) 有正当理由的违法性认识错误。现代刑法正经历深刻的结构性变化与调整,正从传统以自然犯为主的刑法结构,逐渐转变为自然犯与法定犯比例相当、并立并存的新结构,刑法出罪体系建构必须回应法定犯不断增加的结构性变迁。法定犯系规定"禁止恶"的犯罪,犯罪成立与否深受国家行政管理法规与政策变动影响,也因此,公众容易对法定犯的违法性感知不强、认知不清,现实中频繁出现的法定犯个案裁判结果与大众正义直觉相去甚远的现象尽皆源于此,特别是"闫啸天等非法猎捕、收购珍贵、濒危野生动物案"〔2〕"陆勇涉嫌销售假药案"〔3〕等典型案例中更表明了司法机关处理此类案件时的矛盾心态以及对立法及时规定违法性认识错误处理规则的高度期待。将有正当理由的违法性认识错误作为独立的出罪事由,是推动法定犯出罪机制构建的合理方案,有充足的比较法依据与司法实践支撑。从比较法来看,《德国刑法典》第17条规定:"行为人行为时没有认识其违法性,如该错误认识不可避免,则对其行为不负责。如该错误认识可以避免,则依第49条第1款减轻处罚"。我国台湾地区也有类似规定:"除有正当理由而无法避免者外,不得因不知法律而免除刑事责任。但按其情节,得减轻其刑。"从司法实践来看,有正当理由的违法性认识错误排除犯罪已在个案中被接受。以"傅某涉嫌故意毁坏财物案"为例,2018年3月28日,傅某执行政府拆迁要求时,误将梁某、周某的商业用房拆除,经鉴定造成损失583.7万余元。经调查发现,拆迁前一天,傅某曾向负责拆迁的政府工作人员王某询问拆除地点,王某指

---

〔1〕 刘科:《司法解释中的出罪规范:类型、依据与完善方向》,载《中国法学》2021年第6期,第257页。

〔2〕 参见河南省新乡市辉县市人民法院刑事判决书(2014)辉刑初字第409号刑事判决书。

〔3〕 参见湖南省沅江市人民检察院〔2015〕沅检公刑不诉1号不起诉决定书。

了百米开外的八角庙方向,没有说具体的拆迁对象是八角庙的净业寺。综合以上事实,法院认为八角庙与被拆房屋毗邻,不能排除傅某因违法性认识错误而误拆,傅某的行为依法不成立故意毁坏财物罪。〔1〕本案中,傅某之所以无罪,系基于有正当理由的违法性认识错误,其有正当理由相信自己所执行的政府拆迁命令是合法的。

(2)被害人承诺与危险接受。面对泛在的社会风险,刑法上首先考虑的是预防风险增设危险犯,然而,刑法在预防风险的同时也应当意识到,风险本身已经构成了当今社会正常生活的一部分,刑法作为整体法秩序中的"最后保障法",也要适度接纳和容忍风险,在刑事立法中规定被害人承诺与危险接受,以缓和现代刑法对风险的预防性调控过于激烈所引起的自由与安全、权利与权力剧烈冲突的法治危机。〔2〕被害人承诺出罪的正当性已经在多个领域被确认,如医疗领域患者的自我决定权、交通领域交通规则的创立等,都有鲜明的被害人承诺的思想痕迹。至于危险接受,由于生活中包含了大量的危险,通过人们频繁的社会交往已经形成了默示的规则融入生活之中,只要危险行为符合人们生活的共同准则即认定行为人"在认识到危险的同时一度允许了该行为,则即便由于危险行为的施行导致发生了行为人不能避免的结果,就所引起的结果也不能追究行为人的责任"〔3〕。这种基于风险治理逻辑而增设的出罪理由,弥补了早期风险预防逻辑形成的制度短板,在此意义上说,刑事立法增设被害人承诺与危险接受作为出罪理由正当其时。

(3)期待可能性。由于期待可能性的适用场景可能涉及到重大损害,因此,它并不能被"但书"之"情节显著轻微危害不大"完全包容。在信息网络犯罪等新型犯罪领域,受源头治理及"打早打小"等刑事政策驱动,个罪在司法认定时存在淡化构成要件的倾向,可能助长有罪推定,如帮助信息网络犯罪活动罪中淡化对"明知"的认定、非法获取计算机信息系统数据罪中淡化对数据类型的甄别,在这些犯罪中,允许适用期待可能性出罪赋予了司法机关更为宽广的自由裁量空间,具有调节个案正义的功能。例如,2020年8月至11月,四川某科技公司法人何某等人开发支付平台,为境外非法赌博

---

〔1〕 参见重庆市綦江区人民法院(2019)渝0110刑初74号刑事判决书。

〔2〕 参见[德]温弗里德·哈斯默尔等主编:《当代法哲学和法律理论导论》,郑永流译,商务印书馆2021年版,第627-628页。

〔3〕 [日]山口厚:《刑法总论》,付立庆译,中国人民大学出版社2018年版,第182-183页。

网站提供支付结算服务，从而将赌博的非法资金洗白。涉案人员王某是公司的兼职客服。案发后，公安机关以王某涉嫌帮助信息网络犯罪活动罪立案侦查。检察机关认为，王某作为兼职客服，只从事一个环节的工作，不能期待其承担判断公司是否合规的义务，故对王某作出不起诉决定。[1]司法机关不能期待普通职工对企业负有合规审查义务，对涉罪企业的普通职工适用期待可能性出罪，兼顾了情理法，也为司法机关重点打击核心犯罪行为预留了足够空间。

（二）抽象危险犯"但书"出罪的类型化

抽象危险犯是没有现实危害的犯罪，"这些犯罪并不禁止损害本身，而是禁止损害的可能性——当实施这种犯罪时，这种损害可能性并没有（通常情况下也并没有）转变为现实危害"[2]，因而入罪标准偏低出罪相对更难。实证研究表明，抽象危险犯排斥"但书"出罪，在司法过程中形成了较重的实害犯可以出罪而较轻的抽象危险犯却无法出罪的逻辑悖论，导致轻微犯罪的出罪体系在抽象危险犯环节存在明显漏洞。抽象危险犯的大量增设是风险社会轻罪治理驱动的刑法干预前置化之体现，"应当允许将《刑法》第13条'但书'作为刑法干预前置化所设立犯罪的出罪机制。刑法干预前置化立法所设定的罪状往往只包含对行为的定性描述而未作定量要求，形式上明文排除了罪量要素在罪状中的存在，但这绝不意味着排除了但书对此类罪状的出罪机能。"[3]抽象危险犯的构成要件基本只描述了行为本身，而缺失了对抽象危险本身的规范评价与价值判断，需要通过司法续造补足其在立法中缺损的实体。[4]有效发挥"但书"在抽象危险犯中的出罪功能，关键要构建类型化的裁判规则，具体可归纳为三种类型：

（1）危险阙如型：有相反证据表明行为无危险。抽象危险犯之危险是类型性的推定的危险，其规范意义有二：一是举证责任的倒置，由行为人承担犯罪不成立的举证责任；二是自由裁量权的扩大，抽象危险犯中不确定的构成要件变相赋予了法官更多的自由裁量权，包括"但书"适用与否的自由裁

---

[1] 参见湖北省孝昌县人民检察院［2021］鄂孝昌检二部刑不诉Z10号不起诉决定书。

[2] ［美］道格拉斯·胡萨克：《过罪化及刑法的限制》，姜敏译，中国法制出版社2015年版，第57页。

[3] 王强军：《刑法干预前置化的理性反思》，载《中国法学》2021年第3期，第245页。

[4] 参见李冠煜：《论集合法益的限制认定》，载《当代法学》2022年第2期，第75页。

量。当形式上符合构成要件的行为没有产生抽象危险，意味着该行为欠缺抽象危险犯的实质违法性，应当排除犯罪成立，这种形式入罪实质出罪的思想与"但书"出罪暗合。例如，在没有车辆与行人的荒野道路上醉酒驾驶机动车的，因为不具有抽象危险而不成立醉驾型危险驾驶罪。[1]其逻辑判断过程是，由于行为人醉酒在道路上驾驶机动车，符合《刑法》第133条之一危险驾驶罪的构成要件；又由于驾驶的地点在荒野道路，不会对公共安全产生任何危险，不存在抽象危险犯成立的前提条件即未形成抽象危险，属于"情节显著轻微危害不大"予以出罪。

（2）危险不能型：危险无现实化之可能。抽象危险犯所预防的危险乃是具有现实化可能性的危险，行为虽然造成了危险，但是行为人主动将危险控制在合理限度内或者降低危险，意味着该行为在特定时空场域内不具备转化为现实危险的可能性，可以认定为"情节显著轻微危害不大"。例如，2021年9月2日，王某醉酒驾驶轻型厢式货车，由乡间公路驶入向北的土路去自己的承包地，在行驶的过程中，因与他人产生纠纷被交警查获。经检测，王某血液酒精含量为111.06mg/100ml。公安机关认为，该乡间公路通行车辆，属于《道路交通安全法》规定的"道路"，对王某以危险驾驶罪立案侦查。经检察机关审查，认为该乡间道路的人较少，且王某仅行驶了5.4米，距离较短，认定王某的行为情节显著轻微危害不大，不构成犯罪。[2]本案中，虽然王某的行为具有危害公共安全的抽象危险，但是所在乡间道路人少且王某仅行驶了5.4米即停止，这种及时停车的行为使危险丧失了现实化的可能，认定此时王某的行为属于"情节显著轻微危害不大"具有合理性。

（3）危险轻微型：现实化的危险无形成重大危险之可能。基于科学立法的有效性与比例原则，危险犯的设立乃是为了预防重大风险，处于风险预防最前端的抽象危险犯所预防的风险更是与重大人身安全、公共利益和国家利益相关联，为预防较小风险而认定抽象危险犯不符合比例原则，也与抽象危险犯设立理念相背离。据此，某种较小的危险虽然已经现实化但没有形成重大危险之可能的情形，也可以认定为"情节显著轻微危害不大"。例如，2021年5月17日，何某在与朋友聚餐喝酒后，于当晚9：30左右在公共停车场挪

---

[1] 参见张明楷：《刑法学（下）》，法律出版社2021年版，第931页。
[2] 参见河北省吴桥县人民检察院［2022］吴检刑不诉16号不起诉决定书。

车,未果。但是,何某挪车的过程中蹭伤了停在旁边夏某的车。夏某发现后报警,何某被带到派出所。经鉴定,何某的血液酒精含量为181.62mg/100ml,涉嫌危险驾驶罪。检察机关认为,何某醉酒后在公共停车场内挪动车位,其危险驾驶情节显著轻微,不构成犯罪。[1]本案中,何某的行为虽然现实化为结果即造成了他人车辆受损,但从当时的场景来看,何某的挪车行为并不会进一步形成危害重大公共安全的抽象危险,可以适用"但书"出罪。

总之,抽象危险犯的设立虽然是为了防范最前端的刑事风险,但其本质上仍然是规范的概念,需要法官根据个案进行价值判断。对抽象危险犯的举证责任倒置没有削减证明内容,更没有使符合抽象危险犯构成要件的行为一律入罪。针对现代刑法中抽象危险犯不断增加带来的刑法过度扩张危机,允许其适用"但书"出罪,是理性司法应有之义,也是以司法之"宽"济立法之"严"(严密)的刑事政策平衡之道。

(三)"但书"出罪与定罪免刑的梯度化界分

根据《刑法》第13条"但书"与第37条的立法预设,定罪免刑与"但书"出罪在应然层面存在层级性的梯度关系,"情节显著行为危害不大"与"情节轻微不需要判处刑罚"不能等价替代,原本没有竞争关系。然而,由于二者之间的梯度关系在立法与司法中均没有形成实质区分标准,导致规则相似的"但书"出罪与定罪免刑难免相互竞争,后者在司法变通策略与"程序惯性"的驱动下更受司法机关青睐而被频繁适用,挤占了"但书"出罪的适用空间。基于实证研究,破解问题的关键是促进二者之间形成具备可操作性的梯度关系,这需要立法与司法的协力。

立法上,需要修改定额罪量为"定额罪量+弹性罪量"的混合模式,从而为情节轻重判断预留空间。定额罪量既限制了入罪,也限制了出罪。刑法所处罚的犯罪行为必须具有严重的社会危害性,罪量要素是区分刑事犯罪与民事、行政违法的必要前提。刑法中规定的数额、数量等定额罪量,本身反映了行为的社会危害性程度,增加了罪刑规范的明确性,立法的初衷显然是通过定额罪量来限制处罚范围。[2]然而,绝对确定的定额罪量同样封锁了"但

---

[1] 参见广东省东莞市第三市区人民检察院[2021]东三区检刑不诉1632号不起诉决定书。
[2] 参见陈兴良:《作为犯罪构成要件的罪量要素——立足于中国刑法的探讨》,载《环球法律评论》2003年第3期,第275页。

书"出罪的适用，行为一旦达到法律规定的数额、数量等即构成犯罪，丝毫没有"情节显著轻微"的判断余地。定额罪量是立法者根据某类"典型的生活事实过程或利益状态（Interessenlagen）并对此作出法律评价"形成的抽象规范，这种规范"是首要的，但不是唯一的规范内容"，[1]复杂的社会生活中总会存在法律无法考虑的例外情形，当个案出现这种例外状况时，盲目遵守定额罪量可能造成个案的非正义，于是，为了伸张个案正义，司法过程中随处可见突破定额罪量所设置的司法壁障的冲动。例如，2022年4月6日最高人民法院、最高人民检察院《关于办理破坏野生动物资源刑事案件适用法律若干问题的解释》第2条第3款规定，走私珍贵动物及其制品价值2万元以上不满20万元的，未造成动物死亡或者动物、动物制品无法追回，行为人全部退赃退赔，确有悔罪表现，情节显著轻微危害不大的，不作为犯罪处理。"根据该司法解释规定，走私珍贵动物及其制品价值达到2万元以上，原则上应构成犯罪；但是具有"未造成动物死亡或者动物、动物制品无法追回，行为人全部退赃退赔，确有悔罪表现"等新情节，作为适用"但书"的例外情形，这显然突破了定额罪量设置的入罪标准。从个案判决来看，故意伤害致人轻伤，但被害人对损害的发生存在过错[2]、属于家庭纠纷[3]，挪用资金数额巨大，但被告人是一人公司法定代表人，不存在损害其他股东利益问题[4]等，均突破定额罪量作出了无罪判决。

本书认为，定额罪量不宜直接删除，否则可能导致入罪标准不明确而赋予司法机关过多的自由裁量权，使刑事犯罪与民事、行政违法界限不清。然而，将定额罪量作为唯一入罪标准的立法模式所带来的司法问题同样不容忽视，为此，刑法在保留定额罪量的同时，应增加弹性罪量来调节入罪标准，形成"定额罪量+弹性罪量"的混合模式，以为司法机关根据个案事实判断情节轻重及"但书"出罪之适用预留必要的空间。这种罪量规定模式在《刑法修正案（九）》中已被采纳，即修改贪污罪的"数额"标准为"数额+情节"标准，该项立法修正实现了贪污罪中情节认定的巨大突破，有助于司法机关充分考量个案中影响社会危害性与人身危险性的各种情节要素，促进定罪量

---

[1] [德]伯恩·魏德士：《法理学》，丁春晓、吴越译，法律出版社2013年版，第61页。
[2] 参见云南省昆明市中级人民法院（2018）云01刑终959号刑事附带民事判决书。
[3] 参见云南省曲靖市中级人民法院（2014）曲中刑终字第84号刑事附带民事判决书。
[4] 参见吉林省延吉市人民法院（2015）延刑初字第786号刑事判决书。

刑的合理公正。[1]以此为参照，在盗窃罪、侵占罪、非法吸收公众存款罪、故意伤害罪等以定额罪量为入罪标准的犯罪中，可以考虑加入情节等弹性罪量优化入罪标准，为司法机关合理运用"但书"出罪提供立法依据。

司法上，需要细化区分"情节显著轻微危害不大"与"情节轻微不需要判处刑罚"的具体内容，从而改变以往二者共用情节引发的适用困境，确立"但书"出罪与定罪免刑可操作的差异化基础。刑事立法虽然规定了"情节显著轻微危害不大"与"情节轻微不需要判处刑罚"两种不同情节，但相对模糊的概念形式区分不足以指导司法实践。在此情形下，司法解释对"情节显著轻微危害不大"与"情节轻微不需要判处刑罚"共用情节标准，更使得二者边界趋于模糊。既然"情节显著轻微危害不大"与"情节轻微不需要判处刑罚"的法效果完全不同，就应当体现这种差异，司法解释不宜将二者规定在同一条款之下，而应当通过不同条款分别作出规定。例如，关于非法吸收公众存款行为的定性定量评价可以规定：非法吸收或者变相吸收公众存款，主要用于正常的生产经营活动，能够在提起公诉前清退所吸收资金，可以免予刑事处罚；有前款情节，吸收存款数额不超过 100 万元的，可以认定情节显著轻微危害不大，不认为是犯罪。通过司法解释的细化规定在规范层面形成较为明确的差异化标准，体现"情节显著轻微危害不大"与"情节轻微不需要判处刑罚"之间的梯度关系，有效避免了司法混用及同案异判问题，对于实现个案正义大有裨益。

刑事立法将定额罪量修改为"定额罪量+弹性罪量"的混合模式，提升了罪量条款配置的科学性，使"但书"出罪机制在这些法条中有了容身之地，刑事司法细化规定"情节显著轻微危害不大"与"情节轻微不需要判处刑罚"之间的梯度关系，避免两种不同情节在实践中被混用误用。两者有机结合，清晰地划定了定罪免刑与"但书"出罪之间的界限，促进了定罪免刑向"但书"出罪的理性回归。

五、结语

如何建立与入罪机制相协同的出罪机制以合理限制刑罚权，是现代刑事

---

[1] 参见于志强、王鼎：《情节要素的适用路径变革与探索——以情节与数额关系为着眼点》，载《政法论坛》2019 年第 2 期，第 143-145 页。

法治国贯彻落实实质罪刑法定原则以及人权保障理念不可或缺的重要环节。法治国家是在与"警察国家"的对抗中得以建立的,这"依赖于在法治范围内成功地限制警察权力的行使,此处,法律坚持对警察权力施加限制,目的是保护公民的自由,在随后的一些年,保障人权的充分发展"〔1〕。当犯罪化成为了现代刑法发展的主基调,更加值得思考的是如何通过出罪机制限制刑罚权的过度扩张。对《刑法》第13条"但书"规定进行科学化改造,而不是"因噎废食"地放弃"但书"出罪,是保持刑事出罪体系中国特色的必要前提。在刑事法治逻辑下充分激发"但书"的出罪潜力"可以避免大规模犯罪化的出现,使得刑事司法调控范围得以有效限制"〔2〕,合理回应轻罪治理的时代诉求。

---

〔1〕 [英]尼尔·麦考密克:《法律制度:对法律理论的一种解说》,陈锐、王琳译,法律出版社2019年版,第306页。

〔2〕 时延安:《犯罪化与惩罚体系的完善》,载《中国社会科学》2018年第10期,第125页。

参考文献

一、中文文献

(一) 著作类

[1] 高铭暄:《中华人民共和国刑法的孕育诞生和发展完善》,北京大学出版社2012年版。

[2] 张明楷:《法益初论》,商务印书馆2021年版。

[3] 张明楷:《刑法学(上)》,法律出版社2021年版。

[4] 张明楷:《刑法学(下)》,法律出版社2021年版。

[5] 张明楷:《行为无价值论与结果无价值论》,北京大学出版社2012年版。

[6] 张明楷:《诈骗罪与金融诈骗罪研究》,清华大学出版社2006年版。

[7] 陈兴良主编:《刑法总论精释(下)》,人民法院出版社2016年版。

[8] 刘艳红:《实质刑法观》,中国人民大学出版社2019年版。

[9] 刘艳红:《实质出罪论》,中国人民大学出版社2020年版。

[10] 刘艳红:《开放的构成要件理论研究》,中国人民大学出版社2002年版。

[11] 刘艳红、周佑勇:《行政刑法的一般理论》,北京大学出版社2020年版。

[12] 周佑勇:《行政法基本原则研究》,法律出版社2019年版。

[13] 欧阳本祺等:《实质刑法基本立场与方法》,法律出版社2021年版。

[14] 罗翔:《刑法学讲义》,云南人民出版社2020年版。

[15] 杜宣:《二元结果无价值论》,法律出版社2018年版。

[16] 夏伟:《刑民交叉的理论构造》,法律出版社2020年版。

[17] 苏永钦:《寻找新民法》,北京大学出版社2012年版。

[18] 柯耀程:《刑法竞合论》,中国人民大学出版社2008年版。

[19] 柯耀程:《变动中的刑法思想》,中国政法大学出版社2003年版。

[20] 姜敏:《刑法修正案犯罪化及限制》,中国法制出版社2016年版。

[21] 任彦君：《犯罪的网络异化与治理研究》，中国政法大学出版社 2017 年版。

[22] 朱勇主编：《中华法系（第十卷）》，法律出版社 2017 年版。

[23] 张天一：《时代变动下的财产犯罪》，元照出版社 2015 年版。

[24] 黄茂荣：《法学方法与现代民法》，中国政法大学出版社 2001 年版。

[25] 全国人大常委会法制工作委员会刑法室编臧铁伟、李寿伟主编：《中华人民共和国刑法修正案（九）条文说明、立法理由及相关规定》，北京大学出版社 2016 年版。

[26] 王爱立主编：《中华人民共和国刑法条文说明、立法理由及相关规定》，北京大学出版社 2021 年版。

[27] 王济川等编著：《结构方程模型：方法与应用》，高等教育出版社 2011 年版。

[28] 邱皓政、林碧芳：《结构方程模型的原理与应用》，中国轻工业出版社 2019 年版。

[29] 肖剑鸣等：《犯罪演化论——"入世"后犯罪形态演化的机制及其调控》，北京大学出版社 2005 年版。

[30] ［德］卡尔·拉伦茨：《法学方法论》，陈爱娥译，商务印书馆 2003 年版。

[31] ［美］沃德·法恩斯沃思：《高手：解决法律难题的 31 种思维技巧》，丁芒华译，法律出版社 2009 年版。

[32] ［奥］汉斯·凯尔森：《纯粹法学说》，雷磊译，法律出版社 2021 年版。

（二）期刊类

[1] 高铭暄、孙道萃：《预防性刑法观及其教义学思考》，载《中国法学》2018 年第 1 期。

[2] 张明楷：《法益保护与比例原则》，载《中国社会科学》2017 年第 7 期。

[3] 张明楷：《实质解释论的再提倡》，载《中国法学》2010 年第 4 期。

[4] 张明楷：《简评近年来的刑事司法解释》，载《清华法学》2014 年第 1 期。

[5] 张明楷：《增设新罪的观念——对积极刑法观的支持》，载《现代法学》2020 年第 5 期。

[6] 张明楷：《催收非法债务罪的另类解释》，载《政法论坛》2022 年第 2 期。

[7] 张明楷：《集体法益的刑法保护》，载《法学评论》2023 年第 1 期。

[8] 张明楷：《增设新罪的原则——对〈刑法修正案十一（草案）〉的修改意见》，载《政法论丛》2020 年第 6 期。

[9] 张明楷：《刑法的解法典化与再法典化》，载《东方法学》2021 年第 6 期。

[10] 张明楷：《论刑法的谦抑性》，载《法商研究（中南政法学院学报）》1995 年第 4 期。

[11] 张明楷：《危险驾驶罪的基本问题——与冯军教授商榷》，载《政法论坛》2012 年第 6 期。

[12] 张明楷：《自然犯与法定犯一体化立法体例下的实质解释》，载《法商研究》2013 年第 4 期。

[13] 张明楷：《受贿罪中收受财物后及时退交的问题分析》，载《法学》2012 年第 4 期。

[14] 张明楷：《司法上的犯罪化与非犯罪化》，载《法学家》2008 年第 4 期。

[15] 陈兴良：《但书规定的法理考察》，载《法学家》2014 年第 4 期。

[16] 陈兴良：《但书规定的规范考察》，载《法学杂志》2015 年第 8 期。

[17] 陈兴良：《虚拟财产的刑法属性及其保护路径》，载《中国法学》2017 年第 2 期。

[18] 陈兴良：《刑法教义学与刑事政策的关系：从李斯特鸿沟到罗克辛贯通——中国语境下的展开》，载《中外法学》2013 年第 5 期。

[19] 陈兴良：《作为犯罪构成要件的罪量要素——立足于中国刑法的探讨》，载《环球法律评论》2003 年第 3 期。

[20] 秦雪娜：《区块链技术背景下参与犯的转型与刑法的体系应对》，载《法律科学（西北政法大学学报）》2020 年第 5 期。

[21] 刘艳红：《人性民法与物性刑法的融合发展》，载《中国社会科学》2020 年第 4 期。

[22] 刘艳红：《"法益性的欠缺"与法定犯的出罪——以行政要素的双重限缩解释为路径》，载《比较法研究》2019 年第 1 期。

[23] 刘艳红：《以科学立法促进刑法话语体系发展》，载《学术月刊》2019 年第 4 期。

[24] 刘艳红：《法定犯不成文构成要件要素之实践展开——以串通投标罪"违反招投标法"为例的分析》，载《清华法学》2019 年第 3 期。

[25] 刘艳红：《程序自然法作为规则自治的必要条件——〈监察法〉留置权运作的法治化路径》，载《华东政法大学学报》2018 年第 3 期。

[26] 刘艳红：《网络犯罪帮助行为正犯化之批判》，载《法商研究》2016 年第 3 期。

[27] 刘艳红：《网络犯罪的刑法解释空间向度研究》，载《中国法学》2019 年第 6 期。

[28] 刘艳红：《刑法理论因应时代发展需处理好五种关系》，载《东方法学》2020 年第 2 期。

[29] 刘艳红：《积极预防性刑法观的中国实践发展——以〈刑法修正案（十一）〉为视角的分析》，载《比较法研究》2021 年第 1 期。

[30] 刘艳红：《民刑共治：中国式现代犯罪治理新模式》，载《中国法学》2022 年第 6 期。

[31] 刘艳红：《Web3.0 时代网络犯罪的代际特征及刑法应对》，载《环球法律评论》2020 年第 5 期。

[32] 刘艳红：《侵犯公民个人信息罪法益：个人法益及新型权利之确证——以〈个人信息保护法（草案）〉为视角之分析》，载《中国刑事法杂志》2019 年第 5 期。

[33] 刘艳红：《人工智能法学研究的反智化批判》，载《东方法学》2019 年第 5 期。

[34] 刘艳红：《公共空间运用大规模监控的法理逻辑及限度——基于个人信息有序共享之视角》，载《法学论坛》2020 年第 2 期。

[35] 刘艳红:《"风险刑法"理论不能动摇刑法谦抑主义》,载《法商研究》2011年第4期。

[36] 刘艳红:《民法编纂背景下侵犯公民个人信息罪的保护法益:信息自决权——以刑民一体化及〈民法总则〉第111条为视角》,载《浙江工商大学学报》2019年第6期。

[37] 刘艳红:《环境犯罪刑事治理早期化之反对》,载《政治与法律》2015年第7期。

[38] 刘艳红:《帮助信息网络犯罪活动罪的司法扩张趋势与实质限缩》,载《中国法律评论》2023年第3期。

[39] 刘艳红:《论法定犯的不成文构成要件要素》,载《中外法学》2019年第5期。

[40] 刘艳红:《法定犯与罪刑法定原则的坚守》,载《中国刑事法杂志》2018年第6期。

[41] 刘艳红:《实质刑法的理论与实践:基于三部曲的整体思维》,载《东南学术》2021年第2期。

[42] 刘艳红:《形式入罪实质出罪:无罪判决样本的刑事出罪机制研究》,载《政治与法律》2020年第8期。

[43] 刘艳红:《目的二阶层体系与"但书"出罪功能的自洽性》,载《法学评论》2012年第6期。

[44] 苏青:《社会危害性理论的反思与改造——以法益视角为进路》,载《法学评论》2011年第3期。

[45] 陈璐:《犯罪化如何贯彻法益侵害原则》,载《中国刑事法杂志》2014年第3期。

[46] 冀洋:《法益保护原则:立法批判功能的证伪》,载《政治与法律》2019年第10期。

[47] 陈家林:《法益理论的问题与出路》,载《法学》2019年第11期。

[48] 储槐植、张永红:《善待社会危害性观念——从我国刑法第13条但书说起》,载《法学研究》2002年第3期。

[49] 陈文贵:《从行政罚看行政不法与刑事不法之交错》,载《法令月刊》2007年第11期。

[50] 周光权:《行为无价值论的法益观》,载《中外法学》2011年第5期。

[51] 周光权:《论刑法学中的规范违反说》,载《环球法律评论》2005年第2期。

[52] 周光权:《新行为无价值论的中国展开》,载《中国法学》2012年第1期。

[53] 周光权:《行为无价值与结果无价值的关系》,载《政治与法律》2015年第1期。

[54] 许恒达:《刑法法益概念的茁生与流变》,载《月旦法学杂志》2011年第197期。

[55] 陈志龙:《刑法的法益概念(上)》,载《台大法学论丛》1986年第1期。

[56] 杨兴培:《中国刑法领域"法益理论"的深度思考及商榷》,载《法学》2015年第9期。

[57] 陈志龙:《法益持有者之法益保护放弃处分权》,载《台大法学论丛》1989年第209期。

[58] 阴建峰：《疫情防控中妨害公务罪的法教义学解析》，载《法学杂志》2022年第1期。

[59] 夏伟：《对法益立法批判功能的反思与确认》，载《政治与法律》2020年第7期。

[60] 陈志龙：《刑法的法益概念（下）》，载《台大法学论丛》1988年第1期。

[61] 陈璇：《法益概念与刑事立法正当性检验》，载《比较法研究》2020年第3期。

[62] 冀洋：《法益自决权与侵犯公民个人信息罪的司法边界》，载《中国法学》2019年第4期。

[63] 周佑勇：《中国行政基本法典的精神气质》，载《政法论坛》2022年第3期。

[64] 周佑勇：《中国行政法学学术体系的构造》，载《中国社会科学》2022年第5期。

[65] 王利明：《论民事权益位阶：以〈民法典〉为中心》，载《中国法学》2022年第1期。

[66] 苏青：《数据犯罪的规制困境及其对策完善——基于非法获取计算机信息系统数据罪的展开》，载《法学》2022年第7期。

[67] 张婷：《数字经济时代数据犯罪的风险挑战与理念更新——以数据威胁型网络黑灰产为观察对象》，载《法学论坛》2022年第5期。

[68] 杨志琼：《美国数据犯罪的刑法规制：争议及其启示》，载《中国人民大学学报》2021年第6期。

[69] 解正山：《个人信息保护法背景下的数据抓取侵权救济》，载《政法论坛》2021年第6期。

[70] 杨志琼：《我国数据犯罪的司法困境与出路：以数据安全法益为中心》，载《环球法律评论》2019年第6期。

[71] 熊波：《数据状态安全法益的证立与刑法调适》，载《当代法学》2023年第1期。

[72] 刘双阳：《数据法益的类型化及其刑法保护体系建构》，载《中国刑事法杂志》2022年第6期。

[73] 赵春玉：《大数据时代数据犯罪认定的方法转向与价值回归》，载《思想战线》2021年第5期。

[74] 唐建国：《新数据观下的数据权属制度实践与思考》，载《法学杂志》2022年第5期。

[75] 焦艳鹏：《元宇宙生活场景中的利益识别与法律发展》，载《东方法学》2022年第5期。

[76] 贾宇：《数字经济刑事法治保障研究》，载《中国刑事法杂志》2022年第5期。

[77] 张明楷：《法条竞合与想象竞合的区分》，载《法学研究》2016年第1期。

[78] 李爱君、夏菲：《论数据产权保护的制度路径》，载《法学杂志》2022年第5期。

[79] 陈兵：《保护与竞争：治理数据爬取行为的竞争法功能实现》，载《政法论坛》2021

年第 6 期。

[80] 王俊：《积极刑法观的反思与批判》，载《法学》2022 年第 2 期。

[81] 熊亚文：《法益概念的解释论机能及其实现——兼论污染环境罪的法益判定与司法适用》，载《西部法学评论》2016 年第 3 期。

[82] 周光权：《论刑法所固有的违法性》，载《政法论坛》2021 年第 5 期。

[83] 刘传稿：《轻重犯罪分离治理的体系化建构》，载《中国刑事法杂志》2022 年第 4 期。

[84] 周啸天：《结果的提前实现——既有学说批判与结果归属认识论提倡》，载《清华法学》2020 年第 4 期。

[85] 卢建平：《犯罪统计与犯罪治理的优化》，载《中国社会科学》2021 年第 10 期。

[86] 申卫星：《数字权利体系再造：迈向隐私、信息与数据的差序格局》，载《政法论坛》2022 年第 3 期。

[87] 王强军：《社会治理过度刑法化的隐忧》，载《当代法学》2019 年第 2 期。

[88] 周光权：《论通过增设轻罪实现妥当的处罚——积极刑法立法观的再阐释》，载《比较法研究》2020 年第 6 期。

[89] 刘宪权：《互联网金融时代证券犯罪的刑法规制》，载《法学》2015 年第 6 期。

[90] 周光权：《转型时期刑法立法的思路与方法》，载《中国社会科学》2016 年第 3 期。

[91] 李晓明：《"高空抛物"入罪的法教义学分析与方案选择》，载《天津法学》2020 年第 4 期。

[92] 黄明儒、成波：《我国现代化社会转型影响有组织犯罪的机理与驱动因素》，载《中南大学学报（社会科学版）》2023 年第 2 期。

[93] 李怀胜：《网络犯罪案件的行刑衔接机制研究——以反电信网络诈骗等网信监管为样本》，载《中国刑事法杂志》2022 年第 4 期。

[94] 张明楷：《刑法修正的原则与技术——兼论〈刑法修正案（十二）（草案）〉的完善》，载《中国刑事法杂志》2023 年第 5 期。

[95] 彭文华、傅亮：《犯罪结构变迁背景下犯罪刑事治理的目标与路径》，载《中国人民公安大学学报（社会科学版）》2023 年第 2 期。

[96] 魏东、赵天琦：《刑法修正案的规范目的与技术选择——以〈刑法修正案（十一）（草案）〉为参照》，载《法治研究》2020 年第 5 期。

[97] 陈洪兵：《不必严格区分法条竞合与想象竞合——大竞合论之提倡》，载《清华法学》2012 年第 1 期。

[98] 于冲：《论具体危险犯的"结果化"认定》，载《法制与社会发展》2022 年第 2 期。

[99] 于润芝：《抽象危险犯的解构：从法益关联和危险控制展开》，载《南大法学》2022 年第 3 期。

［100］付晓雅：《数字时代知识产权刑法保护的挑战与回应》，载《当代法学》2020年第2期。

［101］张忆然：《大数据时代"个人信息"的权利变迁与刑法保护的教义学限缩——以"数据财产权"与"信息自决权"的二分为视角》，载《政治与法律》2020年第6期。

［102］刘明祥：《窃取网络虚拟财产行为定性探究》，载《法学》2016年第1期。

［103］崔仕绣、崔文广：《智慧社会语境下的网络犯罪情势及治理对策》，载《辽宁大学学报（哲学社会科学版）》2019年第5期。

［104］王肃之：《我国网络犯罪规范模式的理论形塑——基于信息中心与数据中心的范式比较》，载《政治与法律》2019年第11期。

［105］皮勇：《论中国网络空间犯罪立法的本土化与国际化》，载《比较法研究》2020年第1期。

［106］高富平、王文祥：《出售或提供公民个人信息入罪的边界——以侵犯公民个人信息罪所保护的法益为视角》，载《政治与法律》2017年第2期。

［107］于冲：《侵犯公民个人信息罪中"公民个人信息"的法益属性与入罪边界》，载《政治与法律》2018年第4期。

［108］欧阳本祺：《侵犯公民个人信息罪的法益重构：从私法权利回归公法权利》，载《比较法研究》2021年第3期。

［109］杨志琼：《非法获取计算机信息系统数据罪"口袋化"的实证分析及其处理路径》，载《法学评论》2018年第6期。

［110］王倩云：《人工智能背景下数据安全犯罪的刑法规制思路》，载《法学论坛》2019年第2期。

［111］夏伟：《竞合型犯罪化反思》，载《当代法学》2021年第4期。

［112］夏伟：《"但书"出罪运行机制实证研究》，载《中国法学》2023年第4期。

［113］姜涛：《现代刑法的立法转型与再法典化》，载《中国刑事法杂志》2023年第2期。

［114］刘仁文：《论非法使用公民个人信息行为的入罪》，载《法学论坛》2019年第6期。

［115］张金平：《欧盟个人数据权的演进及其启示》，载《法商研究》2019年第5期。

［116］周斯佳：《个人数据权与个人信息权关系的厘清》，载《华东政法大学学报》2020年第2期。

［117］何江：《为什么环境法需要法典化——基于法律复杂化理论的证成》，载《法制与社会发展》2019年第5期。

［118］吕忠梅：《环境法回归路在何方？——关于环境法与传统部门法关系的再思考》，载《清华法学》2018年第5期。

［119］宋亚辉：《社会基础变迁与部门法分立格局的现代发展》，载《法学家》2021年第

1 期。

［120］刘艳红：《中国刑法的发展方向：安全刑法抑或自由刑法》，载《政法论坛》2023 年第 2 期。

［121］张健：《中国犯罪治理模式变迁及其逻辑：1949—2019》，载《法治现代化研究》2020 年第 3 期。

［122］周建达：《转型期我国犯罪治理模式之转换——从"压力维控型"到"压力疏导型"》，载《法商研究》2012 年第 2 期。

［123］李栋：《风险社会背景下预防刑法的扩张与破局》，载《甘肃政法大学学报》2021 年第 1 期。

［124］梁迎修：《辛亥革命以来的中国法制现代化——历史演变及其实践逻辑》，载《河北法学》2011 年第 9 期。

［125］秦前红：《宪治审视下"全民违法"现象的产生及破解之策》，载《政治与法律》2022 年第 4 期。

［126］吴雨豪：《刑罚威慑的理论重构与实证检验》，载《国家检察官学院学报》2020 年第 3 期。

［127］钱大军：《当代中国法律体系构建模式之探究》，载《法商研究》2015 年第 2 期。

［128］刘风景：《审慎立法的伦理建构及实现途径》，载《法学》2020 年第 1 期。

［129］黄建武：《论立法审慎——以文明促进类立法策略为例》，载《法治社会》2021 年第 1 期。

［130］赵信会、林文博：《社会信用评价的合法性及其限度》，载《浙江工商大学学报》2021 年第 1 期。

［131］焦旭鹏：《现代刑法的风险转向——兼评中国当下的刑法观》，载《西南民族大学学报（人文社科版）》2018 年第 12 期。

［132］陈洪兵：《"情节严重"司法解释的纰缪及规范性重构》，载《东方法学》2019 年第 4 期。

［133］郑勇：《非法经营罪的扩张：原因及其对策》，载《中国刑事法杂志》2018 年第 1 期。

［134］黄铭杰：《让行政的归行政、司法的归司法——跳脱"先行政后司法"后之"先行政无司法"窘态》，载《月旦法学杂志》2012 年第 201 期。

［135］王刚：《"新型"权利之民法学思考及应对》，载《苏州大学学报（哲学社会科学版）》2017 年第 3 期。

［136］杨立新：《民法总则规定网络虚拟财产的含义及重要价值》，载《东方法学》2017 年第 3 期。

［137］王镭：《电子数据财产利益的侵权法保护——以侵害数据完整性为视角》，载《法

律科学（西北政法大学学报）》2019 年第 1 期。

[138] 刘芝祥：《法益概念辨识》，载《政法论坛》2008 年第 4 期。

[139] 陈景辉：《权利和义务是对应的吗？》，载《法制与社会发展》2014 年第 3 期。

[140] 孙山：《重释知识产权法定原则》，载《当代法学》2018 年第 6 期。

[141] 申晨：《虚拟财产规则的路径重构》，载《法学家》2016 年第 1 期。

[142] 黎宏：《法益论的研究现状和展望》，载《人民检察》2013 年第 7 期。

[143] 李强：《财产犯中财产性利益的界定》，载《法学》2017 年第 12 期。

[144] 陈烨、李森：《论刑法中的财产性利益》，载《中国刑事法杂志》2012 年第 11 期。

[145] 孙道萃：《网络财产性利益的刑法保护：司法动向与理论协同》，载《政治与法律》2016 年第 6 期。

[146] 杨立新：《从民法通则到民法总则：中国当代民法的历史性跨越》，载《中国社会科学》2018 年第 2 期。

[147] 储槐植、何群：《刑法谦抑性实践理性辨析》，载《苏州大学学报（哲学社会科学版）》2016 年第 3 期。

[148] 田宏杰：《立法扩张与司法限缩：刑法谦抑性的展开》，载《中国法学》2020 年第 1 期。

[149] 张文、杜宇：《自然犯、法定犯分类的理论反思——以正当性为基点的展开》，载《法学评论》2002 年第 6 期。

[150] 孙万怀：《违法相对性理论的崩溃——对刑法前置化立法倾向的一种批评》，载《政治与法律》2016 年第 3 期。

[151] 孙道萃：《反思刑法保障法》，载《国家检察官学院学报》2012 年第 5 期。

[152] 刁芳远：《新型权利主张及其法定化的条件——以我国社会转型为背景》，载《北京行政学院学报》2015 年第 3 期。

[153] 曲新久：《论侵犯公民个人信息犯罪的超个人法益属性》，载《人民检察》2015 年第 11 期。

[154] 田宏杰：《知识转型与教义坚守：行政刑法几个基本问题研究》，载《政法论坛》2018 年第 6 期。

[155] 赵万一、胡大武：《信用权保护立法研究》，载《现代法学》2008 年第 2 期。

[156] 王泽鉴：《人格权保护的课题与展望（三）——人格权的具体化及保护范围（5）——信用权》，载《台湾本土法学杂志》2007 年第 91 期。

[157] 张继红：《个人信用权益保护的司法困境及其解决之道——以个人信用权益纠纷的司法案例（2009-2017）为研究对象》，载《法学论坛》2018 年第 3 期。

[158] 陈志民、林彦妤：《公平交易法刑事责任规定之注释研究》，载《律师杂志》2005 年第 315 期。

[159] 史际春、胡丽文：《论法人》，载《法学家》2018 年第 3 期。

[160] 马长生、罗开卷：《市场信用刑法立法思考》，载《中国刑事法杂志》2010 年第 6 期。

[161] 王利明：《人格权的属性：从消极防御到积极利用》，载《中外法学》2018 年第 4 期。

[162] 尹田：《人格权独立成编的再批评》，载《比较法研究》2015 年第 6 期。

[163] 石佳友：《守成与创新的务实结合：〈中华人民共和国民法人格权编（草案）〉评析》，载《比较法研究》2018 年第 2 期。

[164] 张红：《民法典之名誉权立法论》，载《东方法学》2020 年第 1 期。

[165] 侯佳儒：《民法基本原则解释：意思自治原理及其展开》，载《环球法律评论》2013 年第 4 期。

[166] 朱慈蕴：《论公司法人格否认法理的适用要件》，载《中国法学》1998 年第 5 期。

[167] 刘惠明：《日本公司法上的法人人格否认法理及其应用》，载《环球法律评论》2004 年第 1 期。

[168] 王若磊：《信用、法治与现代经济增长的制度基础》，载《中国法学》2019 年第 2 期。

[169] 李春雷、任韧：《我国食品药品犯罪防治回顾与前瞻》，载《中国人民公安大学学报（社会科学版）》2015 年第 4 期。

[170] 于冲：《药品犯罪的法益分立：监管秩序从生产销售假药罪的剥离与独立化保护》，载《青海社会科学》2020 年第 2 期。

[171] 张伟珂：《论药品犯罪刑法规制的转型与司法回应》，载《中国刑事法杂志》2021 年第 2 期。

[172] 孙国祥：《行政犯违法性判断的从属性和独立性研究》，载《法学家》2017 年第 1 期。

[173] 简爱：《我国行政犯定罪模式之反思》，载《政治与法律》2018 年第 11 期。

[174] 谢望原：《药品犯罪的修改完善与合理解释——基于〈刑法修正案（十一）〉的解读》，载《中国法律评论》2021 年第 1 期。

[175] 李震山：《"先行政后司法"之行政制裁》，载《月旦法学杂志》，2000 年第 60 期。

[176] 孙万怀：《生产、销售假药行为刑事违法性之评估》，载《法学家》2017 年第 2 期。

[177] 杜小丽：《抽象危险犯形态法定犯的出罪机制——以生产销售假药罪和生产销售有毒有害食品罪为切入》，载《政治与法律》2016 年第 12 期。

[178] 储陈城、卢轶楠：《刑法公平精确性下的生产销售伪劣产品罪》，载《行政与法》2011 年第 6 期。

[179] 李扬：《论影响我国无罪判决的关键性因素——对百例无罪判决的实证分析》，载

《政法论坛》2013 年第 4 期。

[180] 牟绿叶：《论无罪辩护与量刑辩护的关系》，载《当代法学》2012 年第 1 期。

[181] 林喜芬：《论"两个证据规定"的三大突破与五个局限——以非法言词证据的证据能力为重心》，载《现代法学》2011 年第 2 期。

[182] 成安：《无罪辩护实证研究——以无罪辩护率为考察对象》，载《西南民族大学学报（人文社会科学版）》2012 年第 2 期。

[183] 陈瑞华：《论量刑辩护》，载《中国刑事法杂志》2010 年第 8 期。

[184] 陈虎：《独立辩护论的限度》，载《政法论坛》2013 年第 4 期。

[185] 韩旭：《被告人与律师之间的辩护冲突及其解决机制》，载《法学研究》2010 年第 6 期。

[186] 梁根林：《罪刑法定视野中的刑法合宪审查》，载《法律科学·西北政法学院学报》2004 年第 1 期。

[187] 王尚新：《关于刑法情节显著轻微规定的思考》，载《法学研究》2001 年第 5 期。

[188] 王昭武：《犯罪的本质特征与但书的机能及其适用》，载《法学家》2014 年第 4 期。

[189] 陈伟、钟滔：《刑法"但书"出罪的功能失调及其规范适用》，载《四川师范大学学报（社会科学版）》2020 年第 3 期。

[190] 崔志伟：《"但书"出罪的学理争议、实证分析与教义学解构》，载《中国刑事法杂志》2018 年第 2 期。

[191] 车浩：《法教义学与社会科学——以刑法学为例的展开》，载《中国法律评论》2021 年第 5 期。

[192] 储槐植、李梦：《论微罪的出罪事由》，载《人民检察》2019 年第 18 期。

[193] 肖中华：《轻罪的范围界定、设置原则与认定规则》，载《贵州大学学报（社会科学版）》2022 年第 1 期。

[194] 史立梅：《论醉驾案件的程序出罪》，载《中国法学》2022 年第 4 期。

[195] 杜治晗：《但书规定的司法功能考察及重述》，载《法学家》2021 年第 3 期。

[196] 王充：《定罪情节若干问题研究》，载《法学评论》2000 年第 6 期。

[197] 王飞跃：《论抽象危险犯个罪裁判规范的续造》，载《中国法学》2022 年第 2 期。

[198] 王霖、阎二鹏：《抽象危险犯认定路径检思与谦抑认定机制重构》，载《国家检察官学院学报》2017 年第 2 期。

[199] 张明楷：《抽象危险犯：识别、分类与判断》，载《政法论坛》2023 年 1 期。

[200] 谢杰：《"但书"是对抽象危险犯进行适用性限制的唯一根据》，载《法学》2011 年第 7 期。

[201] 姜涛：《从定罪免刑到免刑免罪：论刑罚对犯罪认定的制约》，载《政治与法律》2019 年第 4 期。

[202] 刘科:《司法解释中的出罪规范:类型、依据与完善方向》,载《中国法学》2021年第6期。

[203] 王强军:《刑法干预前置化的理性反思》,载《中国法学》2021年第3期。

[204] 李冠煜:《论集合法益的限制认定》,载《当代法学》2022年第2期。

[205] 于志强、王鼎:《情节要素的适用路径变革与探索——以情节与数额关系为着眼点》,载《政法论坛》2019年第2期。

[206] 龙宗智:《有组织犯罪案件分案审理问题研究》,载《法学研究,》2021年第3期。

[207] 莫洪宪:《中国犯罪参与理论的本土构建与刑事实践——以有组织犯罪为视角》,载《政法论丛》2023年第2期。

[208] 时延安:《犯罪化与惩罚体系的完善》,载《中国社会科学》2018年第10期。

[209] 魏昌东:《新刑法工具主义批判与矫正》,载《法学》2016年第2期。

[210] 姜敏:《刑法预防性立法对犯罪学之影响:困境与出路》,载《政治与法律》2020年第1期。

[211] 姜敏:《刑法反恐立法的边界研究》,载《政法论坛》2017年第5期。

[212] 王志祥、张圆国:《预防性犯罪化立法:路径、功能、弊端与完善》,载《河北法学》2021年第1期。

[213] 沈海平:《反思"醉驾入刑":从理念、规范到实践》,载《人民检察》2019年第15期。

[214] 王华伟:《网络语境中帮助行为正犯化的批判解读》,载《法学评论》2019年第4期。

[215] 刘艳红:《理念、逻辑与路径:网络暴力法治化治理研究》,载《江淮论坛》2022年第6期。

[216] 阴建峰:《论法律效果与社会效果的统一——以贯彻宽严相济刑事政策为中心》,载《河南社会科学》2011年第2期。

[217] 孙本雄:《出罪及其正当性根据研究》,载《法律适用》2019年第23期。

[218] 胡立平:《"醉驾"的入罪与出罪》,载《法律科学(西北政法大学学报)》2021年第6期。

[219] [英]凯伦·杨:《区块链监管:"法律"与"自律"之争》,林少伟译,载《东方法学》2019年第3期。

[220] 黄俊杰:《电信网络诈骗犯罪治理难题及应对》,载《中国检察官》2021年第17期。

[221] 王瑞山:《2022年我国犯罪学研究述评》,载《犯罪研究》2023年第2期。

[222] 魏东:《常识主义刑法观的指引功能》,载《交大法学》2022年第3期。

[223] 刘为军:《论电信网络诈骗的生态治理——以〈反电信网络诈骗法〉为主要研究样

本》,载《法学论坛》2023 年第 4 期。

[224] 赵香如:《论高空抛物犯罪的罪刑规范构造——以〈刑法修正案(十一)(草案)〉为背景》,载《法治研究》2020 年第 6 期。

[225] 张梓弦:《〈刑法修正案(十一)〉的法教义学检视——以"妨害社会管理秩序罪"为切入点》,载《东南法学》2021 年第 2 期。

[226] 杨春福:《法理概念的三个维度》,载《政法论丛》2022 年第 4 期,第 3 页。

[227] 汪明亮:《犯罪治理过程的市场机制》,载《中国人民公安大学学报(社会科学版)》2012 年第 6 期。

[228] 盛豪杰:《高空抛物的刑法教义学解读——从〈刑法修正案(十一)〉引出的思考》,载《中国人民公安大学学报(社会科学版)》2021 年第 6 期。

[229] 孙道萃:《积极一般预防主义的理论逻辑与中国话语》,载《河南财经政法大学学报》2016 年第 2 期。

[230] 宁利昂:《网络黑灰产业的刑法治理》,载《青少年犯罪问题》2022 年第 2 期。

[231] 陈罗兰:《网络暴力的刑法治理与罪名增设》,载《法律科学(西北政法大学学报)》2023 年第 5 期。

[232] 皮勇:《网络黑灰产刑法规制实证研究》,载《国家检察官学院学报》2021 年第 1 期。

[233] 张新平:《论"网络黑灰产"的一体化法律治理》,载《数字法治》2023 年第 4 期。

[234] 姜敏:《积极刑法观之面相、根据和实践限度的教义学分析——以〈刑法修正案(十一)〉为分析文本》,载《法学评论》2022 年第 6 期。

[235] 刘艳红:《我国刑法的再法典化:模式选择与方案改革》,载《法制与社会发展》2023 年第 3 期。

[236] 张军:《最高人民检察院工作报告——2022 年 3 月 8 日在第十三届全国人民代表大会第五次会议上》,载《中华人民共和国最高人民检察院公报》2022 年第 2 号。

[237] 杨志琼:《数字经济时代我国数据犯罪刑法规制的挑战与应对》,载《中国法学》2023 年第 1 期。

[238] 焦艳鹏:《总体国家安全观下的生物安全刑法治理》,载《人民论坛·学术前沿》2020 年第 20 期。

[239] 蔡军:《信息网络型有组织犯罪的特点及认定——兼论反有组织犯罪法第 23 条》,载《人民检察》2023 年第 4 期.

[240] 陈兴良:《论黑社会性质组织的组织特征》,载《中国刑事法杂志》2020 年第 2 期。

[241] 于冲:《有组织犯罪的网络"分割化"及其刑法评价思路转换》,载《政治与法律》2020 年第 12 期。

[242] 刘艳红:《网络爬虫行为的刑事规制研究——以侵犯公民个人信息犯罪为视角》,

载《政治与法律》2019 年第 11 期。

[243] 刘艳红:《网络时代社会治理的消极刑法观之提倡》,载《清华法学》2022 年第 2 期。

[244] 刘晓航:《网络暴力的刑法规制困境及应对》,载《北京社会科学》2023 年第 5 期。

[245] 冀洋:《网络黑产犯罪"源头治理"政策的司法误区》,载《政法论坛》2020 年第 6 期。

[246] 初殿清:《电信网络诈骗案件紧急止付的规范基础——兼论〈反电信网络诈骗法〉第 20 条》,载《法学家》2022 年第 6 期。

[247] 周加海、喻海松:《〈关于办理非法利用信息网络、帮助信息网络犯罪活动等刑事案件适用法律若干问题的解释〉的理解与适用》,载《人民司法》2019 年第 31 期。

[248] 高景峰:《检察机关领导干部办案制度化的若干思考》,载《人民检察》2021 年第 20 期。

[249] 姜涛:《中国刑法走向何处去:对积极刑法立法观的反思》,载《国家检察官学院学报》2021 年第 5 期。

[250] 万国海、马荣春:《有组织犯罪的研究导向:超越具体类型的一种"规划"》,载《苏州大学学报(法学版)》2015 年第 2 期。

[251] 袁彬:《犯罪结构变化呼唤刑法精准治理》,载《人民论坛》2021 年第 23 期。

(三) 报纸类

[1] 刘艳红:《中国刑法制度的守正创新》,载《检察日报》2021 年 08 月 20 日,第 3 版。

[2] 王利明:《民法典开启权利保护的新时代》,载《检察日报》2020 年 5 月 20 日,第 3 版。

[3] 张红兵:《长春长生公司被罚没逾 91 亿元》,载《法制日报》2018 年 10 月 17 日,第 1 版。

[4] 赵红旗:《上半年侦办药品类犯罪案件 465 起》,载《法制日报》2018 年 7 月 24 日,第 8 版。

[5] 《东莞"高空掉苹果砸伤女婴"案一审宣判:肇事女孩监护被判赔偿 185 万余元》,载《法制日报》2020 年 4 月 1 日,第 6 版。

[6] 李亚兰:《释放司法善意 增进社会和谐》,载《检察日报》2022 年 2 月 24 日,第 4 版。

[7] 高莉:《在刑法中增设"家庭暴力罪"》,载《生活报》2017 年 3 月 12 日,第 3 版。

[8] 张佳星:《国产仿制药怎样打破遇冷"魔咒"》,载《科技日报》2018 年 7 月 10 日,第 6 版。

[9] 最高人民法院刑事审判第三庭:《关于帮信罪司法治理的调研报告》,载《人民法院报》2023 年 8 月 25 日,第 4 版。

[10]《加强网络人格权益保护 推进网络空间治理法治化：北京互联网法院发布涉网络暴力典型案例》，载《人民法院报》2023年8月4日，第1版。

[11] 司晋丽：《"我们的法律要跟得上网络发展态势"——全国政协委员李大进建议在刑法中增设"网络暴力罪"》，载《人民政协报》2022年03月11日，第20版。

二、外文文献

（一）外文原作

[1] J. B. White,"What Can a Lawyer Learn from Literature?", *Harvard Law Review*, Vol. 102, No. 8, 1989.

[2] Coracini A. R., "'Amended Most Serious Crimes': A New Category of Core Crimes within the Jurisdiction but out of the Reach of the International Criminal Court?", *Leiden Journal of International Law*, Vol. 21, No. 3, 2008.

[3] Douglas Husak, "Six Questions About Overcriminalization", *Anncal Reciew of Criminology*, Vol. 6, 2023.

[4] Douglas Husak, "Crimes Outside the Core", *Tulsa Law Review*, Vol. 39, No. 4, 2013.

[5] Youngjae Lee, "Criminalization, legal moralism, and abolition", *University of Toronto Law Journal*, Vol. 70, No. 2, 2020.

[6] William J. Stuntz, "The Pathological Politics of Criminal Law", *Michiga Law Review*, Vol. 100, No. 3, 2001.

[7] Brickey F. Kathleen, "Federal Criminal Code Reform: Hidden Costs, Illusory Benefits", Buffalo Criminal Law Review, Vol. 2, No. 1, 1998.

[8] Jeffrey Standen, "An EconomicPrespective On Federal Criminal Law Reform", *Buffalo Criminal Law Review*, Vol. 2, No. 1, 1998.

[9] Leandro Mancano, "Mutual Recognition in Criminal Matters, Deprivation of Liberty and the Principle of Proportionality", *Maastricht Journal of European and Comparative Law*, Vol. 25, No. 6, 2019.

[10] Wim Voermans, "In the Law We Trust. Some Thoughts on the 'Legislative Gap' in Legal Studies", in A. D. Oliver-Lalana eds., *Conceptions and Misconceptions of Legislation*, Springer Nature Switzerland AG, 2019.

[11] RupprechtPodszun, Should Gatekeepers Be Allowed to Combine Data? Ideas for Art. 5（a） of the Draft Digital Markets Act, 71 GRUR International 197, 197（2022）.

[12] H. L. A. Hart, The Concept of Law, Oxford University Press, 1997, pp. 120-124.

[13] Joost H. Robert, Federal Criminal CodeReform: Is It Possible? Buffalo Criminal Law Re-

view, Vol. 2: 195 (1998).

[14] Boutrous, Theodore J. Jr , and B. H. Evanson, The Enduring and Universal Principal of "Fair Notice", Southern California Law Review, Vol. 86: 193 (2013).

[15] Heather Schoenfeld, et al. , "Maximizing Charges: Overcriminalization and Prosecutorial Practices During the Crime Decline, After Imprisonment: SpecialIssue", Studies in Law, Politics, and Society, Vol. 77, 2018.

[16] Smith RG , Cheung C C & Lau Y C, Cybercrime Risks and Responses Eastern and Wester Perspectives, Palgrave Macmillan, 2015.

[17] Ghosh Sumit, Turrini Elliot, Cybercrimes: A Multidisciplinary Analysis, Springer Berlin, Heidelberg, 2011.

[18] George P. Fletcher, "Dogmas of the Model Penal Code", Buffalo Criminal Law Review, Vol. 2, 1998.

[19] Taddeo M, Floridi L, The Moral Responsibilities of Online Service Providers In: Toddeo, M. , Floridi, L. (eds) , The Responsibitities of Online Service Provider, Springer, Cham, 2017.

[20] Hachouf Amina, "Problemi Di Decodificazione Di Espressioni Idiomatiche Italiane In Apprendenti Algerini", Italiano LinguaDue, Vol. 8, No. 1, 2016.

[21] Murillo Maria Luisa, "The Evolution of Codification in the Civil Law Legal Systems: Towards Decodification and Recodification", Journal of Transnational Law & Policy, Vol. 11, 2001.

[22] Christina Deliyanni-Dimitrakou, "The Greek Civil Code Facing the Process of Decodification and Recodification of Law", The Scope and Structure of Civil Codes, Vol. 32, 2013.

[23] Marek Hudon, "Should Access to Credit be a Right?" Journal of Business Ethics, Vol. 84, 2009.

[24] Abrams Norman, "The new ancillary offenses", Criminal Law Forum, Vol. 1, 1989.

[25] Ingmar Persson, "The Act—Omission Doctrine and Negative Rights", The Journal of Value Inquiry, Vol. 41, 2007.

[26] EugeneKontorovich, "the Parochial Uses of Universal Jurisdiction", Notre Dame Law Review, Vol. 94, No. 3, 2019.

[27] Meyer, Marco, "The Right to Credit", The Journal of Political Philosophy, Vol. 26, 2018.

[28] Robert Young, "Douglas Husak on Dispensing With the malum prohibitum Offense of Money Laundering", Criminal Justice Ethics, Vol. 28, No. 1, 2009.

[29] Alvin E. Evans, "AulusGellius on Mala prohibita v. mala in se", The Classical Journal,

Vol. 9, No. 9.

[30] Jian Jie, et al., "Organized Cyber-Racketeering: Exploring the Role of Internet Technology in Organized Cybercrime Syndicates Using a Grounded Theory Approach", *IEEE Transactions on Engineering Management*, Vol. 69, 2020.

[31] Wytske van der Wagen, Pieters, "From cybercrime to cyborg crime: botnets as hybrid criminal actor-networks", *British Journal of Criminology*, Vol. 55, No. 3, 2015.

[32] Anita Lavorgna, "Organised crime goes online: realities and challenges", *Journal of Money Laundering Control*, Vol. 18, No. 2, 2015.

[33] Travis Wolfe Nancy, "MALA INSE: A Disappearing Doctrine?", *Criminology*, Vol. 1.

[34] R. A. Duff, "Crime, Prohibition, and Punishment", *Journal of Applied Philosophy*, Vol. 19, No. 2, 2002.

[35] Stuart P. Green, "The Conceptual Utility of Malum prohibitum", *Dialogue-Canadian Philosophical Review*, Vol. 55, No. 1, 2016.

[36] Arthur D. Greenfield, "Malun Prohibitum", *American Bar Association Journal*, Vol. 17, No. 9, 1921.

[37] See Jolene Chan et al., "Profiling Hoarding Within the Five-Factor Model of Personality and Self-Determination Theory", *Behavior therapy*, Vol. 53, No. 3, 2022.

[38] Antje du Bois-Pedain, "The Wrongfulness Constraint in Criminalisation", *Criminal Law and Philosophy*, Vol. 8, No. 1, 2014.

[39] Michael L. Travers, "Mistake of Law in Mala Prohibit a Crimes", *University of Chicago Law Review*, Vol. 62, No. 3, 1995.

[40] Wall David S., "Dis-organised crime: towards a distributed model of the organization of cybercrime", The European Review of Organised Crime, Vol. 2, No. 2, 2015.

[41] Marleen Wenulen Kranenbarg, Thomay J. Holt, Jeanlouis van Gelder, "Offending and victimization in the digital age: comparingcorrelates of cybercrime and traditional offending-only Victimzation - only and the Victimization - Offending Over lap", *Deviant Behavior*, Vol. 40, No. 1, 2019.

[42] Springer Victoria, Lalasz Camille B., "Death-qualified jurors and the assumption of innocence: A cognitive dissonance perspective on conviction-prone verdicts", *The Social Science Journal*, Vol. 51, No. 2, 2014.

[43] Helm, Rebecca K. et al., "Limitations on the ability to negotiate justice: attorney perspectives on guilt, innocence, and legal advice in the current plea system", *Psychology Crime & Law*, Vol. 51, No. 2, 2014.

[44] Richard L. Lippke, "The Presumption of Innocence in the Trial Setting", *Ratio Juris*,

Vol. 24, No. 9, 2018.

[45] Campbell, Dr Liz. "Criminal Labels, the European Convention on Human Rights and thePresumption of Innocence", *The Modern Law Review*, Vol. 76, No. 4, 2013.

[46] J. M. F. Birnbaum, Bemerkungenüber den natürlichen Verbrechens und die römischen Begriffe von Delictum Juris Civils, Delictum Juris Gentium und problum natura Archiv des Criminalrechts. Neue Folge, 1836, S. 570.

[47] Binding, die Normen undihre Übertretung. Eine Untersuchung uber die rechtmäβige Handlung und die Arten des Delikts, Bd. 1 Normen und Strafgesetze, 1965.

[48] Vgl. Franz Liszt, Lehrbuch des Deutschen Strafrechts, De Gruyter, 1891.

[49] Amelung, Rechtsguterschutz und Schutz der Gesellschaft, Untersuchungen zum Inhalt und zum Anwendungsbereich eines strafrechtsprinzips auf dogmengeschichtlicher Grundlage, Zugleich ein Beitrag zur Lehre von der, Sozialschadlichkeit des Verbrechens, 1972, S. 78.

[50] P. J. Anselm Feuerbach, "Lehrbuch des gemeinen in Deutschland gültigen peinlichen Rechts", Aufl. 1847, S. 17−18f.

[51] Hendrik vanEikema Hommes, Positive Law and Material−Legal Principles, ARSP: Archiv für Rechts− und Sozialphilosophie, Vol. 70, 1984.

[52] Karl Binding, Die Normen undihre Ubertretung, Aulf. 1916, S. 203f.

[53] J. M. F. Birnbaum, Uber dasErforderniβ einer Rechtsverletzung zum Begriffe des Verbrechens, mit Rücksicht auf den Begriff der Ehrenkränkung, Archiv des Criminalrechts, Neue Fole. 1834, S. 155−161.

[54] Volf aaO. S. 7−14, auch Braum, Die Bedeutung der subjektiven Unrechtselemente, S. 75.

[55] [日] 小暮得雄:《違法論の系譜と法益論》,載《法学協会雑誌》1964 年第 5 号。

[56] [日] 嘉門優:《行為原理と法益論》,載《立命館法学》2009 年第 5 期。

[57] [日] 井田良:《最近の刑法学の動向をめぐる一考察》,載《法學研究:法律・政治・社会》2011 年第 9 期。

[58] [韩] 朴普錫:《フランツ・フォン・リストにおける法益概念の刑事政策的含意》,載《立命館法学》2018 年第 1 期。

[59] [日] 高橋則夫:《刑法総論》,成文堂 2010 年版。

[60] [日] 北野通世:《法益論の現代的課題(一)》,載《山形大学法政論叢》2006 年第 1 期。

[61] [日] 嘉門優:《法益論の現代的意義(二・完)——環境刑法を題材にして一》,載《大阪市立大学法学雑誌》2004 年第 1 期。

[62] [日] 小田直樹:《法益侵害説について》,載《神戸法学年報》2017 年第 1 期。

[63] [日] 小林憲太郎:《「法益」について》,載《立教法学》2012 年第 2 期。

[64]［日］林紘一郎：《個人データ保護の法益と方法の再検討：実体論から関係論へ》，载《情報通信学会誌》2013年第2期。

[65]［日］藤木英雄、［日］船山泰範：《刑法（全）》，有斐阁2013年版。

[66]［日］中山研一等：《レヴィジオン刑法（3）——構成要件・違法性・責任》，成文堂2009年版。

[67]［日］須藤陽子：《比例原則の現代的意義と機能》，法律文化社2010年版。

（二）外文译作

[1]［德］埃里克·希尔根多夫：《德国刑法学：从传统到现代》，江溯等译，北京大学出版社2015年版。

[2]［德］康德：《法的形而上学原理——权利的科学》，沈叔平译，商务印书馆1991年版。

[3]［德］约翰内斯·韦塞尔斯：《德国刑法总论：犯罪行为及其构造》，李昌珂译，法律出版社2008年版。

[4]［德］菲利普·黑克：《利益法学》，傅广宇译，商务印书馆2016年版。

[5]［德］拉德布鲁赫：《法哲学导引》，雷磊译，商务印书馆2021年版。

[6]［德］马克思·韦伯：《法律社会学：非正当性的支配》，康乐、简惠美译，广西师范大学出版社2011年版。

[7]［德］黑格尔：《小逻辑》，贺麟译，上海人民出版社2009年版。

[8]［德］伯恩·魏德士：《法理学》，丁晓春、吴越译，法律出版社2013年版。

[9]［德］梅尔：《德国观念论与惩罚的概念》，考明凯维奇等英译，邱帅萍中译，知识产权出版社2015年版。

[10]［德］拉德布鲁赫：《法学导论》，米健译，商务印书馆2013年版。

[11]［德］托马斯·魏根特：《德国刑事程序法原理》，江溯等译，中国法制出版社2021年版。

[12]［德］温弗里德·哈斯默尔：《当代法哲学和法律理论导论》，郑永流译，商务印书馆2021年版。

[13]《德国刑法典》，徐久生译，北京大学出版社2019年版。

[14]［德］京特·雅克布斯：《保护法益？——论刑法的合法性》，赵书鸿译，载赵秉志等主编：《当代德国刑事法研究（第1卷）》，法律出版社2017年版。

[15]［德］伊沃·阿佩尔：《通过刑法进行法益保护？——以宪法为视角的评注》，马寅翔译，载赵秉志主编：《当代德国刑事法研究（第1卷）》，法律出版社2017年版。

[16]［德］多明尼克·萨赫森迈尔：《多元现代性——概念及其潜力》，载［德］多明尼克·萨赫森迈尔、任斯·理德尔、［以］S.N.艾森斯塔德编著：《多元现代性的反思：欧洲、中国及其他的阐释》，郭少棠、王为理译，商务印书馆2017年版。

[17]［德］尼克拉斯·卢曼：《法社会学》，宾凯、赵春燕译，上海人民出版社2013年版。

[18]［德］乌尔斯·金德霍伊泽尔：《法益保护与规范效力的保障——论刑法的目的》，陈璇译，载《中外法学》2015年第2期。

[19]［德］克劳斯·罗克信：《刑法的任务不是法益保护吗？》，樊文译，载《刑事法评论》2006年第2期。

[20]［德］克劳斯·罗克辛：《对批判立法之法益概念的检视》，陈璇译，载《法学评论》2015年第1期。

[21]［德］克劳斯·罗克辛：《法益讨论的新发展》，许丝捷译，载《月旦法学杂志》2012年第211期。

[22]［德］克劳斯·罗克辛：《德国犯罪原理的发展与现代趋势》，王世洲译，载《法学家》2007年第1期。

[23]［日］仲道祐树：《法益论、危害原理、宪法判断——刑事立法分析框架的比较法考察》，蔡桑译，载《苏州大学学报（法学版）》2021年第3期。

[24]［德］约阿希姆·福格尔：《纳粹主义对刑法的影响》，喻海松译，载陈兴良主编：《刑事法评论（第26卷）》，北京大学出版社2010年版。

[25]［德］卡尔·拉伦茨：《论作为科学的法学的不可或缺性——1966年4月20日在柏林法学会的演讲》，赵阳译，载《比较法研究》2005年第3期。

[26]［德］克劳斯·罗克辛：《论利用有组织的权力机构建立的犯罪支配》，徐凌波译，载《中外法学》2016年第6期。

[27]［日］伊东研祐：《法益概念史研究》，秦一禾译，中国人民大学出版社2014年版。

[28]［日］庄子邦雄：《近代刑法思想史序说——费尔巴哈和刑法思想史的近代化》，中国检察出版社2010年版。

[29]［日］松尾浩也：《日本刑事诉讼法（上卷）》，丁相顺译，中国人民大学出版社2005年版。

[30]［日］曾根威彦：《刑法学基础》，黎宏译，法律出版社2005年版。

[31]［日］西田典之：《日本刑法总论》，王昭武、刘明祥译，法律出版社2013年版。

[32]［日］山口厚：《刑法总论》，付立庆译，中国人民大学出版社2011年版。

[33]［日］平野龙一：《刑法的基础》，黎宏译，中国政法大学出版社2016年版。

[34]［日］穗积陈重：《法典论》，李求轶译，商务印书馆2014年版。

[35]［日］佐伯仁志、道垣内弘人：《刑法与民法的对话》，于改之、张小宁译，北京大学出版社2012年版。

[36]［日］西原春夫：《刑法的根基与哲学》，顾肖荣等译，中国法制出版社2017年版。

[37]［日］西田典之：《日本刑法各论》，刘明祥、王昭武译，武汉大学出版社2005

年版。

[38] [日] 川出敏裕、金光旭：《刑事政策》，钱叶六等译，中国政法大学出版社 2016 年版。

[39] [日] 山口厚：《刑法总论》，付立庆译，中国人民大学出版社 2018 年版。

[40] [英] 杰里米·边沁：《论道德与立法的原则》，程立显、宇文利译，陕西人民出版社 2009 年版。

[41] [奥] 凯尔森：《法与国家的一般理论》，沈宗灵译，商务印书馆 2013 年版。

[42] [美] 保罗·罗宾逊：《正义的直觉》，谢杰等译，上海人民出版社 2018 年版。

[43] [英] 安东尼·奥格斯：《规制：法律形式与经济学理论》，骆梅英译，中国人民大学出版社 2008 年版。

[44] [加] 大卫·戴岑豪斯：《合法性与正当性——魏玛时代的施米特、凯尔森与海勒》，刘毅译，商务印书馆 2013 年版。

[45] [英] 雷蒙德·瓦克斯：《读懂法理学》，杨天江译，广西师范大学出版社 2016 年版。

[46] [英] 哈特：《法律的概念》，许家馨、李冠宜译，法律出版社 2011 年版。

[47] [英] 萨达卡特·卡德里：《不公正的审判》，杨雄译，华东师范大学出版社 2017 年版。

[48] [美] 博登海默：《博登海默法理学》，潘汉典译，法律出版社 2015 年版。

[49] [美] 道格拉斯·胡萨克：《刑法哲学》，姜敏译，中国法制出版社 2015 年版。

[50] [美] 道格拉斯·胡萨克：《过罪化及刑法的限制》，姜敏译，中国法制出版社 2015 年版。

[51] [美] 布赖恩·比克斯：《法律、语言与法律的确定性》，邱昭继译，法律出版社 2007 年版。

[52] [美] 哈伯特·L. 帕克：《刑事制裁的界限》，梁根林等译，法律出版社 2008 年版。

[53] [美] 保罗·罗宾逊、迈克·卡希尔：《失义的刑法》，谢杰等译，上海人民出版社 2018 年版。

[54] [德] 冯·李斯特：《论犯罪、刑罚与刑事政策》，徐久生译，北京大学出版社 2016 年版。

[55] [美] 乔尔·范伯格：《刑法的道德界限（第四卷）：无害的不法行为》，方泉译，商务印书馆 2015 年版。

[56] [美] 戴维·奥布莱恩编：《法官能为法治做什么：美国著名法官讲演录》，何帆等译，北京大学出版社 2015 年版。

[57] [英] 尼尔·麦考密克：《法律制度：对法律理论的一种解说》，陈锐、王琳译，法律出版社 2019 年版。

[58] [法] 卢梭：《社会契约论》，何兆武译，商务印书馆 2003 年版。

[59] [法] 米歇尔·福柯：《知识考古学》，谢强、马月译，生活·读书·新知三联书店 2003 年版。

[60] [德] 汉斯·海因里希·耶赛克、托马斯·魏特根：《德国刑法教科书（上）》，徐久生译，中国法制出版社 2017 年版。

[61] [意] 加罗法洛：《犯罪学》，耿伟、王新译，商务印书馆 2020 年版。

[62] [意] 那蒂达林诺·伊尔蒂：《欧洲法典的分解和中国民法典之未来——告中国同仁书》，张礼洪译，载张礼洪、高富平主编：《民法法典化、解法典化和反法典化》，中国政法大学出版社 2008 年版。

[63] [意] 那塔利诺·伊尔蒂：《解法典的时代》，薛军译，载徐国栋主编：《罗马法与现代民法（第四卷）》，中国人民大学出版社 2004 年版。

[64] [意] 纳塔利诺·伊尔蒂：《〈解法典的时代〉：二十年后》，徐铁英译，载《苏州大学学报（法学版）》，2018 年第 2 期。

[65] [意] 艾伯特·马蒂内利：《多元现代性与中国式现代化道路》，载《中国社会科学报》2021 年 10 月 15 日，第 A12 版。

[66] [奥] 凯尔森：《纯粹法理论》，张书友译，中国法制出版社 2008 年版。

[67] [丹] 努德·哈孔森：《立法者的科学——大卫·休谟与亚当·斯密的自然法理学》，赵立岩译，浙江大学出版社 2010 年版。

[68] [比] 马克·范·胡克：《法律的沟通之维》，孙国东译，法律出版社 2008 年版。

[69] [德] 沃尔夫冈·弗里施：《变迁中的刑罚、犯罪与犯罪论体系》，陈璇译，载《法学评论》2016 年第 4 期。

[70] [美] 罗伯特·C. 埃里克森：《无需法律的秩序——相邻者如何解决纠纷》，苏力译，中国政法大学出版社 2016 年版。

[71] [美] 斯蒂芬诺斯·毕贝斯：《刑事司法机器》，姜敏译，北京大学出版社 2015 年版。